首都师范大学史学丛书

国际关系史工作坊（第2期）

冷战的缘起及其初步发展

徐蓝　［日］吉田丰子　主编

WA 世界知识出版社

国际关系史工作坊（第2期）会议合影

人员名单，从先向后，从左向右

第一排：姚百慧、舒建军、沈志华、下斗米伸夫、梁占军、史桂芳、王睿恒

第二排：殷志强、翟　韬、萧道中、李潜虞、詹　欣、郭永虎、姚玉梅

第三排：麻田雅文、任天豪、陈　弢、耿　志、张民军、叶张瑜、管世琳

第四排：张　祥、崔金柱、崔佳琪、坂井田夕起子、松村史纪、李云霄

编者说明

有感于许多学术会议讨论的不充分，2012年11月18日，京都产业大学吉田丰子、辅仁大学萧道中、中国社会科学院当代中国研究所徐轶杰、华东师范大学韩长青、首都师范大学姚百慧和王若茜（当时为博士生，现就职于河南师范大学）在北京国际文化大厦小聚时，提出要创办一种新的会议交流机制。这种会议论文篇目可以很少，但要求讨论充分，尤其是希望评议人能提出建设性批评意见。当天，以上学者就会议的举办方、选题、语言、评议方式等进行了讨论。经比较“冷战国际史工作坊”“外交史工作坊”和“国际关系史工作坊”，确定会议名称采用最后一个。这次讨论还商定了联络人，分别为：大陆方面的韩长青、姚百慧，台湾方面的萧道中，日本方面的吉田丰子。

自2013年以来，国际关系史工作坊相继举办三次。分别为：第1期，2013年9月7日，中国北京，首都师范大学承办，主题为“新中国建国初期的对外关系”；第2期，2014年11月2—3日，中国北京，首都师范大学承办，主题为“冷战的缘起及其初步发展”；第3期，2015年12月12日，日本京都，京都产业大学外国语学部、京都产业大学世界问题研究所、立命馆大学研究机构承办，主题为“东亚国际关系史的重建”。虽然2012年讨论时的一些设想未能完全实现（比如建立博客来广泛宣传），但我们欣喜地发现，国际关系史工作坊已成为沟通海峡两岸和日本学界在外交史研究尤其是东亚冷战史研究的渠道之一。在工作坊交流和筹办期间，愿意参与的队伍也在壮大。

为纪念国际关系史工作坊的创办和继续开展，我们于2016年把工作坊第1期的论文结集出版，现在拟出版第2期的纪念文集。第2期工作坊共有来自中国大陆、中国台湾、日本的29家单位的42名代表参加，总计有会议论文16篇，主题演讲2篇。收入本文集时，部分论文有所修订、更换。最终收入文集的有1篇主题演讲和14篇论文。

目　录

主题演讲

会议论文

附　件

日本的冷战史研究

——再论亚洲冷战

[日] 下斗米伸夫 撰　[日] 吉田丰子 译*

摘　要　关于冷战史的研究，如果与欧美相比，亚洲依然处于落后的状态。迄今为止，妨碍我们认识东亚冷战史研究以及在现代史的脉络中理解冷战史的主要原因在于冷战时期形成的固化的历史认识。因此，弄清基于上述认识所形成的“东亚冷战”的脉络，是日中冷战史研究的共同课题。对于亚洲冷战的起源这一共同课题，日本与中国的学者有必要对战后苏联的亚洲观、斯大林的冷战观进行深入研究。本文旨在对日本的冷战研究作简要回顾，以拙著《亚洲冷战史》一书中提出的“意识形态”“地政学”“核”这三个变数，针对这一课题提出笔者个人的几个主要观点。

关键词　亚洲冷战的起源　苏联的亚洲观　意识形态　地缘政治

* [日] 下斗米伸夫，日本法政大学教授；[日] 吉田丰子，日本京都产业大学外国语学部国际关系学科副教授。

一、序言

关于冷战的结束时期的一般看法是，冷战结束始于 1989 年 11 月 9 日柏林墙的倒塌及其接二连三的东欧各国共产党政权的解体（Halslam，2011；Gaddis，2005；A. Brown，2009，and others）。值此冷战结束将至 25 年后的今天，非常荣幸有机会在北京向沈志华教授以及各位中国的冷战史学者作关于我个人以及日本相关亚洲冷战史研究动态的报告。

我了解到沈志华教授的研究是在我翻译俄罗斯国际关系大学校长杜尔科诺夫教授关于朝鲜战争一书的时候。沈志华教授的《朝鲜战争与斯大林》一书中关于 1994 年叶利钦总统提供给相关各国的档案的介绍，给了我很大的帮助。当时，通过中央大学李廷江教授的介绍，我有机会在东京认识了沈志华教授，后来又有机会在北京和上海与沈志华教授多次见面。沈志华教授的研究，对于起步稍晚的日本的亚洲冷战史研究起到了推动的作用。

回想起来，日本的冷战研究，尤其是关于东亚的冷战研究，是在 21 世纪初，也就是大约 15 年之前，在毛里和子教授的提倡下开始的。与中国相比，日本的冷战史研究起步较晚，其原因本身就非常令人深思。其实，日本的冷战史研究是以亚洲区域研究的延伸方式，或者是经苏联学者的业余研究方式起步的。

早在 1990 年年底的一次日本国际政治学会上，从事过朝鲜战争等研究工作的朱建荣教授曾经向我质疑日本的冷战史研究何以落后的问题。我当时的回答是，原因在于日本是冷战受益者的这一历史。或者可以说，在日美安保体制下，日本在和平环境中经济快速成长，使其在对与俄关系和对冷战的关注方面形成了与韩国、中国等国迥异的苏联观与冷战观，即日本缺乏对于冷战深刻批判的认识。当然，也不是说在日本完全没有对于冷战持批判态度的研究，但在上述情况下，认为日本的研究中对于苏联、冷战的认识过于单纯也不无道理。

关于日本的亚洲冷战研究，如果用“亚洲冷战”这个关键词检索的话，检索结果只有我的同名书（2002 年），以及李钟元的《东亚冷战与美韩中关系》（东京大学出版会，1996 年）和赤木完而的《作为战略史的亚洲冷战》（庆应大学出版社，2013 年）。

其中当初以韩国留学生身份来到日本的李钟元在从“朝鲜半岛的冷战还没有结束”这一观点进行着评论工作，但他原本是将艾森豪威尔的修正主义的冷战政策与 20 世纪 70 年代的开发政策相结合进行研究的学者。当然，在日本也有如菅英辉、石井修等从日本与欧美的关系这一角度进行冷战研究的学者。

在上述环境的影响下，我在 2004 年写了一本有争议的《亚洲冷战史》（中央公论新社，2004 年）。其中，我提出了“意识形态”“地政学”以及“核”这三个冷战的主要变数。

日本俄罗斯史研究会这一有代表性的俄罗斯史学者群体，今年才将冷战史研究作为其大会的主题，在此之前他们应该没有召开过以冷战为主题的大会。大多数学者认为朝鲜战争的责任在于南韩，这一日本历史学术界的传统认识曾经很难突破。

不知何故，俄罗斯史研究会这一群体虽然有关于斯大林的研究，但是对于冷战研究的态度比较消极。

另外一个问题是旧金山体制（原喜美惠）的问题。关于日本与俄罗斯之间的和平条约依法解决的问题，1956 年至今尚未结束。可以说，与同苏联之间存在历史纠葛的中国对冷战的关注相比，冷战时期的日本外交，虽然偶尔有过重要的改善对苏关系的动向，但由于日本基本上更重视对美关系，而对苏问题中的领土问题几乎没有希望解决，因此没有被予以充分的关注。或许这可以说是对苏关系问题在日本外交之中的优先顺序并不高的反映。

即便如此，我还是希望中国的学者关注最近三年以来由日本与俄罗斯的 34 位民间历史学者共同进行的历史研究。这一团队采取了与日中、日韩之间政府间委员会方式不同的方法（五百旗头真、杜尔科诺夫）。这个研究群体的成果不久将在日本与俄罗斯同时出版。在坚持把历史研究与政治家的判断相区别这一点上，我认为是成功的。

众所周知，欧洲的冷战于1989年终结，而关于亚洲冷战这一问题，对其终结，甚至对其过程还没有达成共识。以我提出的亚洲冷战的三个变数来分析的话，只有在亚洲存在着意识形态问题，无论如何，共产党这一框架是存在的。当然，这并不是说中国共产党与朝鲜劳动党的意识形态是相同的。进入2000年以后，欧美终于也开始了相关研究，但是在比较的框架下进行研究的水准还不太高。[①] 英国的冷战学者阿奇·布朗，从共产党政权的持续性这一点上，提出了东西方冷战终结方式的问题（Brown，2009）。这说明，仅以共产党问题为例，也可以看出关于亚洲冷战终结这一问题的复杂性。

然而，苏联解体的20余年后，由叶利钦总统于1994年提供的关于朝鲜战争的资料成为对曾经是“历史空白”的朝鲜半岛进行研究的契机。以此对于历史的重新研究，在亚洲冷战这一领域也开始了。

但关于冷战史的研究，如果与欧美相比，亚洲依然处于落后状态。我认为，至今为止妨碍我们认识东亚冷战史研究以及在现代史的脉络中理解冷战史的主要原因，在于冷战时期形成的固化的历史认识。因此，我认为弄清基于上述认识所形成的“东亚冷战”的脉络，是日中冷战史研究的共同课题。

总之，在此向各位提供交流机会的中国学者表示由衷的敬意。冷战时期，随着相关国家对苏关系的变化，东亚也进入了变动的阶段，今天能够有日中历史对话的机会，作为对近年来日中关系深感忧虑者之一，我不胜感慨。[②]

① Tsuyoshi Hasegawa, eds., *The Cold War in East Asia: 1945-1991*, California: Stanford University Press, 2011.

② 高原明生：《日中関係：なにが問題か》，东京：岩波书店，2014年，第99—103页。下斗米伸夫发言。

二、关于亚洲冷战起源的共同课题

我认为由日中学者进行亚洲冷战研究时，对于战后苏联的亚洲观、斯大林的冷战观有必要进行深入研究。关于这一问题，我想提出以下几个观点。

1. 亚洲冷战不是欧洲冷战“第二战线”

亚洲冷战是欧洲冷战“第二战线”这一观点，不仅是被动性的“欧美中心”史观，而且是一种误解。

事实上，致使美苏在亚洲的竞争进入决定性阶段的是1945年8月原子弹轰炸及其日本帝国主义的崩溃（下斗米伸夫，2004年，2011年）。我认为朝鲜半岛问题以及国共内战的变化才是在亚洲引起东西方对立的重要原因。换而言之，亚洲的冷战甚至呈现内战与冷战的形态。这一状况，就足以使我们认识到亚洲冷战的独特性与重要性。

同时，1945年8月才是冷战之中最重要的变数“核”出现的时刻。斯大林对核武器本身的存在是知道的，使斯大林受到冲击的是美国真的使用了这一武器。于是斯大林在8月22日举行的著名的国防会议上发出了制造核武器的命令。当时，在苏联国内还没有发现铀矿，因此必须在占领区探查。在这个问题上，我认为冷战的地政学与核要因是密切相关的。也就是说，苏联对发现铀矿的红军占领区（东德和罗马尼亚的特兰西瓦尼亚）东欧以及北朝鲜的关注，是造成冷战分割的重大因素。其实，60万人以上的日本官兵由归国改为扣留的决定，正是在这一命令发生后第二天做出的(扣留问题)。

当然，1941年至1944年期间，斯大林的精力集中于欧洲问题上，当欧洲问题的处理有了头绪之后他才开始考虑亚洲问题。即便如此，1944年时，在斯大林的思考以及支撑斯大林思考的苏联外交人民委员部的战后设想之中，事实上，亚洲所占的比重并不太高。第二次世界大战中最早的战后设想，可能是 1941 年 12 月底英国外长艾登到苏联与斯大林商讨同盟问题之时。当时曾经以赤色职工国际的活动家而广为人知的犹太裔苏联人洛佐夫斯基已担任副外交人民委员，他向斯大林和莫洛托夫提出的战后设想之中，认为在亚洲应维持日本与苏联的中立条约（1941 年 4 月签订），但认为日本战败是不可避免的。在此基础上，洛佐夫斯基提出了以同国民党进行战略性协作为主轴，在国民党内培养亲苏势力的目标。

洛佐夫斯基的设想在 1944 年春迈斯基次官等总结的战后和平设想之中也被采纳。在当时，苏联已经预感到了日本的战败，但认为这一任务应该由美国来承担。因为苏联和日本之间还存在着中立条约，此外，苏联认为中华民国是战后在亚洲的伙伴以及交涉对象。

2. 苏联在雅尔塔体制中在东亚的合作对象依然是国民党

在对德战线取得进展之后，斯大林开始倾向于参加对日作战，关于苏联将继续重视国民党，并将其作为自己在亚洲的合作伙伴，这一点也非常明确。

在 1945 年 2 月雅尔塔体制形成时，苏联在东亚的合作对象也是蒋介石领导下的国民党政权。实际上，在《日苏中立条约》仍然有效的 1945 年 1 月，莫洛托夫外长对日本大使称，即使作为外交辞令而言，中国共产党也是假的这一看法。在日本帝国主义即将战败的时候，斯大林对日本转达了不延长日苏中立条约的决定后，日本帝国主义仍然依靠斯大林继续与欧美和谈这一事实，使国民党受到刺激而派遣宋子文赴莫斯科，于 8 月 14 日与苏联缔结了中苏友好同盟条约。

1945 年的雅尔塔会议上，苏联做出了在德国战败后参加对日作战的决定，苏联的与美国协调为基调的亚洲政策也大体形成了。会议上还决定了维持外蒙古现状，对朝鲜半岛实行托管。如果说雅尔塔会议确定了波兰等东欧国家地缘政治的话，苏联当时还没有明确地规划出其战后的亚洲图景。苏联想过将东土耳其斯坦、蒙古、原满洲、朝鲜半岛，甚至北海道作为苏联国防的缓冲地带。①

3. 核武器时代的到来与苏联优先课题的转换

但是1945年8月至9月的日本的战败，以及美国用原子弹轰炸日本，使斯大林直觉地认识到核武器战争时代的到来，因此马上对苏联的课题的优先顺序进行了再度转换。

1946年2—3月，凯南与撒切尔等同时阐述对东西方分割的状况，绝非偶然。其中，1945年8月日本帝国主义突然崩溃，与美国用原子弹轰炸广岛以及长崎这一事实，给斯大林的思考带来了双重的负荷。也就是，如何应对国共内战的爆发，以及核武器战争这些本质上新问题的出现，成为斯大林的新的战略问题。应该说，对这两个问题因应过程给亚洲冷战带来了新的性质。

日本战败后，马歇尔使华促成了1945年10月蒋介石与毛泽东在重庆的谈判，会谈中对避免国共内战做出了决定。蒋介石也对美苏双方有所顾虑。但正是由于170万苏联军队共同对日参战而进入东北亚地区这一事实，破坏了这一地区不安定的国共间的安全平衡（松村史纪，2011年）。

4. 美苏同盟之终结与向两极结构的转换

包括对美国核武器战争在内的正式的势力范围的划分，尤其是将东欧（罗马尼亚的特兰西瓦尼亚）划入苏联，1945年10月底美国驻苏大使哈里曼与斯大林之间关于将日本本土化为美国势力范围达成一致。美英苏同盟的终结与向美苏两极结构的转换自此开始，在乔治·凯南与苏联大使诺维科夫的书信之中，更加明确了向两极结构的转换。

这一问题的背景是，苏联当时核开发的落后并处在追赶的状态。对于至1947年在国内几乎没有铀矿的苏联而言，确保东欧以及北朝鲜的铀矿、制造原子弹就成了优先课题。因此，对朝鲜半岛的分割就不可避免地出

---

① 莫洛托夫在公开的回忆录中关于在原满洲成立独立的国家称，“没有想过蒙古，因为是不可能的”（Sto sorok besed，1990，M，87）。关于北海道，左派之间有过“人民共和国”之说（下斗米伸夫，2011：2652）。

现了。

5. 两极结构的发展

进入1947年后，这一转换过程进一步发展。在保卫列宁格勒战役中成名的日丹诺夫领导下的东方的同盟机构共产党情报局成立（1947年9月），成为苏联的重要支柱。苏联驻北朝鲜第25军领导，后来任首任驻朝鲜大使的什特科夫是他的岳父。对美国略显和解态度的莫洛托夫也在1947年11月7日的演讲中，针对大战中奔赴欧洲战场的士兵们对西方文化的憧憬进行了批判，明确地表示了与欧美对抗的态度。

6. 苏联在东北向共产党提供的日军武器是国共内战激化的要因

1946年1月，斯大林也断了调停国共和谈的念头。进军中国东北部的苏联军队于5月撤退，但撤退苏联军将原日本军的武器优先提供给了共产党。俄罗斯的历史学家别佐格拉佐夫指出，这在军事力量对比上，使共产党处于有利的地位。据萨西蒙称，当时中国共产党的军队有120万人左右，其中的四分之一通过苏联获得了原日本军队的武器，这是苏军撤退后国共内战激化的原因。对国共内战在此不做详细的讨论，但要指出的是，与1936年的西班牙内战相同，中国的内战具有“国际性的内战”“世界代理战争”的性质。

7. 苏联在共产党夺取政权可能性提高的情况下与共产党关系的进展

到了20世纪40年代末期，中国共产党军队的胜利与蒋介石军队的败退，以及共产党政权的成立成为现实。其实，在1947年至1948年期间，中共与苏共之间，关于毛泽东访苏进行过讨论，当初斯大林非常慎重，拒绝了毛泽东正式访苏的要求。但是到了1948年，中国共产党军队的胜利与革命政权的成立开始进入议事日程，在这种情况下，中共与亚洲各国的社会主义政党，尤其是与苏联共产党之间的关系，就成了迫切的问题。事实上，向苏联提出毛泽东秘密访苏时的讨论事项的第二个议题之中，包括了在东方成立共产党情报局的问题。1951年5月在北京的日本共产党代表德田、野坂，及其反对派跨田赴莫斯科时，也曾就关于成立东方共产党国际组织的问题进行了讨论，对此斯大林态度积极，而中共的态度却是消极的。

两党关系的进展随着中共在东北实现统治而进一步强化。斯大林以建设铁路为名义，于1948年初正式将铁道部长的科瓦廖夫作为苏联共产党的代表派遣到东北，此后他成为与毛泽东的关系等两党之间的正式联络渠道。这对与拥有高岗、林彪、王稼祥等了解苏联人才的中共东北局之间的关系，尤其起到了强化的作用。其中，自1945年就任干部的高岗于1949年就任东北局书记，7月以“满洲民主政权”代表的身份成为刘少奇访苏代表团成员之一。两党的密切关系已经在东北地区先行开展了。

8. 美苏协调崩溃后苏联意识形态的强硬化

1948年年底，美苏协调最后的堡垒崩溃了。围绕耶路撒冷建国问题，美苏关系开始紧张。苏联对党内“国际主义”及对欧美事务的批判加强了。自1948年年底，斯大林在意识形态部门的态度也开始强硬起来。加强了对洛佐夫斯基、巴尔加等苏联共产党以及外务省及其科学院的犹太裔人员的肃清。也正是在这一过程中，南斯拉夫的铁托退出了共产党情报局，这使斯大林受到了挫折。

9. 中国共产党执政成为现实情况下米高扬对西柏坡的秘密访问

在上述情况下，在1949年年初认识到中国共产党执政将成为不可避免的事实的斯大林与苏联共产党其他领导人，改变了此前对中共表面上冷淡的态度。1月中旬，对于毛泽东为了讨论中国局势的访苏提议，斯大林要求其延期，取而代之的是秘密派遣部长会议副主席米高扬赴北京郊外访问毛泽东。斯大林是通过派遣熟悉亚洲国际问题的米高扬，而开始了与中国共产党关系的正式试探。中国共产党内部理论出现的混乱，也是派遣米高扬的背景。

米高扬于1949年1月30日至2月8日到北京郊外西柏坡，这次对中国共产党中央委员会的非正式访问，成为亚洲冷战的重要转折点。米高扬在其回忆录中称，他“在毛泽东领导下的游击队在山中的大本营西柏坡停留了9天，与刘少奇、朱德、周恩来等不分昼夜地进行了讨论”。在这次会见上，毛泽东认真听取了米高扬的意见。简而言之，苏联共产党的忠告是即使中国共产党掌握了政权，对着手的社会主义也应该采取慎重的态度。

在会谈上，米高扬与苏联共产党自1948年以来驻中国的代表科瓦廖夫一同与中共商讨了作为将来的执政党以及作为亚洲的共产党之间的相互关系的问题。关于奠定中苏两党关系基础的具体问题有两点。一是关于掌握政权之后的问题。米高扬回忆称，即使中国共产党掌握了政权后，由于中国向社会主义过渡的时机还没有成熟，只能采取革命的人民民主阶段，他就这一认识对中共进行了说服。

二是南京的国民党政权认为即使将蒋介石除外，也希望苏联促使国共和谈。对于在这个问题上态度强硬的毛泽东，斯大林的劝告是如果只是反对的话，只能对敌人有利，不如采取“和平攻势”。南京政府的期待，仿佛像1945年7月的日本。显然，苏联不希望1948年在南斯拉夫问题上的失败，重现于与更加强大的中国共产党之间的关系上。在谈判中，中共提出了国共合作政府的主要阁僚几乎由共产党担任的方案，这是南京政府不能接受的。

1948年5月初，中国共产党与美国政府之间进行了秘密交涉。中国共产党内部似乎存在以刘少奇为代表的亲苏派与以周恩来为中心的亲美派的对立的报道出现了。事实是，科瓦廖夫于4月13日向斯大林的报告是，毛泽东与周恩来、刘少奇在对美工作上是一致的。中共与美国之间关系的改善其只不过为了改善其经济而采取的措施而已。4月19日，斯大林通过科瓦廖夫劝告毛泽东尽快成立中国人民政府。① 共产党渡过长江之后，与国民党和谈的方案也消失了。

此时，中国共产党领导人越来越倾向于苏联了。1949年6月底，以刘少奇、高岗、王稼祥为主的中国共产党代表团秘密访问了苏联。这次访苏的直接目的是，考察苏联党和国家的管理体制，以及就毛泽东短期访问莫斯科的计划进行磋商。20世纪20年代初期就读于莫斯科东方劳动者共产主

① M., Kapitsa, Na raznikh paralellyakh, M., 2002, p.43.

义大学（简称“莫斯科东方大学”），并且与苏联以及欧洲的共产党之间有密切关系的刘少奇与斯大林进行了会谈，不仅讨论了中国共产党掌握政权的问题，还讨论了其执政后的亚洲国际政治秩序框架的问题。

10. 中国共产党执政后的亚洲国际政治秩序框架

所谓的框架是，关于对美国关系等战略性问题由苏联共产党负责，而对亚洲共产党的领导以及解放运动的指挥委托给中国共产党。关于这一问题，我在 2004 年做出的解释是，与在苏联共产党对东欧的一元化领导不同，这表示斯大林在亚洲承认了与中国共产党的分工体制。① 也就是说，与苏联在东欧采取的强化政治控制的方法（这种方法尤其体现于从共产党工人党情报局开除南斯拉夫的问题处理上）不同，斯大林在东亚采取了承认中国共产党的作用的另一种方法。由此，苏联形成了重视中国共产党的亚洲同盟体制。可以说，莫斯科在东亚承认了中国共产党的自主性，即使在某种程度上冒“铁托化”的危险，也决定了将职权委托给中国共产党的方式。②

理解了这种情况的毛泽东，于 7 月 1 日发表的《论人民民主专政》中，使用“一边倒”这一表述，使其亲苏政策看起来更鲜明了。在 6 月 27 日至 28 日深夜举行的与刘少奇代表团（刘少奇、高岗、王稼祥）最后一次会谈上，斯大林等苏方领导人在共产党政治局会议上，对听取中国共产党代表团关于政治、军事以及经济问题的报告，并进行意见交换表示了同意。在 7 月 4 日召开的政治局会议上，苏方听取了刘少奇团长的《中国共产党中央委员会代表团报告》，对通过召开政治协商会议与民族资产阶级进行联合的人民民主专政的政治方针予以了肯定。这一设想具有与排除国民党的民族资产阶级进行妥协的性格。中方认为 1945 年的中苏同盟条约是有效的，对

---

① 下斗米伸夫：《アジア冷戦史》，东京：中央公论新社，2004 年，第 48 页。

② 关于“铁托化”有解释的必要。在铁托率领下的南斯拉夫的共产主义游击队在没有苏联红军的参与下，成立了共产党政权。也因此，苏联与铁托的独立主张发生了正面冲突，1948 年 6 月，南斯拉夫被共产党情报局“开除”，至 1955 年，莫斯科与贝尔格莱德处于对立状态。英国于 1950 年 1 月承认中国共产党政权的间接理由之一是，基于实际统治中国的是共产党这一事实。英国试图通过促使中国的“铁托化”的战略来实现其离间中苏的目的。

其加入联合国也是比较乐观的。在外交政策上，中方指出，等待“苏联共产党与斯大林的指示”。

但是接到文件的斯大林，在这部分内容上批注了“不”字。政治局会议在下一周的7月11日也召开了，斯大林在会议上对刘少奇提出的服从苏联共产党的主张明确地进行了批判。[①] 据毛泽东的翻译师哲回忆，7月27日，斯大林在与刘少奇代表团的宴会上，谈到了中苏两党分工的必要性。也就是，斯大林强调西欧革命之落后与中国革命之先进性后称，“革命的中心由西方转向东方，现在又转向中国以及东亚”。并且称，“在国际革命运动之中，中苏两国要负些责任，也就是要分工合作。希望中国今后在殖民地、半殖民地、附属国的民族民主革命运动的援助问题上多负些责任”，以此表示了在东亚不会具有中国般的影响力，也起不到作用的苏联，对中国在东方的作用寄予的期待。[②]

同行的科瓦廖夫也称，马克思时代的革命运动中心在西方，但是“现在转向了中国与东亚”。7月30日，苏联共产党（书记是马林科夫）向中国共产党提供了史无前例的3亿美元的巨额借款。[③] 毛泽东与中国共产党在斯大林的首肯下，加深了对与东亚共产党之间关系问题的参与。

此外，高岗在27日的会议上以个人意见提出了为防止美国的攻击，应该将满洲作为苏联的第17个加盟共和国的建议。愤怒的刘少奇要求高岗回国，据说斯大林没有接受高岗的建议，还进行了居间调停。高岗的发言没有被收录于正式的记录之中，但科瓦廖夫的回忆录中有记录。高岗的发言，一方面反映了刘少奇与高岗间路线的差异，另一方面反映了中国东北部与苏联之间的密切关系。刘少奇在7月6日的致斯大林信函中，提出了加强满

---

① 师哲：《毛沢東側近回想録》，东京：新潮社，1995年，第249页。

② 朝鲜问题专家特卡钦科也称，在1949年秋中华人民共和国成立的同时，在莫斯科的领导部内确立了这种将远东地区的国防问题委托给中国的义务分担（Tkachenko, Koreiskii poluostrov I interesy Rossii, p. 18）。苏联一边在世界政策的原则问题上与中国进行协商，关于远东地区的个别问题，“完全委托给中国统治裁量了”。“关于朝鲜与越南的国防问题”就是采取的这种类似的方法。也就是说，苏联与中国在战略层面保持同盟关系，然后中国实行拥护朝鲜与朝鲜民主主义人民共和国的两个阶段的方式。这种方式大概持续到中苏对立公开化的1962年、1963年。

③ A. M. Ledovsikii, SSSR i Stalin v sud’bakh Kitaya, M., 1998.

洲地区与苏联在经济振兴，尤其是在贸易、通商等方面关系的要求。7 月 22 日，刘少奇向负责贸易的政治局委员米高扬提出了商谈“苏联与中国、满洲的贸易”的要求。因此，高岗回到东北之时，作为秘密代表团成员之一的对莫斯科的访问，成了众所周知的事实。也因此，在苏联外交文件中，对中国东北部的记录是独立的“贸易对象国”。

斯大林与毛泽东结盟后，向斯大林要求调停内战的国民党最后的希望破碎了。据说，8 月中旬与苏联专家一起归国的刘少奇，顺路访问了中国东北部（哈尔滨、沈阳），作为 10 月 1 日在北京成立中央政府的准备工作，召集了在中苏合作下的中国共产党东北局会议［师哲/263］。刘少奇向毛泽东做访苏报告是在此之后的事情。苏联驻沈阳总领事列多夫斯基指出，打开北京城门的是在林彪率领下的东北部（原满洲）的人民解放军。① 中国共产党在执政之前，与苏联共产党之间的新的职责设定基本上已经巩固这一事实，立即与东亚的政治气候产生了互动。10 月 1 日，中华人民共和国于北京成立，自此始于辛亥革命的中华民国与国民党政权的统治告终。受到中苏同盟体制成立的鼓舞，金日成于 1950 年 4 月与 5 月分别对莫斯科与北京进行了访问。之后朝鲜战争的爆发，致使亚洲“冷战”进入“热战”、革命与战争时代的极点。

四、结语

关于由朝鲜战争的开始及其展开，以及停战与停战以后构成的东亚冷战国际关系史的研究之所以得以进展，中国以及俄罗斯史料的开放起到了重大的作用。即便如此，东亚各国的历史学者们对“亚洲”、尤其是“东北亚”依然处于意见分歧的状态。史料本身的开放似乎后续也没有什么进展。

① 下斗米伸夫在广东对沈阳总领事列多夫斯基的采访，2004 年 4 月 16 日。据说，东北野战军派出了 3500 辆车，苏联提供的包括原日本军的兵器，对于林彪率领下的东北野战军与国民党的内战与攻入北京发挥了一定效果。苏联方面的学者一般对苏联在亚洲解放之中发挥的作用有夸大的倾向，笔者认为对作为日中苏关系接点的中国东北部的作用有重新思考的必要。

各国的研究群体也没有多大进展的迹象。在这种情况下，中国对冷战研究的出色尝试，将使冷战史研究提升到新的高度，在此对日中之间加强冷战研究寄予殷切的期待。

参考文献目录

Archie Brown, *The Rise and Fall of Communism*, London: Bodley Head, 2009.

Tsuyoshi Hasegawa eds. , *The Cold War in East Asia: 1945-1991*, Stanford University Press, 2011.

J. L. Gaddis, *The Cold War—A New History*, Penguin, 2005.

Jonathan Haslam, *Russia's Cold War, from the October Revolution to the Fall of the Wall*, Yale University Press, 2011.

A. M. Ledovskii, *SSSR i Stalin v sud'bakh Kitaya*, M. , 1998.

Russko, *Kitaieskoe otnoshenie*, t. 5, 2009.

石井修：《国際政治史としての20世紀》，有信堂高文社，2000年。

五百旗頭真、トルクノフ編：《日ロ関係史——パラレルヒストリーへの挑戦》，东京大学出版会，2015年。

菅英輝编著：《冷戦史の再検討—変容する秩序と冷戦の終焉》，法大出版局，2010年。

下斗米伸夫：《アジア冷戦史》，中央公论新社，2004年。韓国訳は2006年。

下斗米伸夫：《モスクワと金日成——冷戦の中の北朝鮮 1945—1961年》，岩波书店，2006年。同書のロシア語訳は，Ким Ир Сен и Кремль Северная Корея Эпохи холодной войны 1945—1961 МГИМО, 2010。

下斗米伸夫：《図説 ソ連の歴史》，河出书房新社，2011年。

下斗米伸夫：《日本冷戦史——帝国の崩壊から55年体制へ》，岩波书店，2011年。

下斗米伸夫：《ロシアとソ連　歴史に消された者たち——古儀式派が変えた超大国の歴史》，河出书房新社，2013年。

A·V·トルクノフ（下斗米伸夫訳）:《朝鮮戦争の謎と真実——金日成、スターリン、毛沢東の機密電報による》，草思社，2001年。

アンドレイ·ランコフ（下斗米伸夫訳）:《スターリンから金日成へ——北朝鮮国家の形成1945—1960年》，法政大学出版局，2011年。

アーチー·ブラウン（下斗米伸夫訳）:《共産主義の興亡》，中央公论新社，2012年。

朱建栄:《毛沢東の朝鮮戦争》，岩波现代文库，2001年。

蒋銘敏:《毛沢東の東北戦略構想をめぐる中ソ関係（1945～1949年）》，法政大学修士论文，2013年。

原喜美恵:《サンフランシスコ平和条約の盲点——アジア太平洋地域の冷戦と"戦後未解決の諸問題"》，淡水社，2005年。

松村史紀:《"大国中国"の崩壊——マーシャル·ミッションからアジア冷戦へ》，劲草书房，2011年。

李鐘元:《東アジア冷戦と韓米日関係》，东京大学出版会，1996年。

会议论文

太平洋战争时期美国的对华宣传：媒介与受众

王睿恒*

摘　要　太平洋战争爆发后，美国专门负责进行国内外宣传的官方机构——战争信息署——在中国设立分部，发起了规模庞大的对华宣传活动。它主要利用新闻报刊、非新闻类出版物、图片展、电影和广播等媒介，针对中国社会的各个阶层进行宣传，并对沦陷区的日本军队展开心理战，其活动目的是在鼓舞中国人的士气和促进中美关系的同时，改变中国人对自身、对美国以及对外部世界的看法。依靠美国政府战时在中国巨大的政治影响力以及其强大的经济和技术优势，战争信息署的对华宣传活动得到了中国民众的广泛支持和接受。

关键词　太平洋战争　战争信息署　对华宣传　中美关系　美国新闻处

* 王睿恒，历史学博士，南京大学历史学院助理研究员，研究方向为美国对外关系史。

太平洋战争爆发后，罗斯福政府建立了一个专门负责国内外宣传的官方机构——战争信息署（Office of War Information）[①]，并在中国设立分部，负责战时的对华宣传、情报收集和对日心理战任务。为了鼓舞中国人的士气和促进中美关系，战争信息署借助新闻报刊、非新闻类出版物、图片展、电影和广播等媒介，针对中国社会的各个阶层发起了大规模的宣传活动，在国统区和沦陷区的中国民众当中产生了重要反响。

以往研究第二次世界大战史和美国战时对华政策的学者，多将军事、外交和经济问题放在首位，常常忽视了美国政府曾经针对中国民众开展的大规模战时宣传活动。而在美国对外宣传史领域，有关太平洋战争时期战争信息署的宣传活动探讨得亦不够充分，大部分成果集中在研究宣传与美国国内政治文化的关系上，[②] 少量著作关注美国对德、法等欧洲国家的宣传，[③] 或是海外宣传的手段和策略。[④] 具体到战时美国的对华宣传研究上，既有成果更是匮乏。在这些研究中，罗伯特·李·毕舍普（Robert Lee Bishop）在博士论文中描述了美国在华宣传的主要政策和项目；[⑤] 马修·D·约翰逊（Matthew D. Johnson）的论文进一步研究了战争信息署的在华宣传

---

① 本文是国家社科基金青年项目“二战时期美国对华宣传与文化外交研究”（15CSS016）和北京市教委重点项目“美国对外宣传与文化外交史史料整理与研究综述”（SZ201510028013）的阶段性成果。关于 Office of War Information 一词译法的解释，参见王睿恒：《太平洋战争时期美国的对华宣传：起源、政策与机制》，《世界历史》2014 年第 4 期，第 85 页脚注 1。

② 代表作如 Allan M. Winkler, *The Politics of Propaganda: The Office of War Information, 1942–1945*, New Haven and London: Yale University Press, 1978; Clayton R. Koppes and Gregory D. Black, *Hollywood Goes to War: How Politics, Profits, and Propaganda Shaped World War Ⅱ Movies*, Berkeley: University of California Press, 1990; Holly Cowan Shulman, *The Voice of America: Propaganda and Democracy, 1941–1945*, Madison, Wis.: University of Wisconsin Press, 1990。

③ 参见 Holly Cowan Shulman, *The Voice of America: Propaganda and Democracy, 1941–1945*; Clayton D. Laurie, *The Propaganda Warriors: America's Crusade Against Nazi Germany*, Lawrence, Kans.: University Press of Kansas, 1996。

④ 参见 Charles Alexander Holmes Thomson, *Overseas Information Service of the United States Government*, Washington: Brookings Institution, 1948。

⑤ Robert Lee Bishop's dissertation, *The Overseas Branch of the Office of War Information*, University of Wisconsin, 1966.

活动及其与中国政府之间的合作与相互猜忌；[①] 贾钦涵的文章则对战争信息署的宣传政策和对中共的态度做出了解析。[②] 这些现有成果虽在前人研究的基础上有所推进，但是都没有深入探讨过战争信息署的驻华办事处——美国新闻处（简称美新处）——是如何在具体的宣传项目中执行宣传政策的。同时，它利用了哪些媒体，采取了何种策略，各种媒介针对的受众有何区别等，这些都是本文尝试解决的问题。

一、战争信息署中国项目的启动

在日本突袭珍珠港之后，美国建立一个协调一致的官方宣传机构的需求已变得刻不容缓。在这种情况下，罗斯福总统效仿一战时期公共信息委员会（Committee on Public Information）的先例，建立了战争信息署，并在全世界发动了一场反法西斯的宣传大战。

作为美国的重要盟友，中国亦处于宣传战的中心位置。1942 年 12 月，战争信息署在中国设立分部，针对中国社会各阶层的民众展开了各式各样的宣传活动，并先后于重庆、昆明、桂林、南平、永安、成都、西安和贵阳八大城市设立美国新闻处，其活动范围基本覆盖国统区的全部和沦陷区的大部分，甚至包括部分东南亚地区。无论是在数量上还是规模上，战争信息署驻华办事处都在远东区独占鳌头，足以见得美国政府对在华宣传的重视。[③]

作为辅助战争的有力武器，美国新闻处肩负着执行宣传战和心理战的

---

① Matthew D. Johnson, "Propaganda and Sovereignty in Wartime China: Morale Operations and Psychological Warfare under the Office of War Information," *Modern Asian Studies*, 45, 2 (2011), pp. 303-344.

② 贾钦涵：《战时情报局与美国对华政策（1942—1945）》，《抗日战争研究》2015 年第2 期。

③ "OWI in the Far East," undated, Far East Division, OWI-History Folder, Box 5, Entry 6H, Record Group 208: Records of the Office of War Information（以下简写 RG 208）, National Archive Ⅱ, College Park, Maryland, U. S.（以下简写 NACP）.

双重使命。它既要"向中国的沦陷区和解放区提供信息服务和鼓舞士气"，还要"利用传单、报纸和其他手段针对敌人进行心理战"。[①] 与此同时，美新处还兼具促进美国对华政策的功效。用国务卿科德尔·赫尔（Cordell Hull）的话来说，美国战时的对华政策有两个基本目标，一是"采取共同行动，有效地进行战争"；二是"承认并扶植中国成为一个大国"。[②] 为了实现这两个目标，美国政府不仅与中国结成军事同盟、提供给中国经济援助并提升其国际地位，还利用大量的在华宣传活动从文化心理的层面推动对华政策。对战争信息署的宣传家而言，在战时中国充分发挥美国宣传的话语力量，不仅可以推动反法西斯战争的进程，还能够长远地利用美国的现代化理念重塑中国人的思想，推动中国走上美国设计的大国路线。

为了实现美国对华外交和对华宣传的双重目标，美新处在麦克拉肯·费舍尔（MacCracken Fisher）主任的带领下，动用各种新老媒介发起战争宣传。其中，报纸、杂志、宣传册和书籍这些传统媒介主要针对国统区的受教育阶层和上层人士，包括政府官员、知识分子和学生等社会精英；而海报、照片、幻灯片、电影这些新兴媒介针对的主要是国统区的普通市民和农民，他们当中绝大部分都不识字；广播的适用范围最为广泛，它同时服务于对华宣传和对日心理战，其受众既包括沦陷区的中国民众和日本军队，也包括国统区的中国人和外国盟友。针对不同的中国受众，美新处精心策划了各种宣传项目。

二、新闻报刊

给中国本地报社和杂志社投稿，把中文刊物转化为美国宣传的喉舌，是战争信息署中国分部最早采取的行动，宣传效果也最为显著。一战期间，

① "OWI in the Far East," undated RG208, NACP.

② Cordell Hull, *The Memoirs of Cordell Hull*, Vol. 2, New York: Macmillan CO., 1948, p. 1583.

公共信息委员会的驻华办事处就曾给本地的中文报刊供稿，宣传威尔逊政府的外交政策。① 战争信息署沿用了这一办法，并且，它在稿件的数量和质量上远胜前者。

根据美国发来的越洋电报、驼峰运输的宣传材料以及广播监听新闻，美新处主要编辑了两份油印的时事新闻材料在中国流通。一是英文的《新闻通讯》（*News Bulletin*），每日一刊；另一个是中文的《新闻资料通讯》，一周两刊。二者刊发时都要经过中央新闻社的新闻审查，然后分发到各地的中文报社。② 至于那些时效性不强的新闻，美新处将它们汇集在每周一期的《中文新闻通讯》上，供报社、杂志编辑、政府机构、墙报和其他拥有翻印设施的机构进行重印，"在整个国统区里广泛流通"。此外，针对中国12个战区的报社，美新处还会定期通过邮寄、无线电或电报的方式发给它们"独家报道"。据中国本地报刊所言，这些"独家报道"具有重要的"新闻价值"，极受欢迎。③

除了新闻之外，重庆美新处内设翻译部（又称中文部），负责翻译具有宣传价值的英文文章，投给当地报社和杂志社。仅在1943年9月，翻译部就将122篇译文投给了131家本地和省级报社以及15家杂志社。随后，重庆美新处收到700份刊登了这些文章的报纸样本，而这一数目估计仅占"全部刊登战争信息署文章报纸数的三分之一"，其受欢迎程度可见一斑。④ 此外，重庆之外的地方办事处也都拥有自己的新闻部和翻译部，根据情况在各地分发新闻材料。

据战争信息署内部人士估计，战时从华盛顿总部发到重庆的宣传材料

① Erez Manela, *The Wilsonian Moment: Self-Determination and the International Origins of Anticolonial Nationalism*, Oxford, New York: Oxford University Press, 2007, pp. 100-101.

② Chungking, "China Report, June 15-July 15, 1943," Overseas Operations Branch, OWI Monthly Progress Report (June 15-July 15, 1943) Folder, Box 5, UD 587, RG 208, NACP.

③ Walter S. Robertson (Minister-Counselor of Economic Affairs) to Secretary of State, "Minutes of Meeting of Representatives of United States Government Agencies in Chungking, July 10, 1945," Meeting of Representatives of US Agencies Folder, Box 227, Entry 366A, RG 208, NACP.

④ "China Report, Oct. 15-Nov. 15, 1943," Overseas Operations Branch, OWI-Monthly Progress Report (Oct. 15-Nov. 15, 1943) Folder, Box 5, UD 587, RG 208, NACP.

当中，只有10%最终出现在国统区的刊物上。[①] 这一方面与中国办事处人手不足，只能翻译收到材料当中的一小部分有关；另一方面和中宣部的新闻检查以及中文报社和杂志社最终的新闻筛选相关。负责新闻检查的国民党中央宣传部表示，在发表“任何来自外国出版机构的材料时”必须“考虑中国自身的立场”，对美新处材料进行了限制。[②] 然而，随着美新处在华机构的迅速扩展和人员的增长，特别是在外部信息更为匮乏、中央监控力度薄弱的地方办事处，本地报刊使用美新处材料的比例则相对更高。

经过一年多的开拓，战争信息署的新闻材料逐渐成为战时国统区国际新闻的主要来源之一。据中文部部长刘尊棋报告，在1944年2月前使用美新处稿件的杂志社已超过103家。[③] 到战争后期，接受美新处新闻稿件的报社数量攀升至450家，其间接读者每月有400万人。[④] 这一数字在战时中国已是相当可观。与同时期英国和俄国提供的材料相比，战争信息署的材料“主导着本地报纸的翻译栏目”，其优势让盟国的其他驻华宣传机构望尘莫及。[⑤]

除了向本地中文报纸和杂志社投稿之外，美新处还独立出版了一些影响力比较大的新闻刊物，其中最主要的是《美国文摘》（*American Digest*）和《联合画报》（*United Pictorial*）。

《美国文摘》是美新处最早出版的英文新闻刊物，专门收录美国的报刊文章和新闻。其材料来源包括《新闻周刊》（*Newsweek*）、《纽约时报》（*New York Times*）、《纽约时报杂志》（*New York Times Magazine*）、《基督教科学箴言报》（*Christian Science Monitor*）等几家美国的主流报刊，此外还有

① David Nelson Rowe, “OWI's Far Eastern Outposts: Some Proposals,” *The Public Opinion Quarterly*, Vol. 7, No. 1 (Spring, 1943), p. 94.

② “China, August 22, 1944,” China: Reports of OWI Australian, 1943-45 Folder, Box 1, Entry 6I, RG 208, NACP.

③ Fisher to Taylor, “103 copies of Chinese Magazines containing articles distributed by OWI China Division,” March 27, 1944, Chungking: Outpost Bureau Reports Folder, Box 134, Entry 362, RG 208, NACP.

④ Robert Lee Bishop, *The Overseas Branch of the Office of War Information*, p. 283.

⑤ “China, August 22, 1944.”

战争信息署撰写的文章和广播稿等。[①] 在内容上，美新处往往挑选那些可以鼓舞士气、展现美国社会积极面的文章。

最初，《美国文摘》的受众主要是在华美国人，如外交官、军人和传教士等，为英文出版物。这些人阅读过后，常常“将他们的刊物赠送给中国朋友”，让一些中国的高级知识分子也有机会阅览。[②] 后来为了扩大受众，《美国文摘》增设中文版，其流通范围包括“19 个中国省份以及在中国和印度的中国军队以及美国军队”。[③] 到战争的最后一年，其发行量突破 17,000 份。[④] 美新处官员詹姆斯·斯图尔特（James Stewart）认为，虽然，以美国的标准来衡量“这等于是没有发行量”，但在中国已经很不错了，因为它“可能是国统区唯一一份不受中国国民党新闻检查的杂志”。[⑤] 更为重要的是，《美国文摘》的订阅者不局限于美国机构和个人，还包括中文报社和杂志社，比如《文萃》。[⑥] 这些中文报刊的转载，进一步拓展了《美国文摘》在中国读者群中的影响。

此外，战争信息署还暗中出资创办了一份在战时中国颇具影响力的商业画报——《联合画报》。出于反法西斯宣传的需要，1942 年 9 月 25 日，中英美三方的宣传机构共同商定，在重庆创立《联合画报》，由资深新闻编辑舒宗侨担任负责人。到了 1943 年 1 月，《联合画报》变成美国战争信息署独资掌控的宣传工具，并由月刊改为周刊，增加篇幅，扩大发行。表面上，画报由舒宗侨等中国编辑主持出版；但实际上，无论是图片的选择还

---

① John B. Foster, Chungking, “Report on the American Digest,” Dec. 1943, Chungking: Outpost Bureau Reports Folder, Box 134, Entry 362, RG 208, NACP.

② “China, August 22, 1944.”

③ “China Report, Aug. 15-Sept. 15, 1943,” Overseas Operations Branch, OWI-Monthly Progress Report (Aug. 15-Sept. 15, 1943) Folder, Box 5, UD 587; John B. Foster, Chungking, “Report on the American Digest,” Dec. 1943.

④ Robert Lee Bishop, *The Overseas Branch of War Information*, pp. 280-281; Memo, “Statement on OWI Propaganda Against Japan, 1944-1945,” May 21, 1945, Intelligencer Folder, Box 444, Entry 378, RG 208, NACP.

⑤ Robert Lee Bishop, *The Overseas Branch of War Information*, pp. 280-281.

⑥ Charlotte Sachs, “China Report, Nov. 15-Dec. 15, 1943,” Dec. 13, 1943, Outpost: Chungking Folder, Box 1, Entry 6J, RG 208, NACP.

是文字说明，最终都要经过美新处领导的“严格监控”。[①] 也就是说，《联合画报》穿着中国本土画报的外衣，实则执行着美国的宣传任务，极具隐蔽性。

与《美国文摘》不同，作为一份“独立经营、对外销售”的商业画报，《联合画报》形式多样、主题鲜活，内容强调“新闻性、文艺性和趣味性，一切取材从中国读者的角度出发，把读者的需要放在首位”。[②] 另一方面，《联合画报》还拥有其他中文报刊无法比拟的优势——国际传真图片。1942年12月15日，中美之间开放纽约与重庆的无线电传真，此后，《联合画报》在战争信息署雄厚资金的支持下，成为第一家使用传真照片的中文报刊。罗斯福总统为中美开放传真而写的信件原稿，就刊登在《联合画报》上。[③] 不久，美新处建立了独立的传真系统，借助它和战争信息署的全球网络，海外战场上的最新照片成为《联合画报》吸引读者的撒手锏。

在这种情况下，《联合画报》的销量甚好，有时在发行第一天就已售罄。[④] 它每份售价8美分，发行量约25,000份，销量甚至超过当时中国最畅销的杂志《西风》（发行量约10,000份），销路远至新疆。[⑤] 然而，战争信息署并不满足于此。为了发掘更多的读者，它不惜重金在《大公报》《中央日报》等各大报纸上刊登广告，为画报做宣传。[⑥] 自1943年6月12日起，《联合画报》社还利用其旧图板，出版印刷《中美图画壁报》，专门赠送给民教馆、学校和工厂，供它们张贴在公共场所，吸引大量中国民众前来观看。

---

① “China Report, Nov. 1944,” Outpost: Chungking Folder, Box 1, Entry 6J, RG 208, NACP.

② 舒宗侨：《1942—1949年〈联合画报〉的光辉历程》，http://www.fotocn.org/shuzongqiao/article-134，（2013年10月1日查阅）。

③ 舒宗侨：《1942—1949年〈联合画报〉的光辉历程》。

④ Chungking, “China Report, June 15-July 15, 1943.”

⑤ “OWI in the Far East,” undated; Elizabeth Jorzick, “China Report, March, 15-April. 15, 1944,” Outpost: Chungking Folder, Box 1, Entry 6J, RG 208, NACP; Elizabeth Jorzick, “China Report, Jun, 15-July. 15, 1944,” July. 12, 1944, Outpost: Chungking Folder, Box 1, Entry 6J, RG 208, NACP.

⑥ Charlotte Sachs, “China Report, Jan, 15-Feb. 15, 1944,” Feb. 12, 1944, Outpost: Chungking, Folder, Box 1, Entry 6J, RG 208, NACP.

同时，《联合画报》还作为心理战的“纸弹”，被大量空投到沦陷区，让广大敌后地区的中国民众和日本士兵了解最新的盟国消息。据主编舒宗侨回忆，沦陷区的“群众如饥似渴地盼望从画报上看到反映战争实况的新闻图片。画报传到穷乡僻壤或前方阵地时，你抢我夺，往往把画报看成碎片”。1944 年，为了订购到《联合画报》，“有个读者一次就汇了多达 23 年的订报费”。① 可见《联合画报》的受欢迎程度。

三、非新闻类出版物

美国将新闻用于对华宣传，优势体现在时效性强、传播范围广以及具有隐蔽性。但同时，它也存在着内容简短、深度不够、无法影响不识字的普通民众的缺陷。为了弥补中国开战以来的“信息真空”，让更多的中国民众——特别是沦陷区的民众——接触到西方出版物，战争信息署发行了各种非新闻类的出版物，主要包括杂志、宣传册、书籍和海报。② 战争初期，因为运输和纸张问题，此类出版物在远东地区发行量比较小，直到 1944 年下半年以后才出现大规模的分发行动。③ 此时，盟国的胜利对远东民众来说“更加清晰可见”，战争信息署的主要任务不再是推销美国这台“战争机器”，或是对抗日本的“大东亚共荣圈”宣传，而是向远东的民众“展示出一幅画面，显示出美国的民主如何运作，美国的士兵如何战斗和行动，美国的国家如何为了战争组织自我，以及美国人对战后世界的考虑与美国维持和平和安全的责任”。④这些内容才是战争信息署在挑选出版

① 舒宗侨：《1942—1949 年〈联合画报〉的光辉历程》。

② Memo, Bureau of Overseas Publications, "Publications Plan for China," Sept. 14, 1944, Publications Bureau 1942-1944 (Overseas Branch) Folder, Box 5, Entry 6B, RG 208, NACP.

③ Memo, Bureau of Overseas Publications, "Draft Overall Publications Plan for Far East (Excluding Japan)," Sept. 19. 1944, Publications Bureau 1942-1944 (Overseas Branch) Folder, Box 5, Entry 6B, RG 208, NACP.

④ Memo, Bureau of Overseas Publications, "Draft Overall Publications Plan for Far East (Excluding Japan)."

物时的主要考量。

美新处在中国分发的杂志主要分为两种。一是战争信息署出版部创办的杂志，如《美国》（*U. S. A.*）、《照片评论》（*Photo Review*）和《胜利》（*Victory*）。这些英文杂志制作精良，图文并茂，针对美国国内和国外受众统一选文编写，“不包括特别的宣传内容”，主要展现美国社会光鲜亮丽的一面。① 第二种是美国国内刊行的主流杂志，如《生活》（*Life*）、《时代》（*Times*）、《新闻周刊》（*Newsweek*）、《纽约客》（*New Yorker*）等。② 美新处有专门的打字员将微缩胶卷上翻拍的杂志文章打印出来，放在自己的图书馆里，供中国民众阅览。③ 此外，还有少量从美国运输到重庆的纸板杂志，由地方办事处免费赠送给当地的学校、图书馆、报社、商业机构和政府机构，进行公开传阅。④ 这一类杂志在编写时面对的是美国公众，时而不乏贬评时政的文章，反倒显得真实可信，更容易被中国民众接受。

与英文杂志相比，战争信息署编撰的彩色宣传册内容更加简单直白，且大部分译成了中文，对中国民众更有吸引力。这些宣传册的主题具有普遍适用性，如《这就是美国》《美国的儿童》《民主同盟国家》《租借法案的故事》等，旨在向中国大众介绍美国社会及其战争工作。在1944年9月制订的出版计划中，战争信息署预备最少在中国分发20万本中文宣传册、3万本英文宣传册以及1000本法语宣传册。⑤ 他们将宣传册运到地方办事处，或免费分发，或置于学校、图书馆等人流量大的公共区域，或放在书店免费传阅，形式各异。⑥

① “Design and Paper,” Number 20, Bureau of Publications Documentary Material: Art Section Folder, Box 4, Entry 6B, RG 208, NACP.

② “OWI in the Far East,” undated.

③ “Report from Chungking on American Digest,” Sept. 8, 1943, Chungking: Outpost Bureau Reports folder, Box 134, Entry 362, RG 208, NACP.

④ “Kunming Outpost, Monthly Report, Jan. 1945,” Outpost: Chungking Folder, Box 1, Entry 6J, RG 208, NACP.

⑤ Memo, Bureau of Overseas Publications, “Draft Overall Publications Plan for Far East (Excluding Japan).”

⑥ Memo, Bureau of Overseas Publications, “Publications Plan for China,” Sept. 14, 1944.

书籍是战争信息署海外分发的另一种重要出版物，旨在让其他民族熟悉美国文化的“目的、理念和影响”。[①] 战时中国的中文阅读公众有几百万，外文读者在一百万左右，这些中国社会精英是“书籍项目”的重点目标。[②] 通过它们，美国要向中国展现出：一，美国参战的理由；二，美国对和平以及战后世界的规划；三，近年来美国科学技术和工业的发展。[③]

为了扩大这批书籍的影响力，美新处不仅向中国各大城市的公共机构免费发放，还与本地出版社达成协议，印刷质量较次但相对便宜的英文书，供更多中国读者购买。与此同时，它还将精心挑选的英文书籍译成中文，通过补贴出版商、提供纸张、资助造纸厂等办法压低价格，出版了一批低价的中译本，如李普曼的《美国外交政策》、威尔基的《天下一家》和马歇尔将军的《美国陆军报告》等。[④] 时至1945年，随着供应物资吨位的逐步提升，战争信息署开始每月一次向中国大批量地运送书籍和期刊，当中大部分由美国公共机构捐献或购买，很多都是1940年后出版的新书，对中国知识界具有“重要的学术价值”。[⑤] 可以说，美新处发起“书籍项目”虽是出于宣传目的，但亦为中国的学术发展做出了一定贡献。

除此以外，针对中国大量不识字的普通民众，战争信息署还开启了海报宣传项目。美新处的海报由专人设计，以图画为主，辅以简略的口号，被张贴在城市的大街小巷和农村地区，非常醒目。一般情况下，海报的主题都简单易懂，如“V字海报”的目的是鼓舞中国人的士气，说明盟国胜利在望；用罗斯福总统头像做成的海报，是为了扩大美国领导人在中国民间的认知度和影响力；而最常见的以美国新式轰炸机为背景的海报，则旨在证明美国强大的武器研发和生产能力。[⑥]

---

① Justin Hart, *Empire of Ideas: The Origins of Public Diplomacy and the Transformation of U.S. Foreign Policy*, Oxford: Oxford University Press, 2013, p. 87.

② Memo, Bureau of Overseas Publications, "Publications Plan for China," Sept. 14, 1944.

③ Ibid.

④ Ibid.

⑤ 孙洋：《太平洋战争时期美国对华文化援助研究》，博士学位论文，吉林大学，2012年，第224页。

⑥ 参见 Box 1-12, Entry 462A, RG 208, NACP.

为了给中国民众提供固定的阅读场所，战争信息署还在每个中国办事处里设立小型图书馆，规模不大，却功能齐全。中国人在图书馆内不仅可以免费阅览最新的报刊和书籍，购买战争信息署的出版物，还可以参观图片展台，索取宣传册和新闻传单。① 美新处俨然将其图书馆打造成了一个个综合性的信息集散地。重庆办事处的图书馆平均每天接待访客约284人，昆明办事处的阅览室略小，每天也要接待一二百人。下午和晚上常常人满为患。② 无怪乎中文报纸热情地称其为“沙漠中的绿洲”，装满了“知识的搜寻者”。③

四、图片和幻灯影片

在传统的纸质媒体之外，图片、幻灯影片、电影和广播这些视听媒体也是战争信息署中国分部使用的重要宣传媒介。它们对受众的文化程度要求较低，从政府官员到乡野村夫，都是它们的宣传对象。其中，图片新闻和图片展可谓最受欢迎的宣传方式，“特别是在报纸稀缺的地区，照片在传达战争信息、盟国行动和美国生活方面成功地发挥了巨大作用”。④ 美新处一方面接收来自海外站点和英国信息部发来的海量图片，另一方面可以获得美军在中国本地活动的一手照片，因此它不但能够把这些新闻照片用于本地宣传，还能发往全世界的战争信息署海外办事处，让其他地区的民众了解亚洲的战争进程。

利用这些照片，美新处不仅创办了《联合画报》，还给各大报社供稿，鼓励它们创办画报副刊。浙江的《温州日报》、甘肃的《陇西晨报》、

---

① “China: Library,” OBR Jan. Chungking, Box 4, RG 59, NACP.

② “China Report, February 1945,” Outpost: Chungking Folder, Box 1, Entry 6J, RG 208, NACP.

③ 《沙漠中的绿洲》，《早报》，昆明，1943年12月8日，材料译自 Memo by Jim Burke in Kunming to Mr. Neil D. Brown, Dec. 13, 1943, Chungking: Outpost Bureau Reports Folder, Box 134, Entry 362, RG 208, NACP.

④ “OWI in the Far East,” undated.

成都的《田家画报》和广东的《新世界画报》等都利用美新处的照片创办了画报。[1]《建国日报》等报社还用这些照片举办了图片展。[2] 而《贵阳日报》则不惜耗资10,000元在贵阳市中心修建了一个巨型公告栏，专门张贴美新处的照片，并配有说明文字，"每天有数千人站在公告栏前观看"。[3] 这些本地报社的自发行动充分说明，在战时，图片资源，特别是国际时事图片极为稀缺的情况下，美新处提供的免费照片成为中国人重要的信息来源，他们非常乐意帮助美新处扩散新闻图片，这在无形中扩大了美国宣传的影响力。

与此同时，美新处还为各个机构主办的墙报供应图片，并将照片和模版免费提供给中美英三国的政府机构和军队，以及当地的教育机构和商业组织，并在这些地方定点展出。位于南平的东南办事处曾与福建三民主义青年团建立长期的合作关系，将美新处的照片张贴在当地的青年俱乐部里。在他们看来，"青年团代表着中国政府中最优秀的部分，我们应该与之密切合作以影响其成员和领袖，并向他们展示美国正在做些什么"。[4] 赠送之余的照片，则被美新处张贴在大街小巷的公告栏上。

这些照片的使用也有一定模式，一般情况下，单张照片用于报纸和画报，反映最近的时事热点；而精心布置的展览则用于展现长期的宣传主题。美新处会不定期在中国的重要城市举办大型图片展。展出照片的内容与战争主题紧密相扣，包括前线的战争动态、海军登陆，空袭效果、珠峰航线、美国的人和事、盟国的状况等，此外还有一些特别事件，如开罗会议的召

---

① "China Report, Sept. 1-30, 1944," Overseas Operations Branch, OWI-Monthly Progress Report (Sept. 1-30, 1944) Folder, Box 6, UD 587, RG 208, NACP; Wei Shou-Chung, "Monthly Report of Photographic Department operations in China, Jan. 1944," Chungking: Outpost Bureau Reports Folder, Box 134, Entry 362, RG 208, NACP;《重庆时期大后方的摄影宣传》，http://www.china001.com/show_hdr.php?xname=PPDDMV0&dname=MKERK41&xpos=51，2014年2月10日。

② Charlotte Sachs, "China Report, Dec, 15-Jan. 15, 1944," Jan. 12, 1944, Outpost: Chungking Folder, Box 1, Entry 6J, RG 208, NACP.

③ "Monthly Report of Photographic Department Operations in China: Jan. 1944."

④ Southeast China Branch, Nanping, John Caldwell, "Monthly Report: May, 1944," Chungking: Outpost Bureau Reports Folder, Box 134, Entry 362, RG 208, NACP.

开和“史迪威公路”的开通。重庆办事处将这些照片分类，固定在卡片上，再配上说明文字，发往中国各地展出，每月大约有1.5万—2万张。①

为了吸引足够的观众，每次举办大型展览前，美新处都会做足准备工作。1944年在筹备一次成都图片展时，美新处不仅提前在十家日报上刊登广告，还用海报、道路条幅以及71个固定展板进行宣传，并在开幕式当天，款待来自各大报社的记者们。② 在城市之外，美新处将图片巡展小组派往郊区或沿着高速公路或水路深入乡村，1943年4月，这样的巡展小组超过80个。③

由于准备充分、内容新鲜，美新处的图片展常常人满为患。一般情况下，大型展览的观众在1.5万—3万人左右。1945年1月举办的一次展览吸引了9万人之多，当月中国分部举办展览的参观总人数超过100万。④ 这些数字虽然包括了重复观展人数，但在战时已是相当惊人。图片展的观众几乎囊括了中国的各个阶层，它通过真实的图片，直观地向中国民众展现了世界大战的全景图。作为一种新兴的文化载体，战时展览在美新处的利用下发挥了巨大的功效。通过挑选照片、撰写说明文字以及布置展台，美新处将图片展变成一种有明确思想主题和导向性的文化载体，向中国民众展示着美国的自由和民主、世界战场上的各种进展以及中国士兵的新面貌。中国人对美新处的图片展产生如此之大的兴趣，一方面体现出他们对这种新兴媒介的喜爱，另一方面也反映出他们对战争进程和外部世界的兴趣，以及对美国思想和文化一定程度的认同。

---

① Walter S. Robertson (Minister-Counselor of Economic Affairs) to Secretary of State, "Minutes of Meeting of Representatives of United States Government Agencies in Chungking, July 10, 1945"; "OWI in the Far East," undated.

② Everett D. Hawkins to Peters, "Reports on an Extensive Photo Exhibit," Feb. 19, 1945, Outpost: Chungking Folder, Box 1, Entry 6J, RG 208, NACP; Sutton Christian, "Projecting Democracy to China," Folder 2, Box 1, Sutton Christian Papers, Hoover Archive, Stanford, California, U. S.

③ Chungking, "China Report, May 15-June 15, 1943," Overseas Operations Branch, OWI Monthly Progress Report (May 15-June 15, 1943) Folder, Box 1, UD 587, RG 208, NACP.

④ "OWI in the Far East," undated.

幻灯影片[1]是战争信息署在中国大规模使用的另一种视听媒体，而且是“唯一一个主要为中国设计使用的项目”。[2] 与战时流通的 35 毫米电影相比，幻灯影片具有体积小、便携的优势，因此在交通不便、运输困难的战时中国，幻灯影片的适用范围比电影更加广泛。

早在 1942 年夏，战争信息署的前身信息协调办公室（Office of the Coordinator of Information）与英国信息部（British Ministry of Information）以及中宣部合作，在重庆组织了一个“联合国（家）幻灯电影图片社（United Nations Film Strip Library）”[3]，利用从盟国征集到的照片，制成幻灯影片，在中国各地播出，为盟国做宣传。1943 年图片社更名为“联合国（家）影闻宣传处”，负责人为美新处资深职员温福立（Gerald F. Winfield）。[4]

影闻宣传处播放的幻灯影片主要来自纽约和伦敦，还有一少部分利用本地照片在中国制作而成。战争信息署每月为它拨款 84,000 元，其驻华办事处承担着分发和播放幻灯影片的重任。[5]

为了扩大幻灯影片的影响面，仅依靠美新处是不够的，影闻宣传处必须与中国本地的各种组织合作。比如，它与军事委员会政治部合作，在大量军事院校和训练中心设立放映站，并帮助政治部制作自己的训练影片和培训幻灯影片制作人员。[6] 它主动和国立卫生研究所、国家卫生部的中央研究院和训练研究院建立联系，准备在全国的卫生站设置放映点。[7] 它与中国战争生产委员会、中央宣传部协商，在大型工厂里建立放映站，在中国工

① 幻灯影片（filmstrip）和幻灯片（slides）有所不同。幻灯片是由一张一张单独的胶片组成，而幻灯影片是能够连续播放的 35 毫米胶片。

② “China, August 22, 1944.”

③ 为避免歧义，括号中的“家”字为本文作者所加。

④ 《重庆时期大后方的摄影宣传》。

⑤ Charlotte Sachs, “China Report, Dec, 15-Jan. 15, 1944.”

⑥ “China Report, Sept. 1-30, 1944.”

⑦ “China Report, Sept. 1-30, 1944.”

人中间“散发鼓舞人心的”和“具有教育性意义”的材料。[①] 它在大学里设置放映站，还向成都地区的一些大学教授提供放映机，安排他们在自己家里举行放映会，吸引青年学生的注意。[②] 与此同时，它还在中国新年期间举行特别放映会，播放包括蒋介石和8名中国政治领袖以及英美驻华大使讲话的中文幻灯影片——《新年献词》。[③] 可见，为了获得最大的影响力，美新处充分调动了本地的人脉资源，并挖空心思的在各种场合做推销。

在中、美、英三国的支持下，“幻灯影片项目”进展迅猛。据战争信息署估计，当时在中国使用的幻灯放映机约有350台，平均每月幻灯影片的观众在1500万人左右，数量相当可观。[④] 美新处的目标与影闻宣传处是一致的，即促进中国人对外部世界的了解，让他们意识到中国战场是世界战场的一部分，中国人的命运与盟国紧密相连。因此，以联合国（家）影闻宣传处这个盟国组织的名义进行宣传，要比一个美国的宣传机构直接出面，效果更加显著，也更容易为中国人接受。

五、电影与广播

电影是同盟国和轴心国在第二次世界大战中广泛应用的一种宣传方式，它借助翻译和字幕跨越了语言上的障碍，以图文并茂的方式展现了各国图景。与新闻和图片项目在中国毫无基础的情况不同，美国电影早已在中国站稳了脚跟。作为传播美国文化的载体，好莱坞电影已经得到中国大城市居民、特别是年轻一代的认同和追捧。凭借这一优势，战争信息署的电影

① “Donald M. Nelson to President Roosevelt,” 20, December, 1944, inU. S. Department of State, *Foreign Relations of the United States*: *Diplomatic Papers*, *1944*, *China*, Washington D. C.: United States Government Printing Office, 1944, p. 292; “China Report, Jan. 1945,” Outpost: Chungking Folder, Box 1, Entry 6J, RG 208, NACP.

② “China Report, Jan. 1945.”

③ “China Report, February 1945”;《影闻处编制新年献词》，《中央日报》，重庆，1945年2月12日；《影闻宣传处》，《大公报》，重庆，1945年2月12日。

④ “OWI in the Far East,” undated.

项目很快就打开了中国市场。

战争信息署在中国播放的电影主要分为三种：特制的宣传片、新闻短片和具有一定宣传意义的商业电影。特制的宣传片以展现盟国军队风采、美国民主社会以及先进的科学技术为主，其中在中国发行量比较大的有《伞兵部队》《农民亨利・布朗》《火力》《战斗报告》和《民主进行时》等。另一种是战争信息署专门为中国民众制作的影片，主要反映中国的抗战努力及对世界的贡献，如《蒋介石夫人》和《今日中国内情》。与新闻一样，所有在华上映的美新处影片也要经过中国官方的审查。

美新处的电影在中国很受欢迎，但是囿于商业影院数目有限，1943 年全年在影院观看战争信息署影片的观众总数只有七八十万人。[①]为了扩大影响面，美新处尝试各种办法进行非商业放映。地方办事处都要定期免费播放选定的影片。美新处会提前在当地报纸上刊登广告，吸引观众。[②] 有时办事处还会利用举办晚宴的时刻播放电影，或邀请社会名流前来观影。在重庆办事处，每周至少要播放一部故事片、一部新闻影片和一部短片。受邀嘉宾和访客常常将美新处举办的电影放映会变成“社交场合”，希望在那里认识到“身份体面”的新朋友，因而常常人满为患。[③]

不仅如此，战争信息署的“电影项目”还得到中美军方的积极配合。中国陆军司令部的领导人非常支持这个项目，一些战争信息署制作的影片，如《我们为何而战》（*Why We Fight*）被发往所有中国军队的指挥团队进行放映。[④] 美国陆军为中国军队设立的训练营也主动要求播放新闻短片。[⑤]在华的美国陆军还常常为美新处提供一些便利，如运输电影器材、供应汽油和

---

① “China, August 22, 1944.”

② 《成都美国新闻处展开放映工作》,《电影与播音》1944 年第 3 卷第 7—8 期.

③ “Report on Trip to London, China, India, November 21, 1944- January 19, 1945,” CBI: H. P. Peters report on trip to London, China, India 1945 Folder, Box 1, Entry 6I, RG 208, NACP.

④ Walter S. Robertson (Minister-Counselor of Economic Affairs) to Secretary of State, “Minutes of Meeting of Representatives of United States Government Agencies in Chungking,” July 10, 1945.

⑤ Charlotte Sachs, “China Report, Dec, 15-Jan. 15, 1944.”

发电机等，以推动“电影项目”的开展。[①]

美新处还常常把电影胶片出借给学校、工人培训中心、工厂和医院，巡回放映。[②] 最重要的是，他们不单单在大学校园里播放电影，还在白天的时候“面向学校里的男生和女生、官员和民众进行演讲”。中国的观众对“中美之间的问题、中美关系以及美国人的生活十分关切和感兴趣”，他们想了解更多关于美国和国际事务的知识，而美新处的员工则“尽其所能地回答他们”。[③]这种面对面的交流拉近了美国人和中国青年之间的关系，有助于改变中国大学生对美国以及中国自身的看法。

值得注意的是，战争信息署的电影项目还冲破国民党的封锁线来到延安，得到中国共产党的欢迎。1944 年，美籍日裔宣传员有吉辛治（Koji Ariyoshi）作为美军观察团的一员，带着一台 16 毫米电影放映机和一些宣传材料来到抗日根据地延安，在当地为美国做宣传。据他回忆，当时他邀请了延安英语学校的学生、“日本工农学校”的学生、“朝鲜独立同盟”和其他组织成员一同观看战争信息署带来的电影。他还把电影设备和发电机放在牛车和骡子的背上，跟着第十八集团军的摄影组“走村访乡”，为当地农民播放电影，吸引了大批观众。[④]

在美新处的员工看来，电影在中国的宣传效果非常好，因为“在中美之间建立坚不可摧的友谊的一个最有效的办法，就是向民众展示画面”。通过放映电影，美新处可以“和各种人建立联系，特别是那些没有受过教育的人和普通的农民”，向他们展现“一幅我们的伟大盟友——美国——正在帮助中国”，在国内和国际战场上“对抗敌人的英勇行为和事迹的清晰画面”。[⑤] 因此，对于中国观众而言，他们看到的不仅仅是美国电影，还有战

---

① Theodore Herman (Intelligence Officer), “China Report, Oct. 1944,” Outpost: Chungking Folder, Box 1, Entry 6J, RG 208, NACP.

② “OWI in the Far East,” undated.

③ Bradley Connors, “Monthly Outpost Report, China Division: Motion Pictures,” Dec. 10, 1944, OB Motion Picture Bureau: Oct. -Dec. 44 Folder, Box 2, Entry 6B, RG 208, NACP.

④ ［美］爱丽丝·M·比彻特，爱德华·D·比彻特编：《有吉辛治回忆录》，陈秀霞、舒暲译，南昌：江西教育出版社，1997 年，第 15—16 页。

⑤ Bradley Connors, “Monthly Outpost Report, China Division: Motion Pictures,” Dec. 10, 1944.

争信息署试图向他们展现和推销的“美国梦”。但是，放映电影需要电力，只有国统区的大城市才能满足这一要求。即便是拥有放映站点的地区，也存在着战时影片供给不足的问题。再加上语言和文化习俗上的差异，中国民众对美国电影的理解常常出现偏差，甚至根本不知道电影里播放的科学技术有何用处，因此电影项目的实际宣传功效可能并不能达到美新处职员的期望。

广播的影响面就比电影广泛得多。作为唯一一种不受国民党检查的宣传媒介，广播具有传播速度快、信息量大、成本低、覆盖面广的优点。战争信息署在欧洲宣传的主要方式就是海外广播。但是在相对落后的中国，广播的影响力要弱于其他媒介，因为中国人拥有的收音机数量太少，听众有限。

位于旧金山的“美国之音”（Voice of America）国际广播电台是战争信息署对华广播的输出载体。作为美国第一家也是唯一一家由联邦政府经营和掌控的广播电台，“美国之音”的首要任务是为国家的外交政策服务。在国务院看来，海外广播的意义就在于它的“教育性质，它能让中国人从广播中了解美国文化和社会制度体系等”。[①] 而宣传机构的作用就体现在，它们“赋予事实新闻播报‘以政治意义’”，把广播这种媒介变成了“政治战”的武器。[②]

1942 年 6 月，战争信息署接管“美国之音”，此后“美国之音”每天对华广播的时间增加至 8 小时。它的播报目标首先是“影响中国的沦陷区”，但同时，它“不能在任何方面减少”向国统区传递的信息。[③] 在战争信息署的计划中，面对国统区的中国听众，这些广播节目的主要目的是输

① The Secretary of State to the Ambassador in China (Gauss), January 29, 1942, *Foreign Relations of the United States: Diplomatic Papers, 1942, China*, Washington D. C.: United States Government Printing Office, 1942, p. 699.

② History, "History of the Radio Program Bureau for the Overseas Branch of the OWI," Radio Program Bureau, 1942–44 (Overseas Branch) Folder, Box 7, Entry 6B, RG 208, NACP.

③ Alice T. Curran to Washington Review Board, "Matter of Broadcasting to China, Scheduled for Discussion Friday, the 22nd," June 20, 1945, Area Ⅲ: China Folder, Box 3, Entry 6C, RG 208, NACP.

出美国价值观和民主制度；面对沦陷区的中国人，它的作用在于鼓舞士气、传递信息；而在面对中国的日本平民和军队来说，美国的广播就是穿着信息“外衣”的心理战“武器”，可以“不战而屈人之兵”。[①]

战争信息署对华广播的形式，主要以新闻和访谈类节目为主。依据广播稿的内容，可以大致划分为五种类型：第一种，报道前线战争近况，“以新闻报道、评论或亲眼见证的形式写成”；第二种，全面展现美国人的生活；第三种是关于在美华人的节目，介绍华裔美国人或是采访来自中国的访问者；第四种是“对欧洲生活某些方面的讨论”，向中国人提供欧洲国家的背景信息；最后一种是有关中国的节目，它们从美国人的角度评论中国的时事政治以及战争进程，让国人了解美国人对他们的看法。[②] 这些节目大多用英语、普通话和一些地方方言（上海话、厦门话、广东话）滚动播出。[③]

“广播项目”的运作与中国分部负责的其他项目不同，需要战争信息署旧金山分部和中国分部的密切配合。旧金山分部负责广播节目的选材、制作和播出，中国分部负责接收和录制，并通过本地的广播网络和新闻媒体把节目中的信息散发出去。战时一共有四家大型的中文广播电台和美新处达成协议，转播旧金山的广播节目，包括重庆的国际广播电台和中央广播电台、成都广播电台以及昆明广播电台。[④]

然而，拥有收音机、能够收听“美国之音”节目的中国人依然只是少数。据战争信息署的技术人员估计，在中日战争刚开始时，中国大约有一百万台收音机，大部分聚集在上海和南京等沿海城市。随着战争的推进，收音机的维修部件和材料供应大量缩减，那些战前的收音机可能“有半数

① “Statement of George Taylor,” June 13, 1945, Radio Program Bureau, 1942－44 (Overseas Branch) Folder, Box 7, Entry 6B, RG 208, NACP; “OWI in the Far East,” undated.

② “OWI in the Far East,” undated.

③ 参见旧金山广播节目表。OWI, OB, San Francisco, March 10, 1945, “Shortwave Program Schedule-Pattern 2,” Pacific Operation Bureau (San Francisco) Folder, Box 7, Entry 6B, RG 208, NACP.

④ Elizabeth Jorzick, “China Report, July, 15－August. 31, 1944,” Outpost: Chungking Folder, Box 1, Entry 6J, RG 208, NACP; “China Report, February 1945”; Elizabeth Jorzick, “China Report, April, 15－May. 15, 1944,” Outpost: Chungking Folder, Box 1, Entry 6J, RG 208, NACP.

都不能用了”。[①] 特别是上海和南京这些大城市沦陷后，无线电开始受到日本人严格的管制，已不能公开收听短波广播。

可是，沦陷区内依然隐藏着不少秘密听众。这些人部分没有登记自己的收音机，部分将短波收音机“伪装”成了中波收音机，或是对收音机进行了“改装”。1943年，在美新处采访的403名从沦陷区遣返的美国人中，有95%的人曾“秘密使用收音机定期收听被禁止的短波广播”。据一名来自中国北方的美国人反映，当地的工厂、供电厂和其他拥有广播的地方白天播放音乐和“经过日本人检查的新闻”，一到晚上，就都开始收听“来自重庆和国统区的广播节目”。[②]美新处为了鼓励敌后民众收听旧金山广播，甚至把中文节目时间表印成传单，空投到日占区。[③]

至于没有沦陷的中国西南地区，收音机的持有率相对更低。战争爆发后，在国统区原有的10,000台收音机中“有50%—60%”都无法继续使用。[④] 这说明在国统区那些原本工业化程度低、没有电力供应的村镇，绝大部分人是无法收听旧金山广播的。难怪当时在战争信息署华盛顿总部工作的费正清（John King Fairbank）曾自嘲地说，美日之间面向中国展开的“言辞之战，实际上只是在广播电台双方的工作人员间展开而已”。[⑤]

不过，也不能单纯依据收音机的数量评价战争信息署“广播项目”的效果。在战时中国，每台收音机的听众平均有10人左右，这些人把信息通过“口耳相传”的方式传播出去，就能让更多的人知晓。而且沦陷区的报

---

① OWI, Overseas Branch, New York, “Review of Radio Listening In China, 1937-1945,” June 6, 1945, Prepared By Anne Allison, OWI-London, Radio Reaction-China Folder, Box 385, Entry 370, RG 208, NACP; Memo, Harry S. Hudson to Jon K. Fairbank, “OWI Radio Operations in China,” January 10, 1945, China: Reports of OWI Australian, 1943-45 Folder, Box 1, Entry 6I, RG 208, NACP.

② OWI, Overseas Branch, New York, “Review of Radio Listening In China, 1937-1945,” June 6, 1945, Prepared By Anne Allison.

③ “Plastic Plates-Short Wave Broadcasts-Proofs from the plates,” Box 7, Entry 462A, RG 208, NACP.

④ OWI, Overseas Branch, New York, “Review of Radio Listening In China, 1937-1945,” June 6, 1945, Prepared By Anne Allison.

⑤ John King Fairbank, *Chinabound: A Fifty-Year Memoir*, New York: Harper and Row, 1982, p. 291.

社往往通过监听广播来发布新闻，通过报刊的转述，更多的中国读者可以接收到旧金山广播的信息。① 为了弥补硬件设备的不足，美新处各大办事处还使用“公共广播”和“室外扩音器”来扩大“美国之音”的受众。重庆办事处在它的办公室门口和茶馆里安装了两个扩音器，并在《美国文摘》上刊登转播旧金山广播的节目表。② 总之，虽然受客观条件所限，广播这种新兴媒体不能在中国发挥出最大的宣传威力，但是美新处通过各种补救措施，尽可能地扩大了旧金山广播在中国的影响力。

结 论

太平洋战争期间，战争信息署主要利用新闻报刊、非新闻类出版物、图片展、幻灯影片、电影和广播等媒介从事对华宣传。凭借传统媒介和新兴媒介的传播优势，美新处的宣传项目在中国迅速推行，并获得中国民众的积极响应。值得注意的是，在战时中国混乱不堪的情况下，美新处如何能在短短两三年内启动如此多样的宣传项目，并产生不容忽视的宣传效果。其原因可能主要来自三个方面。

首先，美国作为中国的战时盟友，甚至是中国的“救星”和“恩主”，拥有对中国社会前所未有的巨大影响力。可以说，二战时期是美国深刻介入中国政治与社会变革的一个高峰，其程度已经引起蒋介石政权的强烈不满和猜忌。作为世界上最强大国家的官方宣传机构，战争信息署在中国的行动远远超出国民党的掌控范围，特别是在偏远地带和沦陷区，这为美新处的宣传活动留下了充分的空间。

其次，与同时期在中国打响宣传战的盟友和敌人相比，雄厚的经济实力以及先进的通信技术，是美新处夺得在华话语权的必要条件。美新处不仅在国统区的几个重要城市构建了宣传网络，拥有从驼峰航线输送过来的

---

① 美新处经常发现沦陷区的报纸采用旧金山广播的内容。OWI，Overseas Branch，New York，“Review of Radio Listening In China，1937-1945，” June 6，1945，Prepared By Anne Allison.

② “China Report，Sept. 1-30，1944.”

设备和资源补给，并且依靠战争信息署总部以及大量海外办事处，占有世界各地第一手的新闻资源。此外，无线电传真技术在信息传播上的突破性应用也为美新处提供便利，增添了赢得这场宣传战的筹码。

最后，也是最重要的一点，美国的对华宣传活动满足了中国民众的信息需求以及心理需要，得到中国社会各阶层的积极配合。同在沦陷区，日伪也进行了大量的宣传和奴化教育，但其效果却差强人意。因为日本人和日伪的宣传违背了中国人民的意愿，受到当地民众的强烈抵制。而美国则是中国的政治盟友和军事盟友，其对华宣传活动得到了国民党和共产党的许可与帮助。战时中国仿若一个信息的荒岛，在切断与外部世界联系的情况下，在国民党宣传已无人信服的情况下，美国提供的相对客观且全面的信息迅速填补了真空，得到大部分中国人——特别是知识分子——的信任。同时，美新处的职员大多为本地雇佣的中国员工，基层的许多宣传活动实际上由中国民众自发参与组织，这就使得美国的对华宣传更具隐蔽性。

总之，在各种因素的促使下，二战时期战争信息署在中国开展的各类项目活动创造了美国政府对华宣传的高潮。

美国对1945年中苏条约谈判的介入
——基于核军事背景下的分析

[日] 吉田丰子*

摘　要　就在1945年的《中苏友好同盟条约》谈判即将开始之际，形势出现了发生巨大变化的可能性。因为美国已经准备好在7月上旬进行原子弹试验，其结果甚至将影响到苏联是否还有必要对日参战。着眼美国进行原子弹试验与中苏谈判的时期几乎重合这一历史背景，美国与中苏谈判之间的关系自然有必要重新分析。本文以重新解析美国外交文件为主对这一问题展开论述。

通过分析可知，随着原子弹试验的决定及其成功、用原子弹轰炸日本的决定这一系列形势变化的发生，美国也逐渐加深了对中苏谈判的介入。美国的介入主要围绕大连问题，其目的是让苏联承认美国的"门户开放"政策，以维护美国在中国东北的权益，防止苏联独占东北。在《中苏友好同盟条约》缔结的8月14日，苏联原本要与中国起草对美国"门户开放"政策的谅解文件，但就在当天，莫洛托夫称，这一点已经反映在条约之中没有必要另行起草声明。条约缔结后，虽然美国继续要求苏联与中国起草该文件，但是没有实现。后来，虽然以美国为首的各国向苏联提出抗议，苏联还是拒绝了第三国对大连港的使用。可以说，在《雅尔塔协定》基础上签订的《中苏友好同盟条约》中已经蕴含着围绕中国的美苏冷战的起源。

关键词　雅尔塔协定　中苏友好同盟条约　原子弹　冷战起源

* [日] 吉田丰子，日本京都产业大学副教授。

序 言

苏联在 1945 年 2 月的雅尔塔会议上，将确保其自身的国防与经济权益作为参加对日作战的条件向英美提出并获得了保障。其中与中国有关事项如下：

1. 维持外蒙古（蒙古人民共和国）的现状。

2. 恢复帝俄被日本夺取的权益。

关于中国东北的条款中尤其重要的包括：

大连商港应该国际化，并且苏联在该港的优先权益应该获得承认；旅顺港作为苏联的海军基地应该获得恢复；对担任通往大连之出路的中东铁路和南满铁路应该设立苏中合办的公司共同运营，并且苏联的优先权益应该获得保证，保证中国对满洲的完整主权。《雅尔塔协定》还规定，苏联的上述要求需通过与蒋介石领导下的国民政府谈判而得以实现。①

美国接受上述条件的主要原因是：第一，认为中国可以在蒋介石政权领导下实现统一；第二，认为苏联承认了美国的“门户开放”政策。

然而，就在中苏会谈即将开始之际，形势出现了发生巨大变化的可能性。因为美国已经准备好在 7 月上旬进行原子弹试验，其结果甚至将影响到苏联是否还有必要对日参战。着眼美国进行原子弹试验与中苏会谈时期几乎重合这一历史背景，美国与中苏谈判之间的关系自然有必要重新分析。基于这一问题意识，本文将以重新解析美国外交文件为主回答上

---

① *The China White Paper*, Stanford University Press, 1949.

述课题。[①]

一、原子弹试验背景下美国对中苏会谈的间接介入

学界关于波茨坦会议前中苏谈判的一般看法是：美国为了早日促成中苏条约的缔结倾向于向中国施加压力；波茨坦会议前中苏谈判一度中断的原因是中方负责人宋子文对有损中国主权利益的条约不愿意背负政治责任而采取了拖延策略。[②] 然而，姑且不论这一时期美国已经计划进行原子弹试验，面对强大的对手斯大林，将波茨坦会议前中苏谈判一度中断的原因全部归咎于宋子文个人，显然是不客观的。基于上述问题意识，下文将重新分析波茨坦会议前的中苏谈判与美国之间的关系。

经过6月30日短暂的礼节性会谈，中苏谈判于7月2日正式开始。苏联除了表示承认中国在东北（满洲）的主权，支持国民政府外，还在旅顺问题上同意了中国不适用“租借”的主张。然而，在外蒙古与东北问题上，双方差异较大。第一，关于维持“外蒙古（蒙古人民共和国）的现状”，宋子文主张予以搁置，而斯大林为了防止日本东山再起对苏联远东地区形成威胁，要求维持蒙古人民共和国的独立。第二，关于中东铁路与南满铁路。苏联没有主张其在东北驻军的权利，但要求两条铁路的所有权，提出与中国共同经营，并且由苏联人任经理。对此，中国坚决不出让所有权，基本上同意了共同经营。第三，关于大连港问题。斯大林主张其“国际化”并由苏联与中国共同管理，不允许第三国介入，同时“优越权益”是指苏联

---

① 关于中苏直接交涉的拙稿有：《民族主义与现实主义之间的权衡与抉择——1945年中苏条约缔结过程中国民政府之因应》，栾景河、张俊仪主编：《近代中国的对外关系：思想与外交》，北京：社会科学文献出版社，2013年；《民族主义与现实主义之间的权衡与抉择——再议1945年中苏条约缔结过程中国民政府之因应》，张俊仪、陈红民主编：《近代中外关系史研究》（第5辑），北京：社会科学文献出版社，2015年。

② 梁敬錞：《中美关系论文集》，台北：联经出版事业公司，1982年；陈立文：《宋子文与战时外交》，台北：“国史馆”，1991年；吴景平：《宋子文评传》，福州：福建人民出版社，1992年；John W. Garver, *Chinese-Soviet Relations: 1937-1945*, Oxford University Press, 1988.

较中国拥有优越权益。对此，宋子文主张大连属于中国行政范围内的自由港，但可给予苏联派遣助手以及自由使用的权利。

这次会谈结束后，宋子文向美国驻苏联大使哈里曼报告了会谈情况，并要求哈里曼向美国政府紧急确认美国对于《雅尔塔协定》各项条款的解释。关于外蒙古的条款这一最大问题，宋子文提出如果不明确美国政府的解释，会谈将无法进行，此外，关于铁路与港口问题，中方特别希望早日知道美国对“大连商港的国际化”的看法。[①] 哈里曼在致杜鲁门总统与贝尔纳斯国务卿的电报之中称，美国政府没有讨论过罗斯福总统的看法，而据宋子文7月2日所言，已故罗斯福总统所言大致如下：

1. 外蒙古问题。罗斯福总统对此没有过考虑，可能不知道中国由于内政问题不能承认外蒙古独立。

2. 铁路。罗斯福总统只提到共同经营，绝对没有承认苏联的所有权。

3. 大连港。罗斯福主张使大连成为自由港，但绝对没有考虑给予苏联特殊的权益。

4. 关于朝鲜。斯大林不愿意驻扎国际性的军队或者警察，主张由苏联组织的朝鲜军队统治。因此，名义上为托管，实际上由苏联操纵。哈里曼对此表示非常担忧。[②]

对宋子文而言，从哈里曼处得知的信息，尤其是关于大连的信息，与杜鲁门政府在6月15日向中国提供的《雅尔塔协定》的记录之中的斯大林承认美国的“门户开放”政策一致，因此在大连港问题上便有了与美国追求共同利益，使美国卷入中苏谈判，以此牵制苏联的策略的可能性。这一点在以下的分析中将更加清晰。与对外蒙古问题的敷衍[③]相对照，其实，美

① The Ambassador in the Soviet Union (Harriman) to President Truman and the Acting Secretary of State (Paraphrase), (Moscow), July 1, 1945, *Foreign Relations of the United States* (*FRSU*), *1945*, Volume Ⅶ, The Far East: China, Washington: United States Government Printing Office, 1969, pp. 910–911. The Ambassador in the Soviet Union (Harriman) to President Truman and Secretary of State (Paraphrase), (Moscow), July 3, 1945, *FRUS*, pp. 911–912.

② T. V. Soong Papers, Box 58, Folder 17, Hoover Institution Archives, Stanford University.

③ The Secretary of State to the Ambassador in the Soviet Union (Harriman), (Paraphrase), (Washington), July 4, 1945, *FRUS*, pp. 914–915.

国对与其利益相关的大连港问题较早地予以了特别的关注并考虑对策。这在贝尔纳斯国务卿于7月6日致哈里曼的美国政府关于中苏会谈的具体方针指示中可以明显看出，其要点如下：

1. 美国的原则是对《雅尔塔协定》不做解释，不介入中苏谈判。

2. 以杜鲁门总统与贝尔纳斯国务卿的名义向中苏两国表示，《雅尔塔协定》达成任何一致之前都必须与缔约国之一的美国进行协商。

3. 关于大连港。在“适当时期”，美国不参与大连港的管理和统治，但是苏中两国之间在大连或者其他地区问题上达成某种一致时，应该表示尊重国际贸易中的公正原则，并且这一原则首先要体现于所有爱好和平的国家对大连港设备的使用以及在铁路运输上享有平等的权利，应该断绝类似日本统治时期名目繁多的差别性的、实际上不平等的经济待遇。①

上述美国方针之意图，可以说有以下两点：

第一，即使在不介入中苏谈判的情况下，美方亦主张两国政府在达成任何协定之前都必须通知美国政府，是对苏联牵制之表示。此点主张基于美方认为事实上苏联对中国的要求已超出《雅尔塔协定》。贝尔纳斯在同一封电报中指出，斯大林主张东北主要铁路的所有权属于苏联，而《雅尔塔协定》中并未允许苏联独占。

第二，于“适当时机”介入大连问题。这一点比较更清楚地表示了波茨坦会议前美国对中苏谈判的干预。“适当时机”具体为何呢？其实，美国已经在6月决定7月上旬进行原子弹试验，因此可以肯定，其具体结果将影响美国是否介入大连问题。事实上，如后所叙，原子弹试验成功后，美国立即朝这一方向行动。波茨坦会议前夕中苏会谈的中断也与此不无密切的关系。

根据目前资料，蒋介石将中苏会谈的重任委托给宋子文后，7月1—4日期间离开重庆去西安似乎并无要务。果真如此的话，蒋介石对中苏谈判的重要性，尤其是苏联关于外蒙古独立谈判要求绝对不会改变这一点，显

① The Secretary of State to the Ambassador in the Soviet Union (Harriman), (Washington), July 6, 1945, *FRUS*, pp. 916-917.

然是十分清楚而苦于思考对策。7 月 5 日，阅读了宋子文的相关来电后，蒋介石立即起草了以承认外蒙古独立为交换条件，要求苏联保证东北的领土主权之完整，不支持新疆的叛乱者与共产党的方针。不过，在 6 日致宋子文的电报中，不仅有如果中国的要求得以实现，或许可以承认外蒙古的独立，还有见机行事的指示。7 日，蒋介石向宋子文发出了明确指示的电报。①

接到蒋介石指示的宋子文在与斯大林进行会谈的 7 月 9 日当天，向哈里曼表示即使外蒙古问题在波茨坦会议前能够取得一致，也没有讨论铁路与港口问题的时间，因此波茨坦会议前缔结条约非常困难，并提出波茨坦会议期间可能归国之意。

哈里曼试图迫使宋子文让步而强调如果条约不能缔结对中国之不利，但最后对宋子文提出如下建议："即使在这次谈判期间不能达成协定，也要发表公报，以好的发声肯定这次谈判已经有所进展，以促使谈判早日再开。"② 哈里曼此时提出这一建议之背景，首先是假如不久后原子弹试验成功，对于 7 月 6 日贝尔纳斯国务卿的来电中所提的美国介入大连问题的可能性应该会起到积极的作用；其次是担心波茨坦会议之前中苏继续谈判的话，宋子文可能在大连问题上向苏联做出让步。

早在 7 月 8 日听取了宋子文关于中国的妥协方案后，哈里曼就在致杜鲁门总统和贝尔纳斯国务卿的电报中表示，波茨坦会议前中苏缔结条约十分困难，并且提出为了在波茨坦会议上进行讨论，美国应该采取的措施是预先对《雅尔塔协定》的内容进行研究，尤其是中国向苏联让步的港口和铁路的条款，以及对中国当前对外蒙古问题维持现状将采取的行动。此外，哈里曼认为对他于 7 月 2 日向宋子文表示的关于朝鲜的托管也应该进行讨论。③

---

① 《蒋介石日记》，1945 年 7 月 6 日、7 日。Hoover Institution Archives, Stanford University.

② The Ambassador in the Soviet Union (Harriman) to President Truman and Secretary of State, (Moscow), July 9, 1945, *FRUS*, pp. 924-926.

③ The Ambassador in the Soviet Union (Harriman) to President Truman and the Secretary of State, (Moscow), July 9 (8), 1945, *FRUS*, p. 924.

哈里曼在7月9日致杜鲁门总统和贝尔纳斯国务卿的电报中又称：宋子文"准备拒绝苏联的以下任何企图。即，针对各国对大连自由港和铁路运输设施的使用以及在满洲发展贸易的自由进行限制"，并称"在这一点上，宋子文的态度与你们7月6日的310号来电中对我个人之指示态度是一致的"。[①] 也就是说，哈里曼在向美国政府要求，对至少在大连问题上主张美中共同利益的宋子文予以支持。

7月9日的中苏谈判中，双方关于外蒙古问题达成了一致，但是在接下来的两次谈判中，如哈里曼的预想，苏联在大连港与铁路权益方面的态度加强了。波茨坦会议之前苏联的主要主张是将铁路与大连港划为苏联的海军基地。对此，宋子文坚持需要在波茨坦会议期间返回重庆同蒋介石进行商谈。

试图在波茨坦会议之前缔结中苏条约的斯大林即便强调在会议上要讨论苏联对日参战的日程，因此最好在此之前达成协定，[②] 宋子文也丝毫没有改变态度。会谈中断后，宋子文对哈里曼称，由于"明确的理由"，他没有同意苏方的主张。所谓"明确的理由"，应该是指哈里曼于7月2日向宋子文所表示的罗斯福总统的解释。总之，可以说宋子文是在利用大连问题，要求美国在波茨坦会议上采取负责任的参与。

值得注意的是，在这次谈话中，宋子文向哈里曼提出，希望美国政府在波茨坦会议上能说服苏联接受中国的立场，或者由美国提出一个蒋介石能够接受的方案。[③] 从中可以看出宋子文对于美国的期待，以及竭力减轻条约对中国的不利影响。

---

① The Ambassador in the Soviet Union (Harriman) to President Truman and the Secretary of State, (Moscow), July, 1945, *FRUS*, pp. 924-926.

② The Ambassador in the Soviet Union (Harriman) to President Truman and the Secretary of State, (Moscow), July 12, 1945, *FRUS*, pp. 932-933.

③ The Ambassador in the Soviet Union (Harriman) to President Truman and the Secretary of State, (Moscow), July 13, 1945, *FRUS*, pp. 933-934.

二、美国原子弹试验的成功与对中苏谈判直接介入的决策

既往的研究鲜有从美国开展原子弹试验与中苏谈判的关系这一视角出发，因此一般认为美国对中苏谈判的介入始于其用原子弹轰炸日本。另外，部分已有研究对波茨坦会议期间美国对中苏谈判的介入有所提及，但对其背景的认识却相当薄弱。首先应该指出的是，原子弹试验的成功恰恰是美国介入的历史背景，美国据此决定了介入中苏会谈的方针政策。

就在波茨坦会议开始前一天的7月16日，美国原子弹初次试验成功，翌日第二枚原子弹试验也取得了成功。[①] 在如此重大的军事背景之下，姑且不论苏联对日参战是否还有必要性，美国已经明确了直接介入中苏会谈的立场。

首先应该分析的是第一个接到原子弹试验成功消息的陆军部长史汀生于7月16日致电杜鲁门总统的记录。[②] 其中称，如果根据美国“传统的对华政策”，即“门户开放”政策和承认中国在东北的主权来解释《雅尔塔协定》，并且美国始终统治太平洋岛屿的话，[③] 就国防而言，美国没有必要担心苏联对日参战与《雅尔塔协定》的关系。在此基础上对东北问题提出如下意见：

1. 关于旅顺，已故的罗斯福总统已经许可在一定时间范围内将其作为海军基地租借给苏联。也就是说，苏联的要求是符合《雅尔塔协定》的。

2. 关于大连，《雅尔塔协定》仅允许苏联以商业目的进入以及使用必要的设备，并没有与苏联妥协而允许苏联垄断或阻止在大连以及其他港口的贸易。在东北属于中国的前提下，苏联可以通过中苏共管的铁路进入大连

---

① Tsuyoshi Hasegawa, *Racing the Enemy: Stalin, Truman and the Surrender of Japan*, Harvard University Press, 2005.

② Memorandum by the Secretary of War (Stimuson) to President Truman, (Postsdam), July 16, 1945, *FRUS*, pp. 943-944.

③ 这里使用假设的表达方式表明美国决定向日本投炸原子弹是在7月21日以后。

港，但仅限于输出和进口。

3. 关于铁路，其必须公开经营，并且不允许损害其他大国在东北的贸易。

4. 关于大连与铁路问题可毫无保留地支持宋子文的意见，理由是其也可以维护美国在华以及在远东地区日渐增加的利益。

史汀生更进一步反省称，将旅顺租借给苏联已经是一个错误，不能对辽东半岛或者东北的其他任何军事利益和统治再做出让步，并强调美国应该支持宋子文的提案。

美国的具体介入方案参见驻苏大使哈里曼致国务卿贝尔纳斯的文件。在贝尔纳斯通过驻华大使赫尔利指示宋子文赴莫斯科继续与斯大林谈判的7月28日，① 哈里曼对贝尔纳斯称，美国已经没有必要关注苏联对日参战了，但是中苏条约的签订依然具有重大的意义，他还指出中苏会谈重新开始时有关美国利益的问题并提出了对策。

哈里曼认为，中国不能单独与苏联对抗，因此，在东北铁路与港口的交涉上，如果给予苏联优先于美国以及其他国家的外国商人以特殊权利，甚至让步至其他外国商人不得在东北经商的话，将违背美国的对华政策和国家利益。在此基础上提出，为了使其“门户开放”政策在东北不遭受失败，美国有介入中苏谈判的必要性。具体做法是，向斯大林建议在中苏协定中支持美国的“门户开放”政策并提出具体文件，有了这一文件的话，如果美国在东北的利益受到损害，可以据此同苏联直接交涉。②

7月31日，哈里曼再次致电贝尔纳斯，提出了关于中苏会谈的展望与美国介入方式的文件。哈里曼认为，斯大林一定会要求缔结苏联7月初提出的方案，所以最终结果是中国将做出让步，并且认为如果美国不以坚定的立场解释《雅尔塔协定》的话，中苏谈判可能破裂，甚至双方关系有更加紧张的可能性。如果宋子文让步，就有损美国的利益。因此，关于美国的

---

① The Secretary of State to the Ambassador in China (Hurly), (Babelsberg), July 28, 1945, *FRUS*, p. 950.

② Memorandum by the Ambassador in China (Hurley), (Babelsberg), July 28, 1945, *FRUS*, p. 950.

介入哈里曼提出了与7月28日不同的方案，即斯大林与宋子文坚持各自主张时，由哈里曼做出如下通知：

第一，罗斯福总统在雅尔塔会谈上关于大连港的态度，即罗斯福拒绝了斯大林的租借要求，而坚持应该将大连港作为国际化的自由港口。

第二，美国不允许将大连港划为苏联的军事区域或者作为苏联的海军基地。

第三，如果斯大林不赞成将大连作为中国管理下的自由港，以商业方式租借给苏联一部分用于运输这一宋子文的提案的话，就成立由中国、苏联、美国（或者加上英国）组成的委员会，将大连作为自由港，监督其经营。

关于铁路问题，该文件认为中苏分歧并不大，双方可以商讨。①

在中苏谈判即将重新启动之际，哈里曼于8月4日向贝尔纳斯国务卿提出要求，希望美国政府将与苏联交涉的权力交给他。② 对此，贝尔纳斯在5日回复称，对哈里曼目前的意见与提案全部同意。也就是，1. 根据罗斯福总统的意见，坚决反对斯大林关于大连港的主张，支持宋子文的提案；2. 条约缔结时，让斯大林立即公开发布承认美国在东北“门户开放”政策的书面文件；3. 如果宋子文的提案不能通过的话，根据需要向斯大林和宋子文提出，美国建议成立由中国、苏联、美国（英国也有加入的可能性）组成国际委员会，将大连港作为自由港，监督其经营。③

三、波茨坦会议后美国对中苏谈判的介入

在美国原子弹试验成功的背景下，波茨坦会议于7月17日至8月2日

---

① Memorandum by the Ambassador in the Soviet Union（Harriman）to the Secretary of State,（Babelsberg）, July 31, 1945, *FRUS*, pp. 953-954.

② The Ambassador in the Soviet Union（Harriman）to she Sectary of State,（Berlin）, August 4, 1945, *FRUS*, p. 954.

③ The Secretary of State to the Ambassador in the Soviet Union（Harriman）,（Washington）, August 5, 1945, *FRUS*, pp. 955-956.

举行，美国对苏联在中苏谈判中提出的在中国东北的权益的要求强烈不满，并且在做出向日本投放原子弹的决定之后，有意将要积极加入要求日本无条件投降谈判的苏联排除在外了。

此外，杜鲁门总统还致电蒋介石，指示其在今后的中苏谈判中不许向苏联妥协。① 然而，由于杜鲁门向斯大林暗示了原子弹试验的成功，对斯大林而言，在日本投降之前对日参战以及缔结中苏条约就成了刻不容缓的问题。斯大林做出的战略决策是提前对日宣战。② 这一决定给中苏谈判带来了重大的影响。

就在宋子文等中国代表抵达莫斯科的 8 月 7 日，斯大林便与其开始了会谈。针对中方提出的必须将与大连有关的铁路排除在军事区域之外的主张，斯大林表示，与大连港相关的铁路不划为军事区域，其民事行政属于中国管辖，但是涉及安全问题时需要与苏联的军事长官协商。③ 显然，斯大林做出了妥协，其目的在于尽快缔结中苏条约。会谈决定 8 日中方向苏联外交部提出草案。

8 月 8 日下午，莫洛托夫外长将中方人员中的外交部长王世杰与驻苏大使傅秉长约到其官邸，声明苏联将于 8 月 9 日与日本进入战争状态，并且宣读了对日宣战声明。他同时表示，这一行动是基于《雅尔塔协定》中关于苏联在对日参战的有关内容而决定的。因此，美国关于苏联最早在 8 月 15 日之前也不会对日参战的预测失败了。

8 月 8 日夜晚，接到杜鲁门命令的哈里曼与斯大林举行了会谈。哈里曼首先转达了杜鲁门总统将继续支持《雅尔塔协定》的态度，并称已故的罗斯福总统在与斯大林的会谈中所持的美国对华政策，是以保证包括东北在内的中国的领土主权和美国的门户开放政策为基础的，杜鲁门总统也希望

---

① President Truman to the Ambassador in China (Hurly), (Babelsberg), July 23, 1945, *FRUS*, p. 950.

② Tsuyoshi Hasegawa, *Racing the Enemy: Stalin, Truman, and the Surrender of Japan*, Harvard University Press, 2005.

③ The Ambassador in the Soviet Union (Harriman) to the Secretary of State, (Moscow), August 7, 1945, *FRUS*, pp. 957-958.

中、苏在谈判中考虑美国的长期利益。哈里曼还指出，在1924年的《中苏解决悬案大纲协定》中，苏联曾放弃了在中国的治外法权等特权。关于中苏谈判的现状他认为：

第一，关于旅顺港。为了安全与防卫之目的，将其作为苏联的海军基地符合中苏双方的利益，因此美国政府不反对。

第二，关于大连港。已故的罗斯福总统并没有同意斯大林的租借要求，而是主张将其作为国际化的自由港，苏联在这一港口的特殊权益可以通过承认其作为苏联进出口贸易的不冻港而得到保证，即以商业的形式保证其利益。此外，从美国对华长期利益的角度而言，美国政府认为大连港应该在中国政府的管理之下。

第三，目前中苏谈判中涉及美国利益以及影响美国对华政策的所有事情都应该与中苏谈判的促进者杜鲁门总统商谈。①

哈里曼认为这些意见对美苏双方都有利，并在8月9日以书信的方式向莫洛托夫重申了上述主张。② 同日，哈里曼与王世杰讨论了大连问题。哈里曼称，在关于大连的协定中只能向苏联提供进出口货物之便，这种做法不影响美国的门户开放政策，也不侵犯中国的主权，并且获得了斯大林的同意。但是其中没有加入《雅尔塔协定》中关于苏联“优先权益”的表述，因此斯大林表示了不满。并称，关于大连的行政，斯大林要求港口的业务管理与警察权的意愿较强。③

在8月10日宋子文与斯大林举行会谈前，哈里曼又向宋子文强调，中国关于大连的主张应与《雅尔塔协定》一致，如果要在涉及美国利益的问题上做出让步时，必须预先与美国商谈。④ 在当日的会谈上，中苏双方首先

---

① Memorandum of Conversation by the Minister Counselor in the Soviet Union (Kennan), (Moscow), August 8, 1945, *FRUS*, pp. 960-965.

② The Ambassador in the Soviet Union (Harriman) to the Secretary of State, (Moscow), August 13, 1945, *FRUS*, pp. 970-971.

③ 《王世杰日记》(手稿本)，第4册，1945年8月9日，“中央研究院”近代史研究所刊行。

④ The Ambassador in the Soviet Union (Harriman) to President Truman and the Secretary of State, (Moscow), August 10, 1945, *FRUS*, pp. 966-967.

谈论了大连问题，斯大林提出，大连市及其港口由中方负责管理，战时由苏联对其实施军事管制。

关于边界问题，宋子文提出组织一个共同委员会勘定边界后再承认外蒙古的独立。但是斯大林坚持“现行边界”，并威胁称，如果中国不同意，内、外蒙古的边界线将消失，也就是内蒙古将被外蒙古合并而形成更大的蒙古人民共和国。铁路问题也进行了讨论。斯大林同意了宋子文提出的由双方组成人数各半的董事会的方案，但是坚持铁路的董事会主席由苏联人担当，宋子文未予同意。

苏方关于支持国民政府这一最核心问题的表述并没有如宋子文所期待般得以明确。虽然谈判记录中没有，但是根据哈里曼向美国的报告可知，为了尽快迫使宋子文缔结条约，会谈最后，斯大林恐吓宋子文说：“如果不那样的话，共产党将进入满洲。”

哈里曼关于这次会谈的看法是，未解决的争执点是，斯大林要求对大连港口的设备与中国共同享有所有权，并且要求由苏联人担任两条铁路的经理。哈里曼认为，宋子文对于前者不会妥协，对于后者应该会同意。在此基础上，哈里曼向杜鲁门和贝尔纳斯提出，后者不具有使谈判决裂的重要性，但是如果宋子文允许将大连港口的设备的所有权与苏联共同拥有，则将有损于美国的利益，因此要求杜鲁门与贝尔纳斯立即给予具体意见。①

贝尔纳斯于 8 月 11 日向哈里曼回复了五条意见。第一条称，关于中国让步以换取苏联将不支持与国民政府持不同政见者这一条款，虽然美国不能公开表示意见，但认为苏联应该对支持国民政府做出明确的表述。② 余下几条的意见则是将具体应对全权委托哈里曼来处理。

在中苏继续谈判的 8 月 12 日，哈里曼致信莫洛托夫，称根据宋子文的信息，苏联提出与中国共同拥有大连港的设备，他本人根据美国政府的命

① The Ambassador in the Soviet Union (Harriman) to President Truman and the Secretary of State, (Moscow), August 11, 1945, *FRUS*, pp. 967-969.

② The Secretary of State to the Ambassador in the Soviet Union (Harriman), (Washington), August 11, *FRUS*, 1945, pp. 969-970.

令，认为那是有损美国利益的而不予支持。哈里曼也将此函抄送给了宋子文。[①] 显然，最终苏联将其要求降至拥有大连港设备一半的所有权，哈里曼信函起到了一定作用。另一点值得注意的是，苏联同意了中国提出的设立中苏军事委员会这一提案。苏联在这一问题上的妥协，除了中国自身的努力以及美国的介入外，更加重要的是，在日本即将投降之际，中苏双方都希望在日本投降之前尽快缔结条约。

结　语

通过以上分析可知，随着原子弹试验的决定及其成功、用原子弹轰炸日本的决定这一系列形势变化的发生，美国也逐渐加深了对中苏谈判的介入。而美国的介入主要围绕大连问题，其目的是让苏联承认美国的“门户开放”政策，以维护美国在中国东北的权益，防止苏联独占东北。

在《中苏友好同盟条约》缔结的 8 月 14 日，苏联原本要与中国起草对美国“门户开放”政策的谅解文件，但就在当天，莫洛托夫称，这一点已经反映在条约之中，没有必要另行起草声明。[②] 条约缔结后，虽然美国继续要求苏联与中国起草该文件，但是没有实现。[③]

后来，虽然以美国为首的各国向苏联提出抗议，苏联还是继续拒绝了第三国对大连港的使用。可以说，在《雅尔塔协定》基础上签订的《中苏友好同盟条约》中已经蕴含着围绕中国的美苏冷战的起源。

---

① The Ambassador in the Soviet Union (Harriman) to the Secretary of State, (Moscow), August 13, *FRUS*, pp. 970–971.

② The Ambassador in the Soviet Union (Harriman) to President Truman and Secretary of State, (Moscow), August 14, 1945, *FRUS*, pp. 973–974.

③ 详细过程参见：*The China White Paper*, 1949.

中国向联合国控诉美国侵略台湾案研究（1950—1951）[*]

萧道中[**]

摘　要　朝鲜战争爆发后，东亚冷战的局势急剧紧张，美苏两大阵营不仅在战场上兵戎相见，还在外交舞台上展开了激烈的交锋。1950 年 6 月，美国第七舰队进入台湾海峡，8 月，中华人民共和国向联合国安理会提出控诉美国武装侵略中国领土台湾的提案。这件控诉案既有亚洲冷战的背景，又是第二次世界大战与中国内战的延续。由于中华人民共和国在联合国的席位一直被台湾当局所占据，案件的发展不但牵涉到联合国"中国代表权"与台湾地位问题，同时关系到美苏两大阵营在朝鲜半岛的对抗局势与以美、英为主的西方国家在远东问题上的复杂互动。这件控诉案促成中华人民共和国的代表首次出席联合国会议，是两岸唯一一次在联合国的正面交锋，也引起了国际社会的广泛关注。台湾当局为阻止新中国代表出席会议，首次在联合国安理会主张行使否决权，却最终并未起到效果。研究本案的发展过程，可以看出冷战时期东亚复杂多元的国际关系，也开辟了观察当时联合国与远东国际问题的良好窗口。

关键词　冷战　朝鲜战争　否决权　控美侵台案　台湾地位未定论

---

* 原文题为《联合国中的交锋：1950 年中国控诉美国侵略台湾案研究》，发表于《台湾师大历史学报》2016 年第 55 期，第 139—184 页，收入本书时就部分内容做了修订。

** 萧道中，台湾辅仁大学历史学系助理教授。

一、前言

第二次世界大战结束以后，美苏对抗的国际格局逐渐形成，冷战气氛笼罩全球。1950 年 6 月，朝鲜人民军跨越北纬 38 度线向韩国发动攻势。战争爆发后，美国总统杜鲁门（Harry S. Truman）除下令美军协防韩国，还命令海军第七舰队进入台湾海峡，执行“海峡中立化”的策略。为避免其单边军事行动受到干涉中国内政的批评，并为未来调整台湾地位做准备，杜鲁门提出“台湾地位未定论”，主张台湾当局的地位应在未来“对日和约”中或是由联合国决定。中华人民共和国强烈反对美国的行动，并随即向联合国控诉美国侵略台湾。① 这件控诉案既是亚洲冷战的一部分，又是中国内战的延续。案件的发展不仅没有脱离美苏对抗的冷战主轴，还表现出东亚国际政治的复杂面貌。在朝鲜战火正炽、台海局势紧张、列强在远东各有不同利益的情况下，控诉案的发展涉及美苏两大阵营之间、两阵营内部与台海两岸的多元互动。联合国作为国际政治的主要舞台，在冷战时期成为上述各方外交角力的战场。② 北京与莫斯科利用这件控诉案发动宣传攻势；华盛顿则利用这个案件，将美国主张的“台湾地位未定论”推向联合国论坛；台湾当局在这个案件中同时面对华府与北京的双重压力，甚至动用否决权以应对。多元的政治背景使得“控

---

① 新中国的控诉案在联合国文件中的正式名称为“台湾（福摩萨）遭受侵略之控诉”[Complaint of armed invasion of Taiwan（Formosa）]，以下简称“控美侵台案”，“福摩萨”为当时西方国家对台湾的普遍称呼。

② 在控诉案进行期间，联合国安理会与大会另有多起与本案有关的案件。在安理会中除“控美侵台案”外，另有美国提出“大韩民国遭受侵略之控诉”、苏联提出的“关于中国领土遭受空军轰炸的控诉”。1950 年 9 月联合国大会开议后，大会又有美国的“台湾（福摩萨）问题”（以下简称“台湾问题案”）、苏联的“苏维埃社会主义共和国联盟对美利坚合众国侵略中国之控诉”（以下简称“美国侵略中国案”）以及苏联代新中国提出的“苏维埃社会主义共和国联盟关于美利坚合众国空军侵犯中国领空、扫射轰炸中国领土及美国军舰炮轰与非法检查中华人民共和国商船之控诉”（以下简称“美军侵犯中国领土商船案”）等各案。

美侵台案”成为观察冷战初期联合国政治与中美围绕台湾问题角力的良好窗口。

在既往研究方面，由于这件控诉案对新中国具有重要的政治宣传意义，在当时的报刊中多有报道，特别是许多有关帝国主义侵华的论著多有涉及。不过受到高度敌对的冷战政治气氛影响，这些早期著作具有意识形态与政治宣传的意味，多以一种较为刻板的论述方式简化复杂的历史问题，因此学术价值有限。例如郑留芳在《美国对台湾的侵略》一书中提及本案，称近百年来美国对台湾早有侵占阴谋，认为控诉案的发展与中国人民志愿军在朝鲜半岛的行动是挫败美国阴谋、阻止联合国讨论台湾地位问题的重要胜利。[①] 当代的中国外交史教科书在论述此案件时，除强调美国侵略中国与朝鲜的内容外，多以积极正面的角度评价本案，将其视为新中国成立后重要的外交行动。而新中国不畏强权、坚持反侵略的表现，一雪近代以来帝国主义侵略中国带来的种种屈辱，维护了中华民族的尊严与权益。对于案件在联合国最终没能形成任何决议的结果，这些论著一致将失败原因归咎于美国的操纵。[②] 这种历史解释呈现了两个层次的二元世界观，既是中国对西方（包括美国与帝国主义等概念）的对立，又是新中国与旧中国的对比，其内涵仍延续了50年代的观点。这种过于简化的归纳并未提及当时国际间与联合国内的复杂政治生态，因此也就很难全面评估这个案件在冷战初期国际政治中的意义与其对国际社会与台海两岸关系的影响。

在其他研究著作方面，有关中美关系、中英关系的著作虽并不直接涉及本案，但它们提供了部分重要的背景知识。特别是张淑雅有关美国对台政策的研究、徐友珍对新中国建立初期中英关系的研究、张少书有关中美

---

① 郑留芳：《美国对台湾的侵略》，北京：世界知识出版社，1954年，第10—13、16—17页。

② 例如谢益显主编：《中国当代外交史（1949—2009）》，北京：中国青年出版社，2009年，第58—59页；王泰平主编：《新中国外交50年》，北京：北京出版社，1999年，第1247—1248页。

苏三角关系的研究对本文的研究都有重要启发。[①] 由于本案引起台湾地位问题的讨论在日后具有高度的政治性与现实性，颇受学者的关注。受益于各国档案文件的开放与出版，台湾外交史学家梁敬錞在研究中美关系的基础上，曾就本案对台湾地位的影响做过重要且具开创性的研究。[②] 此后，侯中军也从台湾的角度探讨台湾当局对台湾地位问题的应对。[③] 萧道中曾另就台湾当局与新中国的角度对双方应对控诉案的整体对策与联合国"台湾问题案"做过初步的探讨。[④] 上述研究都应用了中美两国政府及台湾地区的档案与文件材料，但研究主题着重个别问题与各方立场，较少由较全面的冷战史的角度探讨问题，对朝鲜战争与当时联合国内部的复杂政局较少着墨。本文尝试以联合国为主体，运用联合国文献、各国政府档案、文件集、报纸、回忆录等材料重构该事件的历史场景，以说明冷战时期国际政治的复杂面貌。

二、事件背景

1950年的"控美侵台案"既有远东冷战的国际背景，又受台湾问题的影响，以下从三方面进行分析。

---

① 见张淑雅：《朝鲜战争救台湾？解读美国对台政策》，台北：卫城出版公司，2011年，第3—4章；徐友珍：《分歧与协调：美英关系中的承认新中国问题（1949—1951年）》，武汉：武汉大学出版社，2007年，第2章；［美］张少书（Gordon H. Chang）：《朋友还是敌人?：1948—1972年的美国、中国和苏联》，顾宁等译，北京：中央编译出版社，2014年，第1—2章。

② 梁敬錞：《朝鲜战争期中台湾国际地位之震撼：一九五零年台美关系之二》，收于氏着：《中美关系论文集》，台北：联经出版公司，1982年，第217—258页。

③ 侯中军：《新中国控诉美国侵台背景下的台湾地位问题再探——以国民党当局的应对为中心》，《中共党史研究》2011年第11期，第59—69页。

④ 萧道中：《"外交"的困境与转机：台湾对联合国"控美侵台案"的因应（1950—1951）》，政治大学人文中心主办，"冲突、纷争与中国外交的形塑研讨会"，台北，2014年；《新中国外交初体验：1950年伍修权的纽约联合国之行》，《台大历史学报》第59期，2017年6月，第217—263页；《鼎革之际：1950年联合国台湾问题案研究》，政治大学人文中心主办，"政权交替与外交转型研讨会"，台北，2017年。

（一）朝鲜战争的因素

朝鲜战争的爆发是促使美军进入台湾海峡的直接原因，这项决定与美国原先对外宣扬的远东战略规划似有不同。1950年年初，美国国务卿艾奇逊（Dean Acheson）曾将美军的东亚防区定位在由阿留申群岛、日本、琉球与菲律宾群岛所联系起来的一条弧线，韩国与台湾并不在其中。[①] 但另一方面，受冷战意识形态对抗的影响，美国有关遏制苏联扩张的战略构想也在此时逐步成型。1950年4月形成的国家安全委员会（National Security Council）第68号文件指出，苏联执政者的核心理念是巩固苏联与国际共产主义的绝对力量，要实现这一构想，莫斯科就会企图彻底推翻或是破坏非共产主义国家的政府组织和社会制度，并代之以从属且受控于苏联的政党机器和制度。要应对苏联这种扩张主义的趋势，美国必须以更积极的行动来支持与组织"自由世界"，因为"苏联……只有在通过试探，发现自由世界反抗其侵犯的决心和能力时，才会调整其外交政策"。[②]

朝鲜半岛的战事似乎坐实了上述的判断，战争爆发后，美国决策者立即将朝鲜定位为共产阵营向全球扩张的前哨战。杜鲁门将朝鲜的行动与二战前的德国、日本相比拟，认为姑息只会带来更多的侵略。"如果听任韩国沦丧，那么共产党的领袖们就会更加狂妄地向更靠近我们海岸的国家进行侵略。如果容忍共产党人以武力侵入韩国，而不遭到自由世界的反对，就没有哪一个小国会有勇气来抵抗来自较为强大的共产主义邻邦的威胁和侵略。如果对这种侵略不加阻止，第三次世界大战就会发生"。[③] 由于朝鲜半岛的地缘位置，失去韩国可能使日本亦陷于危境，令远东防线出现缺口，

---

① "Crisis in Asia-An Examination of U. S. Policy," United States Department of State, *Department of State Bulletin*, Vol. 22, Jan. -Mar. 1950, pp. 111-117.

② A Reports to the National Security Council by the Executive Secretary (Lay), 1950. 4. 14, United States Department of State, *Foreign Relations of the United States* (*FRUS*), Volume Ⅰ, 1950, National Security Affairs; Foreign Economic Policy, Washington: U. S. Government Printing Office, 1950, pp. 234-292，这份文件预估当时苏联最可能采取军事行动的地区是西欧。

③ Harry S. Truman, *Memoirs by Harry S. Truman*, *vol. 2*, *Years of Trial and Hope*, New York: Doubleday & Company, Inc., 1956, pp. 332-333.

美国因此决定积极介入战事。

为使美军的行动获得更多国际支持，美国在安理会推动多项支持韩国的决议草案。战争爆发后，安理会应美国要求召开紧急会议，在苏联缺席的情况下，先是确定指控朝鲜为侵略者，又于6月27日“建议联合国会员国给予大韩民国以击退武装攻击及恢复该区内国际和平与安全所需之援助”。7月7日，安理会再次通过第84号决议，“提供军队及其他援助之会员国将此项部队及其他援助置于美国主持之联合司令部指挥之下”，并“请美国指派此项部队之司令”并授权使用联合国旗帜。[①] 此后以美军为主的“联合国军”驰援韩国，欧洲的“冷战”在亚洲已变成了一场激烈的“热战”，美国调整其远东战略部署已刻不容缓。

（二）台湾海峡“中立”与台湾地位问题

台湾问题是第二次世界大战与中国内战的延续。1945年，中华民国政府根据战时盟国协议与盟军指令，接受在台日军投降并建立统治，但之后随着国共内战的发展，国民党在大陆的统治结束。1949年10月，中华人民共和国成立。在1950年朝鲜战争爆发前夕，除西藏地区外，中国大陆已全部解放，只有台湾与大陆沿海的部分岛屿因海洋屏障，仍由台湾当局控制。不过，国际社会鉴于国民党在大陆失败的经验，对台湾当局的评价甚低，多不看好其生存机会。特别是美国决策者一贯认为在两岸实力悬殊的情况下，台湾当局若无外力支持，必将在短期覆灭。[②] 由于美方评估台湾即将在1950年6月中旬至7月初失守，美驻台“领馆”已着手进行撤侨

① 参见安理会第82—84号决议文。引自联合国安全理事会中文网页，http：//www. un. org/zh/sc/documents/resolutions/1950. shtml，查询日期：2015年7月21日。

② 这是美国当时考虑台湾问题的一项基本前提，常见于当时的美方文件中，参考美国国家安全委员会备忘录“United States Policy toward Asia in General and toward China in Particular, December 14, 1950,” p. 3，引自 Department of States, Records of the Office of Chinese Affairs, 1945 - 1955 Collection, “Top Secret, 1950 Formosa (Aug-Dec),” Gale Digital Collections, Archives Unbound, http：//go. galegroup. com/gdsc/i. do? &id = GALE%7CSC5101287230&v = 2. 1&u = twnsc183&it = r&p = GDSC&sw = w&viewtype = Manuscript，查询日期：2014年1月28日。

准备工作。[①]

50年代初期美国对待台湾问题的态度，是将台湾岛与台湾当局两者区隔对待。美国虽然认为台湾具有战略价值，不希望它落入敌对势力之手，但在政治上又认定台湾当局积习太深、军力薄弱，无法维持。特别是国民党的形象极差，因此美国不愿与台湾当局有太多瓜葛，以免台湾的沦陷损害美国威信，又刺激北京对华盛顿的愤恨。另一方面，华盛顿仍对北京抱有期待：国务院认为苏联对中国北方领土的野心终将为中苏冲突埋下种子，因此美国决策者期待中共如南斯拉夫的铁托（Josip Broz Tito）一般，走出自己的政治路线。[②] 在上述的思维下，美国对台湾当局采取"袖手旁观"的政策。[③] 1950年1月，杜鲁门在新闻发布会上明确表示，美国承认台湾当局对台湾的管辖，但美国目前不打算在台湾设立基地，无意使用武力干预中国内战与卷入纠纷，同时也"不向台湾当局提供军事援助与建议"。[④] 由于当时各方都分析北京对台湾的军事行动已箭在弦上，杜鲁门这项声明颇有放弃台湾的意思。

不过，中苏关系的发展并不如美国预期。北京与莫斯科的关系不但未见嫌隙，反而在1950年2月《中苏友好同盟互助条约》签订后呈现紧密

---

① The Chargé in China（Strong）to the Secretary of State，1950. 5. 17，pp. 340-342；The Acting Secretary of State to the Embays in China，1950. 5. 26，*FRUS*，1950，Volume Ⅵ，East Asia and the Pacific，Washington：U. S. Government Printing Office，1950，pp. 344-346. 而中共原先预定的攻台时间也是在1950年下半年，见沈志华：《从西柏坡到莫斯科：毛泽东宣布向苏联"一边倒"——关于中苏同盟建立之背景和基础的再讨论（之二）》，《中共党史研究》2009年第4期，第28页。

② Memorandum of Conversation，by the Secretary of State，1949. 12. 29，*FRUS*，1949，Volume Ⅸ，The Far East：China，Washington：U. S. Government Printing Office，1949，pp. 463-467.

③ Memorandum of Conversation，by the Secretary of State，1949. 12. 29，*FRUS*，1949，Volume Ⅸ，The Far East：China，pp. 463-467. 有关此期美国对华政策的背景，见张淑雅：《朝鲜战争救台湾？解读美国对台政策》，第2—3章；资中筠：《美国对华政策的缘起和发展（1945—1950）》，重庆：重庆出版社，1988年，第5—7章；陶文钊主编：《中美关系史》，上海：上海人民出版社，1999年，序章。

④ Harry S. Truman，"The President's News Conference of January 5，1950，" *Public Papers of the Presidents of the United States*，*Harry S. Truman containing the Public Messages*，*Speeches*，*and Statements of the President*，*1950*，Washington：United States Government Printing Office，1965，pp. 11-12.

联结的情势，这让华盛顿争取北京的期待落空。而在对台关系方面，虽然白宫与国务院官员对台湾当局评价甚差，但军方由军事角度考虑，认为要保留台湾的战略地位就必须与台湾当局保持联系，因此有关援助台湾当局的建议也始终不绝，特别是盟国驻日最高统帅麦克阿瑟（Douglas MacArthur）主张军援台湾当局。① 美国决策官员这种既厌恶国民党、又不希望台湾被中共统治的复杂态度，一度令外界认为美国的对台政策显得混乱。②

朝鲜战争爆发后，冷战的围堵思维成为美国远东战略的主轴，台湾在地缘政治上的重要性更为突显。台湾位处美军太平洋防线的中间，又有“控制”大陆门户的地理优势，对美国具有战略价值。在朝鲜战争爆发后召开的紧急会议中，杜鲁门与其国安幕僚除了安排军援韩国的计划外，保障台湾亦成为重要议题。会议进入讨论前，参谋长联席会议主席布雷德利（Omar Nelson Bradley）先宣读了一份麦克阿瑟有关避免中共控制台湾的备忘录。会议中艾奇逊建议派第七舰队进入台湾海峡，防止台湾受到攻击；但为避免此举使华盛顿与台湾当局成为同盟，他建议美国应同时防止台湾当局对中国大陆发动军事攻击，以免美国卷入中国内战。同时，考虑到朝鲜战争或为未来解决台湾问题提供了政治契机，艾奇逊建议将台湾的法律地位交由联

① 麦克阿瑟在5月20日致陆军部的备忘录中，由地理位置与人力资源等角度强调台湾的军事价值，见 Memorandum on Formosa, by General of the Army Douglas Macarthur, Commander in Chief, Far East, and Supreme Commander, Allied Powers, Japan, United States Department of State, *FRUS*, 1950, Volume Ⅶ, Korea, Washington: U. S. Government Printing Office, 1976, pp. 161–165.

② 美国军政官员对台湾的不同观点，见 Memorandum of Conversation, by the Secretary of State, 1949. 12. 29, *FRUS*, 1949, Volume Ⅸ, The Far East: China, pp. 463–467。有关整体美国对华政策内部的分歧讨论，参见张淑雅：《朝鲜战争救台湾？解读美国对台政策》，特别是第二章“分离台湾（1949年）”；［美］张少书：《朋友还是敌人？：1948—1972年的美国、中国和苏联》，第41—63页。不过虽然存在分歧，艾奇逊的回忆录与学者的研究都显示，此期美国对台决策最终仍以国务院为主导。艾奇逊则指出，在朝鲜战争爆发前，美国对保护台湾的立场一直是不使用美军，而仅运用政治与经济的方法避免台湾落入中共之手，Dean Acheson, *Present at the Creation: My Years in the State Department*, New York: Norton, 1969, p. 349。另外还可参考张淑雅：《1950年代美国对台决策模式分析》，《“中央研究院”近代史研究所集刊》第40期，第9—10页。

合国决定。[①] 杜鲁门不仅支持这项建议，在次日的会议中他甚至表示，希望考虑“收回台湾，把它作为日本的一部分，置于麦克阿瑟指挥之下”。[②] 这些思考构成6月27日总统的声明稿——杜鲁门下令美军进入台海、加强美国整个西太平洋地区的防务，以呼应安理会有关朝鲜的决议。对于台湾的未来地位，“必须等待太平洋安全的恢复、对日和约的签订或经由联合国考虑”。[③]

从美国的角度来看，“台海中立化”可以防堵中共扩张、避免战事复杂化；将台湾法律地位模糊化又可以减少美国为保卫台湾所可能付出的政治、军事代价。不过这项策略也有许多挑战：除了新中国和台湾当局的反对外，美国与英国等盟友亦为此发生许多争执，这可能使西方国家在朝鲜问题上形成的联合局面出现裂痕。[④] 新中国政府立即对美国的军事行动发出强烈抗议，指责美军进入台海与台湾岛不仅是干涉中国内政，而且是对中国的军事侵略。对北京而言，台湾问题如不解决，中国的革命就未尽全功，美国第七舰队进入台海直接拉高了中共解放台湾的难度。[⑤] 在此背景下，北京与华盛顿除了意识形态的差异之外，近代以来帝国主义对中国欺压的历史记忆不断被唤醒，这是北京向联合国提案控美的重要背景因素。

---

① 在该次会议中，杜鲁门认为台湾地位或也可以交由未来的对日和约处理，相关论述见 Memorandum of Conversation, by the Ambassador at Large (Jessup), 1950. 6. 25, *FRUS*, 1950, Volume Ⅶ, Korea, pp. 157-160。

② 艾奇逊认为将台湾划归日本的方案还需进一步的研究，不宜在当时宣布，见 Memorandum of Conversation, by the Ambassador at Large (Jessup), 1950. 6. 26, *FRUS*, 1950, Volume Ⅶ, Korea, pp. 178-180。

③ Memorandum of Conversation, by the Ambassador at Large (Jessup), 1950. 6. 27, *FRUS*, 1950, Volume Ⅶ, Korea, pp. 200-203.

④ 美、英对华政策的差异与双方的磨合，见徐友珍：《分歧与协调：美英关系中的承认新中国问题（1949—1951年）》，特别是第2—3章。另可参考汪浩对英国外交政策的研究，汪浩：《冷战中的两面派：英国的台湾政策，1949—1958》，台北：有鹿文化公司，2014年，第1—2章。

⑤ 牛军认为，台湾问题影响了北京对东亚局势的整体判断。他认为中国革命运动有三层涵义：1. 政治运动，推翻国民党政府；2. 民族革命，推翻列强在中国的统治，摧毁不平等条约；3. 国家统一，结束清末以来国内的分裂局面。台湾问题的存在表明中国的共产革命未能彻底实现其目标。见牛军编著：《中华人民共和国对外关系史概论（1949—2000）》，北京：北京大学出版社，2010年，第61页。

（三）联合国“中国代表权”问题

自中华人民共和国中央人民政府建立以后，其逐步在国际社会获得外交承认。截至1950年9月，中华人民共和国已与17个国家建立正式外交关系，另有8国已表达建交意愿或正进行建交谈判的过程中。[①] 在中华人民共和国的政治地位逐渐获得国际承认、台湾当局又未完全覆灭的情况下，国际组织中“谁代表中国”的问题就此出现，其中最具代表的就是联合国的“中国代表权”问题。在新中国政府建立后，周恩来外长即致函联合国秘书长，声明“中国国民政府代表团”无权代表中国。1950年1月19日，周恩来致电联合国大会主席和联合国秘书长，通知中华人民共和国政府已任命张闻天为出席联合国会议和参加联合国工作，担任包括安理会及其工作的代表团首席代表。[②]

同时在联合国内部，“中国代表权”的争议也成为重要政治问题。苏联在所有联合国组织都发动了驱逐台湾当局代表的动议，而除社会主义阵营国家以外，印度等英联邦国家亦先后对台湾当局的“中国代表权”表示质疑。1950年3月8日，联合国秘书长特里格夫·赖伊（Trygve Halvdan Lie）提出了一份《联合国代表权问题的法律方面的备忘录》，他认为“当前争执的问题应该是，究竟这两个政府中哪一个在事实上据有使用国家资源及指导人民以履行会员国义务的地位”。这一观点显然是倾向于支持中华人民共

---

① 根据周恩来总理1950年9月30日在全国政协庆祝新中国成立一周年的大会上所做《中华人民共和国的外交政策》的报告，中华人民共和国成立以后，苏联、保加利亚、罗马尼亚、匈牙利、朝鲜、捷克、波兰、蒙古、德意志、阿尔巴尼亚、缅甸、印度、越南、丹麦、瑞典、瑞士、印尼等十七个国家，已与新中国相继建立了正式外交关系。巴基斯坦、英国、锡兰、挪威、以色列、阿富汗、芬兰、荷兰等八国，也已经表示愿与新中国建立邦交，其中，英国、挪威、荷兰、芬兰四国尚在与新中国进行建交的谈判中。见中华人民共和国外交部、中共中央文献研究室编：《周恩来外交文选》，北京：中央文献出版社，1990年，第20—24页。

② 《关于取消原国民党政府代表团在联合国资格问题的电报》（1949年11月15日），中共中央文献研究室编：《建国以来周恩来文稿》第一卷，北京：中央文献出版社，2008年，第537—539页；《周恩来总理、李克农副外长分别就我任命张闻天为我驻联合国首席代表，冀朝鼎为出席经社理事会代表致函联合国及其复函》（1950年1月19日—1950年2月2日），中国外交部档案，113-00011-03。

和国取得在联合国的合法席位。1950 年 1 月，苏联为抵制台湾当局代表蒋廷黻（当月担任安理会轮值主席），宣布退出包括安理会在内的部分联合国组织，使联合国出现政治危机。① 在英、印等国家正酝酿利用台湾当局在联合国的席位与中华人民共和国交换“和平解决”朝鲜问题的政治气氛中，台湾当局能维持其联合国席位主要受益于冷战的对抗。② 在朝鲜战争持续进行的情况下，将拥有安理会否决权的中国代表席位交给中华人民共和国，显然不符合“自由世界”的利益，因此美国支持台湾当局的席位。③ 不过随着承认中华人民共和国的国家增加，美国也要面临愈来愈多的挑战。而依靠控诉美国对台湾的侵略，中华人民共和国首次有机会将其诉求直接在联合国中提出。

三、案件的提出

在杜鲁门 6 月 27 日的声明公布后，中华人民共和国立即提出抗议，外

① 1950 年 1 月 10 日，安理会召开第 459 次会议期间，由蒋廷黻担任安理会轮值主席，苏联驻安理会代表马立克（Yakov Malik）再提不承认台湾当局代表地位的主张，威胁安理会如不能立即解决此问题，苏联将不参加安理会工作。苏联随即提案，要求安理会表决不承认蒋廷黻的全权代表证书。蒋廷黻按照议事规则，裁示将苏联的提案记录下来，留待日后处理。苏联立即对主席裁决表示异议，但随后的表决否定了苏联的异议，马立克随即退出安理会议事厅，不过苏联的缺席使安理会在朝鲜战争爆发后得以通过出兵朝鲜半岛等重要决议。相关发展见《联合国安全理事会会议记录，第 459 次会议，1950 年 1 月 10 日》，https：//documents-dds-ny. un. org/doc/UNDOC/GEN/N51/908/68/pdf/N5190868. pdf? OpenElement，查询日期：2016 年 4 月 7 日，本文引用的联合国安理会正式记录，皆取材自“联合国正式文件系统”网页。

② 朝鲜战争期间，英、印等国都曾向莫斯科与北京探询过以联合国“中国代表权”交换朝鲜半岛和平解决方案的构想，见梁敬錞：《朝鲜战争期中台湾国际地位之震撼：一九五零年台美关系之二》，第 219—226 页。亦可参考艾奇逊回忆录对此的描述与评价，Dean Acheson，*Present at the Creation：My Years in the State Department*，pp. 416-420。

③ 在朝鲜战争爆发后，让台湾当局保有联合国“中国代表权”是美国国务院的一项重要政策，常见于国务院内部文件或是向各使领馆定期发送的通报中，参见 Memorandum by Mr. G. Hayden Raynor，United Nations Adviser，Bureau of European Affairs，to the Assistant Secretary of States for European Affairs（Perkins），1950. 6. 29，United States Department of State，*FRUS*，1950，Volume Ⅱ，The United Nations；the Western Hemisphere，Washington：U. S. Government Printing Office，1950，p. 245.

交部长周恩来发表声明，表示安理会在苏联与中华人民共和国代表缺席情况下通过的任何决议皆属非法。他指责美国的行动“乃是对于中国领土的武装侵略，对于《联合国宪章》的彻底破坏”，并认为这是美国帝国主义对亚洲的侵略。“美国政府指使南朝鲜李承晚傀儡军队对朝鲜民主主义人民共和国的进攻，乃是美国的一个预定步骤，其目的是为美国侵略台湾、朝鲜、越南和菲律宾制造借口，也正是美帝国主义干涉亚洲事务的进一步行动。”中国以历史疆域与《开罗宣言》等战时协议为据，强调台湾是中国领土不可分割的一部分。声明最后号召“东方各被压迫民族和人民，一致奋起，制止美国帝国主义在东方的新侵略。……必能把穷凶极恶的美国帝国主义的战争制造者，最后埋葬在伟大的民族独立斗争的怒火中”。[①] 这个声明突出表现了北京的世界观，其对华盛顿的批评既有意识形态的斗争，更是站在亚洲民族解放的立场上谴责美国的帝国主义行径。按照北京的看法，美国对朝鲜与台湾海峡的侵犯只是美帝国主义入侵东亚大计划的一部分，其最终目标是入侵中国。而这种批判的论调不论是基于宣传或实际的理由，都与前述的美国冷战思维很接近。如果对华盛顿来说，朝鲜战争是共产主义向世界扩张的前哨战，那么就北京而言，美军在朝鲜与台海的行动正是帝国主义在亚洲复辟的先锋。因此，北京在宣传上不断将近代日本占领朝鲜、侵略中国的扩张历史与当前美军在东亚的行动相比拟。[②]

6 月 28 日，毛泽东在听取周恩来有关报告后，批评杜鲁门出尔反尔，弃当年 1 月不干涉台湾的承诺于不顾。不过他认为，这也是让世界人民认清美帝真面目、唤醒对美国仍存幻想者的好机会。“美国这样地暴露了自己的帝国主义面貌，这对于中国和亚洲人民很有利益”，因为美国对东亚的侵略

① 《关于美国武装侵略中国领土台湾的声明（1950 年 6 月 28 日）》，中华人民共和国外交部、中共中央文献研究室编：《周恩来外交文选》，第 18—19 页。有关朝鲜战争爆发前后，北京、莫斯科与平壤间的联系，见沈志华：《解密三十八度线：中苏朝的合作与分歧》，台北：震撼出版公司，2013 年，特别是其中第 3—5 章内容。

② 《粉碎敌人的诬蔑、欺骗和恐吓》，《人民日报》1950 年 11 月 12 日，第 1 版；《坚决反对美帝侵略、保卫祖国、保卫和平！各地人民致保卫世界和平反对美国侵略委员会电》，《人民日报》1950 年 11 月 12 日，第 5 版。

只会引致中国与全世界人民团结起来对抗帝国主义与侵略者。[①] 可以说，利用此事宣传美帝侵略者的真面目，将是新中国的政治行动的重要指导方针，也成为了扫除国内仍有恐美、亲美、崇美心态的良好契机。[②] 稍后，当安理会正进行为派遣联合国军参战的讨论期间，周恩来又于7月6日致电联合国秘书长，重述不承认安理会决议、坚持台湾是中国领土的立场，表示“不管美国政府采取任何军事阻挠，中国人民抱定决心，必将要解放台湾”。[③] 同时，新中国开始运用朝鲜战争与台湾问题在国内展开群众动员工作。7月10日，中国共产党以中华全国总工会名义邀请全国人民团体领导与代表赴北京集会，为在全国范围内展开反对美国侵略台湾与朝鲜的运动进行准备。会议决议自17日起在全国举行“反对美国侵略台湾朝鲜运动周”，活动的目的是“使全国人民能更清楚地认识美国帝国主义者侵略远东的阴谋与事实，以积极行动反对美国侵略台湾，并支持朝鲜人民解放战争”。为建立统一的宣传体制，会议决定于北京组织“中国人民反对美国侵略台湾朝鲜运动委员会”作为指挥机关，再于各省设立分会，形成一个完整的群众动员体系，将揭发美国帝国主义阴谋的政治宣传活动推向地方。这种将解放台湾、保卫朝鲜与反帝国主义概念结合在一起的宣传方法，表现了新中国将官方的反美意识与中国民族主义做了巧妙的结合。[④]

而在联合国中，苏联于7月底结束了对联合国的抵制，苏联驻安理会代表马立克重返会场，担任轮值主席，他立即在安理会发动一连串外交攻势。在8月1日举行的安理会第480次会议中，马立克运用担任主席的议事程序优势，搁置安理会进行中的“大韩民国遭受侵略的控诉”议案，反将“驱

① 中共中央文献研究室编：《毛泽东年谱（1949—1976）》，第一卷，北京：中央文献出版社，2013年，第159—160页。

② 有关反美宣传与当时社会心态的关系，可参见侯松涛：《抗美援朝运动与民众社会心态研究》，《中共党史研究》2005年第2期，第19—28页。

③ 北京电文见《周恩来外长致电联合国秘书长要求联合国对美国政府武力阻止我解放台湾并侵入台湾沿海等破坏联合国宪章行为进行制裁》，1950年7月5日，中国外交部档案，113-00010-05。另见《向安理会发表的重要声明》，《人民日报》1950年7月7日，第1版。

④ 《反对美国侵略台湾朝鲜！各全国人民团体在京会议》，《大公报》1950年7月12日，第2版。

逐台湾当局代表”与“邀请北京、朝鲜代表共同参与解决朝鲜半岛危机协商”两事列为优先讨论。马立克指责美国在朝鲜半岛发动侵略战争，利用联合国作为其侵略工具，并力图扩大侵略范围，不但侵犯了越南与菲律宾人民，还“令第七舰队在事实上占领中国的台湾”以侵略中国。[①] 8 月 20 日周恩来致电联合国，除声援苏联的外交行动外，再次指责美国发起朝鲜战争，并以美国海军第七舰队侵略中华人民共和国的台湾，企图以此扩大战争，达到霸占亚洲的目的，严重破坏亚洲及世界的和平。[②]

为了在国际上提出北京的主张并扩大反美宣传攻势，北京向莫斯科咨询进一步的外交行动。[③] 莫斯科建议北京把握马立克担任安理会轮值主席的时机，尽快向安理会提出适当声明、反对美国侵略，并要求安理会做出决议，责成美国武装力量立即撤出台湾，并停止未来这类干涉中国内政、破坏中国主权的事件发生，这项建议立刻获得北京同意而化为行动。[④] 8 月 24 日，北京致函安理会正式提出控诉，指责美国违反《联合国宪章》侵害中国领土完整与政治独立，并要求安理会“制裁美国政府武装侵略中国领土的罪行并应立即采取措施，使美国自台湾及其他属于中国的领土完全撤出

① 见《联合国安全理事会正式记录，第 480 次会议，1950 年 8 月 1 日》，https：//documents-dds-ny. un. org/doc/UNDOC/GEN/N50/390/08/pdf/N5039008. pdf? OpenElement，查询日期：2016 年 4 月 7 日。在安理会第 480、482 次两次会议上苏联都曾推动以北京取代台湾当局的议题进行表决，但都没有通过。

② 《周恩来就支持苏联和平调处朝鲜问题提案致马立克和赖依的电报（1950 年 8 月 20 日）》，《中国与苏联关系文献汇编（1949 年 10 月—1951 年 12 月）》编委会编：《中国与苏联关系文献汇编（1949 年 10 月—1951 年 12 月）》，北京：世界知识出版社，2009 年，第 211—212 页。

③ 在目前开放的档案与文献中未见北京决定提出控诉的决策文件，考察当时情况，北京的动机可能包括以下几个方面。1. 中华人民共和国成立后积极寻求加入联合国的意愿。2. 将国内反美、保台的宣传诉求向国际延伸。3. 配合苏联重返联合国后，在安理会发动的外交攻势。后来担任北京代表团团长的伍修权用进行活动、宣传自己、揭发敌人三点来概括周恩来当时交付给他的任务，其中并不包括北京入联或是联合国“中国代表权”的问题。见《伍副部长报告记录，1951 年 1 月 10 下午 2 时于外交部大礼堂，伍修权副部长出席安理会情况报告》，1951 年 1 月 10 日，中国外交部档案，113-00064-01，第 3 页。

④ 《维辛斯基致罗申苏联对中共询问的回复（1950 年 8 月 21 日）》，《中国与苏联关系文献汇编（1949 年 10 月—1951 年 12 月）》，第 213 页。

它的武装侵略部队”。[①]

在8月25日的安理会第490次会议上，当北京的控诉文件已分发之际，美国驻联合国副代表葛罗斯（Ernest A. Gross）宣读了一篇美方声明，从三个方面回应北京的指控。[②] 葛罗斯首先引述杜鲁门的公开言论，表示美国对台湾没有领土与军事野心，美军进入台海的目的，是为朝鲜半岛联合国军队提供侧翼保障，其用意在维护和平。其次，美国认为台湾是盟国击败日本后所取得的领地，其法律地位尚未确立，台湾的未来应交由“国际行动”（international action）决定，美国对此并无预设立场。美国欢迎联合国审议台湾问题或进行实地调查，以寻求和平解决方案。最后，美国呼吁安理会回归韩国遭受侵略的讨论，并邀请韩国代表参加会议。这个案件因为马立克主导了议事程序以致排不上讨论。美方宣读文件后，马立克立即要求议事处宣读周恩来电文以列入会议记录，由于时间已晚，当日没有再做讨论，仅有蒋廷黻做了一句话的发言，他表示美国并未侵略台湾。[③] 这次会议为本案在联合国的发展揭开序幕。

用“台湾地位未定论”来回应新中国的控诉是上述美方声明的核心，在葛罗斯发言的同时，国务院已拟就一份由安理会组织委员会调查台湾问题的决议草案，并指示驻联合国代表团与盟国协商。根据草案，这一研议

① 《周恩来外长就美侵略台湾问题致联合国电文及有关使馆收到该电文复本的覆函》，1950年8月24日—1950年9月9日，中国外交部档案，113-00025-01，第7页。在档案中可见，周恩来将原稿“中华人民共和国中央人民政府认为为了维护国际和平与安全，为了维护联合国宪章的尊严”，改为较明确、强烈的“中华人民共和国中央人民政府向联合国安理会提出控诉和建议，为了维护国际和平与安全……”见第4页。

② 国务院对此次发言的指示，见 The Secretary of State to the United States Representative at the United Nations (Austin), No. 184, August 25, 1950, RG 84, Records of the Foreign Service Posts of the Department of State, U. S. Mission to the U. N. Incoming Telegrams, 1946-1963, Box 4, The National Archives and Records Administration at College Park, Maryland（以下简称 NARA）。另见该次会议记录，《联合国安全理事会正式记录，第490次，1950年8月25日》，第4页，https://documents-dds-ny. un. org/doc/UNDOC/GEN/N50/409/06/pdf/N5040906. pdf? OpenElement，查询日期：2016年4月7日。

③ 蒋廷黻称台湾未受侵略，见《联合国安全理事会正式记录，第490次会议，1950年8月25日》，第4页。

中的委员会应由安理会全体成员国组成，在“维护国际和平与安全”的前提下调查台湾问题，并对安理会提出报告。委员会除可组织调查团依需要进行实地调查，还可以邀请相关方面的政府或人员提供咨询。① 稍后国务院进一步说明设置委员会的构想，其希望委员会在未来处理台湾问题时，应聚焦于北京所控诉的内容，而不涉及台湾未来归属；如果盟国支持上述办法，可为即将开议的联合国大会讨论台湾问题开创各种可能性。② 不过华府虽准备利用北京提出控诉的时机，将台湾问题提交联合国讨论，但对台湾的未来并未设定具体目标，而是视情势发展再做考虑。美方的对策除了应对共产党国家的外交攻势，又延续朝鲜战争发生后美国调整台湾地位的政策方向，它或许还能稍减美国为台湾当局承担的政治、军事责任。③

不过美国要在联合国推动台湾问题的讨论也要面对许多质疑，它立刻使得美国与其主要盟友英国在远东问题上产生重大歧见。英国在远东的利益与美国不同，其外交目标是建立与北京的正式关系，确保英国在香港、马来亚殖民地的安全，同时更不希望美国为了远东事务过度分心。因此英国承认北京，认定《开罗宣言》《波茨坦公告》与《日本无条件投降书》已确定台湾回归中国，不存在台湾地位的问题。英国认为美国推动的“台海中立化”政策与台湾问题讨论，只会加深北京对西方的敌意，驱使其更倒向莫斯科。如果美国为了台湾与北京发生冲突，还可能因为中苏同盟的

① The Secretary of State to the United States Representative at the United Nations (Austin), No. 183, August 25, 1950, RG 84, Records of the Foreign Service Posts of the Department of State, U. S. Mission to the U. N. Incoming Telegrams, 1946-1963, 1950 Incoming Telegrams, Box 4, NARA。不过从目前的资料来看，蒋廷黻是在8月29日由美国代表告知组织调查团的消息，见《蒋廷黻日记》，1950年8月29日，“中央研究院”近代史研究所图书馆藏。

② The Secretary of State to the United States Representative at the United Nations (Austin), No. 192, August 29, 1950, RG 84, Records of the Foreign Service Posts of the Department of State, U. S. Mission to the U. N. Incoming Telegrams, 1946-1963, Box 4, NARA.

③ 顾维钧认为，美国此举是希望在台湾地位确定前，将防卫台湾的责任转移给联合国，见《顾维钧致外交部》第530号电，1950年9月5日，哥伦比亚大学善本与手稿图书馆（Rare Book and Manuscript Library, Columbia University）藏《顾维钧档案》（V. K. Wellington Koo Papers），Box 145，“美侵略台湾控案卷”。

关系将苏联也卷入战争，导致严重后果。[①]

另一方面，苏联站在北京的立场，也反对联合国处理台湾问题。在安理会的492次会议中，马立克把握担任轮值主席的尾声，运用主席主导议事程序的优势，优先处理北京的控诉。马立克批评美方声明是在混淆视听，把控诉美国侵略台湾转变成讨论台湾问题，但台湾问题是中国内政，联合国无权处理。[②] 马立克主张安理会应正式审议美国侵略台湾的控诉，而要处理本案，安理会应依《联合国安全理事会暂行议事规则》（以下简称《议事规则》）与惯例，邀请北京代表出席讨论。马立克还要求联合国应在会议与各种文件中为台湾正名，停用“福摩萨”的旧名称，而以“台湾”来作为取代。[③]

台湾当局此时作为联合国中的“中国代表”，完全反对安理会进行“控美侵台案”或台湾问题的讨论。[④] 台湾当局代表蒋廷黻多次发言力阻本案进入议程。他强调台湾未受侵略，“中国政府”（台湾当局）也没有提出任何控诉案。他批评北京提出的控诉除了周恩来的电文，没有任何证据，安理会若草率接受这类控诉，以后可能出现没完没了的局面。对于台湾问题，蒋称虽然外界对台湾岛法律地位有所议论，但此刻并非讨论此法律问题的时刻，台湾当局是中国的“合法”代表，对台湾岛具有“合法”权利。

但是在安理会中，多数代表支持将北京的控诉列入议程。美国虽是本案中的“被告”，但它需要利用这个机会讨论台湾问题，因此也支持将案件

---

① 徐友珍：《分歧与协调：美英关系中的承认新中国问题（1949—1951年）》，第95—96页。

② 中国的控诉案最初在安理会议程名称为“中华人民共和国中央人民政府就美利坚合众国政府武装侵犯中国领土，以及违反《联合国宪章》事所提出的声明”，见《联合国安全理事会正式记录，第492次会议，1950年8月29日》，第1页，https：//documents-dds-ny. un. org/doc/UNDOC/GEN/N50/408/81/img/N5040881. pdf? OpenElement，查询日期：2016年4月7日。

③ 本次会议的讨论皆见《联合国安全理事会正式记录，第492次会议，1950年8月29日》。

④ 蒋廷黻曾向奥斯丁表示，台湾当局强烈反对将“控美侵台案”纳入议程，因为这可能影响到台湾当局对台湾的“主权”。“The United States Representative at the United Nations（Austin）to the Secretary of State，No. 391，August 29，1950，” RG 84，Records of the Foreign Service Posts of the Department of State，U. S. Mission to the U. N. Outgoing Telegrams，1946-1963，Box 25，NARA。蒋介石一度主张台湾当局对安理会设置台湾调查委员会事行使否决权，但为党政官员反对，见侯中军：《新中国控诉美国侵台背景下的台湾地位问题再探：以国民党当局的应对为中心》，第65—67页。

列入议程。在安理会表决“控美侵台案”是否列入议程时，美国国务院指示驻联合国代表奥斯汀（Warren R. Austin），美国“希望台湾项目列入安理会议程，对该案应投赞成票”。① 英国则认为，既然美国作为当事者都赞成讨论这个案件，本案理应列入议程。而且不论北京是否得到大部分国家承认，它已实际统治中国大部地区，北京既向安理会提出控诉，安理会就应受理，且依惯例让北京代表参加讨论。最后在各国表示意见后，马立克将议程案付诸表决，投票结果为美、英、法、苏等七国赞成列入议程，反对者仅台湾当局、古巴，“控美侵台案”正式列入议程。②

“控美侵台案”的发展反映了台湾当局“外交”困境与此案的复杂形势。华盛顿以“台湾地位未定论”合理化第七舰队的军事行动、将台湾问题与“控美侵台案”挂钩、推动在联合国讨论台湾地位等举措，都可能动摇台湾当局拥有台湾“主权”。在这一点上，美国的策略与新中国走向一致，双方皆有否定台湾当局拥有台湾“主权”的含意。但对于台湾地位，台湾当局与新中国的立场又是一致的，两者皆以历史与国际法为依据，主张台湾是中国固有领土，不存在台湾地位的问题。因此台湾当局的“外交”空间有限，蒋廷黻在不直接挑战美国“台湾地位未定论”的情况下，只能尽量避开台湾地位的敏感问题，而将辩论重点放在北京不具备向安理会提案的资格与台湾未受侵略这两事上，立场显得较为被动。③ 同时，议程案在安理会的投票结果也显示台湾当局“外交”情势的警讯。在当时安理会的成员（共11国）中，承认台湾当局与中华人民共和国者各五国，但在投票时台湾当局却未得相应的支持。④ 在台湾当局的5个“邦交国”中，仅有古

---

① “The Secretary of State to the United States Representative at the United Nations (Austin), No. 192, August 29, 1950,” RG 84, Records of the Foreign Service Posts of the Department of State, U. S. Mission to the U. N. Incoming Telegrams, 1946-1963, Box 4, NARA. 美国在议程问题上仅要求原提案名称移除“美国侵略”字样。

② 议程案投票中另有埃及弃权，南斯拉夫未参加表决，《联合国安全理事会正式记录，第492次会议，1950年8月29日》，第5页。

③ 《联合国安全理事会正式记录，第492次会议，1950年8月29日》，第1—3页。

④ 除台湾当局以外的10个安理会成员国中，承认台湾当局者为美国、法国、古巴、厄瓜多尔和埃及，承认中华人民共和国者为英国、苏联、印度、挪威和南斯拉夫。

巴投票反对控诉案，埃及选择弃权，其他三国中，美国、法国与厄瓜多尔都支持安理会讨论北京的控诉案，台湾当局的国际地位显然不能单由“邦交国”数量来评估。[①]

四、北京代表列席问题与议案向大会的延伸

由中华人民共和国取代台湾当局在联合国的代表席位是苏联一贯的主张，由于联合国将北京拒于门外，苏联为此曾长期抵制联合国。朝鲜战争爆发后，苏联也曾要求联合国邀请北京与平壤代表参与讨论解决朝鲜问题，但都未获成功。[②] 在联合国中国代表权问题未解、朝鲜战争进行正烈、国际冷战局势紧绷的情况下，邀请北京代表列席安理会也成为一件具有高度政治意义的问题，因此广受各界注意。[③]

当 8 月 29 日第 492 次安理会通过“控美侵台案”排入议程时，苏联曾立即主张依《联合国宪章》第 32 条规定邀请北京代表列席。[④] 该条文规定：

---

① 议程案通过后，顾维钧曾向艾奇逊询问美国接受“控美侵台案”的原因，艾氏称此案纯为苏联与其附庸进行的政治宣传，为将事实公开，美国欢迎讨论这个问题。“Note of a Conversation with Mr. Dean Acheson, Secretary of State, 2: 15 p. m., August 31, 1950, at the State Department,”《顾维钧档案》, Box 180, Notes of Conversations。

② 苏联的主张可见《联合国安全理事会正式记录，第 480 次会议，1950 年 8 月 1 日》, https: //documents-dds-ny. un. org/doc/UNDOC/GEN/N50/390/08/pdf/N5039008. pdf? OpenElement, 查询日期：2016 年 4 月 7 日。以及《葛罗米柯与英国大使凯利的谈话备忘录》, 1950 年 7 月 17 日，沈志华编：《朝鲜战争：俄国档案馆的解密文件（中册）》，“中央研究院”近代史研究所，2003 年，第 455—456 页。

③ 英国曾由印度方面传来苏联消息称，北京在联合国处理“控美侵台案”期间，将不会对台采取军事行动，其未来行动则视联合国如何处理本案的状况而定，这些因素可能也都影响了英、印等国对邀请问题的考虑，Memorandum of Conversation, by the Deputy Assistant Secretary of State for Far Eastern Affairs (Merchant), 1950. 8. 29, United States Department of State, *FRUS*, 1950, Volume Ⅵ, East Asia and the Pacific, Washington: U. S. Government Printing Office, 1976, pp. 467-468。

④ 在此前安理会第 473 次会议曾决议，依《议事规则》邀请非联合国会员的韩国派遣代表列席安理会，讨论韩国遭侵略的问题，这使邀请北京之事又多了一个先例。苏联的说法，见《联合国安全理事会正式记录，第 492 次，1950 年 8 月 29 日》，第 6 页。

“联合国会员国而非为安全理事会之理事国，或非联合国会员国之国家，如于安全理事会考虑中之争端为当事国者，应被邀参加关于该项争端之讨论，但无投票权。”因此引用这一条进行邀请，含有承认北京作为一个政府的政治含义。[①] 苏联的提案受到台湾当局与古巴的批评，两者皆称苏联只是玩弄手法，目的就是让北京出席安理会。邀请问题在最后表决时虽未获通过，赞成与反对者同为四票，但关键的英、法与埃及选择了弃权。[②] 不过，英国代表于投票前已声明，英国一贯支持北京代表出席安理会，此次弃权主要为反对马立克从月初担任主席以来，始终抵制受邀前来讨论朝鲜问题的韩国代表，而法国也表示了类似立场。

美国对邀请问题的态度较为复杂，其于表决时投反对票，[③] 但在发言中，美方又表示不排除北京参加联合国讨论的可能。美方认为，未来如时机成熟，可以由代表安理会的“委员会或小组委员会或机关”听取北京的说法。[④] 这表示美国应对邀请问题的策略是将其与台湾问题挂钩；美国希望由研议中的安理会台湾问题委员会去听取北京的意见，而不要让他们出

---

① 许光建主编：《联合国宪章诠释》，太原：山西教育出版社，1999年，第213—214页，以下将《联合国宪章》简称《宪章》。厄瓜多尔代表即以本国仍承认台湾当局为由，反对苏联引用《联合国宪章》为理由邀请北京代表。

② 支持苏联邀请案者为苏联、南斯拉夫、印度、挪威；反对者为台湾当局、美国、古巴、厄瓜多尔；英、法、埃及弃权，见《联合国安全理事会正式记录，第492次，1950年8月29日》，第9页。

③ 华盛顿曾对联合国可能邀请北京代表参与中国代表权问题的讨论做过沙盘推演；美国反对北京代表参加联合国会议，认为这是给北京政治宣传的机会，造成联合国的困扰。但如果无法阻止这样的邀请，美国希望让北京代表在联合国的次级单位中出席，而不是在大会中，这项原则也应用在北京代表是否出席安理会的问题上。“Position Paper Prepared in the Department of State, 1950. 9. 11,” United States Department of State, *FRUS*, 1950, Volume Ⅱ, The United Nations; the Western Hemisphere, pp. 275-280.

④ 奥斯丁曾建议国务院反对北京代表出席，他认为蒋廷黻即是“中国代表”，可以为美国是否侵略台湾做最好的证言，北京代表出席只是徒增争议，不会得到任何实际结果，见“The United States Representative at the United Nations (Austin) to the Secretary of States, No. 412, August 31, 1950,” RG 84, Records of the Foreign Service Posts of the Department of State, U. S. Mission to the U. N. Outgoing Telegrams, 1946-1963, Box 25, NARA。各国对邀请问题的意见陈述，见《联合国安全理事会正式记录，第492次会议，1950年8月29日》，第7—9页。

席安理会正式会议。① 如此安排可让美国在北京代表出席会议的问题上保持政策弹性，也不致与各盟友立场完全相对，又符合美国推动在联合国讨论台湾问题的外交策略。实际上，国务院并不反对邀请北京代表，国务院中国科（Office of Chinese Affairs）曾分析了三点理由：1. 在当时政治情况下，北京的控诉于法理与逻辑上都缺少立足点。2. 北京代表出席必会重复苏联式的意识形态宣传论调，但这只会对北京的形象带来负面影响而没有好处。3. 部分安理会重要会员希望听取北京的意见。同时，国务院还认为，往后美国也可比照此例邀请韩国或甚至日本代表出席某些特定议题讨论，所以没有反对北京代表的重大理由。② 因此，美国也试图说服台湾当局，要阻止北京出席安理会，台湾当局就只有接受设立委员会一途还可一试。③

安理会自9月起由英国代表贾柏（Gladwyn Jebb）担任轮值主席。9月初，安理会在审议“关于中国领土遭受空军轰炸的控诉”时，苏联又提出邀请北京代表列席之议，但最后没有通过。④ 在此期间，“控美侵台案”虽

---

① 国务院指示奥斯丁在支持委员会听取北京的意见的前提上，投票反对北京代表出席安理会，见“The Secretary of State to the United States Representative at the United Nations (Austin), No. 192, August 29, 1950,” RG 84, Records of the Foreign Service Posts of the Department of State, U. S. Mission to the U. N. Incoming Telegrams, 1946-1963, Box 4, NARA。

② “Opposition to Appearance of Chinese Communist Representatives on Grounds They Use as Political Propaganda, September 18, 1950,” p. 3, 引自 Department of States, Records of the Office of Chinese Affairs, 1945-1955 Collection, “Top Secret, 1950 Formosa (Aug-Dec),” Gale Digital Collections, Archives Unbound。

③ 这是美方劝台湾当局接受联合国台湾问题“调查团”的主要理由，见《蒋廷黻致外交部》第330号电，1950年9月5日，“国史馆”藏，《蒋中正总统文物》，《对联合国外交（五）》，登录号：002000001241A，典藏号：002-080106-00018-009。

④ 当安理会就“控美侵台案”是否列入议程进行讨论时，北京自8月下旬开始，多次致电安理会指责美军越界攻击中国领土目标。“关于中国领土遭受空军轰炸之控诉”是马立克担任当届安理会轮值主席最后一个处理的案件，于8月最后一次会议通过列入议程。见《联合国安全理事会正式记录，第493次会议，1950年8月31日》，第6—13页，https：//documents-dds-ny. un. org/doc/UNDOC/GEN/N50/409/84/pdf/N5040984. pdf? OpenElement，查询日期：2016年4月7日。这件控诉案在安理会经过3次会议的讨论，就以没有决议结束。在这个案件中，美国也是建议设立委员会调查“误炸事件”，但这个提议与苏联邀请北京列席的提议最后都未通过，而整个案件讨论的时间几乎都花在上面两个提案上。《联合国安全理事会正式记录，第501次会议，1950年9月12日》，第1—12页，https：//documents-dds-ny. un. org/doc/UNDOC/GEN/N50/465/26/pdf/N5046526. pdf? Open Element，查询日期：2016年4月7日。

然一直挂在议程上，但没有实质发展。[①] 北京于9月17日致电联合国，强调中华人民共和国为中国合法代表，处理“控美侵台案”如“没有中华人民共和国的代表出席和参加讨论，那么理事会所通过的一切决议案都是不合法的，因此都是无效的”。[②] 马立克因此以争取时效为由，要求优先处理北京代表出席问题，但表决未获通过。[③] 不过安理会的情势在9月下旬出现转变，其中关键是厄瓜多尔由原先反对邀请北京代表转为支持，这使赞成邀请的一方得到了关键的支持票。[④] 贾柏把握在9月底轮值主席任期结束前的时间，积极推动邀请北京代表的努力。英国在邀请北京问题上的积极态度，也表现了伦敦争取远东问题发言权的努力。自朝鲜战争以来，英美在远东政策上存在重大分歧，其关键在对中华人民共和国的态度与其衍生的台湾问题，这两者都跟安理会的“控美侵台案”有密切关系。[⑤] 英国在1950年1月承认北京，但受到政治与历史因素影响，双方关系未见稳定。在联合国中，英国因受华府与北京的双方面压力常感为难。但邀请北京代表参加“控美侵台案”讨论既不为美国完全反对，又与伦敦承认北京的立场相符，还可对北京表现善意或能增加与北京的对话机会，这是英国推动

① 台湾当局一直以拖延战术希望尽量延后甚至取消邀请北京代表的讨论，在第501次会议中，蒋廷黻建议将邀请事延至9月18日再讨论，见《联合国安全理事会正式记录，第501次会议，1950年9月12日》，第12页。

② 《周恩来外长致电联合国安理会主席要求出席安理会控诉美机侵犯我领空事》，1950年9月10—16日，中国外交部档案，113-00018-03。此电编为安理会文件S/1795。

③ 苏联主张“控美侵台案”既已排入议程，届时应有北京代表出席，所以必须尽早通过邀请的决议，以使北京方面有一定的准备时间。《联合国安全理事会正式记录，第502次会议，1950年9月18日》，第5—6页，https：//documents-dds-ny. un. org/doc/UNDOC/GEN/N50/465/27/pdf/N5046527. pdf? Open Element，查询日期：2016年4月7日。

④ 华盛顿于9月22日确认厄瓜多尔转变立场，见“The Secretary of State to the Acting Secretary of State，1950. 9. 22，”United States Department of State，*FRUS*，1950，Volume Ⅵ，East Asia and the Pacific，pp. 516-517。厄瓜多尔政府认为，反对北京代表与会可能造成反对拉丁美洲“事实上的（de facto）政府”的先例，因而拒绝美国的关切，赞成邀请北京代表。美厄往来电文见“The Acting Secretary of State to the Embassy in Ecuador，1950. 9. 27”，“The Chargé in Ecuador to the Secretary of State，19509. 27，”*FRUS*，1950，Volume Ⅵ，East Asia and the Pacific，pp. 520-521。

⑤ 见徐友珍：《分歧与协调：美英关系中的承认新中国问题（1949—1951年）》，第2—4章；汪浩：《冷战中的两面派：英国的台湾政策，1949—1958》，第102—143页。

邀请问题的重要背景。美国虽然曾尝试改变或延迟安理会有关邀请案的讨论，但没有成功。[①]

在安理会第503次会议中，贾柏建议优先讨论“控美侵台案”，处理邀请问题。他刻意忽视此事的政治性质，宣称邀请问题性质单纯（意谓邀请乃程序问题），可以尽快做出决定。[②] 蒋廷黻为阻止主席的建议，曾就议程问题发动表决，但贾柏的提议以7票赞成获得通过，议程因此确定。[③] 在会议开始审议“控美侵台案”时，蒋廷黻首先发言，仍主张北京既无地位提出控诉，也没有任何证据，安理会不应接受此案。他继而表示，苏联在当天下午的联合国大会中也提出了类似案件并列入议程，照《联合国宪章》的精神，大会与安理会不应同时讨论相同议题，他建请安理会待大会讨论完毕后再处理本案，当次会议因发言众多没有进行表决。[④] 次日，贾柏应马立克的要求加开了一次安理会会议，他在预定议程中只安排了“控美侵台案”一个议案，贾柏表示希望邀请问题能在当次会议达成结论。[⑤] 会议中，马立克又发表长篇演说，批评“美国与国民党联线”自8月以来不断以程序问题阻挠“控美侵台案”的讨论。贾柏作为会议主席，亦极力为邀请问题说项。他指出，北京虽尚未获得普遍承认，但已实质统治中国领土，北京愿意向安理会提出控诉，代表其至少接受安理会的权威，光就这一点而

---

① Memorandum of Conversation, by Mr. Eric Stein of the Office of United Nations Political and Security Affairs, 1950. 9. 25, *FRUS*, 1950, Volume Ⅵ, East Asia and the Pacific, pp. 518-520.

② 有关安理会第503次会议的描述，见该次会议记录，《联合国安全理事会正式记录，第503次会议，1950年9月26日》，第7—9、12—14页，https://documents-dds-ny.un.org/doc/UNDOC/GEN/N51/903/73/pdf/N5190373.pdf?OpenElement，查询日期：2016年4月7日。

③ 台湾当局的议程案，支持：台湾当局、古巴、厄瓜多尔、印度、美国、南斯拉夫；反对：英国；弃权：埃及、法国、挪威、苏联。英国的议程案，支持：埃及、法国、印度、挪威、苏联、英国、南斯拉夫；反对：台湾当局；弃权：古巴、厄瓜多尔、美国。

④ 当日，已通过总务委员会的苏联“美国侵略中国案”获大会正式列入议程，见《联合国大会第五届会正式记录，大会全体会议，会议速记记录，第285次，1950年9月26日》，第77—83页。

⑤ 在苏联的要求下，本次会议之后又加上“大韩民国遭受侵略之控诉案”一项，苏联希望在这个项目讨论美空军对朝鲜的轰炸问题，《联合国安全理事会正式记录，第504次会议，1950年9月27日》，第1—2页，https://documents-dds-ny.un.org/doc/UNDOC/GEN/N51/900/26/pdf/N5190026.pdf?OpenElement，查询日期：2016年4月7日。

论，安理会就应该给北京出席的机会，更不用说从公平的角度，北京绝对有权利出席它所提出的控诉案。

为解决争端并打破当时议事上的僵局，厄瓜多尔代表克韦多（Antonio Quevedo）提议，以《议事规则》第39条为基础，邀请北京参与“控美侵台案”的讨论，同时他建议将案件推延至12月1日以后再讨论。[①] 克韦多解释说，将时间向后推延并无特别政治考虑，而是这样可以使安理会与大会的讨论时间错开，同时让北京有时间进行准备，且如果其他代表有不同意见，他也不反对将讨论“控美侵台案”的时间提前。从安理会当时的政治气氛来看，厄瓜多尔的这项提议算是一种折中。它在邀请的法理基础上，避开苏联原主张的《宪章》规定，改以较为事务性的《议事规则》为据，降低这项邀请可能有承认北京的政治意义。其次，它虽邀请北京代表出席安理会，但将处理本案的时间往后推延，让大会有时间去处理类似案件。而且这段延后的时间也有观察北京动向的意味，克韦多认为若在这段时间北京发生对抗联合国或侵犯台湾的情事，安理会可以根据新的国际局势重新考虑立场。[②] 上述这些考虑对台湾当局确实有一些好处，尽量将“控美侵台案”讨论压后本来就是台湾当局的策略，特别是按照日程蒋廷黻将在12月轮值安理会主席，台湾当局因此比较可能接受这样的安排。[③]

不过，台湾当局坚持反对任何邀请北京的提议。在安理会，台湾当局认为它既是“中国代表”，亦为安理会成员，安理会如定要讨论本案，则只有台湾当局能够提供相关情报，因此《宪章》第32条与《议事规则》第39条皆无法适用于本案。而且在现实层面，不管安理会对此问题做何种决定，

---

① 《联合国安全理事会暂行议事规则》第39条规定“为审议理事会职权范围内的事项，安全理事会可邀请其认为合适的秘书处人员或其他人员向理事会提供情况或其他协助”。引自联合国“联合国安全理事会”中文网页，http://www.un.org/zh/sc/about/rules/，查询日期：2015年7月21日。

② 《联合国安全理事会正式记录，第505次会议，1950年9月28日》，第5页，https://documents-dds-ny.un.org/doc/UNDOC/GEN/N51/912/15/pdf/N5191215.pdf?OpenElement，查询日期：2016年4月7日。

③ 厄瓜多尔的修正案原建议在12月以后再处理“控美侵台案”，但在贾柏的建议下，又将预定审议时间移到11月中旬，《联合国安全理事会正式记录，第505次会议，1950年9月28日》，第7页。

如果没有台湾当局的合作，任何安排都难以实现。蒋廷黻表示，美军舰队是在获得台湾当局同意的情况下进入台湾周边海域，台湾岛内并无美军驻扎，因此没有所谓的侵略。相反，北京对朝鲜提供大量军事协助，与联合国军为敌，毫无提出控诉的立场，他批评“控美侵台案”仅是一种分裂民主阵营、转移联合国对朝鲜半岛关注的宣传策略。[①] 为了阻止北京代表列席安理会，台湾当局在接下来的议事中采取了更为积极的策略。在安理会对邀请北京问题进行表决时，蒋廷黻发动安理会议事上少见的双重否决行动，这是台湾当局在安理会首次主张使用否决权。[②]

从安理会第504次会议开始，蒋廷黻就多次主张安理会邀请北京代表的讨论并非程序问题，而是实质问题，因为苏联提出邀请的用意，实为以一种迂回方式挑战台湾当局拥有的中国代表权。[③] 当贾柏对此论表示质疑时，蒋廷黻主张当安理会成员对某案件的先决条件（preliminary question，即该案究竟是程序问题还是实质问题）出现疑义时，主席不能自行裁示，而应按1945年中、美、英、苏《四发起国政府代表团关于安全理事会投票程序的声明》（Statement by the Delegation of Four Sponsoring Powers on Voting Procedure in the Security Council），由表决来决定。而该项声明第二部分第一项认为，常任理事国对判断案件先决条件的投票具有否决权。[④] 蒋廷黻的主

① 《联合国安全理事会正式记录，第504次会议，1950年9月27日》，第6页。

② 台湾当局也考虑过对安理会组织调查团赴台行使否决的可能性，见侯中军：《新中国控诉美国侵台背景下的台湾地位问题再探：以国民党当局的应对为中心》，第65—67页，另见《蒋廷黻日记》，1950年9月9日。

③ 《联合国安全理事会正式记录，第504次会议，1950年9月27日》，第7页。

④ 《联合国安全理事会正式记录，第505次会议，1950年9月28日》，第7页。1945年联合国国际组织会议（The United Nations Conference on International Organization）于旧金山召开时，为解决安理会投票方式引发的争议，四大国对否决权的权限做出解释，其中包括对于先决问题的投票程序说明。相关发展参见李大中：《联合国维和行动：类型与挑战》，台北：秀威信息公司，2011年，第19—20页；王建世：《联合国安全理事会的投票制度》，台北：嘉新水泥公司文化基金会，1969年，特别是2—4与3—3节的讨论。宣言内容见“The Chairman of the United States Delegation (Stettinius) to the Acting Secretary of State, 1945. 6. 3,” United States Department of State, *FRUS*, Diplomatic Papers, 1945, Volume Ⅰ, General: the United Nations, Washington: U. S. Government Printing Office, 1967, pp. 1131-1136。

张表明台湾当局将在安理会使用否决权，并采取双重否决策略应对邀请问题。其做法是先以否决权决定邀请案不属程序问题，而是实质问题，接着再藉由否决权否决此项实质问题。只是台湾当局的主张在会场明显受到冷淡对待，包括美国在内的多数国家皆主张此案应属程序问题，不愿对是否应进行先决条件表决做任何表示。

9 月 29 日，安理会连续召开两次会议，就邀请案进行最关键的表决。第 506 次会议一开始，贾柏即主导表决邀请北京的提案。蒋廷黻再提出应先处理先决问题，但贾柏主张邀请问题必须先成立才会出现先决问题。接下来，邀请案全文在修订后，以 7 票赞成、3 票反对（台湾当局、美国、古巴）与 1 票弃权（埃及）的结果获得通过。蒋廷黻立即反对主席依多数票所做的裁定，主张邀请案为实质问题，台湾当局的反对票应视为否决。他又援引 1945 年四国所做声明与苏联在安理会发动过三次双重否决的前例，要求对议案的先决条件进行表决。① 但是台湾当局的主张在安理会孤立无援，英、印等国主张对北京的邀请是依据《议事规则》第 39 条，而该条是放在《第六章：事务的处理》标题下，该章内容皆属程序问题而非实质问题。在多国表达意见后，贾柏将本案是否为程序问题付诸表决，结果仅台湾当局反对、古巴弃权。虽然蒋廷黻仍强调台湾当局的反对应视为否决，但在情势几乎一面倒的情况下，贾柏以安理会多数意见为据，主张常任理事国如任意施行否决权将妨碍联合国运作，因此坚持以主席身份裁定邀请案为程序问题。蒋廷黻虽抗议主席越权，但台湾当局也不愿与安理会全面决裂，因此他提出一项折中意见，建议将争议提交国际法庭裁决。但即使蒋廷黻认为台湾当局已对议程案做出“重大让步”，贾柏仍以案件送国际法院需时间考虑为由裁决缓议，等于不理会蒋廷黻的提议。在蒋的抗议下，

---

① 《联合国安全理事会正式记录，第 506 次会议，1950 年 9 月 29 日》，第 2—4 页，https://documents-dds-ny.un.org/doc/UNDOC/GEN/N51/905/79/pdf/N5190579.pdf? OpenElement，查询日期：2016 年 4 月 7 日。

贾柏再将其裁决诉诸表决并获得支持，全案因此确定。[①] 安理会于9月29日决议，将北京的控诉案安排在11月中旬以后进行讨论，并邀请北京代表出席会议，台湾当局方面各种阻止北京出席的尝试终告失败。[②]

就在安理会正在为邀请北京的问题展开辩论的同时，“控美侵台案”的发展由安理会延伸到了联合国大会。8月北京在安理会就“控美侵台案”是否列入议程进行讨论时，就多次致电安理会指责美军侵犯中国领空、攻击中国东北地面目标。同时，马立克则利用担任安理会主席的优势，将此问题列入安理会议程。[③] 美国侵略台湾与轰炸中国东北等问题构成了苏联向联大提出“美国侵略中国案”的基础。第五届联合国大会于9月下旬开议，“美国侵略中国案”与“台湾问题案”被分别提交到安排大会议程的总务委员会。[④] “美国侵略中国案”先于9月22日在总务委员会通过，又于9月26日由大会通过排入议程。[⑤] “台湾问题案”则在台湾当

---

① 《联合国安全理事会正式记录，第507次会议，1950年9月29日》，第2—3页，https://documents-dds-ny.un.org/doc/UNDOC/GEN/N51/910/47/pdf/N5191047.pdf? OpenElement，查询日期：2016年4月7日。

② 安理会第87号决议“台湾（福摩萨）遭受武装侵犯之控诉”，在表决中台湾当局、美国与古巴代表反对，埃及弃权，但其他七个安理会代表赞成。

③ 安理会第493次会议将《关于中国领土遭受空军轰炸之控诉》列入议程，见该次会议记录。有关该案在安理会的发展见本文第四节讨论。

④ 美国原先就是设定由大会而非安理会来讨论台湾地位，“The Secretary of State to the United States Representative at the United Nations (Austin), No. 192, August 29, 1950,” RG 84, Records of the Foreign Service Posts of the Department of State, U. S. Mission to the U. N. Incoming Telegrams, 1946-1963, Box 4, NARA。徐友珍的研究则指出，英国事前支持美国向大会提台湾问题，但英国的本意是希望利用这个机会规划在未来将台湾交给北京的时间。但美国的意图与英国几乎相反，美国希望借助联合国的行动，确立美国主张的“台湾地位未定论”。有关英美交涉的过程，见徐友珍：《1950年英美向五届联大提交的台湾问题提案》，《世界历史》2005年第4期，第40—47页。

⑤ 《联合国大会第五届会正式记录，大会全体会议，会议速记记录，第285次，1950年9月26日》，第83页。大会以31票赞成、6票反对、6票弃权通过“美国侵略中国案”列入第五届联大第70项议程。

局不断向华府交涉的情况下，延至10月7日方由大会排入议程。[①] 10月5日，苏联又以北京各项控诉美方的电文为据，以北京之名再向大会提出“美军侵犯中国领土商船案”。[②]

大会在参与国家规模与议事规则上与安理会颇为不同。大会由联合国全体会员组成，为国际舆论的发声场所，其决议虽未必有实效，却是比安理会更好的国际宣传舞台。同时，大会在形式上体现各国平等，在投票上没有否决权的设计，个别案件比较不会因为某国的一己之意而出现逆转。这些因素可能是美苏双方要将外交对抗的战线从安理会延伸到大会的主要因素。

五、案件在大会与安理会的实体讨论

自安理会决定邀请北京代表后，北京于10月初收到联合国的邀请电文，10月23日致电联合国秘书长，指派伍修权等九人出席安理会参与“控美侵台案”讨论。[③] 而与此同时，朝鲜半岛情势发生重大变化，由于联合国军北上接近鸭绿江，中国人民志愿军（以下简称志愿军）于10月中下旬大举进入朝鲜半岛作战，将朝鲜战争的发展带入另一个阶段。北京的行动直接与

① 台湾当局认为“台湾问题案”对其地位影响重大，因此不断通过在纽约与华府的“外交官”向美方交涉希望打消或推延该案，见《外交部致蒋廷黻》第290号电，1950年8月29日，《外交部致顾维钧》第426号电，1950年8月29日，“中央研究院”近代史研究所藏，《外交部档案》，“条法司”《对日宣战布告》，600/89019。“台湾问题案”最终列为第五届联大第71项议程。

② 该案于总务委员会第71次会议通过，《联合国大会第五届会正式记录：总务委员会，一九五〇年各次会议简要记录，1950年9月21日—1950年12月5日》，第11页。

③ 《周外长通知联合国秘书长赖伊，我已任命伍修权为特派代表，出席安理会讨论我控诉侵略台湾案》，《人民日报》1950年10月24日，第1版。

联合国军为敌，也影响了北京的外交处境。[①]

当北京介入战事的讯息传来后，安理会应美国要求召开紧急会议，会议目的就在评估联合国军司令麦克阿瑟提交的特别报告，其内容证实联合国军已在战场遭遇中共军队。[②] 会议中马立克先是否认联合国司令部的合法性，继而又提出邀请北京代表参加安理会对“大韩民国遭受侵略之控诉”案件的讨论。虽然蒋廷黻再次反对，会议仍决定在有条件的情况下邀请北京代表列席，但只允许北京参与有关麦克阿瑟报告书的讨论，这使得北京的受邀身份从“原告”变成了“被告”。[③] 在莫斯科的建议下，北京拒绝了安理会此次邀请。[④] 北京的计划是不理会此次的邀请，而要求安理会将“控美侵台案”与苏联控诉美国侵略朝鲜的问题合并处理，并借此“反将它（美国）一军”。[⑤] 在致联合国的回电中北京指出，麦克阿瑟的报告根本是非

① 北京于10月13日通报莫斯科将出兵朝鲜半岛，《No.16012，罗申致斯大林电：毛泽东通知中国决定出兵朝鲜（1950年10月13日）》，收于沈志华主编：《俄罗斯解密档案选编：中苏关系》第三卷（1950.8—1951.8），北京：东方出版中心，2014年，第95—96页。计划预定中共军队将于10月15日从三个方面越境入朝，人数将达26万，见《No.20093，什特科夫致斯大林电：朴一禹通报中国军队入朝计划（1950年10月12日）》，《俄罗斯解密档案选编：中苏关系》第三卷（1950.8—1951.8），第94—95页。

② 《联合国安全理事会正式记录，第519次，1950年11月8日》，https://documents-dds-ny.un.org/doc/UNDOC/GEN/N52/710/95/pdf/N5271095.pdf?OpenElement，查询日期：2016年4月7日。

③ 《联合国安全理事会正式记录，第520次，1950年11月8日》，第4页，https://documents-dds-ny.un.org/doc/UNDOC/GEN/N52/710/97/pdf/N5271097.pdf?OpenElement，查询日期：2016年4月7日。

④ 莫斯科建议北京拒绝安理会这次的邀请，苏联外长葛罗米柯表示，马立克对迫使美国人赞成邀请北京“着了迷”，以致没有注意到这次邀请的负面意义。见《No.00343，联共（布）中央政治局决议：关于中国出席安理会问题（1950年11月9日）》，《俄罗斯解密档案选编：中苏关系》第三卷（1950.8—1951.8），第110—111页；《220. 联共（布）中央政治局关于中国出席安理会问题指示的决议，1950年11月9日》，沈志华编：《朝鲜战争：俄国档案馆的解密文件（中册）》，第618—619页。

⑤ 周恩来对此事的建议与毛泽东的批文见《周恩来外长关于拒绝出席讨论“联合国司令部特别报告”安理会会议致联合国的电文，各国函告收到该电文副本》，1950年11月8—21日，中国外交部档案，113-00021-02，第22页。

法的，不能作为讨论依据，并建议将上述两案合并讨论，以便北京代表同时参与。而另一方面，北京仍以安理会 10 月初的邀请为据，由伍修权领导的 9 人代表团于 11 月 14 日离开北京，经莫斯科、布拉格与伦敦，24 日抵达纽约。[①] 北京代表出席联合国会议是一件引人瞩目的国际事件。这是 1949 年中华人民共和国建立以来，首次有其官方代表参与联合国议事；同时，志愿军入朝发动第一次战役的消息正令世界震撼，解放军入藏的消息也引起国际间注意，许多人都好奇中国新政权的代表会在联合国传递何种信息。[②]

就在北京代表团抵达纽约当天，联合国大会第一委员会（以下简称政委会）进行“美国侵略中国案”讨论时，也就是否邀请北京代表列席进行了辩论，最终通过了邀请北京代表的决议。[③] 为使伍修权有时间得到北京方面的授权，政委会决定在 11 月 27 日后再进行“美国侵略中国案”讨论。[④] 11 月 27 日，政委会展开对“美国侵略中国案”的实体讨论。苏联代表维辛斯基从历史、人种与国际法角度强调台湾是中国的一部分，指控美国对台湾一如其在朝鲜的做法并欲以联合国招牌掩饰其非法行动。他继而宣称台湾的天然资源与经济活动已为美国企业控制，同时美军机不断侵犯中国东北领空并造成伤亡。而这种种行动是其整个侵略中国计划的一部分，因此

① 《出席安理会讨论我控诉武装侵台案，伍修权等昨起飞赴成功湖》，《人民日报》1950 年 11 月 15 日，第 1 版；伍修权：《回忆与怀念》，北京：中共中央党校出版社，1991 年，第 258—260 页。

② 1950 年 11 月萨尔瓦多曾向联大主席提案讨论外军（即指解放军）入侵西藏问题，但在总务委员会中决定缓议，见台湾当局编：《出席联合国第五届常会会议报告》上册，中国国民党党史馆藏，《一般档案》556/21，第 13 页。

③ 在“美国侵略中国案”列入议程后，台湾当局也曾力图在政委会阻止任何邀请北京代表列席的建议，见《蒋廷黻致外交部》第 413 号电，1950 年 10 月 11 日；陈红民、傅敏主编：《美国哈佛大学哈佛燕京图书馆藏蒋廷黻资料》第二册，桂林：广西师范大学出版社，2015 年，第 128—129 页。

④ 伍修权来纽约原是为参加安理会会议，因此他是否能出席政委会仍需得到北京另外的授权。《联合国大会第五届会正式记录：第一委员会，第二卷，1950 年 11 月 14 日—1951 年 5 月 17 日》，第 406 次，1950 年 11 月 24 日，第 304—307 页。

他要求大会建请安理会采取必要行动阻止美国侵略行为。美国代表杜勒斯（John Foster Dulles）则回应，美军在台仅40余人，“台海中立化”政策并未封锁台湾。他又指出台湾原为日本殖民地，其地位尚未确定，有鉴于二战时美军在远东的牺牲与付出，美国对台湾未来地位的决定，自然应有相当发言权。他反驳苏联有关美军机侵犯中国东北领空的指控，指称那些行动多为无意的越界，同时美国曾提出设立委员会进行调查的建议，却未获苏联与北京支持。最后他强调，中美在历史上具有传统友谊，反而是苏联对中国东北常采取敌对态度。① 这次会议是北京代表首次在联合国亮相，但其没有发言。②

当天下午，安理会亦展开“控美侵台案”的实体讨论。当次安理会议程上除“控美侵台案”外，还有从6月就持续进行的“大韩民国遭受侵略的控诉”项目，因此韩国与北京代表都受邀列席会议。开议时，会议主席南斯拉夫代表以两案性质接近、牵涉国家雷同等因素，建议在会中并案讨论。这种安排反映了安理会对北京发出过的两次邀请的背景，但也有将北京与华盛顿同列“被告”的倾向，因此立刻引起马立克的抗议。他认为北京已拒绝讨论麦克阿瑟的“非法报告”，因此会议只能讨论“控美侵台案”。于是各方为议程问题争论了近三个钟头，最后仍以表决方式确定了主席的建议。当议案进入实体讨论后，由于美国已预先向主席登记，取得优先发言权，苏联为不使美国先声夺人因此立持异议。会议为是由华盛顿还是北京代表先发言又进行冗长辩论，这个争议甚至持续至下一次安理会会议才以表决的方式告一段落，最终美国代表获得优先发言。③ 马立克在总结时

① 《联合国大会第五届会正式记录：第一委员会，第二卷，1950年11月14日—1951年5月17日》，第407次，1950年11月27日，第308—312页。

② 出乎北京预期的是，由于日后情势的发展，这竟是伍修权此行唯一一次参加政委会会议，见本节后段的讨论。

③ 《联合国安全理事会正式记录，第525次，1950年11月27日》，https：//documents-dds-ny. un. org/doc/UNDOC/GEN/N54/349/52/pdf/N5434952. pdf? OpenElement，查询日期：2016年4月7日；《联合国安全理事会正式记录，第526次，1950年11月28日》，第4—5页，https：//documents-dds-ny. un. org/doc/UNDOC/GEN/N53/264/94/pdf/N5326494. pdf? OpenElement，查询日期：2016年4月7日。

称，英美集团不让北京先发言已表现了它们敌视北京的态度，“中华人民共和国政府不能期望它向安全理事会提出的控诉能获得公正持平的讨论与决议”。①

11月28日安理会进行了两次会议，“控美侵台案”进入实体讨论的高潮。在安理会526次会议中，美国代表奥斯汀首先发言。他的发言内容主要分为三个部分：首先他以中共参战后朝鲜局势的变化，指称北京正以大量正规军侵略朝鲜半岛、介入朝鲜战争，与联合国为敌。其次，他强调美中两国传统友谊，历数近代以来美国在经济、教育等方面对华提供援助，特别是二战时期对中国的支持；相对的，他也提到历史上俄国对中国所具有重大的野心。最后对于台湾问题，奥斯汀重申美国历来对台湾并无领土野心、也不寻求特殊地位的说法。他又特别提到“美国政府及联合国大多数会员国所承认的中国政府现正有效地统治台湾岛”。对台湾当局而言，这种说法相较于此前美国不断提到的“台湾地位未定论”显然要较为友善。②

新中国代表伍修权于安理会第527次会议做了首次的长篇演讲。其主旨包括五个部分：1. 有关联合国中国代表权：伍修权批评联合国拒绝中国的合法代表，反由国民党反动残余集团代表冒充中国人民窃据席位。在4.75亿中国人民代表缺席的情况下，联合国就不是名副其实的联合国，北京也不会承认其所做的决议与决定。2. 论证台湾为中国的一部分：伍修权强调中国人在台湾定居的长远历史，批评日本统治台湾的非正义性与当时台湾人民坚定反日的历史。他根据战时同盟国的公告、协议，强调台湾不论在法律与事实上都是中国的一部分。3. 叙述美国侵略台湾的历史与现况：指出美国在二战胜利后即为侵略台湾进行准备，美国释放原关押的侵华日军战犯，让他们到台湾修筑工事，将台湾建设成美国的军事基地。而在朝鲜战争爆发后，美国更公开地派遣海、空军进入台海与台湾岛，又派出军事使节团统一指挥侵略台湾的美军。4. 反驳“台湾地位未定论”：指责美国为

① 《联合国安全理事会正式记录，第526次，1950年11月28日》，第5页。

② 《联合国安全理事会正式记录，第526次，1950年11月28日》，第5—10页。

了替侵略台湾寻找托词，制造出“台湾地位未定论”的说法。伍修权批评杜鲁门违背《开罗宣言》与过往他自己有关台湾属于中国的言论，指责美国向联大提出的“台湾问题案”只是想盗用联合国名义，合法化其对台湾的非法侵略，其方式一如美国介入朝鲜半岛的方式。5. 揭发美帝国主义在亚洲的面貌：北京将这次的指控与历史相结合，将近代中美关系的历史化约成一部美国对华侵略史。同时又以美国侵略朝鲜、台湾行为与近代日本帝国主义的发展路径（夺取朝鲜、台湾）相比拟，视美国为日本帝国主义的翻版，皆妄图侵略中国、主宰亚洲。但他相信亚洲各受压迫民族，日本、菲律宾、越南与朝鲜人民必将勇于对抗美国帝国主义，“取得伟大的民族独立斗争的最后胜利”。最后他向安理会提出一项包括三个诉求的决议案草案，其内容：1. 安理会采取公开行动谴责并制裁美国罪行。2. 美国完全自台湾撤出其武装力量。3. 美国及其他外国军队一律撤出朝鲜，让朝鲜人民自己解决朝鲜内政。①

相较于苏联代表在联合国那种繁复的外交风格，伍修权在安理会的发言表现了另一种特质。他以一种近乎直白的方式表现了中共的革命史观，将清末以来近代中国的发展简化为一部列强侵略史。而在这样的历史基础上，他又表达了新中国政府捍卫国家主权的强烈决心，用一种骄傲的姿态展现新中国的外交风貌和高昂的民族情绪。② 然而，安理会一些成员认为，北京的指控缺少实据，也没有向外界传递出沟通或妥协的意愿，因此无助于缓和已存在的敌对关系，对解决问题或北京争取联合国席位也并无帮助。

---

① 《联合国安全理事会正式记录，第 527 次，1950 年 11 月 28 日》，第 7—10 页，https：//documents-dds-ny. un. org/doc/UNDOC/GEN/N52/711/69/pdf/N5271169. pdf? OpenElement，查询日期：2016 年 4 月 7 日。

② 伍修权在事后对北京外交部提出的报告中多次提到，他就要是用一种骄傲，甚至强硬的态度来与那些帝国主义者打交道，《伍修权副部长出席安理会情况报告》，1951 年 1 月 10 日，中国外交部档案，113-00064-01，第 7、69 页。伍修权自己觉得在安理会的演讲“就像把中国人民憋了多年的气，一下子吐出来了”，伍修权：《回忆与怀念》，第 269 页。

在接下来的几次安理会会议中，台湾当局与韩国皆称北京为莫斯科的附庸，蒋廷黻特别指出北京的行事完全受莫斯科操纵，伍修权的演讲全无中国成分。[①] 英国曾经非常努力地希望在伦敦或纽约与中国代表团建立联系，[②] 英国代表贾柏又是推动北京代表出席安理会的关键人物。但他也指出共产主义在亚洲冒充为一种解放力量，但那完全是伪装，苏联要的是奴隶式顺从的附庸，而不是亚洲人民期望的民族解放。贾柏认为北京对"控美侵台案"没有提出任何实证能说明美国控制台湾，他甚而称"台湾昔日是日本的属地之一，所有日本属地将来如何处置仍旧是国际上的问题"。这一说法与之前英国主张台湾是中国一部分的立场有所不同，亦颇值得注意。[③] 美国代表奥斯汀则主张搁置"控美侵台案"讨论，建议会议将重心放在"大韩民国遭受侵略的控诉"一案上。苏联为支持北京，在会议中则是火力全开、极力驳斥他方对北京的批评。它除不断强调美国占据台湾，称"美国军事顾问在实际上是该岛的主人"，"美国用武力占领了外国一个岛"，[④] 还批评了英、法的帝国主义对外侵略史。在针锋相对的情况下，"控美侵台案"的实体讨论从11月27日第525次会议起进行至当月底第530次会议结束，最后进行表决。[⑤] 在表决前，伍修权批评美国主导议事，将安理会工作

① 蒋廷黻的回应强调北京仅是莫斯科的"傀儡"，不能代表中国。《联合国安全理事会正式记录，第528次，1950年11月29日》，第3—4页。

② 英国为与北京代表团建立联系，在伦敦与纽约做了多方面的努力，后来双方虽然进行了私下会晤，但除了相互阐述己方立场外，并未有进一步的发展，见萧道中：《新中国外交初体验：1950年伍修权的纽约联合国之行》。

③ 《联合国安全理事会正式记录，第530次，1950年11月30日》，第1—3页。

④ 《联合国安全理事会正式记录，第528次，1950年11月29日》，第11页，https：//documents-dds-ny. un. org/doc/UNDOC/GEN/N53/271/17/pdf/N5327117. pdf? OpenElement；《联合国安全理事会正式记录，第530次，1950年11月30日》，第7页，https：//documents-dds-ny. un. org/doc/UNDOC/GEN/N53/264/95/pdf/N5326495. pdf? OpenElement，查询日期：2016年4月7日。

⑤ "侵台案"在安理会的实体讨论由11月27日的第525次会议开始，至11月30日第530次会议结束，其中第529次会议仅进行翻译宣读，没有任何讨论。伍修权在第527次会议发表长篇演说，第528次会议因为讨论到韩国受侵略问题，他坐在旁听席拒绝参加，只有在反驳蒋廷黻时短暂坐上会议席位发言。第530次会议进行最后表决前，他简短地陈述了北京的主张，呼吁安理会采取行动制止美国侵略。参见萧道中：《新中国外交初体验：1950年伍修权的纽约联合国之行》。

的重心故意引向所谓韩国受侵略问题；他强调朝鲜问题的祸首，“正是美国政府武装干涉朝鲜的内政，并且严重地破坏了中华人民共和国的安全”。他要求安理会采取行动，制止美国对亚洲的侵略。① 这个案件进行期间，苏联与北京各提出了一个决议案草案，两者皆要求安理会制裁美国，美国撤出军队、停止侵略台湾，但两案投票都以 1 票赞成（苏联）、9 票反对、1 票弃权（印度）的结果告终，“控美侵台案”在安理会最终以没有形成决议的方式告一段落。

北京在联合国表现的强硬立场实际上加深了美国对北京施压的决心。杜鲁门在 11 月 30 日的记者会上表示，虽然联合国中有一些与北京代表进行和平磋商的尝试，但看不出来北京有这方面的意愿。在回复记者的提问时，他宣称将考虑包括授权使用原子弹在内的所有手段，以达到朝鲜和平的目的。② 国务院则立即在联合国大会推动一项旨在揭发北京“侵略”行径的议案。③ 12 月 6 日，美国等六国共同提出的“中国干涉朝鲜案”由总务委员会排入议程，并获大会正式通过，送交政委会处理。④ 由于“中国干涉朝鲜案”一进政委会就经表决列为优先议程，因此，“美国侵略中国案”的讨论在 11 月 27 日第 407 次会议后即告中断，中国代表当次未发言的出席也

---

① 《联合国安全理事会正式记录，第 530 次，1950 年 11 月 30 日》，第 8—9 页，https：//documents-dds-ny. un. org/doc/UNDOC/GEN/N53/264/95/pdf/N5326495. pdf? OpenElement，查询日期：2016 年 4 月 18 日。

② 杜鲁门记者会全文，参见 Harry S. Truman，“The President's News Conference，” November 30，1950，Online by Gerhard Peters and John T. Woolley，*The American Presidency Project*. http：//www. presidency. ucsb. edu/ws/? pid = 13673，查询日期：2016 年 4 月 11 日。

③ “Memorandum of Conversation，by the Ambassador at Large（Jessup），1950. 11. 28，” *FRUS*，1950，Volume Ⅶ，Korea，p. 1246。

④ 该案由美国、英国、法国、古巴、厄瓜多尔与挪威六国共同提出，12 月 5 日在总务委员会第 74 次会议通过。《联合国大会第五届会正式记录：总务委员会，1950 年各次会议简要记录，1950 年 9 月 21 日—1950 年 12 月 5 日》，第 21 页。次日又以 51 票对 5 票在大会通过（另有 4 票弃权）。United Nations，*United Nations*，*General Assembly*，*Fifth Session*，*Official Records*，*319th Plenary Meeting*，*1950. 12. 6*，p. 597.

就成了绝响。[1] 此后直至 1951 年 2 月，政委会才将性质相近的“美国侵略中国案”与“美军侵犯中国领土商船案”并案处理，此时第五届大会业已休会、中国代表团也早已返国。苏联在政委会再提邀请北京代表建议，但北京这次仅以书面的方式表示意见。[2] 最终苏联的决议案草案再遭否决，两案在政委会的处理至此也告一段落。[3]

六、结论

“控美侵台案”虽然在联合国没有达成任何决议，但对主要牵涉的各方却造成了不同的影响。

首先就中华人民共和国而言，控诉案对其在国内外的政治宣传工作具有重要价值，其发展符合原先设定的工作目标。控诉案将新中国代表送到了纽约，让他们在“美帝国主义核心”痛斥美国当权者，令中国的民族主义情绪为之一振。控诉案又让新中国代表进入联合国的议事堂，向全世界发出了中国人民的声音。伴随着志愿军在朝鲜战场上取得一系列的胜利，新中国在联合国展现了强硬姿态，它指责联合国拒绝其作为中国的合法代表、强调台湾是中国一部分的观点、批判“台湾地位未定论”与台湾当局。在联合国的外交行动同时为新中国提供了一次外交实践的机会，让新中国

① 有关“中国干涉朝鲜案”立即在政委会成为优先议案的发展，见《联合国大会第五届会正式记录：第一委员会，第二卷，1950 年 11 月 14 日—1951 年 5 月 17 日，第 408 次会议，1950 年 12 月 7 日》，第 312—316 页。由于政委会的讨论中断，中国代表团在离美前召开记者会，将原先准备好的政委会发言稿以新闻稿的方式向记者发放。这篇新闻稿赞誉苏联对中国人民的美好友谊，用详细的资料斥责英、美等帝国主义国家在近代对中国的侵略，指控美国借扩大对日本、台湾、菲律宾岛链的军事介入，包围中国与苏联，而最终目标就是要侵略中国。其内容见《中华人民共和国的声音是应该被全世界听到，伍修权在记者招待会分发庄严文件，支持苏联代表控美侵略我国的发言》，《人民日报》1950 年 12 月 19 日，第 1 版。

② 《苏联关于联大讨论苏控美国侵略中国问题的通知》，1951 年 2 月 4—5 日，中国外交部档案，113-00062-01，第 1 页。

③ 《联合国大会第五届会正式记录：第一委员会，第二卷，1950 年 11 月 14 日—1951 年 5 月 17 日，第 441 次会议，1951 年 2 月 7 日》，第 495 页。

体验到了国际事务的运作方式，与不同国家（包括敌对国家）外交官的接触增长了北京官员的见识，对未来外交工作也感到更有自信，这对新生政权来说是一次难得的经验。① 同时伴随着事件的发展，新中国利用美国侵略台湾与朝鲜作为议题，在全国范围进行爱国宣传教育运动，成为新政权塑造认同与动员群众的重要号召。这场中共建政以来最大规模的反美运动，还要在各方面都彻底洗刷国人对美国仍有的“不当幻想”，“控美侵台案”也成为一连串思想改造与意识形态教育的重要案例。

不过在另一方面，这个案件也对新中国的对外形象带来负面影响。伍修权的演讲表现了新中国在对外政策与意识形态上均向苏联“一边倒”的明确立场，北京强烈的革命意识进一步疏离了其与西方的关系。在这种强硬立场下，新中国未能利用此次行动开拓更多的国际关系，错失了打击台湾当局的机会。同时，控诉案虽为新中国提供了外交上发声的机会，但也使美国乘机将“台湾地位未定论”推向联合国，加深了未来处理台湾问题的复杂性。1951 年 2 月，联合国大会在北京拒绝联合国的停火提议后，通过第 498 号决议，指控“（北京）已在朝鲜从事侵略”，新中国因而决定暂缓参与联合国活动。② 到了 1951 年第 6 届联合国大会开议时，虽然捷克仍在大会提美国侵略中国与台湾等问题，但这次新中国不再寻求参加会议，而仅扮演提供证据资料的角色。③

再就美国与苏联而言，“控美侵台案”考验了美国的远东政策，突显出

① 参见笔者对伍修权代表团在美外交活动成果的讨论，萧道中：《新中国外交初体验：1950 年伍修权的纽约联合国之行》，第 256—258 页。

② 该项决议以 44 票赞成，7 票反对，9 票弃权获得通过，United Nations，*United Nations*，*General Assembly*，*Fifth Session*，*Official Records*，*327th Plenary Meeting*，*1951. 02. 01*，决议文本见 http：//www. un. org/zh/documents/view_doc. asp？ symbol = a/res/498%20（V）。北京决定暂停参与联合国的决定，见《中国人民政府关于取消出席联合国各组织首席代表、代表与副代表的委任的决定》，1950 年 1 月 1 日—1950 年 12 月 31 日，中国外交部档案，113-00011-04，这份文件表示在“联合国未取消对北京的荒谬谴责、驱逐国民党非法代表、欢迎北京入会前”，将不再考虑委派新代表出席联合国各组织。

③ 《捷克准备在第六届联大提出中国代表权及美国侵略台湾问题》，1951 年 7 月 4 日，中国外交部档案，113-00104-03，及《捷克斯洛伐克外交部请中国外交部提供有关美国干涉行为的情况及其他必要的材料》，1951 年 8 月 1 日—8 月 30 日，中国外交部档案，113-00028-01。

美英在远东政策上的分歧。美国在事态发展过程中，逐渐以防堵共产主义为其东亚政策的主轴，其外交策略常表现出更强烈的单边主义的倾向。美国不顾英国的顾虑，推动“台海中立化”与“台湾地位未定论”；不顾台湾当局的反对，让“控美侵台案”“台湾问题案”进入联合国进行讨论。另一方面，“控美侵台案”给美国提供了将台湾问题推向国际的契机。虽然美国的“台湾问题案”最后并未在联合国进行实体讨论，也没有通过任何决议，[①] 但“台湾地位未定论”的构想已得到传播，美国已实际达到了调整台湾地位的目的，并使其在未来处理台湾问题时保有弹性操作空间，对日后美国与两岸政治的发展亦有多重影响。苏联在此案中亦收获丰硕，苏联利用控诉案发动外交攻势，以朝鲜、台湾与中国代表权等问题分化西方国家关系，影响联合国议事方向，获得了政治宣传的利益。同时，苏联锲而不舍的争取终将新中国代表送进了联合国，除了壮大共产党国家声势，更加强了中苏两国间的密切关系。这件控诉案为中苏外交合作建立了良好的典范，苏联的提携与指引对于初次登上联合国舞台的新中国来说，具有重要的意义，北京在外交上对莫斯科的依赖可能更胜以往。

台湾当局在这个案件中处于一个尴尬的位置。当时，台湾岛既是名义上问题的核心，台湾当局又是联合国承认的“中国代表”，理应对这个案件有较大的发言权。但实际上，台湾当局在案件发展过程中只是扮演了边缘化的角色。台湾当局没能阻止安理会将北京的控诉案排入议程，甚至在主张行使否决权的情形下，也未能阻止北京代表获邀出席安理会，国际声望遭到伤害。台湾当局以华盛顿作为主要盟友，但美方挑战台湾当局对台湾“主权”的倾向却与北京一致。“台湾地位未定论”动摇了台湾当局治台的“主权”，而在联合国讨论台湾问题将难以避免地涉及包括中国代表权在内

---

① 在中国人民志愿军入朝作战后，美国对台湾当局的态度有所转变，继而影响到美国推动“台湾问题案”的考虑。美国在政委会先是主动建议延审，继而又支持英国的“无期延期”“台湾问题案”的建议，这一问题等于也告一段落。见《联合国大会第五届会正式记录：第一委员会，第二卷，1950年11月14日—1951年5月17日》，第399次，1950年11月15日，第272—274页；《联合国大会第五届会正式记录：第一委员会，第二卷，1950年11月14日—1951年5月17日》，第442次，1951年2月7日，第495页。

的种种不利于台湾当局的政治问题，这是台湾当局极力希望避免出现的局面，所以台湾当局很难追随美国对“控美侵台案”的攻防策略。而另一方面，台湾当局虽与北京相互敌对，但北京主张的“一个中国”“台湾隶属中国”的观点与台湾当局是一致的。当时，台湾当局既不可能在议场附和北京的言论，又很难在这些问题上提出其他新见解，因此台湾当局能够发挥的论述空间有限，其主要论点就是强调北京为苏联附庸、台湾未受美军侵略这两个部分，但这些诉求并不受到安理会重视。不过，台湾当局在整个事件中也不是全然没有收获，台海两岸既都主张“一个中国”，北京在联合国的强硬表现，与其在朝鲜半岛与联合国为敌的实际状况，更加突显了解决台湾问题的困难性。在台湾当局仍占据安理会常任理事国席位的情况下，美国倾向维持现状，联合国“中国代表权”问题也就更有机会拖延下去暂不处理。

最后就联合国而言，“控美侵台案”与当时其他的控诉案表现了冷战时期联合国政治的面貌。朝鲜战争加剧了美苏两大阵营的对抗，双方不但在战场上兵戎相见，同时也在外交舞台上进行较量，争讼不断。这类控诉案往往针锋相对又各说各话，其内容上政治性大于实质性，因此在多数情况下，这些争端无法通过讨论、沟通的方式得到解决，却又消耗了联合国最多的精力。从 1950 年 6 月朝鲜战争爆发到该年年底，安理会仅在 9—10 月间用了一点时间处理巴勒斯坦的和平问题，其余时间多陷在冷战的外交冲突中，显示了联合国面临的困难。

由这些事件也可见到，冷战时期国际问题的复杂性远超过单纯的美苏对抗；在非社会主义阵营内，美英、美台间常有意见冲突，各国在安理会投票时往往各有主张，并不一致。这些复杂的因素丰富了冷战史研究的多样性，也是研究者可以进一步拓展的空间。

中苏同盟与对日和约（1949—1952）：冷战背景下战胜国之间的国际政治

［日］松村史纪*

一、中苏同盟的对日战略

中苏同盟的对日战略给研究者留下了几个很难回答的问题。尤其是两个看似简单、实则不容易得到准确答案的问题。第一，《中苏友好同盟互助条约》选择旧敌国日本作为主要敌国，将美国作为次要敌国。为何中苏同盟不选择后者作为主要敌国？暂且不提内情，条约具有的国际法上的意义也不能忽略。第二，20世纪50年代初期，中苏加强了与日本共产党的联系，但在联合国（尤其是美、英）单独推进对日和约的背景下，中苏却没有抢先提出自己的和约草案以争夺主导权。这种双轨战略表达的意思是什么？

就第一个问题而言，以往研究几乎都忽略了“国际法上的意义”，认为既然中苏同盟在亚洲冷战的背景下建立，它的主要敌国就是冷战中最大的敌国（美国）。部分研究把二战后的东亚国际政治史归结为中国共产党扩大其力量及提高其地位的历史进程，但奇怪的是，作为旧敌国

---

* ［日］松村史纪，日本宇都宫大学讲师。

的日本在这种历史叙事中几乎都没有出现。[①] 对苏联来说，如何阻止日本与德国再次成为军事大国的问题，是以联合国为首的大国政治中的重大问题之一。既然关于如何对待作为旧敌国的日本与德国的议题属于大国政治中的外交策略，那么中苏同盟条约自然绕不开这种联合国中的大国政治。

对于第二个问题而言，有些研究的分析重点不在于联合国（美、英、苏、中等）中的大国政治，而在于共产主义政党之间的关系，尤其是中苏朝日共产党间的党际关系。[②] 一般来说，很多有关对日和约的研究着重于讨论日本在以美国为首的西方阵营中取得国际地位的历史过程，几乎都忽略了东方阵营（尤其是中苏同盟）的存在。[③] 虽然中日关系史研究和日苏关系史研究都对此问题进行了分析，但这两种研究分道而行，因为两者从

---

① 尤其是在冷战后期，基于这种立场的研究增多。甚至于还有的学者把中国东北称为“东亚的斗鸡场”。最典型的研究是 Odd Arne Westad, *Cold War and Revolution: Soviet-American Rivalry and the Origins of the Chinese Civil War, 1944 - 1946*, Columbia University Press, 1993; Odd Arne Westad, *Decisive Encounters: The Chinese Civil War, 1946-1950*, Stanford University Press, 2003. 另外，具有代表性的研究是 Marc S. Gallicchio, *The Cold War Begins in Asia: American East Asian Policy and the Fall of the Japanese Empire*, Columbia University Press, 1988; Chen Jian, *Mao's China and the Cold War*, The University of North Carolina Press, 2001; Niu Jun, “The Birth of People's Republic of China and the Road to the Korean War,” in Melvin P. Leffler and Odd Arne Westad, eds. , *The Cambridge History of the Cold War*, Vol. 1, Cambridge: Cambridge University Press, 2010, pp. 221 - 241; 牛军：《从赫尔利到马歇尔：美国调处国共矛盾始末》，福州：福建人民出版社，1992 年；牛军：《一九四五年至一九四九年的美苏国共关系》，《历史研究》2002 年第 2 期，第 84—103 页；杨奎松：《美苏冷战的起源及对中国革命的影响》，《历史研究》1999 年第 5 期，第 5—22 页。

② 例如，和田春树：《朝鲜战争全史》，岩波书店，2002 年；下斗米伸夫：《アジア冷战史》，中央公论新社，2004 年；下斗米伸夫：《日本冷战史》，岩波书店，2011 年。

③ 最具有代表性的研究是细谷千博：《サンフランシスコ讲和への道》，中央公论社，1984 年；五百旗头真：《米国の对日占领政策》，中央公论社，上下卷，1993 年；五十岚武士：《战后日米关系の形成》，讲谈社，1995 年。

来都很少有机会加深互相理解。[①] 有的研究重视朝鲜停战谈判与对日和约进程之间的关联，认为中、苏都试图通过停战谈判或美英分歧来牵制美国的单独行为，不过美国并不放弃对日和约的努力，因而中苏同盟的对日和约工作并未取得成效。[②] 但这种研究缺乏包括德国问题在内的大国政治的讨论。

以往研究的情况表明，上述两个问题很难获得合理的解释。本文试图在主要战胜国间国际政治的框架中探讨中苏同盟的二元结构与其有关对日和约的战略。

二、东亚冷战的二元结构

为了探讨中苏同盟的对日战略，首先需要研究其所处的国际政治环境。从宏观的角度来讲，尤其是站在东方阵营的角度看，东亚冷战是由“二元结构”组成的。

---

① 日中关系史研究：田中明彦：《日中关系 1945—1990》，东京大学出版会，1991 年；添谷芳秀：《日本外交と中国 1945—1972》，庆应义塾大学出版会，1995 年；毛里和子：《日中关系》，岩波书店，2006 年；井上正也：《日中国交正常化の政治史》，名古屋大学出版会，2010 年；刘建平：《战后中日关系》，北京：社会科学文献出版社，2010 年。日苏关系史研究：田中孝彦：《日ソ国交回复の史的研究》，有斐阁，1993 年；横手慎二：《スターリンの日本人送还政策と日本の冷战への道（一—三）》，《法学研究》第 82 卷，第 9—11 号，2009 年 9—11 月；下斗米：《日本冷战史》；Jonathan Haslam, “The Pattern of Soviet-Japanese Relations since World War Ⅱ,” in Tsuyoshi Hasegawa, Jonathan Haslam and Andrew C. Kuchins, eds., *Russia and Japan: An Unresolved Dilemma between Distant Neighbors*, Berkelley: University of California, 1993, pp. 3-48. 有关日本对中苏同盟的政策的历史研究：C. W. Braddick, *Japan and the Sino-Soviet Alliance, 1950-1964: In the Shadow of the Monolith*, New York: Palgrave Macmillan, 2004。

② “中苏同盟、朝鲜战争与对日和约问题”，见沈志华：《冷战的起源：战后苏联的对外政策及其转变》，北京：九州出版社，2013 年，第 228—251 页；“对日和约与朝鲜停战谈判”，见沈志华：《冷战在亚洲：朝鲜战争与中国出兵朝鲜》，九州出版社，2013 年，第 257—272 页；David Wolff, “Japan and Stalin's Policy toward Northeast Asia after World War Ⅱ,” *Journal of Cold War Studies*, Vol. 15, No. 2, Spring 2013, pp. 4-29.

一元结构是国家与国家之间的关系，特别是大国间或者联合国之中的传统国际关系。一般说来，在大规模的战争以后，战胜国取得主动权进而构思“战后”的国际秩序。[①] 这种战后秩序大概是由两大支柱构成的：其一是战胜国之间的合作框架，旨在互相承认对方的势力范围，以维持现状；其二是战胜国对战败国进行的战后处理，以免将来战败国的军事大国化。二战后，这种秩序体现为战胜国构建的国际机构联合国。不管是1945年的《中苏友好同盟条约》还是1950年的《中苏友好同盟互助条约》，都至少在制度上以战败国日本作为主要敌国，且特意留下了对日和约的可能性。实际上，两者都给中华人民共和国提供了进入有关处理战败国的战胜国间的国际政治的基本条件。[②]

二元结构是非对称性的关系，指的是在战后东亚地区，以美、法、英等为代表的“现有大国”与“非国家主体”的革命力量之间的关系问题。后者中的大部分是还未获得政权的共产主义政党，它们站在自力更生的立场上，在国际舞台上利用“党际关系”来进行革命斗争。[③] 东亚各种革命力量在这种非正式的国际关系中主要依靠“党际关系”进行了反帝斗争。[④]

---

① G. John. Ikenberry, *After Victory*: *Institutions*, *Strategic Restraint*, *and the Rebuilding of Order After Major Wars*, Princeton University Press, 2001；松村史纪：《东アジアの国际政治》，松村等编：《东アジアにおける二つの“战后”》，国际书院，2012年3月，第11—38页。

② 松村史纪：《二つの中ソ同盟の比较考察（1945—1950）》，《アジア太平洋讨究》第19号，2013年1月，第71—87页。

③ “时间”也导致了显著的不对称关系。现有大国拥有核武器等军事力量，有利于其“短期”内打倒敌人；另一方面，革命力量则善于通过动员群众和提高他们的斗争士气来实施“长期”战略。毛泽东所提出的“持久战”战略是其中的一个典型。永井阳之助：《时间の政治学》，中央公论社，1979年。

④ 松村史纪：《未熟な中ソ分业体制（1949—1954年）》，アジア政经学会：《アジア研究》第61卷第1号，2015年1月，第38—54页。

三、中苏同盟中的二元结构

（一）第二元结构

中苏同盟在亚洲冷战的背景下出现，因而反映了其二元结构。总体来看，中苏关系只有党际关系的合作框架出现，才能形成以一元结构为代表的正式同盟条约。在历史进程中出现的这个时间差反映了中苏同盟所包含的双轨国际战略。

中苏合作框架来源于两党之间的关系。二战后，苏联一边坚持和国民政府的外交关系，一边在中国东北非正式地向中共提供援助，以避免直接与美国发生冲突。① 中共与莫斯科之间形成的这种非正式联系带来了中国革命的经验，即以自力更生为主、外部援助为辅的革命路线。1949 年 11 月刘少奇在亚澳工会代表会议的开幕词中说到，“武装斗争是许多殖民地半殖民地民族解放斗争的主要斗争形式，必须建立共产党领导的民族解放军以及这支军队所藉以活动的根据地”。② 由此可见，东亚各个革命力量在推进反帝、民族解放斗争时，未必需要如中国一样与苏联结盟并获得正式的外部援助，而是应该依靠非正式的党际关系。其实，为了促进东方的革命运动，

① 1946 年春季，在美国和国民政府加强对苏批判的情况下，苏联军队从中国东北突然撤兵到苏联境内，见松村史纪：《“大国中国”の崩溃：マーシャル・ミッションからアジア冷战へ》，劲草书房，2011 年，第 3 章。到 1948 年 5 月，苏共中央政治局指示驻华大使馆应该和国民政府及其有关部门坚持“自制而严格的正式关系”，还必须维持和美、英等国大使的“正式而诚实的关系”。Директивы Политбюро ЦК ВКП（б）направленные МИД СССР руководству посольства СССР в КР, 10 май1948г. , *АМ. Ледовский*, *Р. А. Мировицкая*, *В. С. Мясников*（*Составители*）, Русско-китайскиеотношениявXXвеке. Т. V, Кн. 1, Москва, 2005（以下，PKOV-1）, но. 307, С. 419-421. 关于苏联对中共的非正式援助，参见沈志华：《苏联专家在中国（1948—1960）》，北京：中国国际广播出版社，2003 年；*О. Борисов*, Советский Союз и Маньчжурская революционная База（1945-1949）, Москва, 1975.

② 刘少奇：《在亚洲澳洲工会会议上的开幕词》，中共中央文献研究室、中央档案馆编：《建国以来刘少奇文稿》第一册，北京：中央文献出版社，2005 年，第 161—165 页。

斯大林提出了设立以中共为首的东方党际网络，即“东方情报局”，以实现世界革命工作的中苏分工。实际上，他的构想虽然未必得到充分实现，但至少在逻辑上，斯大林愿意中共成为领导东方革命力量、推动亚洲反帝斗争的中心。[①] 就对日战略而言，1949 年年底以后，苏联主要依靠党际关系来防止美国把日本拉入它的东亚战略轨道。除了日本共产党以外，苏联在日本没有其他可依靠的有力伙伴。[②] 当时日共在野坂参三（笔名“冈野进”）的指导下，采取了通过议会扩大力量的和平革命路线，但此路线违背了苏联所推进的路线。自 1948 年以后，斯大林不仅加强了对东欧政治的管理，而且在亚洲着手推行更为强硬的革命路线。他先是不满于印度共产党对尼赫鲁采取“有限度的合作”的姿态；[③] 此后，1950 年 1 月 6 日，共产党和工人党情报局发表一篇文章，批评日共的“议会斗争”路线，要求其进行“决定性的斗争”，如强行要求美军立即撤退。这种以第二元结构为核心的斗争路线已经在中苏达成正式同盟条约之前固定下来。

（二）第一元结构

斯大林自知苏联在主要战胜国（联合国）之间的国际政治中处于劣势，因此特别注重联合国中大国间已达成的协议，以保持自己的势力范围。但是，苏联“封锁柏林”的强硬政策却导致了西方军事同盟组织——

① 米高扬首先向中共提出建立东方情报局的建议。Запись беседы Микояна с Мао, 3 февраля 1949г., *АМ. Ледовский*, *Р. А. Мировицкая*, *В. С. Мясников*（*Составители*）, Русско-китайскиеотношениявXXвеке. Т. V, Кн. 3, Москва, 2005（以下，PKOV-2）, но. 432：63. 不过，在朝鲜战争以前，斯大林决定推迟这种措施，因为日本、菲律宾、印度的共产党的情况是不清楚的。“Record of a Conversation of Cde. Stalin with Kim Il Sung and Pak Heon-yeong,” April, 1950, History and Public Policy Program Digital Archive, Translated for NKIDP by Gary Goldberg, http://digitalarchive.wilsoncenter.org/document/114905, 2016/8/21. 关于中苏分工的议论，参见：“毛泽东与东方情报局”，沈志华：《冷战的起源》，第 209—227 页；松村史纪：《未熟な中ソ分业体制》，第 38—54 页。

② Haslam, “The Pattern of Soviet-Japanese Relations,” pp. 9-10.

③ Ibid, p. 10.

北约的出现，这种痛苦的经历成了苏联的沉痛教训。[①] 无论是处理德国或日本的问题，苏联一直都坚持在联合国的“四国会议”（在欧洲方面是美苏英法会议，在亚洲是美苏中英会议）上进行决议的立场，以确保自己的否决权。[②]

斯大林担心东亚的革命战线会导致联合国现状的“变革”。在中国内战中，斯大林限制人民解放军临近印度支那、缅甸、印度的边境，以免引起美英法的警惕。[③] 到 1950 年以前，他一直着重于“维持现状”，拒绝与当地

① 苏联在面对北大西洋公约组织的出现时，深切地感受到其在联合国之中被孤立了。Меморандум правительств СССР о североатлантическом договоре, 31 марта, 1949 г., *Под ред. Г. Н. Севостьянов*, *Сост. В. М. Семенов*, *И. В. Макаревич*, *А. И. Петренко*, Советско-американские отношения（以下，САО），1949-1952, Москва, 2006, но. 10, С. 36-40.

② 1947 年，苏联反对美国单方面推进对日和约的进程，而坚决要求在四大国外长会议上履行程序，参见 Soviet aid-memoire, July 22, 1947 (in Smith to Marshall, July 23), U. S. Department of State, *Foreign Relations of the United States*（以下，*FRUS*），1947, vol. Ⅵ, Washington, 1972, pp. 473-474. 此后，苏联告知蒋介石，在推进对日和约的手续之前，必须无条件实现莫斯科会议的决议，参见 Запись беседы Н. В. Рощина с Чан Кайши, 1948 г., июня 2, PKOV-1, но. 316, С. 428-430. 此决议规定设立远东委员会（FEC），并且四大国在此委员会上表决时拥有否决权，参见丰下楢彦：《日本占领管理体制の成立》，岩波书店，1992 年，第 326—327、345—356 页。北京也站在与苏联相同的立场，在建国后不久，它认为“美帝国主义在日本赔偿问题上所采取的立场，是……完全违反波茨坦宣言及远东委员会的决议的”，参见《关于日本赔偿概略》，1949 年 10 月 16 日，中国外交部档案馆，档号：105-00220-03，第 14 页。1950 年 1 月上旬，中国外交部提出了“初步研究后的意见”，认为“关于原来条约（中苏友好同盟条约）前言中一九四二年一月一日联合国共同宣言、一九四三年十月卅日在莫斯科签字的四国宣言及联合国国际组织宪章这三个根据，仍拟保留”，参见《关于初步研究中苏友好同盟条约的全文的报告》，1950 年 1 月 6 日，中国外交部档案馆，档号：102-00235-04，第 5—6 页。与此同时，苏联也在欧洲方面一直着重于战胜大国之间的协议，参见 Меморандум правительств СССР о североатлантическом договоре, 31 марта, 1949 г., САО, но. 10, С. 36-40.

③ Шифртелеграмма И. В. Сталина И. В. Ковалеву для передачи Мао Цзэдуну, 26 мая 1949 г., PKOV-2, но. 484, С. 137.

的新共产党政权缔结正式的同盟条约。[①] 跟党际关系完全不同，中苏同盟条约不仅属于政府之间的正式协议，还涉及联合国中的国际关系，如对日和约的问题。另外，西方国家就对日和约的问题尚未做出最终决定。例如，在美国国内，国务院希望尽快缔结和约，但国防部从军事的角度认为，目前最好是继续占领并且取得所谓“全面和约”，即实现中苏两国也参加的和约方式。[②] 值得注意的是，当时美国在东亚还没构建同盟体系，这种情况使莫斯科一直保持非常谨慎的态度。

即使苏联顾及联合国中的大国关系，1950 年年初以后，西方为促进中苏分裂而加强了对苏联的批评态度。美国政府发表声明说，它不会对台湾进行军事介入，但苏联侵吞华北，甚至要侵吞“满洲”。这种指责表示，企图在东亚国际政治中“变革现状”的不是美国，而是苏联。[③] 此后，苏联一方面必须继续巩固中苏同盟关系，以牵制美国促使中苏分裂的战略，另一方面则要继续照顾与战胜国之间的关系，以免失去参加对日和约的机会。

---

① 1949 年 1 月，关于金日成提出的《苏朝友好合作互助条约》，苏联驻朝大使拒绝了该提案，参见 Шифртелеграмма，Штыков（收件人不明），19 января1949г.，华东师范大学冷战史研究中心提供《朝鲜战争：俄国档案原件》（以下，PA-2），第 1 卷，C. 1114—1115. 斯大林在和毛泽东的第一次会谈中坦率地说，应该形式上坚持现有的条约，但可以实质上修改一部分的内容，因为他担忧美、英由此会获得修改《雅尔塔协定》的法律上的借口，参见 Запись первой беседы Сталина И. В. с Мао Цзэдуном，16 декабрь1949г.，PKOV-2，но. 544，C. 230. 斯大林在第二次会谈（12 月 25 日）中，没有提及中苏条约，而是谈了包括东方情报局在内的许多问题，参见中共中央文献研究室编：《毛泽东传》第 3 卷，北京：中共中央文献出版社，2011 年，第 1001 页；中共中央文献研究室编：《毛泽东年谱 1949—1976》第 1 卷，北京：中共中央文献出版社，2013 年，第 63 页（1949 年 12 月 25 日条）。此外，在 1948 年年底苏联撤退了驻朝苏军之后，莫斯科还向中共干部提出立即撤退驻华苏军的建议，参见松村史纪：《中ソ同盟の成立（1950 年）》，《宇都宫大学国际学部研究论集》第 34 号，2012 年 9 月，第 43—56 页；松村史纪：《中ソ共同防卫体制再考（1949—54）》，《アジア太平洋讨究》第 23 号，2014 年 6 月，第 289—304 页。

② 不仅如此，在英联邦国家中，很多国家希望中苏也参加对日和约。但在最坏的情况下，它们认为应该接受“多数讲和”，参见细谷：《サンフランシスコ讲和への道》，第三、四章。

③ “The President's News Conference,” January 5 1950, https://www.trumanlibrary.org/publicpapers/index.php?pid=574&st=formosa&st1=（2016/8/27）；Dean Acheson's Statement，U.S. Department of State（1950），*Bulletin*（以下，*Bulletin*），1950，Vol. XXII，No. 551，p. 115. 参见松村：《中ソ同盟の成立（1950 年）》，第 46 页。

这种双重的考虑影响着《中苏友好同盟互助条约》的签订。

苏联外交部准备的条约的原案，其第一稿把“任何侵略的威胁”视为假想敌，但第二稿以后都修改了这种定义，把主要的假想敌定义为日本，而把勾结日本的国家（实际指美国）作为次要的敌国。[①] 这种修改至少表现了两方面的战略考虑。[②] 第一，莫斯科避免无条件地介入对美战争。至少在条约的规定上，中苏共同防御体系启动的条件只限于与旧敌国日本有关的战争，它未必适用于整个反帝战争。[③] 第二，苏联打算向主要战胜国表示，新中苏同盟的目的不在于加剧战胜国之间的纠纷，而在于确保对旧敌国“全面讲和”的机会。[④] 莫斯科准备的条约原案还有一个重大的对美信号：在美方的声明否定了它对台湾的军事介入以后，苏联才决定将驻旅顺的苏军尽早撤退。苏方首先考虑的是2—3年以内撤军，最终提出了更进一步的方案，即从1950年开始撤军。此后，中方建议苏军要在对日和约缔结后或

① 新条约的第一稿（Договор о дружбы, сотрудничестве и взаимной помоши между СССР и КНР, 5 января 1950 г）和第二稿（Грибанов→Вышинский, 9 января 1950 г），参沈志华、李丹慧收集和整理的《中苏关系：俄国档案原文复印件汇编》（以下，PA-1），第7卷，с. 1628-1630，1638-1642。

② 松村：《中ソ共同防卫体制再考（1949—54）》，第289—304页。

③ 有苏联外交官回忆说：对中苏来说，在“冷战”的背景下，最大的威胁是美国。但苏联不愿意进行对美战斗，不希望直接介入冲突。*М. С. Капица*, На разных параллелях. Записки дипломата, Москва, 1996, С. 53-54. 中国也有与此类似的看法，“大多数专家们认为巩固中苏友好合作，有重订新约必要，此约应以制止日本再起为目的，但少数认为日本已倒，应扩大为一般反侵略性质”，见《关于初步研究中苏友好同盟条约的全文的报告》，1950年1月6日，中国外交部档案馆，档号：102-00235-04，第3页。

④ 中方的条约原案规定说，“双方非经彼此同意均不得单独或联合其他国家缔结对日和约”，以防止苏联对日的单独行动。《中苏友好同盟互助条约（草案）》（向苏提出的草案），1950年1月24日，中共中央文献研究室、中央档案馆编：《建国以来周恩来文稿》第2册，北京：中央文献出版社，2008年，第54页；Вышинский→Сталин, 26 января 1950 г., PA-1, 7, С. 1738-1741. 但苏联对此进行了修改，“双方保证在经过彼此同意的情况下与战争时期其他同盟国于尽可能的短期内共同取得对日和约的缔结”。苏方的文案在经过稍微的修改后成为定稿。Вышинский（?）→Карский, 29 января 1950 г., PA-1, 8, С. 1764. 就此问题，参见松村：《对日政策をめぐる中ソの连携と分业》，第14—24页。

3 年以内撤军。[①] 由此可见，苏联有关尽早撤军的决定是美国有关对台湾不介入的决定的对应产物，以实现美苏两军都不介入中国内部的情况，这也暗示着驻华苏军的目标不是驻日美军。[②]

上述博弈体现了中苏的双轨战略：它们一方面依靠“党际关系”加强了对美斗争，另一方面在“国际关系”上，为确保对日全面缔结和约的途径而特意降低了同盟条约的对美敌对姿态。此外，莫斯科还企图用中苏革命分工的方式回避美苏之间的直接冲突，以期实现亚洲冷战的局部化。

（三）朝鲜战争的前夕

在朝鲜战争爆发前夕，即使美国采取促进对日缔结和约的措施，中苏在对日政策上仍然继续坚持上述战略。1950 年 4 月以后，杜勒斯（John F. Dulles）为实现尽快缔约而开始调和美国政府内部的意见对立，最后做出了对国防部的妥协案：美军在缔结对日和约之后也会取得防卫上的自由行动。[③] 即使作为苏联在日唯一有力伙伴的日共的内部对立加剧，莫斯科也没有展开别的外交攻势，甚至它指示联合国对日理事会的苏联代表不参加理事会。实际上，5 月底，苏联代表就回国了。此后，莫斯科依然对日共反对帝国主义的活动予以高度肯定。[④]

---

① 第 3 稿（Грибанов→Вышинский，10，января 1950 г.）；第 6 稿（Вышинский→Молотов，16，января 1950 г.）；周恩来的修改草案（Вышинский→Сталин，26，января 1950г. 1950. 1. 26），PA-1，7，С. 1643-47，1677，1749-1750.

② 此后，这种思考又转变为苏联对美国的批评。1951 年 5 月，在美国政府将“苏联在满洲取得利益范围”当作“众所周知的事实”时，苏联对此进行反驳说，“美国政府不仅必须停止关于满洲的对苏诽谤，而且应该从台湾、澎湖群岛撤退自己的军队”，把它们归还中国。Нота правительства СССР правительству США по поводу Американского проекта мирного договора с Японией，10 июня 1951 г.，САО，но. 115（Приложение1），С. 373.

③ 细谷：《サンフランシスコ讲和への道》，第 69 页。

④ 下斗米：《日本冷战史》，第 134、175 页。

四、朝鲜战争初期的中苏对日政策

朝鲜战争的爆发立即导致了美国的军事介入，但并未给中苏同盟的双轨战略带来剧变。相反，中苏很善于利用它们已构建的二元结构。在大国政治上，东方阵营遇到了美国等西方大国试图使日本和德国成为对苏敌对同盟国的情况，因此苏联必须在欧洲以及亚洲同时争取对旧敌国的“全面”缔结和约，以获得两国的中立地位。在这条战线上，能够有效利用现有的联合国地位的不是北京而是莫斯科，只有苏联能够对西方同时提出对日本与德国的和约要求。与此同时，在东亚热战前线上，进行斗争的是中朝两军，苏联的作用只限于包括提供武器在内的后勤工作，以免直接参战。① 在对日方面，中苏依然试图利用日共的强硬斗争，不过日共由于发生了内部分裂而难以立即采取统一行动。总之，对日和约问题虽然受到了朝鲜战局的影响，但该问题的主要舞台还是在于大国政治。②

美国面对朝鲜热战，担心苏联不仅在远东，而且在欧洲将加强攻势。华盛顿在参战以后不久，一边享有战线上的优势，一边加速使日本与德国进入同盟体系的步伐。就对日和约而言，1950 年 9 月，美国国务院和国防部在关于对日和约开始预备谈判的问题上达成了共识。华盛顿在 11 月以前确定了“对日和约七原则”，这些原则体现了所谓“宽大和约”的路线：它不仅没有对日本的重新武装施加任何限制，而且在不能得到别的稳固的安

---

① 斯大林在同周恩来的会谈中，同意“向中国军队提供武器和装备”，但说“苏联不能出兵”，因为苏联“早已声明苏军从朝鲜全部撤出”，并且“更不能同美国直接对抗”。中共中央文献研究室编：《周恩来传》第 3 卷，北京：中央文献出版社，2011 年，第 921 页。

② 中苏都注重对日舆论工作。比如，中国外交部通过分析东京《朝日新闻》舆论调查（1950 年 11 月 15 日）来做出了如下结论：“每个答案中，没有表示意见的‘不知道者占的比率都很大（三分之一以上）……如果把这一部分人算进去，那么反对（对日）单独和约、提供军事基地、创设军队的人的比率就会更高’”。《外交部亚洲司编“对日和约与日本再武装”》，1950 年 12 月 22 日，中国外交部档案馆，档号：102-00239-03，第 7 页。

全协议的条件下，它设想使日本设施维持同美军等的合作和责任关系。[①] 既然德国被分成东西两国，美国认为促进对德和约进程的紧要程度远低于重新武装西德的战略，后者也有助于加强西欧防卫。美国国务卿艾奇逊（Dean Acheson）在9月以前，向英法提出建立西德军队的提案。法国由于希望限制德军的行动而反对在北约组织中给予西德平等地位。出于共同反苏的需要，最终法国做出妥协，提出了将西德纳入西欧防卫体制内部的设想，此案被称作“普利文计划”（Pleven Plan），是欧洲防卫共同体（EDC）构想的前身。[②]

另一方面，苏联认为，美国政府以朝鲜战争为契机，在远东及欧洲着手准备世界战争。1950年9月中旬，苏联驻美大使等对世界情势进行了综合性的分析，认为美国“为了大力且全面地准备第三次世界大战，利用了对朝侵略战争”；华盛顿做出对日本、台湾问题的决策时，“利用联合国实现自己的侵略目的”，并且“利用朝鲜战争以尽快武装德国并加强各北约同盟国的军事力量”；美国的这种政策具有其国内基础，如军事预算和人员的增加、对国内经济的控制和迅速建立的“巨大宣传机构”。[③]

在苏联眼中，美国准备世界战争时，将主要基地放在了西德和日本。从苏联驻美大使馆的汇报看，“1950年，美国对苏联以及人民民主各国的政策”带有“迅速准备侵略战争的性格”，因而美国加速了建立包括德军在内的北约统一军队的步伐。与此同时，华盛顿在远东“从准备侵略发展到公然的侵略攻击”，例如为“使日本变成美帝国主义在远东的主要基地”，而

---

① Dean Acheson to Louis Johnson, September 7, 1950, Enclosure (Memorandum for the President), *FRUS*, 1950, vol. Ⅵ, pp. 1293-1294; U. S. Memorandum to Gevernments on the FEC (Released to the Press, November 24, 1950), *Bulletin*, vol. 23, no. 596, Decmber 4, 1950, p. 881. 参见细谷：《サンフランシスコ讲和への道》，第73、113—114页。

② John W. Young and John Kent, *International Relations since* 1945, Oxford University Press, 2004, p. 138.

③ Письмо А. С. Панющкина и В. И. Базыкина А. Я. Вышинскому, 18 сентября 1950г., САО, но. 84, С. 254, 259-260, 263-64.

“强行恢复日本军需产业的生产能力以及重新武装的政策”。[①] 美国依靠在朝鲜战局的优势，在对日和约的问题上取得了主动。中苏朝鲜战局局势逆转之后，才转入对西方的外交攻势。

五、外交攻势的起点

（一）朝鲜战局与大国政治

1950年6月，朝鲜战争爆发。10月19日，中国人民志愿军越过鸭绿江，开赴朝鲜前线，拉开了抗美援朝的序幕。至1951年6月，双方不分胜负，导致出现了以“三八线”为界的僵局。[②]

苏联在大国政治舞台上发动外交攻势的时间与中国志愿军参战的时间正相吻合。在中朝军队对美进行反攻的背景下，莫斯科几乎同时展开了对德国以及日本的外交攻略，以期得到两国的中立地位。它首先选择介入的目标是以德国为核心的欧洲局势。

10月22日，苏联、东欧国家外长在布拉格发表声明，对美英法外长会议于一个月以前发表的公报进行了批评，称西方在对德问题上采取了“新的单独决议”，例如三大国企图拖延对德和约的缔结，以延迟实现德国的国家统一；三国急于“使西德正式加入所谓北约组织的侵略集团，最终使西德变成在欧洲方面的侵略军事战略计划的工具”；西方希望“重新武装”的西德为“英美阵营以及其侵略计划”服务；对于“煤炭钢铁产业的超级垄断的统合”而言，其目的是“重建西德的军需产业能力，并让西德经济适应英美军事阵营的计划”。最后，东方阵营提出一系列的建议：英、美、法、苏四国将发布声明称，它们不允许西德的重新武装以及将它引入某些

① Выписка из политического отчета посольства СССР в СШАза 1950-й год（Политика СШАв отношении СССР и стран народной демократии, Составлено в марте 1951 г. Сов. секретно）, САО, но. 100, С. 304-305.

② 和田：《朝鲜战争全史》，第247—276页。

侵略计划的措施；必须立即缔结对德和约，复活统一的德国，而且根据《波茨坦协定》，所有的占领国军队都要在缔结和约后一年以内从德国撤退。①

由于西方对此声明一直未做回答，苏联外交部向英、美、法催促了尽快召开外长会谈。② 苏联建议召开旨在商讨德国问题的外长会谈，但美国拒绝此案，而要求扩大议题，即包括德、奥问题在内的“基本问题”。华盛顿不同意尽快召开外长会议，并提出了四国外长预备会谈。③ 苏联外交部对此反驳说，解决德国问题“最有利于缓和目前紧张的国际局势”，因此“不得提出任何延迟召开外长会谈的论证”。美国不能接受将国际局势紧张的原因归咎于西德问题的看法，而表示“现在导致严重紧张的最大原因”是二战后苏联的“整体姿态”。④ 苏联不得不面对美国的强硬姿态，而美国不仅试图阻碍专门商讨德国问题的途径，而且力图延迟外长会谈的时间。

（二）日本问题

与此同时，中苏着手处理对日和约问题。不过就此问题而言，中苏进行外交攻势必然会遇到几个难题：1. 事实上，美国一直单独承担了对日占领的责任；2. 既然“中国代表权”的问题存在，四国外长会谈的召开同欧洲情况相比就更难以实现；3. 中苏深切认识到，它们在联合国安全理事会和联合国大会（两会）上处于守势。苏联认为既然美国在联合国处于优势，北京不参加旨在审议中国介入朝鲜问题的两会是符合目的的。周恩来也同

① Заявление министров иностранных дел СССР, Албании, Болгарии, Чехословакии, Польши, Румынии, Венгрии и ГДР, 22 октября 1950г., САО, но. 90, С. 281-286.

② Докладная записка А. А. Громыко И. В. Сталину, 2 ноября 1950г., САО, но. 93, С. 289-290.

③ Запись беседы А. Я. Вышинского сУ. Барбуром, 23 января1951 г., САО, но. 103, С. 319-321.

④ Нота посольства США в СССР министерству иностранных дел СССР, 19 февраля 1951г., САО, но. 107, Приложение, С. 334-335.

意了莫斯科的建议。[①] 在美英主动推进对日和约进程的背景下，和对欧洲的政策相比，中苏都延迟了提出有关对日和约的具体要求。有苏联外交官就此回忆说，他们企图防止美国主张中苏也参加到对于美方提出的“暂定的”条件的审议工作中来。[②]

在中国入朝参战的前夕，苏联驻联合国代表马立克向杜勒斯表明，苏联愿意就对日和约问题同美国进行谈判，但美国拥有谈判时机上的“主动”。[③] 在中国参战后不久，杜勒斯告诉马立克，如果日本对“单独缔结和约”采取积极的姿态，哪怕有的远东委员会成员不参加，美国也打算推进和约的步骤。就对德、奥和约而言，由于四大国担心丧失现有的势力，此问题走进了死胡同，不过在对日和约的方面，苏联在美国提案上不会失去任何东西。此时，马立克就领土问题或安全问题对美国进行了批评，但没有说明和约具体的步骤。[④] 一个月后，马立克致函杜勒斯，不过此函与其说是提案，不如说是询问，例如提出缔结单独和约的可能性等问题。在杜勒斯说到“外交”谈判的对象是“国民政府”时，马立克没有表示特别的反对。[⑤]

---

① 关于安理会的问题，参见：Выписка из протокола но. 78, заседания Политбюро ЦК ВКП (б), Решение от 9 ноября, 1950г. Приложени, PA-2, 7, C. 958；《关于安理会应合并讨论美国侵台和武装干涉朝鲜案给毛泽东等的信》，1950年11月11日，《建国以来周恩来文稿》第3卷，第487页。随后，周恩来表示，“从安理会五次会议中看出，一切程序都在美英集团操纵下安排定的，我们如不争取时间准备好发言稿……”见《关于在联大政治委员会发言方针给伍修权等的电报》，1950年12月2日，《建国以来周恩来文稿》第3卷，第574页。关于联大的问题，参见：Выписка из протокола но. 79, заседания Политбюро ЦК ВКП (б), Решение от 5 декабря, 1950г., Приложение 1 (Телеграмма А. ГромыкоВышинскому); Приложение 2 (Телеграмма А. Громыко Н. Рощину), PA-2, 7, C. 989；《关于应集中精力参加联大政治委员会讨论控诉美国侵略中国案给伍修权等的电报》1950年12月7日，《建国以来周恩来文稿》第3卷，第559页。

② *Капица*, На разных параллелях, C. 124.

③ Dulles's Memorandum of a Conversation with Malik, October 17, 1950, *FRUS*, 1950, vol. Ⅵ, p. 1332, note 1.

④ Memorandum of Conversation, by Stanton Babcock, October 26-27, 1950, *FRUS*, 1950, vol. Ⅵ, pp. 1333-1334.

⑤ Unsigned Memorandum of Conversation from Departmental Files, November 20, 1950, *FRUS*, 1950, vol. Ⅵ, pp. 1352-1354. 参见细谷：《サンフランシスコ讲和への道》，第118页。

12月4日，周恩来表达了对对日全面缔结和约以及日本中立化的看法。他说，中华人民共和国“必须参加对日和约的准备、拟制与签订”。根据中苏同盟条约，包括中、苏在内的盟国“于尽可能的短期内共同取得对日和约的缔结”。美国“破坏对日和约应先经由中、苏、美、英四国外长会议共同讨论准备的原则……”“占领军应自日本撤退”。远东委员会“原来规定……不得再行武装日本。然而美国政府今天如其公开武装西德一样，正在公开武装日本”。[①] 根据周恩来的建议，召开旨在准备对日和约的四大国外长会议被列为朝鲜停战的条件之一。[②] 但斯大林就停战条件认为“掩而不摊为上策”，中共也考虑他们“仍应采取他急我不急的态度……不向他们（对方）过早摊牌”。[③] 中苏在关于朝鲜停战与对日和约的问题进行了多番磋商。

与此同时，美国继续推进对日和约的进程。1950年12月，美英首脑会谈就两国在朝鲜战争中的合作、欧洲防卫体系等问题达成了一致，不过双方在“中国代表权”等问题上产生了分歧。翌年1月末，日本政府完成了“我方的见解”的文件，并提交给了杜勒斯。东京将日本的位置确定为对抗共产主义力量的、民主阵营的成员，认为按美国提案的宗旨缔结和约是最好的。日本一方面不愿意重新武装，一方面表示接受安全协定。虽然总方向得以确定，但杜勒斯对于日本对重新武装的消极姿态感到不满。直到3月，美英关于“中国代表权”与台湾问题仍没有达成一致。[④] 虽然有些分歧，但对日问题的主动权掌握在了美英的手里，而中苏都已失去了提出自己的和约方案并且争取主动权的机会。

---

① 《关于对日和约问题的声明》（1950年12月4日），《建国以来周恩来文稿》第3卷，第587—590页。

② Шифртелеграмма Н. Рощина И. Сталину и т. д., 7 декабря, 1950 г., РА-2, 7, С. 992-993.

③ 《中央关于在朝鲜停止军事行动谈判原则给伍修权等的电报》（1950年12月8日），《建国以来周恩来文稿》第3卷，第607页。

④ 细谷：《サンフランシスコ讲和への道》，第127—143、177、209—210页。

六、围绕旧金山会议的大国政治

（一）朝鲜战争的僵局与停战工作

1951年5月末，朝鲜战争陷入了僵局。中朝军队在最后的第五次战役中受阻，于4月29日停止进军。① 但美国也遭遇了困难局面。4月11日，“联合国军总司令”麦克阿瑟（Douglas MacArthur）被撤职。在苏联眼中，此事件“表示由美国侵略远东计划的失败引发的新危机”。“目前美国在远东不愿意进一步扩大战争”，华盛顿认为“必须将全面战略计划的最重点放在欧洲，不能放在亚洲”。② 在美国在远东处于守势的背景下，中苏开始进行包括朝鲜停战与对日和约的问题在内的外交攻势。

在第五次战役的前夕，苏联决定通过联合国无线电广播节目提出朝鲜停战议案，即必须开始停战谈判，不过“停战是纯军事问题，不得将中国领土和其他权利的问题纳入停战谈判”。③ 但苏联一面犹豫是否公开此案，一面继续观察着朝鲜战局。6月2日，斯大林向毛泽东通报说，美国前驻苏大使乔治·凯南5月31日以私人身份会见了苏联驻联合国代表马立克，含蓄地表示美国希望在联合国或以其他方式与中国方面谈判结束朝鲜战争的办法。经过五次战役，中朝军队仍处于劣势，6月4日，毛泽东致电斯大林，说明了第五次战役的不利情况和火力太弱的现状，表示在目前形势下已不能加速朝鲜战争的进程了，恐怕必须打一场持久的消耗战。志愿军仍准备反击，但只能在“三八线”附近稳扎稳打。毛泽东在电报中只字未提停战谈判问题，而是委婉地表达了中国希望停战的意愿。6月13日，斯大

① 和田：《朝鲜战争全史》，第293—294页。

② Политическое письмо А. С. Панющкина А. Я. Вышинскому, 5 мая 1951 г., САО, но. 111, С. 344.

③ Докладная записка В. А. ЗоринаИ. В. Сталину, 12апреля 1951 г., САО, но. 110, Приложение, С. 339-344.

林致电毛泽东，称“关于停战。我们认为，现在停战是件好事。”中国最终接受了进行停战谈判。至于停战条件，毛泽东认为，应当“恢复三八线边界；从北朝鲜和韩国划出一条不宽的地带作为中立区。绝不允许中立区只从北朝鲜领土中划出的情况发生。南北朝鲜彼此有所交错”。[①] 苏联外交部副部长葛罗米柯向美国大使柯克表示，停战的军事协议不应该包括“政治、领土问题”在内，但他并不知道北京的看法，[②] 以维持苏联局外人的立场。停战谈判从7月10日起开始，但直到8月22日以前，设定停战线等问题难以解决，谈判停滞不前。

（二）在欧洲方面的东西对决

1951年春季，为了在欧洲促进以德法联合为核心的区域合作，法国、西德等六国建立了欧洲煤炭钢铁共同体（ECSC）。与此同时，美英逐步加快调整了对日政策的制定。美国基于前一年11月发布的“对日和约七原则”写成了和约草案，3月23日向英国等远东委员会的成员国发送了该草案。英国则坚持邀请中华人民共和国政府参加和会的看法，在美英于5月3日达成的共同草案中留下了双方关于“中国代表权”、处理台湾问题的方法和韩国参加和会等问题的分歧。但在当时，杜勒斯显示了对英妥协的迹象，主张北京和台北都不签订和约。6月中旬，在杜勒斯访英之际，美英都同意撤回北京和台北同时签订和约的方案。这就意味着，它们都不会邀请两方的任何一方参加和会。[③]

在西方阵营促使西德和日本进入对苏同盟体系的背景下，苏联向世界舆论宣传了自身的“和平”方针，并表明了保障德国和日本的中立地位的途径，以期从美英夺取政策上的正统性。马立克提出了一系列的国际和平建议，如推进国际裁军、无条件禁止核武器、建立对核国际管理体制和对日本与德国问题的和平解决。他认为，“北大西洋军事同盟的创设是苏联与

---

① 《毛泽东关于停战谈判问题致高岗、金日成电》，1951年6月3日，沈志华编：《朝鲜战争：俄国档案馆的解密文件》中册，“中央研究院”近代史研究所，2003年，第808页。

② Запись беседы А. А. Громыко с А. Г. Кэрком, 27июня 1951 г. , САО, но. 116, С. 385-388.

③ 细谷：《サンフランシスコ讲和への道》，第211—245页。

西方三大国之间关系恶化的主要原因"。除此以外，"在国外领土上设置美军基地、重新武装西德以及创设西德军队、实质上复活日本军国主义"和极端的扩军也都显示了西方大国的侵略性格。[①] 在旧金山对日和会的前夕，苏联决定复函美国总统及议会，重复这种看法。[②]

莫斯科利用外长会谈议题的问题，试图延缓西德进入西方同盟的步伐。5 月 2 日，美、英、法就四国外长会谈的议题提出了 A、B、C 三个方案，而四大国对 B 方案基本达成一致。此方案包括重新统一的德国和对德和约的议题在内，不过在"商讨国际局势紧张的原因以及结果"的项目上产生了分歧。苏方希望将"关于德国非军事化的问题"放在第一项，而西方则将"构筑对军备和军事力量的国际管理与裁减体制"放在前列。美国主张不应该将这个分歧"作为一个很大的难题"，认为外长会议可以召开，但对苏方提出了唯一要求，即苏方代表不应该"要求（西方）接受关于北约组织的建议"。这就意味着从国际局势紧张的议题中排除北约。苏联不能同意这一点，主张将"苏联与三个联合国家（美、英、法）之间关系恶化的主要原因，即美军基地以及北约组织的问题"列为外长会谈的议题。[③] 除此以外，莫斯科始终要求达成"关于五大国缔结和平条约的协议、关于禁止核武器以及设置其实施与管理体制的协议和关于裁减军备以及军事力量的协议"。[④] 这种对西方过分的要求却表明了苏联缺乏现实且有效的选择，莫斯科只能拖延西方的计划，以期美欧舆论会有变化。其试金石之一正是西方对日和约的姿态。

---

① Докладная записка В. А. ЗоринаИ. В. Сталину, 12апреля 1951 г. , CAO, но. 110, Приложение, C. 339–344.

② Резолюция Президиума Верховного Совета СССР, 6 августа 1951 г. , CAO, но. 121, Приложение но. 2, C. 409.

③ Нота Советского правительства правительству США, 4 июня 1951 г. ; Нота правительства США Советскому правительству, 31 мая 1951 г. , CAO, но. 114, Приложение, C. 363–367.

④ Резолюция Президиума Верховного Совета СССР, 6 августа 1951 г. , CAO, но. 121, Приложение но. 2, C. 408–410.

（三）苏联的对日外交攻势

虽然美英之间还残留有一些分歧，但苏联认为美国等的对日单独缔结和约、日美安全协定和太平洋的军事同盟已成为其既定路线，因而日本跟西德一样将进入美国主导的多边军事同盟。5月上旬，苏联驻美国大使向本国报告，“由于美国对远东政策的失败和麦克阿瑟的退役，美国开始促进对日单独缔结和约以及与日缔结军事协定，加速太平洋条约的构筑”。4月中旬，杜勒斯访问日本，其目的是制定军事协定的条件和修改单独缔结和约的规定。日方“要求”美国在日本领土上保持其驻军。美国打算“将在上半年对和约草案达成‘一致’，此后召开形式上的签订会议”。“除了英国以外，远东委员会成员”都没有坚决反对和约内容。英国要求制约日本的造船能力，并表示英法不参加的太平洋条约将“加强英美阵营的内部对立”。[①]

此时，日共内部分裂为所感派和国际派两派。由于驻日盟军总司令部进行赤色清洗，日共的党员都被开除了公职，德田球一与野坂参三等所感派领导人流亡中国，在北京成立了日共“北京机关”。日共所感派于1951年2月下旬召开第四次全国协议会，把武装斗争的路线固定了下来。1951年10月，德田、野坂等前往莫斯科召开日共第五次全国协议会，并在斯大林的主持下制定了《日本共产党的当前要求——新纲领》，即《五一年纲领》和《关于开展武装斗争的方针》。此纲领意图强硬，旨在抵抗美国的对日单独行动。[②] 8月中旬，日共秘密召开第二十次中央委员会总会，采纳了新纲领。其间，苏共中央政治局决定，按照德田的请求对日共提供10万美元规模的财政援助。[③] 其实，这种非正式的斗争离不开正式的外交攻势。在大国政治的舞台上，东方阵营对西方的外交攻势必然是苏联主导的。

5月7日，葛罗米柯就美国的对日和约草案向美方提交了回复。前一

① Политическое письмо А. С. Панющкина А. Я. Вышинскому, 5 мая 1951 г. , САО, но. 111, С. 345-346.

② 下斗米：《日本冷战史》，第195—248页。

③ Выписка из протокола но. 82 заседаниеПолитбюро ЦК ВКП（б），PA-1，9，С. 2080.

天，斯大林就回复案照会毛泽东与周恩来，毛泽东立即表示了同意。[①] 苏方继续重复地批评美国的单独行动方式，称美国的草案“站在违反大国之间的协议（《开罗宣言》《波茨坦宣言》和《雅尔塔协定》）的不公正的立场”，例如美国违反跟苏、中、英和其他当事国一起准备和约的义务。苏方建议日本不要加入敌视任何对日参战国的联盟，并且在缔结和约后一年内，令所有的占领军队从日本领土撤退，任何外国在日本不得保留军队和军事基地。除了这些以往的论点以外，此次回答还包含了一些新建议：第一，初次指定了美中英苏四国外长会议召开的时间，即当年6月或7月；第二，表明了对日本武装的限制，称“作为阻止日本军国主义复活的保证，条约对日本武装力量的规模施加限制，以免超过自卫的必要性”。对意大利和约对其陆海空军的规模施加了严格限制，对日和约也必须具有同样的规定，因为“日本没有任何享有比意大利优越的特权地位的理由”。美国的草案“对日本武装规模不施加任何限制”，苏方认为让日本自身决定“所谓‘自卫’用的武装规模……等于允许日本复活军国主义”。[②]

实际上，跟德国问题一样，苏方也提出了使日本成为中立国的方案。按照此案，日本必须保持不结盟的中立地位，也不能自己决定“自卫范围”，不过四国外长会议给日本提供的安全框架是极其暧昧的。苏方的建议缺乏对英美的说服力，但其主要的目标大概是舆论。

6月，美英试图阻碍中华人民共和国参加和约会议，而其与日本单独缔结和约的可能性比以往更高。苏联一边坚持基本原则，一边调整政策，以得到利害关系国家及其人民的支持。第一，苏联提出，“防止日本再次成为侵略国和复活军国主义是最重要的问题”。苏联已建议把意大利和日本放在一起，但美国的回答不能反驳此案。美方“对于日本军国主义侵略的任何受害国都没有保障其将来的安全，必须将这一点列为和约的重大任务之

① Шифртелеграмма Филиппова Мао Цзэ-дуну иЧжоу Энь-Лаю, 6 мая 1951 г.; Шифртелеграмма Рощина Филиппову, PA-2, 9, С. 1174-1176, 1177.

② Запись беседы А. Е. Богомолова с А. Г. Кэрком, 7 мая, 1951 г., Приложение（苏联给美方递交的文件）, CAO, но. 112, С. 355-362; “Remarks by the U. S. S. R.,” May 7, 1951, Department of State, *Bulletin*, No. 621, May 28, 1951, pp. 856-858.

一”。“日美军事协定”明确地排除中、苏等国的加入，因而此协定毫无疑问是“首先针对该国（中、苏）的，而明确地带有侵略性质的”。第二，为了强调美国推进单独缔结和约的违法性，苏联突出对日和约的“全面性”。苏方要求保障所有的对日参战国参加从草案准备到和约签字的整个过程，由所有的相关国代表构成的和约会议必须于7月或8月召开。而实际上，同以往提出的四国外长会议提案相比，召开此会议的可能性更低。①

由此看来，这次提案的目的不在于有效地说服美国，而在于舆论工作，因为它对于作为中立国的日本而言是缺乏有关日本安全的措施的。中苏同盟将日本定义为主要敌人，但此案不仅没有表明日本武装的具体规模，也没有提出四国外长会谈等多边框架对日本安全提供的具体措施。因此，它很难成为代替美国的方案。

（四）旧金山对日和约会议

7月上旬，美国全面拒绝了苏联的建议。美方称，“联合国宪章准许个别或集团自卫权作为不可缺少的权利，对日本的这种权利不应施加限制”，因此不同意剥夺日本与他国制定集团安全体制的权利。而就准备和约草案的进程而言，“很多利害关系国家已参加了其准备工作”。② 20日，美英向苏联发送和会邀请函，并通知它们将于8月13日向苏方寄出和约的最终草案，希望苏方在那天以前提出意见，而缔结与签订和约的会议将于9月4日在旧金山召开。③ 至此，苏联已经无法阻止美英主导的对日单独缔结和约了。

苏联的最后抵抗集中于延缓英美对日单独缔结和约的进程和争取相关国家的支持。8月初，为达到这个目的，莫斯科决定参加旧金山和会，以抵

① Нота правительства СССР правительству США, 10 июня 1951 г., САО, но. 115, Приложение. 1, С. 367-384.

② Нота государственного департамента США посольству СССР в США, 9 июля 1951 г., САО, но. 119, Приложение, С. 397.

③ Письмо правительств США и Англии Советскому правительству, 20 июня 1951 г., САО, но. 119, Приложение, С. 394.

制美英控制的议程。苏共中央认为，苏联参加和会“符合目的”，并就议程向美国提出要求，即需要“规定每个代表团发表讲演和见解”的机会，并且“所有的与会代表团就对日和约问题提出建议或草案的机会必须得以保障”。与此同时，苏方向周恩来说明了苏联与会的意义，即将北京支持的苏联和约草案放在与西方草案对立的位置上。① 当时，莫斯科第一次制定了对苏联代表团与会的指示，它规定了具体的行为准则：首先，苏联代表团必须表示在中华人民共和国缺席的情况下缔结条约属于“不法行为”，并要求在美英的议程中追加“审议关于对日和约的建议”的语句。其次，苏方要在发表声明且说明基本原则之后，主张“英美的草案违反上述的原则，因此不能将此案作为审议的基础”。然后，当审议苏联的和约草案遇到拒绝时，必须要求会议延期3个月，且委托四国外长会议处理此问题。最后，在多数国家采纳英美的草案时，苏方需要发表声明，称它不能签订此条约。②

苏联同意出席和会对于美英而言是出乎意料的。为了防止苏联对和会进行拖延或妨碍活动，美英决定在会议上采用美国议会所用的议事方式。按照此方式，议事规则一被采纳，会议上意见表达的内容就要限于议事规则已制定的项目，与会者的发言也就受到议长裁决的限制。③

8月中旬，朝鲜停战谈判陷入了僵局。当时，斯大林向外交部指示，“必须首先表示美英的草案作为和约草案缺乏根据，再加上为了推翻此案而进行的修改”。④ 苏联外交部基于此指示，不仅归纳出了使日本中立化的途径，还发出了愿意改善日苏关系的信号。此时拟定的和约草案包含了一些修改或新规定。例如，第一次指定“联合国或同盟国的军队……在条约生效之后90日以内从日本撤退”，又涉及了日本的赔偿义务。在谈及“严格

---

① Постановление ЦК ВКП（б）; Проект ответной ноты правительству США; Телеграмма А. Вышинского Н. Рощину, САО, но. 122, С. 419-420.

② Директивы Советской делегации на конференции в Сан-Франциско по Японскому мирному договор（Там же）, САО, но. 122, С. 420-424.

③ 细谷:《サンフランシスコ讲和への道》, 第266页。

④ Докладная записка министра иностранных дел СССР А. Я. Вышинского председателю Совета министров СССР И. В. Сталину с проектом поправок к американо-английскому проекту мирного договра с Японией, 15 августа 1951 г., САО, но. 124, С. 427.

限制于专门的自卫任务”的日本陆海空武装时，初次具体谈及武装的规模，比如15万人的陆军、2万人左右的海空军等，并禁止包括核、细菌和化学武器在内的大规模破坏性武器的保有、制造以及试验。除此之外，日本不可对与他国发展的通商、获得原料等项目施加限制，并且必须将宗谷、根室、津轻和对马海峡维持非军事化的状态，保持向任何国家的商船航行开放。

与此同时，莫斯科修改了对苏联代表团的指示，将重点放在加强与他国代表团的团结上。按照指示，苏方需要在会议前，试图跟波兰、捷克、印度、印尼和缅甸等代表团就苏联的提案达成一致。其中将邀请北京代表团出席和会的问题看作是最重要的。此外，就苏方关于外国军队停止对日占领和撤退等的提案而言，苏方代表团也要认清达成共识的可能性。同这些目标相比，莫斯科未必重视会议的进行，因此指示代表团“就会议议长的问题，不要采取积极姿态”。另外，当在会议上和约修正案的审议被拒绝时，苏方代表要发表声明称，这种行动属于“侵犯在国际会议上的基础且一般的民主原则”。除非他国代表团提出，否则苏方不建议对英美草案的逐条或整个草案实施议决。① 在进入尾声时，苏联一边事实上搁置西方主导的单独缔结和约的进程，一边试图增加对苏支持的国家。苏联认为这样很有利于其开展舆论工作。

七、结语

本文主要试图考察两个问题。第一是有关中苏同盟二元结构的问题。实际上，围绕对日和约的国际舞台不在于党际关系，而在于联合国中的大国政治，并且大国政治必然包含以德国为核心的欧洲问题。既然如此，对抗西方对日战略的主动权就掌握在苏联的手中。北京不能出席旧金山和会

① Указания делегации СССР на конференции в Сан-Францискл по мирному договору с Японией, 20 августа 1951 г. , САО, но. 126, С. 435-437.

的情况导致了中苏同盟关系上的微小摩擦。

纵使遇到很多难题，苏联也并不放弃将来缔结对日和约的可能性。然而，在多国“和约”签署前，日本在美国的压力下与台湾当局签订了双边“和约”。1952年9月，周恩来向苏方表示，“既然（日本）拥有与台湾的和约，中华人民共和国和日本之间的和约是不可能的”。[①] 但此时苏联对日本坚持谨慎的态度，以期日苏关系得以改善。1952年2月下旬，在“旧金山和约”即将生效的背景下，苏联面临着美国等国不久就要宣告结束对日占领的情况。当时苏联驻东京代表向本国提出了建议，即“在美国政府宣告‘结束占领’之前，我国要取得主动，宣告停止对日占领、废止包括（对日）理事会在内的一切有关占领的机构”等。苏联外交部认为该宣告“不符合目的”，“因为不承认对日单独缔结和约的苏联难以向舆论说明为何亲自建议废止由1945年12月的联合国决议创设的理事会以及远东委员会”。

如此被动的姿态也反映在了苏日外交关系的方面。苏联认为，“目前，苏日之间显然没有建立正常外交关系的可能性……但苏联希望在废止（对日）理事会之后，苏联代表通过各种方式仍然留在日本”。苏日两国政府都“就使驻日苏联代表成为通商代表团达成一致意见是符合目的的”。通商代表团“不仅能发挥一般功能作用，必要时也能起到别的作用”。[②] 苏联向北京通知了该情况，但中方难以消除对于苏联对日单独行动的疑惑。

对于苏联的对日单独行动，1952年夏天，周恩来向苏方提出“苏联军队从共同利用的旅顺口海军基地撤退的时间将延期到外国军队从日本撤退的时间”。[③] 苏方认为中方视驻华苏军的角色等同于驻台美军，因此莫洛托夫拒绝了此项建议。[④]

---

① Вышинский→Поскребышев, 30 сентября 1951 г., Приложение（19日的中苏会谈记录）, РКО, V-2, С. 332-333.

② Громыко→Сталин, 21 февраля, 1952 г., РА-1, 9, С. 2118-2119.

③ Запись беседы Советской делегации с Китайской делегацей, 1952. 8. 27, *Мясников В. С.*（ред.）, Китайская Народная Республика в 1950-е годы. Сборник документов. Том. Ⅱ, Москва: Памятники исторической мысли, 2010, no. 74, С. 156-157.

④ 松村：《中ソ共同防卫体制再考（1949—54）》，第296—298页。

此后，中苏同盟体制的结构受到了考验。在苏联主导大国政治的背景下，以北京直接参加大国政治的舞台为契机，作为同盟的中苏的关系结构不可避免地发生了变化。这种变化最终导致了双方围绕“和平共处”等整个冷战战略的激烈辩论。

第二个问题是对日和约对苏联的大国政治战略的影响。不管是对日和会还是朝鲜停战谈判，中苏两国都遭到西方阵营的排斥和阻挠。为此，苏联在以欧洲为中心的大国政治上开始争取主动权。第一，它下决心以朝鲜停战为王牌，强迫西方接受包括禁止核武器在内的国际裁军，因为“美国政府将朝鲜停战视为（裁军的）必要条件”。

不仅如此，苏联似乎决定，以对日和会的“失败”作为所谓的“斯大林备忘录”的前哨战。自从 1951 年 9 月以后，莫斯科在德国问题上加强了对西方的外交攻势。苏共中央决议由东德向西德提出召开全德国会议的建议，而如果后者拒绝，前者则向苏、美、英、法要求加快签订对德和约的进程。翌年 1 月末，西德拒绝了上述建议。此后，除了东德向西方提出上述的要求以外，苏联还草拟了对德基本和约的草案。[①] 东德提出的建议引起了一定的反响。3 月上旬，莫斯科对此表示十分重视，并认为“为了削弱我（苏）方有关和约的政策对德国的影响，西方三大国甚至有可能提前发布‘德国条约’（基本条约或波恩条约）”。“苏联外交部希望在‘德国条约’被公布之前先发制人”，由此“创造机会表明（苏方的草案与）三大国的侵略措施的对比”。“斯大林备忘录”依靠这种判断，号召西方准备对德全面缔结和约、复活作为统一国家的德国、禁止德国进入敌对旧交战国的军事同盟和对德军的规模以及其军需生产施加限制等。[②]

不管是对日和约还是对德和约，苏方都表示为了使“中立国”日本和

① Докладная записка А. Я. Вышинского И. В. Сталину, 2 февраля 1952 г., САО, но. 148, С. 531-532.

② Докладная записка А. А. Громыко И. В. Сталину, 7 марта 1952 г.; Приложение 2 (Проект Советского правительства о мирном договоре с Германией, Предложение правительства СССР), САО, но. 149, С. 533-534, 536-538. 后一文件为“斯大林备忘录”（3 月 10 日，苏方向美、英、法提交了此文件）。

德国的安全受到充分的保障而做出了一些让步，即允许其有条件地重新武装。[1] 但莫斯科在对日和约的方面错过了时机，这个教训看来反映在了“斯大林备忘录”中。此备忘录的发布旨在先发制人。

附记：本文曾在华东师范大学中国当代史研究中心与京都大学人文科学研究所现代中国研究中心联合主办的“第五届中国当代史研究工作坊”（2016年12月3—4日）做了报告。论文内容经大幅添加与修改，并翻译成日文后，以《サンフランシスコ講和会議と中ソ同盟（1949—52）——東側世界の「全面講和」外交（1）—（3）》为题，刊登在日文杂志《宇都宫大学国际学部研究论文》第44—46号（2017年9月）上。本文是日本学术振兴会科学研究费补助金、基盘研究（C）一般（课题编号16K03508）研究的阶段性成果。

① 苏联代表向西方间接地说明了自身的意图。Запись беседы А. Я. Вышинского с временными поверенными в делх США, Великобритании в СССР и с посломФранции в СССР, 9 апреля1952 г., Приложение, САО, но. 152, С. 546-548.

应对中苏分裂：1960—1966年间的民主德国和朝鲜关系*

陈　弢**

摘　要　20世纪60年代初，社会主义阵营中两个最主要的国家中国和苏联公开分裂，进而逐步发展成为一场社会主义阵营内部的冷战。分处欧亚两端、受到中苏两国巨大影响的民主德国和朝鲜，则在意识形态争论中逐步选择站在了不同的一方。在此过程中，双方之间爆发了公开的争论和斗争。尽管在应对统一和分裂的问题上双方有着大量的共同话语及共同利益，民主德国和朝鲜也曾试图改善关系，但在双方日趋激烈的意识形态争论和对抗下，这些努力未能使双方的国家关系有实质性的改善。

关键词　民主德国　朝鲜　中苏分裂

---

* 本文是国家社科基金青年项目“冷战时期联邦德国对华经济外交研究（1949—1990）”（17CSS030）的阶段性成果。

** 陈弢，历史学博士，同济大学德国问题研究所助理教授。研究方向：中德关系史，德国与亚太事务，冷战国际史。

20世纪60年代初，中苏分裂在社会主义阵营逐步扩散，最终发展成了一场被称作“社会主义阵营内部冷战”① 的剧烈对抗。民主德国和朝鲜，这两个分处社会主义阵营西方和东方前哨的国家，它们之间相互的关系，连同它们与中苏两国的关系一起，共同经历了50年代的蜜月期。整个50年代，民主德国是社会主义阵营中仅次于中苏两国的对朝第三大援助国。其中不仅包含物资援助，民主德国还在朝鲜战争结束后帮助朝鲜抚养战争孤儿。同时，它还直接派专家负责承担了朝鲜重要城市咸兴的重建工作。②

在中苏分裂背景下，对社会主义阵营中其他国家之间的关系进行研究，一方面可以使我们了解这些国家对中苏分裂的应对和影响，从而进一步探析意识形态和国家利益这两大因素在这场剧烈对抗中的作用；另一方面，以中苏分裂下的民主德国和朝鲜作为考察对象，还有更加特别的意义。因为，从现有的研究来看，在冷战期间，民主德国和朝鲜是两个多次成功地利用自己的虚弱，在超级大国的争斗中或者左右逢源，或者扮演“尾巴摇狗”的角色，从而成为影响大国政策的国家。③

---

① 对于中苏同盟分裂的研究，近年来国际学界较有代表性的论著是 Lorenz Lüthi, *The Sino-Soviet Split, Cold War in the Communist World*, Princeton: Princeton University Press, 2008; Sergey Radchenko, *Two Suns in the Heaven, the Sino-Soviet Struggle for Supremacy, 1962 - 1967*, Washington, D. C.: Woodrow Wilson Center Press, 2009; Jeremy Friedman, *Shadow Cold War: The Sino-Soviet Competition for the Third World*, Chapel Hill: University of North Carolina Press, 2015; Austin Jersild, *The Sino-Soviet Alliance: An International History*, Chapel Hill: University of North Carolina Press, 2016; 沈志华：《中苏关系史纲：1917—1991年中苏关系若干问题再探讨》，北京：社科文献出版社，2016年；沈志华：《无奈的选择：冷战与中苏同盟的命运（1949—1959）》，北京：社科文献出版社，2013年。

② 有关双方关系蜜月期，民主德国对朝鲜援助问题的研究，参见 Frank Rüdiger, *Die DDR und Nord Korea, Der Wiederaufbau der Stadt Hamhung von 1954 - 1962*, Aachen: Shaker, 1996; Young-Sun Hong, *Cold War Germany, the Third World, and the Global Humanitarian Regime*, New York: Cambridge University Press, 2015; Charles Armstrong, *Tyranny of the Weak: North Korea and the World, 1950-1992*, Ithaca: Cornell University Press, 2013.

③ 这方面具有代表性的研究有：Hope Harrison, *Ulbrichts Mauer, Wie die SED Moskaus Widerstand gegen den Mauerbau brach*, Berlin: Propyläen Verlag, 2011；沈志华、董洁：《中苏援助与朝鲜战后经济重建》，《炎黄春秋》2011年第6期，第1—12页；董洁：《中苏分裂后中国对朝鲜的经济援助（1961—1965）》，《外交评论》2014年第4期，第41—58页。

本文的研究时段集中在1960年至中国“文革”爆发前的1966年，这段时间是中苏分裂的初期。“文革”爆发之后，中国外交在极左思潮影响下出现了激进和混乱的局面。同时，朝德关系及两国分别与中、苏的关系再度发生了巨大变化，这也是本文以1966年作为研究截止时间的原因。

从目前国际冷战史学界对中、苏、朝、德（民主德国）这四个社会主义国家相互关系的研究状况来看，数量最多的是有关苏德和中朝这两大板块的内部研究。对于中德和苏朝之间关系的研究，数量则明显要少些。而对民主德国和朝鲜，这两个分别同苏、中关系紧密，但在地理位置上却相隔遥远的社会主义兄弟国家之间关系的研究则更为稀少。

近年来，国际学术界已经开始重视考察冷战期间的德朝关系问题。威尔逊中心高级研究员贝恩德·舍费尔（Bernd Schaefer）在威尔逊中心2004年出版的公报中发表了一篇短文，率先利用德国的档案材料，对深受中苏影响下的朝鲜和民主德国的关系进行了宏观的描述，研究时间段从1949年一直写到了1990年。然而，在这篇文章中，舍费尔实际上更专注于德朝两国，尤其是朝鲜与中、苏的关系。由于该文篇幅有限，且涉及时间过长，导致舍费尔并未专门对处于1960—1966年中苏分裂初期的朝德关系进行深入叙述，其间许多重要的问题和事件都被漏过了。① 2011年，父亲是逃往联邦德国的朝鲜学生的亚娜·康-施米茨（Liana Kang-Schmitz）利用开放的统社党档案、民主德国外交部档案和秘密警察档案对1949—1989年统社党的双边档案进行了研究。她的书中涉及了德朝双边关系的政、经济、文化等各方面问题，堪称是目前最全面的研究民主德国与朝鲜关系的著作。然而，对于中苏分裂，以及中、苏在德朝关系发展中的影响，施米茨书中却并未细致探讨。② 近年来，韩裔美国人Young-Sun Hong和哥伦比亚大学教授查尔斯·阿姆斯特朗（Charles Armstrong）从全球视角论述冷战期间的德国和朝

---

① Bernd Schaefer, “Weathering the Sino-Soviet Conflict: The GDR and North Korea, 1949-1989,” *Cold War International History Project Bulletin*, *Issue 14/15*, Washinton, D. C.: Woodrow Wilson International Center for Scholars, 2004, pp. 25-71.

② Liana Kang-Schmitz, *Nordkoreas Umgang mit Abhängigkeit und Sicherheitsrisiko*, *am Beispiel der bilateralen Beziehungen zur DDR*, Berlin: Epubli GmbH, 2011.

鲜的研究相继出版，著作中都用大量篇幅探讨了民主德国与朝鲜的关系。①

此外，目前的研究还有个共同的局限，就是材料大都只来自于档案开放比较系统的德方，而缺乏阵营另一方的朝鲜和中国的材料。在目前朝方材料难以获得的情况下，中国方面的材料就显得尤为重要。笔者在中国外交部档案馆中，幸运地发现了这一时期中国和朝鲜对民主德国态度和政策的一些重要材料。同时本文还将利用笔者收集的民主德国外交部、统社党档案等一手材料，对 1960—1966 年民主德国和朝鲜的关系进行考察。

一、中苏分裂初期民主德国和朝鲜的应对及相互关系

20 世纪 60 年代初，中苏分歧在社会主义阵营内部扩散开来，此后，民主德国和朝鲜逐渐在这场争论中站向不同的一方。

统社党总书记乌布利希在 1960 年 6 月 24—26 日召开的布加勒斯特共产党和工人党大会上，直接批判中共干预了统社党和民主德国的内政。② 60 年代初期，民主德国与中国的党政关系全方位地恶化了。到 1963 年年底，中德关系已经是中国和东欧国家关系中“最差的”。③

而相比之下，朝鲜政府在 60 年代初期并不想在中苏间选边站队，而是企图借助双方的争斗，从中为自己谋利。1960 年 8 月，为了避免朝鲜民众受到中苏分裂影响，朝鲜政府告知社会主义国家驻朝官员，所有使馆前的朝鲜门卫和士兵将阻止朝鲜人和外国人进入使馆，只有使馆工作人员或事

① Young-Sun Hong, *Cold War Germany, the Third World, and the Global Humanitarian Regime*, New York: Cambridge University Press, 2015; Charles Armstrong, *Tyranny of the Weak: North Korea and the World, 1950-1992*, Ithaca: Cornell University Press, 2013.

② 有关这段时期中德关系发展演变及其原因的最新研究，参见陈弢：《苏共二十大后德国统社党对中共经验的引进：群众路线在民主德国研究之一》，《冷战国际史研究》2016 年第 1 期，第 159—195 页；陈弢：《中共经验在民主德国的终结与中德关系的恶化：群众路线在民主德国研究之二》，《冷战国际史研究》2016 年第 2 期，第 173—195 页。

③ 《邓小平会见黑根谈话记录》，1964 年 1 月 14 日，中国外交部档案，109-03919-03。

先与使馆有约定者才能入内。[①] 在1960年出席的一系列国际共产党会议上，朝鲜也试图避免表露自身的态度，正如一同参会的匈牙利共产党第一书记书记卡达尔所说，在这些会议上关于“中苏分歧和苏联阿尔巴尼亚的分歧中，朝鲜代表团完全避免了选边站队的情况”。[②]

中苏为了争取朝鲜对各自的支持，竞相提升了对朝的经济援助，朝鲜在中苏间左右逢源。1960年8月，朝鲜代表团在莫斯科和苏方签署了贷款协定，苏联同意免除朝鲜战争期间的7.6亿卢布对朝军事贷款，以及延期归还1.4亿卢布的经济贷款。在这种情况下，朝鲜领导人的讲话和报刊开始“突出苏联，压抑中国”，甚至提出了“彻底反对教条主义的口号”。[③] 相应的，1960年10月，在国内面临严峻困难的情况下，中国与朝鲜政府签订了贷款协定，及供应成套设备和提供技术援助的协定，承诺在1961—1964年间，向朝鲜提供4.2亿卢布的长期贷款并修建各种工厂。周恩来对朝代表团团长表示，尽管中国经济上有困难，但仍要保证对朝鲜的援助项目。贷款到时候能还就还，不能还也可以延期。中朝协定的签署，又给苏联产生了新的压力。在这种情况下，当年年底苏联又不得不和朝鲜签订了长期贸易协定和援助协定，以遏制中国的影响。[④]

这种不愿在中苏之间选边站的情况一直持续到1961年年底。随后，朝鲜党和政府开始逐渐在中苏分歧中站在中国一边，反对苏联和苏共。1961年11月的苏共中央全会以及12月的最高苏维埃会议，朝鲜媒体只做了简短报道，对赫鲁晓夫在最高苏维埃会议上的讲话朝鲜媒体也只字未提。而对于中国1961年12月15日和31日在《人民日报》上刊登的《全世界无产者联合起来，反对我们的共同敌人》和《陶里亚蒂同志同我们的分歧》两篇

---

① 这一规定主要针对民主德国等东欧社会主义国家，因为中苏两国有自己的门卫。参见Balazs Szalontai, *Soviet-DPRK Relations and the roots of North Korean despotism, 1953-1964*, Washington, D. C.: Woodrow Wilson Center Press, 2005, p. 161。

② Balazs Szalontai, *Soviet-DPRK Relations and the roots of North Korean despotism, 1953-1964*, p. 163.

③ 沈志华、董洁:《朝鲜战后重建与中国的经济援助（1954—1960）》,《中共党史研究》2011年第3期，第48—57页；沈志华、董洁:《中苏援助与朝鲜战后经济重建》，第1—16页。

④ 沈志华、董洁:《中苏援助与朝鲜战后经济重建》，第1—16页。

文章，朝主要媒体却做了全文转载，并报道了朝代表团出席中国党代会的情况。在古巴问题上，朝鲜将苏联的政策视作是对美国的退让。在中印边境冲突问题上，朝鲜也支持中国的政策。而对于全面裁军，“和平共处”原则及社会主义阵营的团结问题，朝鲜政府和媒体大部分都是反对的声音，仅存在一些支持的报道和声明。1962 年 3 月的日内瓦裁军会议期间，朝鲜媒体发表了明显针对苏联政策的文章，却对苏联外交部长葛罗米柯出席联合国会议，以及苏联的裁军建议只字不提。① 3 月初的中央全会上，金日成虽未直接对苏联领导人进行批评，但还是发言指责了“现代修正主义”。②

同时，50 年代朝鲜与民主德国等东欧社会主义国家的良好关系也逐渐恶化了。朝鲜开始从民主德国撤回所有学生。德方认为，这是意见分歧影响到国家关系的第一步。按照 1959 年 12 月 7 日民主德国同朝鲜签订的学生互派和接收协议，朝方派出了大量学生到民主德国学习。1962 年 9 月 27 日，朝鲜高等教育部长金正汉（Kim Tschen Han）给民主德国高教部国务秘书吉斯曼（Giessmann）写信，表示要撤回目前所有在民主德国学习的 82 名朝鲜学生，而不管这些学生是已经毕业，还是正在参加考试，或者刚开始在德的学习。另外，朝鲜政府还禁止已经在民主德国结婚的学生与其妻子和孩子联系。民主德国政府将朝方的这种做法视作“不友好的行径”。③ 1963 年，朝鲜还制定了禁止朝鲜人和外国人通婚的决定。这之后，与包括德国人在内的外国人通婚的朝鲜人被强迫迁出平壤，同时他们被要求与其德国配偶离婚。民主德国驻朝大使在内部报告中强烈谴责了朝鲜政府，认为其执行的是“戈培尔式的”“种族净化”政策。④

尽管双边关系恶化，但到 1963 年年初为止，朝鲜还没公开指责过民主

---

① “Beziehungsbericht der Botschaft der DDR in der KVDR,” Phoengjang, 1. 1963, PAAA, MfAA, A7078.

② Balazs Szalontai, *Soviet-DPRK Relations and the roots of North Korean despotism, 1953 – 1964*, p. 184.

③ “Beziehungsbericht der Botschaft der DDR in der KVDR,” Phoengjang, 1. 1963, PAAA, MfAA, A7078.

④ Charles Armstrong, *Tyranny of the Weak*, p. 129.

德国。在德国问题上，朝鲜一方面表示支持民主德国的斗争，另一方面却反对民主德国任何与联邦德国对话的行为。此时，朝鲜政府强烈地批判了“和平共处”政策。1961年年底，劳动党高层官员曾表示，“苏共领导层在和平共处和无产阶级专政问题上的观点是修正主义的”。1962年年初，匈牙利驻朝使馆得到信息，有朝鲜官员表示，和平共处原则不适用于朝鲜的外交，是“修正主义的做法”，因为“必须将帝国主义从土壤中彻底清除掉”。[①]

在德国问题上，朝鲜从自身实际利益出发，表面上看是在批判联邦德国，实际上是企图借此拉拢民主德国来共同批判美国。此时，朝鲜政府在统一问题上立场强硬，更倾向于武力统一，并在这个问题上与中国接近，疏远苏联。[②] 对民主德国政府动用强力解决德国问题的任何尝试，朝鲜政府都立即表示支持。1961年8月13日，民主德国修建柏林墙。劳动党曾对民主德国这种强硬做法表达了少有的全面支持。金日成表示，“乌布利希同志对西德帝国主义采取了非常聪明的政策。朝鲜劳动党和政府完全支持民主德国8月13日的措施”。[③] 为此，在当年11月的劳动党中央全会上，金日成还在发言中表示，“劳动党和朝鲜人民认为，为了世界和平的利益，必须立即签署有关德国问题的和平协议，劳动党完全支持苏联在这个问题上的正确态度”。[④]

在发现民主德国与苏联在德国问题上存在诸多矛盾之后，朝鲜曾试图通过德国问题分化苏德关系。民主德国驻朝使馆的一份报告指出，1961年朝鲜对两德和平条约问题的关注主要是从苏联建议的角度进行观察。然而，到了1962年，朝方则更加强调民主德国在其中的角色和地位。1962年9月11—19日访朝的民主德国经济代表团在访问过程中同金日成进行了长时间

---

① Balazs Szalontai, *Soviet-DPRK Relations and the roots of North Korean despotism, 1953-1964*, p. 184.

② Ibid., p. 188.

③ "Erste Einschätzung zur Einschätzung der Haltung der KVDR zum Problem des deutschen Friedensvertrages," Berlin, 28. 11. 1961, PAAA, MfAA, C1087/70.

④ "Zweite Ergänzung zur Einschätzung der Haltung der KVDR zum Problem des deutschen Friendensvertrages vom 20. 10. 1961," Berlin 17. 4. 1962, PAAA, MfAA, C 1087/70.

的谈话，并在5万—6万人面前现场解释了民主德国党和政府的政策。在同代表团官员谈话中，金日成指出，他很明白，签订和平条约和处理西柏林问题非常复杂。尽管民主德国政府体会到了朝鲜在某些具体方面的支持，但不满朝方对德国问题的片面解释，尤其“在谈及西德时，金日成过度强调其对美国的依赖，而不理解西德的独立性，以及解决德国人民的生活问题同全面裁军及和平共处的紧密关系”。此外，民主德国认为，除了谈话之外，朝鲜没有具体的支持德方的措施，“严重忽视了民主德国捍卫世界和平斗争的巨大意义，以及从政治、经济上全面支持民主德国符合所有社会主义国家的利益”。①

实际上，虽然金日成作为国家元首，在与德方的谈话中注意保持克制，不直接同德方发生争论，但此时朝方中高层官员在谈话中表达了朝鲜在德国问题上更加极端的态度。1962年9月，朝鲜劳动党政治局委员李杜真（音译 Li Dju Jen）甚至直接对时任民主德国驻朝大使施耐德温德（Schneidewind）表示，“民主德国占领了柏林的所有战略要地，而且柏林是块孤岛，帝国主义不能防守。所以，（你们）现在不利用这种战略优势就会失去它。你们应该消灭（柏林）西占区政权，赶走美国人，这才是首要问题。因为柏林的存在，帝国主义才不敢发动战争，所以你们应该更勇敢地利用这种形势”。②而这种消灭西柏林政权和赶走美国人的极端做法，肯定是同当时统社党追求通过谈判解决德国和柏林问题的政策相矛盾的。

民主德国驻朝使馆的分析报告认为，在私下谈话中，“大部分劳动党的负责同志都反对民主德国和统社党的政策和观点”。而朝鲜对民主德国访朝代表团所做出的一些承诺不仅并未实现，“而且现在受到了完全错误的解释”。德方认为，这样的看法“与中国对劳动党的影响加强有关”。尤其是

① “Einschätzung zur Haltung der KVDR in bezug auf den Abschluss eines deutschen Friendensvertrages, die Lösung des Westberlinproblems, den Kampf gegen die Atombewaffnung Westdeutschlands und die Abrüstung,” Phoengjang, 6. 12. 1962, PAAA, MfAA, C 1087/70.

② “Einschätzung zur Haltung der KVDR in bezug auf den Abschluss eines deutschen Friendensvertrages, die Lösung des Westberlinproblems, den Kampf gegen die Atombewaffnung Westdeutschlands und die Abrüstung,” Phoengjang, 6. 12. 1962, PAAA, MfAA, C 1087/70.

自 1962 年下半年开始，中国的观点在朝鲜的外交和国际政策中得到了实施。例如，朝方拒绝派出代表团和商品前往参加莱比锡博览会展览，“这表明朝鲜同志在这个领域也明显受到了中国的影响”。德方认为，朝鲜方面不重视莱比锡博览会，也是意识形态问题影响到国家关系层面的体现之一。因为每次莱比锡博览会，德方都邀请朝鲜派团参加并展示其产品。而朝鲜方面尽管每次都以朝驻德大使为首派团参加，但仅在 1958 年秋季展出过朝鲜的产品。朝方的理由是，其产品质量还不高，而且他们同时还得参加其他社会主义国家的博览会。德方则认为这是借口。[①]

德方还发现，劳动党在国内宣传中故意对民主德国对其的援助保持沉默。不仅如此，朝鲜还有媒体报道称德国专家的工作做得很差等。此外，与朝鲜男性结婚并在朝居住的德国女性越来越受到朝鲜政府的压力，朝政府迫使这些夫妻离婚。[②] 朝方还限制民主德国驻朝使馆的活动，尽管他们继续同德方保持对话，但却不再同德方交流意识形态问题，德使馆人员也不允许到平壤之外的地方旅行视察。

此时，在民主德国政府的评估中，主要将朝鲜的政策视为中国影响的结果。民主德国驻朝使馆对 1962 年朝鲜形势的总结报告指出，恶化与苏联和东欧社会主义国家的关系将直接影响到朝鲜的经济发展。“当前南朝鲜在美国、西德和日本及其他国家的经济援助下，正在同朝鲜进行经济竞赛。如果朝政府和劳动党低估这一发展的话，会对其统一大业造成严重的损失”。[③]

---

① “Einschätzung zur Haltung der KVDR in bezug auf den Abschluss eines deutschen Friendensvertrages, die Lösung des Westberlinproblems, den Kampf gegen die Atombewaffnung Westdeutschlands und die Abrüstung,” Phoengjang, 6. 12. 1962, PAAA, MfAA, C 1087/70.

② 这些措施包括：将丈夫调到外地工作，妻子和孩子却不准前往探视；切断这些家庭及其同民主德国的通信；朝鲜驻德使馆拒绝接待嫁给朝鲜人的民主德国妇女等。

③ “Beziehungsbericht der Botschaft der DDR in der KVDR,” Phoengjang, 1. 1963, PAAA, MfAA, A7078.

二、统社党六大前后双方的争论

到1963年初统社党六大前后，朝鲜劳动党与统社党在意识形态上的矛盾，以及双方在中苏争论中的立场终于公开地表现了出来。与民主德国政府的分析一致，朝鲜在这次会议上体现出了向中国靠拢的态度。1963年1月的统社党六大上，中、越、朝都派出了代表团参加。朝鲜代表团对于其在会上的方针及活动都事先同中国进行了商讨。朝鲜代表团抵达柏林时，中国驻德大使前往机场迎接。而中方代表团抵达时，朝鲜大使也准备前往迎接。[①] 其中中国代表团由伍修权率领，朝方代表团团长则是劳动党中央副委员长李孝泽。代表团成员还包括朝鲜劳动党中央宣传鼓动部部长金道万和朝鲜驻德大使（均为中央委员）。参会前，朝鲜和越南劳动党都就代表团情况向中国驻德使馆进行了通报。[②]

朝鲜党对于统社党六大上即将开始的思想斗争做了提前准备，并体现出一种坚决与德方对抗的态度。会议前夕，朝鲜官员对中国驻德使馆讲，“如六大上有大的斗争，朝代表团将尽速离德。如无大的斗争，会后将进行参观”。朝鲜方面也准备在斗争中同中国站在一起，“如果朝中等亚洲代表团的发言均在前面，这是不利的”。[③] “如果有人攻击中国，则坚决拥护中国党”。[④] 而在德国和柏林问题上，朝鲜代表团的计划是，“如果德方主张变西柏林为自由城市，则予以支持；如德方主张以联合国部队代替占领军，则

① 《朝代表团在六大上的活动方针》，1963年1月12日，《朝鲜参加民主德国党的六大等情况》，中国外交部档案馆，106-00720-03。

② 《朝越参加德党六大代表团人选情况》，1963年1月3日，《朝鲜参加民主德国党的六大等情况》，中国外交部档案馆，106-00720-03。

③ 《朝访员谈的一些情况》，1963年1月5日，《朝鲜参加民主德国党的六大等情况》，中国外交部档案馆，106-00720-03。

④ 《朝代表团在六大上的活动方针》，1963年1月12日，《朝鲜参加民主德国党的六大等情况》，中国外交部档案馆，106-00720-03。

不予支持。因我党认为，联合国部队就是美国部队”。[①]

在统社党六大上，朝鲜为了维护中国，直接陷入了与统社党的矛盾中。在朝鲜代表团准备的贺词中，含有反对大会片面攻击中国的内容，指出这是“非同志式的、不友好的行为”。对此统社党要求朝鲜劳动党删除此句，“并要朝鲜代表团诬陷我（中国）不要团结，使德方寻求团结的努力失败”。朝方表示，这是朝鲜代表团的立场，这句话绝不能删掉。统社党则认为，“绝对不能发表此话，因为此话是对统社党的侮辱”。后来在发表朝鲜的贺词时，统社党方面还是删掉了上述这句话，而且也删去了贺词中有关中国革命的意义和中国建设成就等部分，这部分约一页的内容。此外，统社党方面还想方设法限制朝鲜代表团在会上发表讲话。对所有这些行为，“朝使馆同志对此情况十分愤慨，称这是对朝党代表团的侮辱，说朝代表团在这里受到了最坏的待遇”。[②] 在1月21日统社党举办的招待酒会上，中国代表团未出席，朝鲜代表团也仅派出驻德大使出席一段时间后便离开，团长和副团长皆未出席。[③]

虽然朝鲜贺词中的重要内容未获发表，但朝鲜劳动党中央却决定于1月22日在其国内的报纸上刊登致辞全文，并在会上将致辞发给各兄弟党代表团。对于朝代表团在六大上的遭遇，朝鲜代表团认为这是苏联在幕后操纵。代表团官员金道万对中国驻朝使馆指出，“我们受到的待遇是极恶劣的，对我们的态度是不公道的，德方采取这种做法是因为背后有势力支持。我们坚持自己立场，使德方手足无措，他们在自己报纸上发表时，不加任何按语，他交来致辞德文稿，要求新华社不在柏林发表”。[④]

---

① 《朝代表团在六大上的活动方针》，1963年1月12日，《朝鲜参加民主德国党的六大等情况》，中国外交部档案馆，106-00720-03。

② 《朝鲜使馆同志谈的问题》，1963年1月22日，《朝鲜参加民主德国党的六大等情况》，中国外交部档案馆，106-00720-03。

③ 为了防止中国在酒会上采取行动，仅发给中国代表团3个成员请帖，中国大使、记者和随行人员均未收到请帖。参见《二十一日晚德方举行酒会》，1963年1月22日，《朝鲜参加民主德国党的六大等情况》，中国外交部档案馆，106-00720-03。

④ 《关于朝代表团争取发表致辞事》，1963年1月22日，《朝鲜参加民主德国党的六大等情况》，中国外交部档案馆，106-00720-03。

当发现统社党邀请了南斯拉夫代表团参加会议，朝鲜代表团遂决定提前于22日回国，而非原定的25日，并向德方表达了自己的态度。统社党官员将会议上中、越、朝及古巴等党的行为放在一起进行考察，认为这些党“走的是另外的道路”。朝鲜代表认为，这是德方正在做公开分裂的积极准备。[①]六大召开以后，统社党向民主德国国内各区传达了“中国同志问题”，并在地区层次多次召开有关会议。卡尔·马克思市（即今之开姆尼茨）一名官员告知朝方，“中国代表团在会上表现恶劣，攻击了大会客人南斯拉夫代表团，在乌布利希做闭幕辞时也一次都未鼓掌，在赫鲁晓夫讲话时未鼓掌未起立。普通老百姓对此很愤慨，认为中国越来越离开社会主义阵营。而南斯拉夫越来越接近社会主义阵营”。

同时，朝鲜政府也发现民主德国政府对中国的态度还是有所保留的。这名官员告诉朝方，“我们告诉老百姓，尽管存在着严重分歧，中国仍然是社会主义国家。南斯拉夫是社会主义国家，但其领导人有修正主义观点。因此，中国对我们还是比南斯拉夫更接近一点”。[②]

六大后，朝鲜驻德使馆同中国使馆间的交流仍然非常密切，并在第一时间把统社党的对朝政策传达给了中国方面，以寻求中国的意见。例如统社党政治局候补委员库雷拉对朝方提到过德苏分歧的问题。对此，中国认为，统社党的意图主要是想劝说朝鲜不要反苏，想借此影响朝鲜。不过同时也可以看出，德苏在某些问题上存在一定的矛盾。[③] 当朝鲜提出不参加苏联使馆举办的酒会时，中国方面也随即附和，表示不会前往参加，“这样对

① 《朝使馆向我谈的几个情况》，1963年1月24日，《朝鲜参加民主德国党的六大等情况》，中国外交部档案馆，106-00720-03。

② 《朝鲜使馆同志谈的一些问题》，1963年2月25日，《朝鲜参加民主德国党的六大等情况》，中国外交部档案馆，106-00720-03。

③ 库雷拉提到的分歧包括：“经济上苏对我建立民族经济有意见，文化方面，我们不能像苏联那样宣传抽象派”。但是他也认为，“虽有分歧，但我们怎么办呢？我们不能反苏”。参见：《朝使馆最近反应的情况》，1963年1月29日，《朝鲜参加民主德国党的六大等情况》，中国外交部档案馆，106-00720-03。

朝影响也较好”。[①] 中共中央联络部也指示驻德使馆，表示中央给统社党的有关问题的复信也可以告知朝鲜驻德大使。[②]

在古巴问题上的分歧，是此时导致统社党等苏东政党同朝鲜劳动党关系不和谐的另一因素。与中国类似，朝方对于古巴导弹危机的态度远比苏联和民主德国更加强硬，认为“美国在加勒比海的行径不仅是针对古巴革命，还是意图挑起世界战争的阴谋。和平可不能通过乞求而获得，我们必须团结起来为和平和社会主义而斗争。向帝国主义者乞求和平并不是缓和，而且会使帝国主义更加活跃，并会给和平带来危险”。[③] 朝鲜认为，在朝鲜半岛遇到类似危机时，苏联会用在古巴导弹危机中的表现来对待朝鲜。[④] 金日成在古巴危机爆发后的第二天发表讲话指出，“社会主义国家之间不能互相将自己的意志强加给对方，大国应该平等对待小国”。[⑤]

而在这个问题上，民主德国与苏联的态度却是一致的。因此，朝鲜与民主德国之间也发生了争论。1963 年 2 月 7 日，朝驻德使馆举行建军节酒会时，朝德双方在会上就古巴问题发生了争论。中国代表发现，“德方的出席规格，比去年出席我建军节 35 周年酒会的规格还高些，但贺词内容极坏，主要仍在讲古巴问题。”此外，东欧各国武官也出席了酒会，但除了波兰代办外，其他使节均未出席。但罗、苏、匈大使也未出席，朝鲜使馆认为，“这显然是对朝酒会的抵制”。[⑥]

1963 年 9 月中旬，刘少奇率团访问朝鲜，并同朝最高人民会议委员长

---

① 《朝建军节酒会情况》，1963 年 2 月 8 日，《朝鲜参加民主德国党的六大等情况》，中国外交部档案馆，106-00720-03。

② 《我给德党复信内容可告朝大使》，1963 年 4 月 9 日，《朝鲜参加民主德国党的六大等情况》，中国外交部档案馆，106-00720-03。

③ SAPMO-Barch, DY 30/IV 2/20/136, from Liana Kang-Schmitz, *Nordkoreas Umgang mit Abhängigkeit und Sicherheitsrisiko*, *am Beispiel der bilateralen Beziehungen zur DDR*, S. 41-42.

④ Liana Kang-Schmitz, *Nordkoreas Umgang mit Abhängigkeit und Sicherheitsrisiko*, *am Beispiel der bilateralen Beziehungen zur DDR*, S. 43.

⑤ Balazs Szalontai, *Soviet-DPRK Relations and the roots of North Korean despotism*, *1953 - 1964*, p. 191.

⑥ 《朝建军节酒会情况》，1963 年 2 月 8 日，《朝鲜参加民主德国党的六大等情况》，中国外交部档案馆，106-00720-03。

崔庸健共同签署了中朝联合声明。民主德国驻朝大使对联合声明的内容提出了抗议，认为其很少提到甚至根本未提德国问题。这样的抗议虽然未对朝鲜驻德使馆直接提出过，但朝鲜却认为，德方“千方百计阻扰使馆的活动”，“口头上说支持朝鲜劳动党的政策，但实际上却进行歪曲。例如，既不提朝使馆举行的记者招待会，在6月25日发表的短文中却歪曲朝鲜争取和平统一祖国的政策”。[①]朝鲜使馆官员在同民主德国外交部官员的谈话中，还直接发生了口头争端。双方互相攻击彼此为教条主义，朝官员表示，“20年后马列主义将取胜，那时将没有现代修正主义者和教条主义者”。[②]

在双方激烈争论之时，民主德国方面对朝鲜的态度也冷淡了下来。1963年8月14日晚，朝鲜驻德使馆举行庆祝朝鲜解放18周年招待会，中国驻朝使馆的参会报告指出，“德方出席人数少，规格低。朝大使邀请德方近300人，包括全部党政领导人，但到场的却只有以政治局候补委员雅鲁文斯基、副总理绍尔茨为首的百余人。会上德方对朝大使态度冷淡，不即不离，在发言中仅强调苏联红军解放了朝鲜、苏德等国对朝鲜的巨大援助和以苏为首的社会主义阵营。同时，在招待会上，德方对中国代表监视很严，当中国使馆田代办同旁人交谈，甚至在同德外交部人员谈话时，都有人注意和窃听”。[③]

与此同时，民主德国还不忘继续对朝宣传自身的政策，以及苏德两国对朝的援助，而没有顾及朝鲜国家政策中始终如一的对自身独立性的考虑。统社党高层给朝鲜使馆的贺信中大肆吹捧三国核停试条约。在招待会之外，民主德国的报刊发表了“专门吹嘘苏德援朝的文章，对朝人民反美斗争和建设努力却只字未提”。朝鲜使馆一名一秘直接向民主德国方面抱怨，指出德方明知朝党对三国条约的立场却在朝宴会上谈此问题，是对朝方的一种

---

① 《报朝大使所谈情况》，1963年7月13日，《朝鲜参加民主德国党的六大等情况》，中国外交部档案馆，106-00720-03。

② 《报朝馆员交谈情况》，1963年9月12日，《朝鲜参加民主德国党的六大等情况》，中国外交部档案馆，106-00720-03。

③ 《出席朝招待会情况报告》，1963年8月15日，《朝鲜参加民主德国党的六大等情况》，中国外交部档案馆，106-00720-03。

挑衅；德方片面赞扬苏德对朝的援助，无视了朝人民自己的努力，是与事实不符的；此外，德方出席招待会人员规格低，朝方对此不满意。而德方对这些意见只做了一般性的辩解，但回避争论。“而对6月25日美帝侵朝纪念日和7月朝鲜停战十周年之际民主德国报刊发表的文章，朝鲜认为这是在歪曲朝鲜战争的历史，把朝中人民的胜利说成似乎是和平共处政策的胜利，为此，朝使馆对德指出，这种说法与朝党政策不符”。①

1963年9月6日举行的朝鲜使馆的庆祝朝建国15周年招待会，再次体现出同样的问题。德方出席人数少，朝方发出400张请帖，德方最后只到了283人，且出席人员“规格低”。德方的致辞只以政府和人民的名义表示祝贺，未提及统社党；片面强调了德对朝的各种援助，列举了派遣专家、培养留学生和收养孤儿等事项，而只字未提朝对德的支援；还着重强调了民主德国的“和平共处”政策。②

此外，朝鲜驻德使馆对外散发有与民主德国政策不一致的传单和印刷物，使得民主德国对朝使馆的行为严加限制。朝鲜使馆散发的材料，除了包括中国的出版物之外，还有朝鲜劳动党写作的文章，内容包括批评苏联、苏共、赫鲁晓夫，以及民主德国和统社党等。德方认为，“这违背了德方1960年出台的《外国在民主德国传播印刷品的规定》，干预了民主德国的内政”。对此，从1963年2月中旬起，民主德国外交部对朝鲜发放的包括朝鲜国内出版的报纸、杂志、画刊等宣传资料实行限制措施，要求每份材料都实行送审。朝使馆起初照旧向各地报馆送了材料，德方便再次召见朝新闻专员，提出了警告，要求朝方按规定办事。这种情况下，朝鲜使馆不得不有所收敛。使馆官员对中国使馆表示，朝方“正研究对策，可能要少发材料”。③

① 《朝馆告朝德关系情况》，1963年8月26日，《朝鲜参加民主德国党的六大等情况》，中国外交部档案馆，106-00720-03。

② 《我在朝国庆招待会上活动情况》，1963年9月6日，《朝鲜参加民主德国党的六大等情况》，中国外交部档案馆，106-00720-03。

③ 《朝鲜使馆同志谈的一些问题》，1963年2月25日，《朝鲜参加民主德国党的六大等情况》，中国外交部档案馆，106-00720-03。

此后，朝鲜采取的新的宣传措施仍不能让德方满意。3月初，朝使馆又想向民主德国各报馆发送两期俄文版《新朝鲜》杂志，民主德国外交部审查后未予同意，声称不同意里边转载的去年12月17日《劳动新闻》的社论《全体人民必须武装起来把国家变成一个堡垒》和纪念《莫斯科声明》的社论《高举马列主义的革命旗帜》等文章中的有关内容。为此，朝使馆方面对中方表示，将采取对等措施对待德国驻朝使馆，表示“两篇文章均未指名批判修正主义。而德国发的材料却充满了修正主义观点，我们未予限制。看来德国驻朝新闻专员可能要失业”。[①] 1964年1月15日，朝鲜外务省通知民主德国驻朝大使贝克，指出民主德国驻朝使馆必须将其准备在朝出版发行的所有印刷品都提交给朝鲜外务省新闻司进行审查和批准。对此，民主德国外交部直接向朝鲜驻德大使提出了抗议，并希望朝鲜方面收回这一针对民主德国大使馆的行为。[②]

在参加民主德国国内举行的集会时，朝鲜也与中国代表口径一致，公开对德方的观点持反对意见。例如，1964年4月22日，在纪念列宁诞辰94周年的庆祝大会上统社党政治局委员马特恩发表讲话时，朝鲜大使同中国及北越大使一起离开了。[③]

三、现实主义外交政策考虑及结果

民主德国外交部远东司认为，是朝鲜的政策导致了双边关系的恶化。在1964年4月9日的一份总结报告中，外交部远东司表示，“目前在双边关

① 《德方限制朝使馆散发“新朝鲜”等》，1963年3月8日，《朝鲜参加民主德国党的六大等情况》，中国外交部档案馆，106-00720-03。

② “Übersicht über die Beziehungen der DDR zur KVDR,” Berlin 9.4.1964, PAAA, MfAA, C1089/70.

③ “Die Haltung der Führung der Partei der Arbeit Koreas zur Deutschlandfrage; Die Auswirkungen der Politik der PdAK auf die Beziehungen zwischen der DDR und der KVDR; Richtlinie für die Arbeit des MfAA bei der Gestaltung der Beziehungen zur KVDR,” Berlin 9.6.1964, PAAA, MfAA, C1087/70.

系中最要紧的，就是不要给朝鲜方面一丁点机会来指责是我们恶化和限制了双边关系的发展，而是要利用目前仍然存在的双方（在一些领域上）的相互合作，来同他们保持客观正确的关系”。[①]

双方在一系列问题上的争论继续影响着双边关系的发展。民主德国政府认为，由于朝鲜偏向中国，因此无论怎样努力向朝方解释，也无法在两德关系的一些领域获得朝方的支持，因为朝方会认为这是民主德国在西德面前的退缩。劳动党中央委员康志文（音译 Kang Hi Wen）对德方表示，“我们朝鲜过去的经验表明，必须武装起来，通过武器打败敌人”。并且，与此时中国对德国问题的看法一致，朝鲜劳动党也把同联邦德国的斗争置于同美国的斗争之下来考虑。1963 年 6 月 23 日，中国同朝鲜的联合声明指出，“双方强调，美帝国主义一如既往是西德军国主义势力的主要支柱，在同西德军国主义势力做斗争时，必须将斗争矛头指向美帝国主义”。民主德国则认为，这样的看法“忽视了西德帝国主义和复仇主义的独特性”。此外，对于美、英、苏三国在 1963 年 8 月 5 日签订的《部分禁止使用核武器条约》，朝鲜劳动党认为这一条约会有损民主德国的国际地位，并在当年 8 月 25 日发表文章指出，“美国拒绝承认民主德国签署过条约，却让西德复仇主义者以整个德国的名义签署条约，企图通过这样一个恶毒的阴谋来削弱民主德国的国际地位”。[②] 1964 年 6 月，民主德国外交部的一份分析报告指出，朝鲜虽然支持民主德国在反对美国和西德，以及签订和平协议和西柏林问题上的斗争，但却反对民主德国所主张的两德可以和平共处、两个德意志国家并存的政策。德方认为，这是朝鲜劳动党希望将其“教条主义的统一观点”强加到德国问题上来所导致的。[③]

---

① “Übersicht über die Beziehungen der DDR zur KVDR,” Berlin 9. 4. 1964, PAAA, MfAA, C1089/70.

② “Die Haltung der Führung der Partei der Arbeit Koreas zur Deutschlandfrage; Die Auswirkungen der Politik der PdAK auf die Beziehungen zwischen der DDR und der KVDR; Richtlinie für die Arbeit des MfAA bei der Gestaltung der Beziehungen zur KVDR,” Berlin 9. 6. 1964, PAAA, MfAA, C1087/70.

③ “Die Haltung der Führung der Partei der Arbeit Koreas zur Deutschlandfrage; Die Auswirkungen der Politik der PdAK auf die Beziehungen zwischen der DDR und der KVDR; Richtlinie für die Arbeit des MfAA bei der Gestaltung der Beziehungen zur KVDR,” Berlin 9. 6. 1964, PAAA, MfAA, C1087/70.

1964年6月12日，苏联同民主德国在莫斯科签订了《苏德友好互助条约》。这一条约虽然没有满足民主德国要求联邦德国政府在法律上完全承认民主德国的请求，① 但从苏东阵营内部来看，这一条约却使得民主德国成为苏东阵营里最后一个同苏联签署类似协定的国家，实际上完成了民主德国加入苏联同东欧国家所构建的双边友好互助同盟网络中，客观上提升了民主德国在苏东阵营中的地位。② 因此，民主德国也需要亚洲社会主义国家对这一条约予以承认并予以宣传。6月26日，民主德国驻朝使馆向朝鲜外务省副外相金正南（音译Kim Jong Nam）转交了乌布利希写给艾哈德的信的复本、《苏德友好互助条约》全文及德苏莫斯科共同声明的节选。但朝方却不想对此表态，在德国问题上的态度也和往常一样。③ 另外，朝鲜劳动党政治局委员、对外贸易部长李杜真还在同苏联驻朝大使的谈话中，当面指责苏联将意识形态领域的争论带到了国家关系上来，表示“苏联、民主德国和捷克斯洛伐克等国只想从朝鲜进口金属物资，只知道钱，却不愿对朝鲜提供援助和贷款”。④

事实上，此时，在经济领域的合作对民主德国与朝鲜双方都有利。民主德国主要从朝进口珍稀矿产品和粮食。1962年民主德国对朝鲜的进出口额相较去年有大幅提高，其中进口额提升了42%，进口量提升的重要物资包括镉、铅、镁石、银硝酸盐以及烟草等，此外还第一次得到了朝方运来的粮食。民主德国驻朝使馆的数据显示，1962年民主德国同朝鲜的外贸仅位列苏联、中国、捷克斯洛伐克之后，在所有社会主义国家中位列第四。但民主德国驻朝使馆却对今后几年的双边贸易关系发展不抱乐观态度。使

---

① 俄文版条约原文参见，《真理报》（Правда）1964年6月13日。

② Jan Foitzik, “Sowjetische Hegemonie und Ostintegration der DDR,” von Dierk Hoffmann, Michael Schwartz, Hermann Wentker, *Vor dem Mauerbau*, *Politik und Gesellschaft in der DDR der fünfziger Jahre*, S. 48.

③ 可以发现，朝鲜劳动党此时对苏德条约和德国问题的态度与中共近乎一致。参见，陈弢：《中苏破裂背景下的中国和民主德国关系（1964—1966年）》，《当代中国史研究》2012年第3期，第57—64页。

④ “Übersicht über die Beziehungen DDR-KVDR im Ⅱ. Quartal 1964,” Berlin 3.7.1964, PAAA, MfAA, C1089/70.

馆认为，从1960年开始，双方就没有再签订长期贸易协定，同朝鲜之间也不存在像经互会国家那样的生产分工合作。双方在经济技术领域缺乏交流，也不存在共同的质量体系。在进口方面，1962年，尽管朝高层官员多次向来访的德方代表团保证出口金，但最后却并未实现供给。金日成对来访的德方代表团表示朝方会尽其所能支持民主德国，实际上，在具体的外贸谈判中，朝鲜的态度非常僵硬。①

但民主德国出于自身的经济发展需要，还是希望能继续同朝鲜发展贸易关系。统社党中央政治局候补委员雅洛文斯基曾告知朝鲜大使，民主德国目前经济上处境很困难，西德可能要在东西德贸易上进一步刁难民主德国，停供某些重要物资，提高向民主德国出口的物资价格5%—10%等。雅洛文斯基表示，民主德国的铁砂百分之百依赖苏联，然而，从乌克兰用铁路运往民主德国，运费特别高，因此不知是否能从朝鲜处获得铁砂，通过海运运往民主德国。民主德国也希望与朝发展经济关系，获得稀有金属。雅洛文斯基两次提及同中国贸易很困难，均因朝鲜大使岔开而未谈下去。②朝方当时并未答应民主德国的请求，此外，还拒绝向民主德国提供铜、盐等德方急需的物资。③

从朝鲜方面来看，朝鲜党和政府并不想因其与苏东阵营国家的关系继续恶化而影响到自身的利益。经过一段时间的激烈对抗后，朝鲜政府主动调整了对苏联及民主德国等东欧社会主义国家的政策。1964年后，这种趋势表现得更为明显。1964年2月，朝鲜政府曾提出，为实现民族解放革命，有必要强化“朝鲜的革命力量、南朝鲜的革命力量和国际社会革命力量”，将统一战略确定为“三大革命力量”战略，通过强化革命力量实现国家统一的目标。同时，60年代中期以来，朝鲜外交政策的基本指针被以“政治自

① “Beziehungsbericht der Botschaft der DDR in der KVDR,” Phoengjang, 1. 1963, PAAA, MfAA, A7078.

② 《德希能与朝鲜发展关系事》，1963年8月22日，《朝鲜参加民主德国党的六大等情况》，中国外交部档案馆，106-00720-03。

③ Balazs Szalontai, *Soviet-DPRK Relations and the roots of North Korean despotism*, *1953-1964*, p. 184.

主”这一主体思想的核心所代替。[①] 在这种情况下，朝鲜需要通过加强发展与苏联及苏东阵营国家的关系为自身利益服务，不能过度倾向于中国一方，以免失去自身在中苏之间左右逢源的地位。1964年10月，朝鲜派出代表团参加了苏联的十月革命纪念活动，苏联在1965年2月派出了由部长会议主席柯西金率领的包括时任苏共中央委员会书记安德罗波夫等人组成的高规格代表团访朝。2月14日，双方签订的《朝鲜苏联联合声明》指出，双方“在兄弟般的相互理解的气氛中进行的会谈，就加强两党、两国友好合作关系问题，就当前国际局势和国际共产主义运动问题以及其他共同关心的问题，交换了意见”。“苏联人民在苏联共产党领导下，开拓了前人没有走过的道路，建设了伟大的社会主义强国。朝鲜人民对苏联人民这种巨大的成就感到由衷的高兴。这种成就为加强社会主义阵营的国际地位和巩固和平做出了重要贡献”。[②]

在德国问题上，《联合声明》用了大段篇幅表示了对民主德国的支持并对联邦德国及多边核力量等北约国家的计划进行了谴责：

> 朝鲜民主主义人民共和国和苏联声明，深切地同情站在欧洲社会主义前哨，并正在有效地、坚定地面对帝国主义势力的压力的德意志民主共和国。德意志民主共和国由于它所奉行的和平政策，由于它在社会主义建设中取得了成就，由于它为反对两个德国的武装特别是核武装而展开的始终不渝的斗争，从而博得了不断增长的国际威信。朝鲜民主主义人民共和国政府和苏联政府主张在欧洲消除第二次世界大战的残迹，实现德国问题的和平解决，使西柏林局势正常化。朝鲜民主主义人民共和国政府和苏联政府愤怒谴责美帝国主义及其北大西洋公约组织某些盟国企图建立多边核力量的活动。无论以任何形式，只要建立起这种武力，都将为西德军国主义者拥有核武器开辟道路，使欧洲和世界局势恶化，

---

① 金祥波：《朝鲜对外战略史研究》，北京：中国社会科学出版社，2012年，第15—16页。

② 《朝鲜苏联联合声明》，《人民日报》1965年2月16日。

使各国人民的安全面临危险。双方一致决心，为反对建立北大西洋集团核武装和沿着德意志联邦共和国的东部边界线设置原子地雷地带的计划而斗争。[①]

可以看出，从1964年开始，在德国问题上寻找两国关系发展的支点，成为了苏朝双方共同的尝试。尽管朝鲜以这种形式对民主德国表达了支持，但并没有与其自身不支持“和平共处”政策的态度相矛盾。

此时民主德国的对朝政策，按照时任外交部远东司副司长的布鲁洛·马洛（Bruno Mahlow）所说，就是一方面需要向朝鲜宣传赫鲁晓夫和乌布利希在德国问题上提出的新政策，另一方面也需要寻找“中朝观点上存在的任何不同之处，并在今后利用这些不同为我们的工作服务”。为此，他要求驻朝使馆仔细解读朝鲜的报刊，并系统分析朝鲜政策中所体现的观点和相关数据。[②] 对于马洛做出的在朝鲜宣传苏联和民主德国政策的指示，使馆表示将利用所有机会去达成此事，但“朝鲜方面一开始就对我们说，不要期待朝鲜媒体刊登一行相关的报道”，“朝鲜同志一如既往地认为我们的政策是对敌人的退缩。他们虽然没有公开这么说，但是没有答复就是一种答复”。使馆还认为，现在是开始动手分析朝鲜领导层同中共观点差异的时候了。“我们已经开始这样做了，但是这一工作并不简单，需要耐心”。[③]

民主德国要恢复并发展与朝鲜的关系的确需要耐心。1963年9月，同朝相关部门筹划在朝鲜开展有关民主德国建国14周年庆典活动的驻朝大使馆表示，“尽管朝鲜外务省谈话时意见和我们一致，但这并不表示他们会对我们做出任何妥协”。“因此，我们接下来会在国内加大宣传朝鲜给我们的材料，以体现我们对朝鲜驻德大使馆工作的支持”。对于10月7日将在民主德国驻朝使馆举行的庆祝酒会，罗马尼亚和保加利亚同志都认为朝鲜方面不会在酒会上多发表其观点，但驻朝大使贝克却认为，“应该利用同朝鲜同

① 《朝鲜苏联联合声明》，《人民日报》1965年2月16日。

② “Brief von Bruno Mahlow an Gen. Winkelmann,” Berlin 17.6.1963, PAAA, MfAA, A7051.

③ “Brief von Geschäftsträger der DDR Botschaft in der KVDR, Gen. Winkemann an Gen. Mahlow,” Phoengjang 23.7.1963, PAAA, MfAA, A 7051.

志谈话和祝酒的机会，向其描述我们党和政府的政策。我还会请朝鲜同志在此发表他的观点”。①

对于这一时期与朝鲜关系的恶化，民主德国外交部1963年和1964年的分析都认为，朝鲜劳动党同民主德国统社党意识形态领域的不同观点从1962年起开始显现，而1963年1月的统社党六大之后，双方意识形态观点的不同才正式公开。朝鲜劳动党在意识形态上的观点受到了中国领导层的影响。意识形态上观点的不同导致了国家双边关系的下滑。② 德方认为，这是朝鲜党将意识形态争论转移到了国家关系上所导致的。民主德国驻朝使馆认为，在1963年下半年，“民主德国同朝鲜的关系全面恶化了”，“朝鲜同志将意见分歧转移到了国家关系上面，朝鲜党的意见背离了莫斯科共同宣言”，“朝鲜方面不想再在政治上同我们合作，而只想发展经济方面的合作，因为那对他们特别有好处”。③

尽管双方关系在1964年之后有所回升，但民主德国政府仍然将朝鲜与苏联及民主德国等东欧社会主义国家关系恶化的原因归结于中国的影响。1964年6月9日，民主德国外交部远东司朝鲜科的一份文件指出，从苏共二十大至二十二大，朝鲜劳动党的观点越来越偏向于中共。而当前劳动党在所有重要问题上的观点都同中共一致，并公开支持中共反对苏共和赫鲁晓夫同志。报告认为，朝鲜劳动党倾向于中共的原因复杂，主要包括想以此巩固金日成在党内的地位；很多党内高层都在中国长期居住过；中朝地理和历史因素；以及中国志愿军在朝鲜战争中赴朝作战。

在双方关系回升的情况下，报告还是强调朝鲜不想彻底搞僵与苏联等国的关系。文件指出，在党际关系恶化的同时，朝鲜在国家关系领域里的确进行过一些企图维持和发展同苏东国家关系的做法（如参加1964年莱比锡秋季博览会等）。这虽然被外交部视作是“朝鲜领导人完全支持中共的行

① “Brief von Becker an Schneidewind,” Phoengjang, 17. 9. 1963, PAAA, MfAA, A7051.

② “Übersicht über die Beziehungen der DDR zur KVDR im 1. Halbjahr 1963,” Berlin 6. 8. 1963, PAAA, MfAA, C1089/70; “Übersicht über die Beziehungen der DDR zur KVDR,” Berlin 9. 4. 1964, PAAA, MfAA, C1089/70.

③ “Brief von Becker an Schneidewind,” Phoengjang, 17. 9. 1963, PAAA, MfAA, A7051.

为，对外却制造它不想把意识形态争论扩大到国家关系领域，好像要采取中立态度假象”的“危险的两面派做法”。但朝方的态度还是表明了“朝鲜领导人愿意对苏联和其他欧洲社会主义国家留一扇门的想法”。报告认为，朝鲜这么做是基于其深层次的内政外交政策考虑出发的，“金日成明显害怕公开同苏共爆发争论，这样的争论会影响劳动党在朝鲜民众和中国心目中的地位”。此外，朝鲜在中苏分歧中所体现的独立性也来自于其对亚洲和朝鲜半岛形势的现实考虑，以使朝鲜半岛的再次统一政策不受到损害。①

最后，文件指出，“尽管当前存在意识形态的争议，但我们把朝鲜视作一个社会主义国家。所以民主德国的对朝政策应该是客观地发展和巩固两国的国家关系，拒绝把党际关系上的争论转移到国家关系上来”。所以，现在民主德国应该在意识形态争论下找到并利用双方仍然存在着的共同点，以使双方关系的进一步发展得到支持。文件认为这些共同点，以及民主德国可以为改善双边关系采取的行动包括：

1. 双方都面对着极具侵略性的敌人，都要同美国和西德的侵略意图做斗争。

2. 都需要在各自国家建设社会主义。

3. 在和平解决德国和朝鲜问题，在联合国有关朝鲜问题的探讨上，要求美军撤出南朝鲜，使在日朝鲜人顺利回归朝鲜等问题上都可以对朝鲜提供支持。德方也需要积极报道和宣传其对朝政策，以及双方的共同利益。例如，驻朝大使馆应该继续发行使馆公报（每期 100 至 150 份）。

4. 积极对朝鲜驻德大使馆的工作人员做工作，对其解释民主德国的政策，并满足使馆方面的一些请求。同时德方也仍需注意提防朝鲜使馆随意散发宣传资料。

5. 民主德国要努力巩固同朝鲜的经济关系，并尽可能扩大这

① “Die Haltung der Führung der Partei der Arbeit Koreas zur Deutschlandfrage; Die Auswirkungen der Politik der PdAK auf die Beziehungen zwischen der DDR und der KVDR; Richtlinie für die Arbeit des MfAA bei der Gestaltung der Beziehungen zur KVDR,” Berlin 9. 6. 1964, PAAA, MfAA, C1087/70.

种关系。尽可能满足朝鲜方面的需求。

6. 对于已签订的双边条约，民主德国方面需要严格监控并遵守。

7. 所有同朝鲜相应机构有联系的民主德国国家部门、研究所或组织等都该努力保持这种联系，并同民主德国外交部商讨相应对策。①

需要指出的是，尽管民主德国努力寻求在中朝关系上制造矛盾，并期待恢复德朝双边关系，但事实上，除外交部门外，此时民主德国政府也没有做出太多的积极举措。例如，对于朝鲜撤离所有学生的行为，民主德国方面在愤怒之余，还表示不会再考虑主动同朝鲜续签1965年将要到期的学生互派协议。外交部的一份报告指出，“朝鲜方面在几年前就完全撤出了所有在德学习的学生，现在也没有重新恢复这方面合作的兴趣。而民主德国现在也没有兴趣派学生和研究生前往朝鲜接受培训。我们认为，应该由朝鲜方面提出签订新的协议的建议”。②

1962年年底，民主德国中断了对朝鲜的经济援助，朝鲜方面也大幅减少了对民主德国包括贵金属及原材料的出口。德方提出的签订长期贸易的计划也被朝鲜拒绝。1964年苏联与朝鲜的贸易总额为1.435亿卢布，中国为9000万卢布，而民主德国则甚至排在古巴、北越和捷克斯洛伐克等国之后，仅为379万卢布。③

① “Die Haltung der Führung der Partei der Arbeit Koreas zur Deutschlandfrage; Die Auswirkungen der Politik der PdAK auf die Beziehungen zwischen der DDR und der KVDR; Richtlinie für die Arbeit des MfAA bei der Gestaltung der Beziehungen zur KVDR,” Berlin 9. 6. 1964, PAAA, MfAA, C1087/70.

② “Abkommen zwischen der Regierung der DDR und der Regierung der KVDR über die Aufnahme und den Austausch von Hochschulabsolventen, Studenten und Fachschülern vom 7. 12. 1959,” Berlin, 7. 12. 1965, PAAA, MfAA, C321/78.

③ “Die Haltung der Führung der Partei der Arbeit Koreas zur Deutschlandfrage; Die Auswirkungen der Politik der PdAK auf die Beziehungen zwischen der DDR und der KVDR; Richtlinie für die Arbeit des MfAA bei der Gestaltung der Beziehungen zur KVDR,” Berlin 9. 6. 1964, PAAA, MfAA, C1087/70.

四、结语

1960 年以来，随着中苏分裂在社会主义阵营内部的扩大，民主德国与中国和朝鲜等东亚地区社会主义国家的关系出现了相应的变化。总的说来，从 1960 年到 1966 年，由于双方在意识形态争中各自追随苏共和中共，民主德国与朝鲜的党际和国家关系全面恶化了。尽管双方都曾试图在德国问题、国家统一问题和经贸合作等方面寻求改善关系的机会，但却并未达到该目的。

在这段时期里，民主德国党和政府一直将中国的影响视作朝鲜与民主德国、苏联等苏东社会主义国家及政党关系恶化的决定性因素。他们认为，朝鲜劳动党在意识形态问题上受到中共影响，以致其主动选择恶化同统社党及其他苏东阵营共产党的党际关系和国家关系。于是，遏制中国在朝鲜的影响成为了民主德国对朝政策的重点。与此同时，民主德国对朝鲜的政策，从尽量避免意识形态上的争论转移到国家关系上来，在国家统一等问题上积极寻找共同点。我们还应该看到，在统社党的政策考虑里，朝鲜的地位远不及中国那么重要，中国在德国问题、经贸合作和亚非国家的关系上可以给民主德国带来的好处，是朝鲜所不能相比的。① 正是如此，民主德国政府并未在 1964 年双方关系出现转机之后进一步地寻求双边关系的改善。

而朝鲜对民主德国的政策，在 1962 年至 1964 年之间，明显地受到了中国对民主德国政策以及中共在国际共运中所持态度的影响，体现了一种亦步亦趋的特征。1964 年之后，随着朝鲜劳动党对外政策的调整，朝方虽然也开始寻求在德国问题和国家统一等有关国家关系领域的问题上与民主德国进行合作，但也未见多少成效。一直到 1966 年中国“文革”爆发之后，双方关系才真正开始了重新发展。

① 有关这段时期中国与民主德国的关系，参见，陈弢：《中苏破裂背景下的中国和民主德国关系（1964—1966 年）》，《当代中国史研究》2012 年第 3 期，第 57—64 页。

1954 年的“空中霸王号事件”*

——以英国解密档案为中心的考察

张民军**

摘　要　1954 年 7 月 23 日，在海南岛附近执行护航任务的中国战机误将一架英国运输机击落，并引发了震惊世界的“空中霸王号事件”。事件发生后，中方在查证后立即向英方认错、致歉，并积极进行赔偿，以此争取政治上的主动；英方也认可中方这些做法，并通过外交渠道寻求事件的圆满解决。在此期间，中英双方明智地避开了美国借机扩大事态、加剧危机的企图，并在“空中霸王”号飞机的赔偿谈判中排除了美国的干扰。“空中霸王号事件”不但是 20 世纪 50 年代东亚冷战背景下的一次中英美三国博弈，也是对新中国的国际危机处理能力的一次重大考验。

关键词　空中霸王号事件　中英关系　美国　冷战

1954 年 7 月 23 日，中国空军的两架战机在海南岛附近误将一架英国运输机“空中霸王”号击落，这就是震惊世界的“空中霸王号事件”（亦称中英运输机事件）。三天后，美军出动战机进行报复，击落中国战机两架，这

---

* 本文的部分资料由首都师范大学历史文化学院姚百慧教授慷慨相赠，本文的写作亦得到姚百慧老师的诚挚帮助，特此致谢；原文在收录入本书时做了些许修改。

** 张民军，东北师范大学历史文化学院副教授。

就是“海南7·26空战事件”。7月23日的“空中霸王号事件”与7月26日的“海南7·26空战事件”由于其前后相继，且前者是后者的肇因之一，所以以往一般笼统地将两起事件共称之为“空中霸王号事件”。但严格说来，“空中霸王号事件”专指7月23日的英国运输机事件，本文即持此观点。

对这起事件的研究，国内的著述多取军事史的视角，重在解释中国军机误击“霸王”号的原因；[①] 而来自外交史视角的论述则很简略，基本上一笔带过。[②] 迄今最翔实的研究当属石善涛的两篇论文，论文大量征引中国外交部的解密档案，立足于中方的视角与立场，对“霸王”号客机被误击的原因及中英双方善后磋商的过程予以了详细论述。[③] 有鉴于此，本文将主要依据英国外交部的解密档案[④]，辅以部分中方史料，尝试从英方视角对该事

① 马宁口述、徐秉君整理：《新中国空军第一次涉外事件》，《百年潮》2014年第5期，第36—40页；张民军：《1954年海南7·26空战考证》，《军事历史研究》2013年第4期，第153—158页；林虎：《保卫祖国领空的战斗——新中国二十年国土防空作战回顾》，北京：解放军出版社，2001年，第43—44页；谈志兴：《刘亚楼“打造”人民空军》，《党史博览》2001年第3期，第38—42页；黄裕冲：《一代天骄——新中国空军实战录》，北京：中共中央党校出版社，1992年，第307—308页；《当代中国空军》编辑部：《当代中国空军》，北京：中国社会科学出版社，1989年，第658页。

② 宋恩繁、黎家松主编：《中华人民共和国外交大事记》第一卷（1949年10月至1956年12月），北京：世界知识出版社，1997年，第154—155页；萨本仁、潘兴明：《20世纪的中英关系》，上海：上海人民出版社，1996年，第351页；熊向晖：《我的情报与外交生涯》，北京：中共党史出版社，1999年，第129页；中英关系史的其他著作对此事件并未提及。

③ 石善涛：《一九五四年中英运输机事件的历史考察》，《中共党史研究》2010年第5期，第111—117页；《1954年中英民航飞机事件始末》，《党史文汇》2010年第10期，第11—15页。

④ 关于此事件的英国外交部解密档案有4组，分别是：FO 371/110325, *Shooting down of Cathay Pacific Airlines plane by CPG: protests by British Government to Beijing government; claims for compensation*, January-April 1954 (Folder 1); FO 371/110326, *Shooting down of Cathay Pacific Airlines plane by CPG: protests by British Government to Beijing government; claims for compensation, July 1954* (Folder 2); FO 371/110327, *Shooting down of Cathay Pacific Airlines plane by CPG: protests by British Government to Beijing government; claims for compensation*, *August-September 1954* (Folder 3); FO 371/110328, *Shooting down of Cathay Pacific Airlines plane by CPG: protests by British Government to Beijing government; claims for compensation*, *September-December 1954* (Folder 4), *Foreign Office Files China, 1949-1976*: I, Adam Matthew Digital Company, 1999.

件加以探讨，以求更全面地还原该事件的来龙去脉。

一、“空中霸王号事件”的发生

1954 年 7 月 23 日 6 时 30 分（英国当地时间），英国殖民事务部收到港英当局的一份明码加急电报。该电称：“今天格林尼治标准时间 23 点 45 分收到国泰航空 DC4 客机（登记号为 VRHEU）的紧急呼叫，该机在曼谷至香港的正常飞行中左侧发动机起火，出事地点在北纬 18 度 45 分、东经 110 度 47 分，距海南的东南港口 30 英里。飞机载客 17 人（含全体机务人员），（目前）尚未收到最新消息。事发海域似乎没有任何英国船只，我获悉已派遣水上飞机前去核实。”① 一个多小时后，港英当局再次致电殖民事务部，告知飞机有可能在海南岛或中国大陆迫降。如无异议，要求该部向中国询问他们是否获悉该飞机的任何消息。② 当天，英国驻华临时代办杜威廉（Trevelyan）即以这两份电报的消息为基础，向中国外交部递交第 120 号、121 号照会，要求中方协助调查失事飞机的相关情况，表示“贵部如能对其所能获得有关飞机之任何情况予以见告，则英代表处将表示感激。”③

与此同时，港英当局对失事飞机展开了紧急救援。这架实载 18 人的飞机在海南岛附近海面成功迫降，10 人不幸遇难，机上的其他 8 名乘员在当天下午获救并被送往香港。午夜时分，港英当局得出初步判断——飞机是被击落的。④ 7 月 24 日，英国外交部电告杜威廉，指出那架进行攻击的飞机显然只能来自中国大陆，命令他立即照会中国政府，向其提起最严重的抗议。⑤ 杜威廉立即于当日向中国外交部递交照会（第 122 号），声称：“7 月 23 日晨，一架英国国泰航空公司的 DC-4 客机，登记号为 VRHEU，在曼

① FO 371/110325, p. 5. DC-4 型客机被称为“空中霸王”（Skymaster）。

② FO 371/110325, p. 8.

③ 《关于英国运输机被击落事英方的照会》，中国外交部档案，档案号 110-00025-01（1）。

④ FO 371/110327, p. 93.

⑤ FO 371/110325, p. 16.

谷—香港的正常飞行中坠入海南附近的海中。……攻击该客机之此项战斗机只能来自中国领土一点似为明显，我奉命对于此项一架进行正常定期飞行之英国民航机之放肆攻击一事，提出最严重之抗议。英王陛下政府责成中国政府必须对此项生命之悲惨损失以及所受之伤害，予以负责，英王陛下政府保留要求全部赔偿之权利。”① 次日，杜威廉再次照会中方（第123号），提供了有关该事件的更多细节。

“霸王号事件”的发生惊动了中国最高领导层，可能由于总理兼外长周恩来当时正在国外出访，所以此事由毛泽东直接过问。7月25日，毛泽东致信刘少奇，要他召集陈云、彭德怀、邓小平及外交部副部长章汉夫讨论答复英国照会。复照的初稿由章汉夫草拟，章汉夫在初稿中建议：“英方已广播向我提抗议事，杜勒斯亦就此发表了谈话（见今日《快报》），我们考虑，在复照交出后即广播并登报较为主动。来照则不发表。赔偿问题，初步研究一般国际法之一定规定，原则上由两国政府商决，此次事件俟英方提出具体要求后再做研究。同时我们当进一步了解情况，公司和旅客的保险情况和国际上先例，以便心中有数。”邓小平、刘少奇均对章汉夫的草稿做了批示或修改，毛泽东不但亲自修改草稿，且批示“复英照会，以廿六日交出并广播廿七日登报为适宜。”② 于是章汉夫在26日照会杜威廉，称：“据我军事机关收到来自海南岛方面的报告：七月二十三日晨，中华人民共和国的巡逻飞机在海南岛榆林港上空执行巡逻任务之际，曾经与一架蒋匪帮飞机在该地上空遭遇，发生战斗等语。中华人民共和国政府得此消息后，即行多方面调查，始知该项飞机，实系英国所有的运输机，被我巡逻飞机误认为国民党匪帮飞机来侵袭我榆林港军事基地者。发生此项不幸事件，实完全出于意外。中华人民共和国中央人民政府对于此次英国运输机的意外不幸事件表示遗憾，并正在采取适当措施予以处理，对于在此次事件中伤亡者及其亲属表示同情、关怀与慰问，对于有关生命及财产损失愿意考

① FO 371/110325, pp. 50-51；《关于英国运输机被击落事英方的照会》，中国外交部档案，档案号110-00025-01（1）。

② 《关于英国运输机被击落事我方的照会》，中国外交部档案，档案号110-00025-02（1）。

虑给予适当的抚恤与赔偿。”① 这表明中方对霸王号事件高度重视，对事件的处理采取一种近乎息事宁人的做法，即通过迅速承担责任、道歉并予以赔偿来争取主动。

英国内阁也在7月26日讨论了这起事件。其会议纪要称：“显然这架战机只能来自中国，我们立即向中国人民政府提出抗议。中国政府在对该抗议的答复中已承认了责任，正式予以道歉，提议赔偿。他们的解释是战机驾驶员将客机误认为中国国民党军队的飞机，这似乎很可能就是该事件的真正解释。”② 同日，英国外交大臣艾登（Eden）在回答议员艾德礼（Attlee）的质询时表示：中国已表达了同情与遗憾，愿意考虑适当的抚恤以赔偿生命与财产损失，他们也声明正在采取适当的措施来处理此事，英国政府对此表示欢迎。③ 英国驻东南亚高级专员也在7月25日致电外交部，指出有理由相信当飞机被击落时，俄国油轮“巴统米”号（Batumi）正在附近，战斗机可能正为其护航。④ 由此可见，英国政府基本认为这起事件就是一场误会，准备接受中方的道歉与赔偿。

实际上，这的确是一起误击事件。艾森豪威尔政府上台后奉行“放蒋出笼”政策，美国不再限制国民党武装对大陆的袭扰，于是国民党当局的军舰开始频频劫夺驶往大陆港口的船只，华南沿海的运输受到严重干扰，中央人民政府被迫于1954年7月下令对华南沿海地区的运输进行海空军护航。7月13日，国防部长彭德怀同朱德、邓小平及海空军负责人专门研究了对来华的外国轮船在华南沿海展开护航措施的问题，拟定了一份关于护航和保卫领海领空主权的指示文件。⑤ 同月23日，毛泽东对《关于保卫领海主权及护航注意事项指示》稿做了修改。他要求：“我海空军巡逻公海或

① 《关于英国运输机被击落事我方的照会》，中国外交部档案，档案号110-00025-02（1）；另参见《建国以来毛泽东文稿》第4册，北京：中央文献出版社，1990年，第521—522页，照会中的加粗楷体字部分系毛泽东修改。

② CAB128/27 Cabinet Conclusions 53（54）Item 1，26 July 1954.

③ FO 371/110325，p. 155.

④ FO 371/110325，p. 65.

⑤ 王焰：《彭德怀年谱》，北京：人民出版社，1998年，第572页。

直接护航时，对一切外国飞机军舰均不得攻击。只有在经查明确认是国民党匪帮的飞机军舰向我护航（商轮或油船）有敌对行为（攻击或行劫掠）的时候，则坚决攻击之，以达到我护航之目的……”① 但此指示尚未下达就发生了“霸王号事件”。时任空军歼击航空兵第18师副师长的林虎称当时苏联援华的“列宁格勒”号、“巴统米”号两艘油轮由海南岛驶往广州黄浦港，空军调歼击航空兵第29师85团拉-11式战斗机到海南岛海口执行海上护航任务。拉-11式战斗机在发现大型运输机后未进行认真识别即进行攻击，造成此事件。而发生此次事件的深层次原因是当时我空军指战员政策水平低，对国际法和国际航空规则一无所知。②

“霸王”号失事的消息立即引起了美国的关注。国务卿杜勒斯于当地时间7月24日发表声明，称美国国防部长已下令2艘航母前往事发地域，保护美国船只与飞机在事发地域开展进一步的搜救行动……美国政府对这种极其野蛮的行径表示最严重关切，中共政权必须对此负责。美国要采取的行动将随后宣布。③ 几十个小时后，即7月26日上午10时许，美军的数十架舰载机公然在海南岛附近击落2架中国巡逻机以示报复。

在美军击落中国巡逻机后，杜勒斯依然不依不饶，一面在华盛顿发表措辞强硬的声明抗议所谓的中国在公海干扰其救援行动，一面要求英国驻华代办向中方传达美国的抗议。28日上午，杜威廉紧急约见章汉夫，代表美国政府向中方递交了两份最强烈抗议的照会。一份是关于7月23日的“霸王号事件”，一份是关于7月26日击落中国战机之事。对于前者，章汉夫指出此乃中英两国之间的事情，现正在经过正常的外交途径解决中。关于后者，美国的照会称：“7月26日，当地时间约10时零5分左右，自航空母舰起飞之美国飞机两架，在国泰飞机受袭击之地区搜寻时，被中国拉-9式飞机两架所攻击与射击。此项事件还发生于公海上空，约离海南岛13英里。美国有关之驾驶员报称，当此项敌意和未经挑衅的攻击发生时，对

① 《建国以来毛泽东文稿》第4册，第516页。

② 林虎：《保卫祖国领空的战斗——新中国二十年国土防空作战回顾》，北京：解放军出版社，2001年，第43—44页。

③ FO 371/110325, p. 28.

如上所述之从事与救难使命，在此临近找寻7月23日事件中之可能生存者之此项美国飞机，中国炮艇亦予射击。美国政府兹对此项攻击，提出最强烈之抗议……”① 对此，章汉夫以中国外交部7月27日的声明②予以驳斥，拒不接受美方的抗议，虽然杜威廉在临行前故意将美国备忘录留在其座的沙发上，中国外交部还是在当晚八时召见英国代办处的三秘何德，将美方的备忘录退了回去。③

二、“霸王号事件”的善后处理

在中国政府承认了此起误击事件后，英方即着手考虑事件的善后处理。7月27日，英国外交部指示杜威廉按如下方针行事：1. 英国政府注意到中国政府已承认了这起攻击的责任，中方照会中所述的海南军事当局在报告中提及的“战斗”令人费解。英国客机完全是非武装的，而且其明确标明为英国所属，而（中国战机）没有采取步骤去核实其身份。英国政府注意到中国政府正采取适当的措施来处理该事件，英国必须要求（中国）对事件的责任人予以惩戒，并立即采取措施以防止类似事件的重演，对生命及相关财产损失的赔偿请求将由英国政府代表所有当事人提出。2. 同意不应在此阶段因抗议广东当局的说辞而从主要事件中转移注意力。3. 杜威廉肯定已看到了另一起事件的报道，即2架中国飞机被美军击落，所以他应立即按上述指示行事。④

遵照该指示，杜威廉于当天向中方递交第125号照会。照会首先声明英

① FO 371/110326, pp. 26-27. 参见《关于英国运输机被击落事我与英代办的谈话记录》，中国外交部档案，档案号110-00025-05（1）。

② 《美国空军侵犯我领空并击落我飞机两架，章副外长向美国提最严重抗议》，《人民日报》1954年7月28日，第1版。

③ 《关于英国运输机被击落事我与英代办的谈话记录》，中国外交部档案，档案号110-00025-05（1）。

④ FO 371/110325, pp. 79-80.

国政府注意到中方已承认对此次攻击负责，接着提出英方的四点要求：1. 英方认为海南岛军事当局在报告中所指的“战斗”令人费解；2. 要求中方对造成此次事件的负责人员“予以惩戒之措施”；3. 要求中方立即采取“防止此项事件再度发生之措施”；4. 关于赔偿事宜，将由英方“代所有有关方面予以提出”。[①] 在次日章汉夫与杜威廉的会谈中，中方对英方照会中所提的四点要求予以答复，在有关击落英国飞机的原因、惩办责任人、白云机场对英方救援请求的答复等方面，中方的态度是“暂不答复”。[②] 而英方亦未过分纠缠，所以双方的交涉重点是赔偿问题。

在中英开始磋商赔偿问题时，美国政府以代表其公民索赔为借口，试图干扰中英谈判。8 月 4 日，美方通过杜威廉向中国再次递交照会（第 138 号），该照会称：“在既定的国际法中，中共当局不能像他们已做得那样通过声称该事件为中共与英国政府间通过外交渠道解决的一件事而免除其向美国政府赔偿的责任。美国政府重申其要求：中共当局应：1. 宣布将要采取的措施，以确保类似攻击不再发生，包括对这种犯罪性质的攻击的所有责任人的适当惩罚。2. 为在此次肆意攻击中伤亡的美国公民制定赔偿条款。”[③] 章汉夫于当晚退回美方照会，并在附随照会中答复道：“关于 1954 年 7 月 23 日与英国运输机的意外事件正在中英两国政府间通过外交渠道解决，这与美国政府无关。你来信中附带的美国政府的信件不能接受，因此退回。”[④] 至此，美国干扰与介入中英赔偿谈判的图谋落空。

8 月 6 日，国泰航空公司的一位代表提出公司的索赔额为 271, 700 英镑。8 月 13 日，国泰航空又提出了 251, 400 英镑的索赔申请。[⑤] 8 月 25 日，

---

① FO 371/110325, pp. 100-101. 参见《关于英国运输机被击落事英方致我的照会》，中国外交部档案，档案号 110-00025-03（1）。

② 这是 8 月 5 日邓小平给章汉夫的指示，参见《关于英国运输机被击落事等的请示》，中国外交部档案，档案号 110-00025-04（1）。

③ FO 371/110326, pp. 146-147. 参见《有关英国运输机被击落事美国政府致我的函及我复函》，中国外交部档案，档案号 110-00025-08（1）。

④ 《有关英国运输机被击落事美国政府致我的函及我复函》，中国外交部档案，档案号 110-00025-08（1）。

⑤ FO 371/110327, pp. 153-157.

英国外交部的一份索赔备忘录提出：要利用中国当前急于赔付的心情，考虑制定更快捷的程序，即草拟一份包括公司索赔与涵盖其他事项估价在内的完整索赔方案。该方案要求在9月初向中国提出一份统一的索赔，包括航空公司、货物、生命与伤害的损失合计342,364英镑，约350,000英镑，索赔应在马尼拉会议召开前提出。①

8月27日，英国外交部分别照会美国、葡萄牙、加拿大、澳大利亚使馆，征询其是否同意由英国代表其国民向中国索赔。8月30日，英国外交部再次照会上述4国，增加了五点口头说明：1. 英国在准备索赔的过程中本来愿意采取更常规的程序，但考虑到这种耽搁是不可接受的，这不仅出于本国政治的原因，而且如果在向中国提出索赔的过程中拖延的时间越长，中国可能会越不情愿赔付；2. 要在马尼拉会议开幕前提出索赔，无论如何要赶在9月10日之前；3. 提议的索赔不包括刑罚成分，刑罚请求权与英国政府的总体政策不符，若包括一个大的刑罚成分，中国可能会拒绝赔付；4. 重要的是不应让中国意识到（我们）在准备索赔请求中所用的方法，交给中国的将是一份确定的索赔请求；5. 全部的统一赔偿可能约为375,000英镑，在最初估计的统一赔偿中，仍处于评估中的是75,000英镑的死亡赔偿与5000英镑的对幸存者的伤害、痛苦赔偿。②

9月10日，英国拿出了最终索赔方案，即包括飞机及航空公司损失、货物与行李损失、生命损失、伤害及痛苦在内的四项赔偿，合计367,000英镑。该方案同时指出，不应向中国人透露制定这些索赔的任何细节，提交给中国的是一份不可更改的索赔，无论如何不可能就这些数字进行谈判。③9月15日，杜威廉向章汉夫提交索赔照会，其索赔要求是：（甲）飞机损失及国泰航空公司因而须支出之费用计252,000英镑；（乙）行李及货物损失费计30,000英镑；（丙）生命损失赔偿费计75,000英镑；（丁）生存者所

① FO 371/110328, pp. 16-18.

② FO 371/110327, pp. 222-225.

③ FO 371/110328, pp. 25-27.

受伤害及灾难赔偿费计 10, 000 英镑，共计 367, 000 英镑。①

英方拟议的索赔方案　　（单位：英镑）

赔偿方案	赔偿事项				总　额
	航空公司损失	行李及货物损失	生命损失	幸存者之伤害、痛苦	
8 月 6 日	271, 700	—	—	—	—
8 月 13 日	251, 400	—	—	—	—
8 月 25 日	251, 400	36, 164	54, 800（生命与伤害）		342, 364
8 月 30 日	—	—	75, 000	5000	约 375, 000
9 月 10 日	252, 000	30, 000	75, 000	10, 000	367, 000

10 月 6 日，中国外交部欧非司司长黄华接见杜威廉，曾口头上要求英方提供赔偿数目的计算依据，杜威廉表示英方各种项目均经过适当的计算，是正确合理的，故不认为可以讨价还价，亦不愿提供此项材料。② 其实，中国外交部在事件发生后就立即着手搜集有关国际航空赔偿问题的资料以作参考。10 月 21 日，外交部欧非司提交了《关于英机事件赔偿问题的两个方案》。该报告比较了英方要求赔偿的数字与中方调查得出的数字，认为除第一项（飞机与航空公司的损失）英方的要价约超 20 万—30 万美元外，其他三项的赔偿按照国际惯例有一定的伸缩性，英方的要求似尚合理。关于赔偿计算的问题：1. 按国际间若干先例，对此种赔偿为避免纠纷经常只算整数，不算细账。2. 10 月 6 日接见杜威廉时，在口头上曾要求英方提出要求赔偿数目的计算依据，杜威廉表示英方各种项目均经过适当的计算，是正确合理的，故不认为可以讨价还价，亦不愿提供此项材料。3. 我们与外交部条约委员会研究，因为我方缺少精确的计算依据，英方又不愿提供计算

① 《有关英国运输机被击落事英国政府提出的赔偿要求》，中国外交部档案，档案号 110-00025-09（1）。

② 《有关英国运输机被击落事赔偿问题的方案报告》，中国外交部档案，档案号 110-00025-10（1）。

标准，且我方赔偿的原则已经确定，为免纠缠拖延，政治上不利，故主张不算细账，只谈整数。故该报告提出两个备选的赔偿方案：1. 全部答应英方要求，不再讨价还价，以求迅速结束此事。根据上述情况，虽在飞机项目中差别较大（约差20万—30万美元），但为了在政治上争取主动，不因细节争论而拖延时间，使英方作为诽谤我的借口，似可一次全部付给。2. 立即并完全承认英方关于行李货物、生命损失及生存者伤害等三项赔偿要求，为了解除英方借口，并可即行将该款拨出备英方支取。但对英方飞机赔偿要求，可要求英方提供计算标准，在适当缩减后，再达成协议。章汉夫的批示是“同意第一方案。既已原则上决定赔偿，迟结不如早结。政治上为有利，经济上吃亏是次要”。周恩来也批示“同意照第一方案答应英方要求，即予赔偿。”①

10月23日，章汉夫照会杜维廉，同意英方的赔偿要求作为此次事件中的一切损失的全部抚恤与赔偿。杜威廉称，感谢此不幸事件能经过外交途径获得满意的解决，关于中方尚未答复的两点（即要求保证不再发生类似事故与处理责任人；事件发生后白云机场不准英国军用机前往营救一事），他表示现在不准备提出，章汉夫则说问题已解决，此次事件业已结束。② 同日，杜威廉致电英国外交部，指出：“进一步纠缠这个问题没有实际好处，就飞机在哪里被击落引起一场争论也毫无意义。我希望我可以被授权通知（中国）副外长，英国政府对中国政府同意支付全部赔偿深感欣慰，认为这起事件可以结束了。③

11月1日，杜威廉复照章汉夫，称：“联合王国政府满意地注意到中华人民共和国中央人民政府准备解决此事，联合王国政府愿意接受36万7千英镑作为因此项事件所提出要求之最后解决……阁下所提出采取措施

① 《有关英国运输机被击落事赔偿问题的方案报告》，中国外交部档案，档案号110-00025-10（1）。

② 《我就同意英国运输机被击落事的赔偿金问题致英方的照会及英方的复照》，中国外交部档案，档案号110-00025-14（1）。

③ FO 371/110328, pp. 112-113.

防止此项事件再度发生之保证，英国已予注意，愿意认为此事件现已结束。”① 11月18日，英国代办收到中国外交部转来的367,000英镑的支票(NO. 530933)，“霸王号事件”自此结束。

三、结语

“霸王号事件”本属偶然，但事发的时间点颇为微妙。7月23日这一天距实现印支地区停火的日内瓦会议闭幕日期仅仅过去了两天，而中国在日内瓦会议上积极倡导“和平共处”五项原则并赢得了世界赞誉，中英关系也在此期间得以改善。更为凑巧的是中国政府在同日做出了“一定要解放台湾”的决定，② 展开了解放台湾的大规模宣传。所以在此敏感时刻出现的误击英国飞机事件，确实有些令外界费解，也让中国在国际政治与外交舞台上颇显尴尬。

“霸王号事件”发生后，美国立即派遣两支航母编队到海南岛附近寻衅滋事，并在三天后击落两架中国战机以示报复，力图扩大事端。美国舆论也呈现一边倒的反华叫嚣。《费城观察家报》的评论认为“对那些认为印支停战便意味着共产党方面有新的和平姿态，且认为应允许红色中国加入自由国家群体的人而言，共产党给了他们一次无情的反驳”。③ 此时恰逢美国中期选举，国会的两党议员们都赞成击落中国飞机，美国舆论认为报复也许是寻求“共产党理解与尊重的唯一方式”。④ 在事件的善后处理中，美国也“不甘寂寞”，多次试图介入其中，向中英双方施压。

在此情形下，中国面对美国的军事挑衅保持了克制，极力避免事态升级，也努力排除美国的干扰与破坏，将“霸王号事件”锁定在中英两国之

① FO 371/110328, pp. 191-192. 参见《我就同意英国运输机被击落事的赔偿金问题致英方的照会及英方的复照》，中国外交部档案，档案号110-00025-14（1）。

② 《一定要解放台湾》，《人民日报》1954年7月23日，第1版。

③ FO 371/110325, p. 94.

④ FO 371/110326, pp. 57-58.

间，并通过外交渠道解决，与美国无关。在该事件的善后处理过程中，中方坚持在政治上争取主动，通过立即认错，诚恳道歉，积极赔偿来迅速化解危机。即使面对英国虚高的索赔金额，中方也不与其斤斤计较。当然，这也与中方努力改善中英关系的大方向相一致。正如周恩来在同年8月12日关于接待英国工党访华代表团的会议上所指出的那样："我们改善同西方的关系将首先从英国开始，……我们跟西方国家改进关系，在政治上是和平，在经济上是贸易。我们可以根据这两条跟一些西方国家结成统一战线。"①

与极力寻衅滋事的美国相比，作为受损方的英国对"霸王号事件"的反应显得非常温和，并力避冲突与事态的扩大。虽然英国国内有声音呼吁要对中国采取强硬政策，甚至要求像美国一样派遣航母去事发海域，但更多的声音则要求政府明辨是非。7月26日，一些英国年轻人联名致信丘吉尔首相，信中说："我们认为除非非常小心，这些事件会导致与中国的战争，这场战争可能让英国卷入并有一次世界大战的威胁。而且我们认为中国政府就击落客机进行道歉，考虑提供赔偿，已为该事件的和平解决提供了基础。因此我们敦促英国政府运用其对美国政府的影响，抵制其把英国拖入与中国的战争或以战争相威胁的任何图谋。"② 而在事件的处理上，英国的做法也是非常理性与现实的，其在商谈中不过分纠缠于中方答复中的部分说辞，而是致力于实质性的赔偿问题的解决。

在20世纪50年代中期的东亚国际局势中，这起误击事件成为中、英、美三国的一次外交博弈，也是对新中国的国际危机处理能力的一次重大考验。

---

① 金冲及主编：《周恩来传》（三），北京：中央文献出版社，1998年，第1139页。

② FO 371/110326, pp. 91-92.

英国政府参与解决第一次台海危机的政策研究*

耿　志**

摘　要　第一次台海危机期间，英国政府参与了美国国务卿杜勒斯倡议的美国、英国和新西兰三国通过联合国安理会解决危机的联合行动。然而，英美双方在联合行动的一些具体问题上存在政策立场的分歧和争论，多次为协调各方的立场造成联合行动暂停。这些争议实则体现了英美两国在对华政策上的分歧。在整个联合行动的过程中，英国政府的政策立场对于行动的节奏和走向以及美国政府的相关政策，有着不容忽视的重要影响。

关键词　英国对外政策　英中关系　英美关系　第一次台海危机

对于第一次台海危机的研究，从20世纪50年代迄今，国内外的研究成果浩如烟海。这些研究成果多是从美国（数量最多）、中国（包括台湾当局）、苏联、日本的角度或是从中美关系（包括美台关系）、中英关系、中苏关系等角度去讨论这个问题。从英国政府外交政策的角度对第一

* 本文为国家社科基金重大招标项目《20世纪国际格局的演变与大国关系互动研究》（11&ZD133）的阶段性成果之一。

** 耿志，天津师范大学历史文化学院、欧洲文明研究院副教授。

次台海危机进行专门的研究，对西方学者和中国学者来说，成果都相对很少。①

究其原因，主要有两点：第一，一般认为，第二次世界大战后英国有赖于英美“特殊关系”去维系其实际已失去的世界大国地位，对外政策上多以配合美国为主，因此在台海危机问题上，对危机解决的影响是极其有限的；② 第二，英国政府在第一次台海危机中主要是支持美国国务卿杜勒斯所主张的由联合国安理会通过决议去实现停火，而安理会最终未通过相关

① 西方学者（包括华裔）在此问题上做过专门研究的是，Michael L. Dockdrill，“Britain and the First Chinese Off-Shore Islands Crisis，1954-1955，” in Michael L. Dockdrill and John W. Young，eds.，*British Foreign Policy，1945 - 1956*，London：Macmillan Press，1989，pp. 173 - 92；Scott Kaufman，“Operation Oracle：The United States，Great Britain，New Zealand，and the Offshore Islands Crisis of 1954-55，” *The Journal of Imperial and Commonwealth History*，Vol. 32，No. 3，September 2004；Steven Tsang，*The Cold War's Odd Couple：The Unintended Partnership between the Republic of China and the UK*，London：I. B. Tauris & Co. Ltd.，2006；翟强：《冷战年代的危机和冲突》，北京：九州出版社，2014年。中国台湾学者张淑雅的《安理会停火案：美国应付第一次台海危机策略之一》（《“中央研究院”近代史研究所集刊》第22期下，1994年，第61—106页）一文运用了美、英、台三方档案，在论述安理会停火案的过程中，对英国政府的参加给予了较多的解读，是中国学者探讨该问题最多的一则成果。

② 例如伦敦大学国王学院的迈克尔·多克里尔认为，“英国太依赖于美国，特别是在欧洲，以至于它的建议对北京难以产生任何影响或是它的施压难以对华盛顿产生任何作用”，见 Michael L. Dockdrill，“Britain and the First Chinese Off-Shore Islands Crisis，1954-1955，” in Michael L. Dockdrill and John W. Young，eds.，*British Foreign Policy，1945-1956*，p. 190。牛津大学的罗斯玛丽·富特也认为，英国对美国的中国政策的影响是有限的，在同盟关系中处于次要的角色，见 Rosemary Foot，“The Search for the Modus Vidvendi：Anglo-American Relations and China Policy in the Eisenhower Era，” in Warren I. Cohen and Akira Iriye，eds.，*The Great Powers in East Asia，1953-1960*，New York：Columbia University Press，1990，p. 159。美国奥本大学蒙哥马利校区历史系教授翟强指出，“由于英国的异议，再加上美国政府内部本身的意见不统一，杜勒斯不得不放弃公开宣布保卫金门和马祖的做法，转而私下向蒋介石交底。这说明英国的态度对美国的政策起了一些掣肘作用，但这一作用很有限”，见翟强：《冷战年代的危机和冲突》，第83页。华东师范大学历史学系戴超武教授也认为，在第一次台海危机期间，英国在影响美国危机决策中的作用甚微，见戴超武：《美国的政策、英美“特殊关系”与第二次台湾海峡危机》，《河北师范大学学报（哲社版）》2004年第3期，第148页。

决议，该行动不了了之，从而影响了学者们的重视程度。[①]

实际上，从英国官方档案所呈现出的情况来看，第一次台海危机期间，英国政府的政策立场迫使杜勒斯多次做出妥协，甚至一定程度上促使杜勒斯打算采取与英方立场相类似的解决之道。这不仅极大地影响了联合行动的走向，也在一定程度上影响到了美国政府的相关政策，比如不公开承诺协防沿海岛屿。因此，英国政府在第一次台海危机问题上的政策并非如迈克尔·多克里尔、翟强等人所言的，即英国对美国的中国政策影响是“难以产生任何作用”“有限的”或“作用甚微”。

一、英国政府对台海局势的关注

出于现实利益考虑，1950 年 1 月 6 日，英国政府不顾美国政府的阻挠，正式宣布承认“中央人民政府为中国法律上之政府”，[②] 成为最早承认新中国的西方国家政府。然而，朝鲜战争的爆发使得英中建交谈判中断，直至 1954 年的日内瓦会议才使两国建立起了代办级外交关系。不过，英国政府承认新中国并不代表认同新中国。在美国敌视新中国的政策背景下，英国政府的对华政策总是在维护自身在华利益与维系英美同盟关系及西方冷战阵营的共同利益之间，进行着权衡和抉择。

日内瓦会议行将结束之际，为了阻止美国政府与台湾国民党当局签订

---

① 例如张淑雅指出，“对于美国曾想透过联合国安全理事会决议停火的方式，来解决台海危机一事，由于并未有具体的结果，所以讨论者甚少；既有提及此点者，亦每止于叙述新西兰曾于 1955 年 1 月 28 日向安理会提出台海危机案”，“就美国对华政策而言，已经公开的英、美双方的资料显示，杜勒斯对此案的重视，与此案不受史家重视的情况，恰成明显的对比……而美英新三国为新西兰提案所举行的会商次数之多，就一个表面上似乎未曾留下什么痕迹的外交政策而言，实在算是罕见”。见上述张文的第 65、104 页。

② *The Times*, January 7, 1950. p. 6，引自 *The Times Digital Archive* 数据库。

“共同防御条约”，致使台湾与大陆长期分裂；[①] 同时，为了解除国民党军队对东南沿海的袭扰，提高中国人民的政治觉悟、激发人民群众建设国家的热情和展示中国政府解决台湾问题的决心，从 1954 年 7 月 9 日起，中国政府领导人掀起了解放台湾的政治宣传攻势。对于这一政治动向，英国政府给予了密切关注。[②]

与此同时，英国政府十分留意美国政府对此做出的反应。对于英国政府而言，在日内瓦会议结束之后英中关系刚刚得以改善之际，台湾局势恶化有可能如同朝鲜战争那样，使英国再次被美国拉入同中国的刀兵相向的境地之中，将损害英国在远东的利益。

8 月 16 日，英国外交部发言人针对倡议中的《东南亚集体防务条约》的适用范围表示，“东南亚和西南太平洋的界定不包括福摩萨在内是确定无疑的”，并否认美国曾要求的让英国接受防卫台湾的义务。[③] 然而，出于维护英美同盟关系的考虑，英国政府又不愿意加深原本就因承认新中国等系列做法而造成的英美在对华政策上的分歧。英国外交部助理次官丹尼斯·艾伦（W. Denis Allen）在备忘录中提到，“如果武装冲突继续下去而不被世界其他地方所关注，我们会发现美国人将介入其中，我们发觉将很难在金门问题上支持他们，但是，如果他们卷入战争而我们背弃他们，对英美关系而言，后果将是灾难性的”。[④] 因此，对于英国政府来说，台海问题是一个与英国利益密切相关且需要谨慎对待的问题。

---

① 毛泽东、周恩来等人认为，制造解放台湾的战争空气未必会促使美蒋靠得更紧，因为美国最初对蒋介石缔结美台“共同防御条约”的请求并不热心，中国政府此时表明自己对台湾问题的强硬态度，反而能起到“击破美蒋军事条约”的作用，但第一次台海危机事实上促使了美国决定与台湾缔结“共同防御条约”，见杨奎松：《毛泽东与两次台海危机——20 世纪 50 年代中后期中国对美政策变动原因及趋向》，《史学月刊》2003 年第 11 期，第 52—59 页。

② FO 371/110257, From Peking to Foreign Office, July 24, 1954, Tel. No. 516; FO 371/110257, Daily Bulletin No. 1116, from China News Agency, August 20, 1954. 英国外交部文件来自《英国外交部档案：中国 1919—1980》数据库。

③ FO 371/110257, From Washington to Foreign Office, August 17, 1954, Tel. No. 1776; FO 371/110257, From Foreign Office toWashington, August 18, 1954, Tel. No. 4145.

④ FO 371/110233, Minute by W. D. Allen, October 9, 1954.

8月24日，当美国国务卿杜勒斯被记者问及，美国防卫台湾的义务除本岛外是否还包括了澎湖列岛和靠近中国大陆那些更小的岛屿时，他含糊地表示，“目前，位于福摩萨和大陆之间有一些由国民党控制的岛屿，从军事的角度看，它们的防卫与福摩萨的防卫可能是如此的密切相关，以至于军方有理由得出结论，防卫福摩萨包括防卫这些岛屿”，但他强调，“这主要是一项军方的结论”。[①] 杜勒斯的讲话加剧了英国政府的担心。在英国政府看来，台湾和澎湖列岛的法律地位在“对日和平和约”中尚未“明确规定”，而靠近大陆的目前由国民党控制的沿海岛屿从历史看理应属于大陆所有，何况这些沿海岛屿对于防御台澎并非必不可少，而且，面对大陆进攻国民党军队难以守住。[②] 因此，英国政府一定程度上认可美国有义务防御台湾及澎湖的，但不赞成美国协防沿海岛屿。

在未得到国内指示的情况下，英国驻美公使罗伯特·斯科特（Robert Scott）匆忙拜会了美国国务院负责远东事务的助理国务卿沃尔特·饶伯森（Walter Robertson），希望他对杜勒斯的讲话做出进一步的解释。饶伯森提请斯科特注意杜勒斯讲话中“与福摩萨的防卫密切相关”这一措辞。饶伯森指出，“澎湖列岛无疑属于这一范畴，但对于其他岛屿，他不能确定，他也不认为在此阶段政府会愿意进一步阐明他们在所有岛屿上的政策”。[③]

在给斯科特的复电中，英国外交大臣安东尼·艾登认为，“杜勒斯的讲话措辞十分用心，美国人很可能希望阻止共产党进攻这些岛屿，而他们自己不承担防卫它们的义务”。艾登要斯科特转告美方，“共产党明显一心想延续与美国的紧张关系，并在这个问题上想在我们之间制造分歧”；“鉴于任何决定肯定会对我们在香港的地位以及整个远东的和平产生深远影响，我相信我们会被事先告知（美国）所采取的任何决定，并且政治因素和纯粹的军事

---

① FO 371/110257, From Washington to Foreign Office, August 24, 1954, Tel. No. 1841.

② FO 371/110231, FO Minute: Brief for Secretary of State Talk with Mr. Dulles on September 17. 1951年9月缔结的“旧金山对日和约”第二章提到，“日本放弃对台湾及澎湖列岛的一切权利、权利根据及要求”，但没有明确提到其归属，由此出现所谓的台湾地位未定论。

③ FO 371/110257, From Washington to Foreign Office, August 25, 1954, Tel. No. 1840.

因素都将得到全面的重视”。[①] 艾登想以此提醒美国政府，在做出任何重大决策时，应顾及英美两国的关系以及英国在远东的利益，美国政府不能完全出于军事上的考虑而听从军方的意见，并表明英国政府反对事态升级。

9月3日，人民解放军炮击金门，第一次台海危机爆发。英国驻台湾淡水“领事”赫尔曼（A. H. B. Hermann）向外交部汇报，“看不出共产党有准备在该岛登陆的迹象”,[②] “似乎炮击可能是一次孤立的事件，目的在于为了某种政治目的或者可能为了分散对别处军事准备的注意而展示军力”。然而，由于国民党军队的反击，他担心会“要么导致共产党寻求俄国海军的保护，要么引起国民党采取可能导致必需美国干预的反击措施”。[③] 英国外交部远东司司长科林·克罗（Colin T. Crowe）指出，如果中美之间有因台海危机发生冲突的危险，“我们毫无疑问应当使英国舆论确信，我们将尽一切努力去阻止它的发生”。他表示，外交部已经指示英国驻华盛顿和驻北京的外交人员分别向驻在国表达英国政府对局势的关注，但是在得到美国政府确切的政策答复之前，“对我们而言，似乎最好不去采取任何行动”。[④] 英国政府一方面关注台海局势的发展，另一方面更加留意美国政府是否会以及以怎样的方式介入台海危机，尤其是是否会将国民党控制的沿海岛屿纳入美国承诺防御的范围之内。

二、“神谕行动”[⑤] 的出台

在如何应对台海危机上，美国政府内部存有较大分歧。为统一政策立

① FO 371/110257, From Foreign Office toWashington, August 30, 1954, Tel. No. 4343.

② FO 371/110202, Situation Report for the period August 27-September 9, From Tamsui to Foreign Office, September 9, 1954, Tel. No. 16.

③ FO 371/110258, Situation at Amoy and Kinmen, From British Consulate, Tamsui, September 10, 1954, Tel. No. 56.

④ FO 371/110258, Minute by C. T. Crowe, September 10, 1954.

⑤ 1954年9月17日，杜勒斯向艾登提议尝试通过联合国安理会解决台海危机，英国政府随后为英国、美国和新西兰三方联合采取的此次行动取代号为“神谕”（Oracle），以示行动的机密性。

场，9月12日，杜勒斯在国家安全委员会会议上提出了一项弥合内部分歧和化解政府所面临困境的方案，即把台海问题提交联合国安理会，依据《联合国宪章》第七章第39条和第40条的规定，获得一份维持现状和实现停火的命令。[①]

杜勒斯认为，“如果我们根据联合国的命令采取行动，我们采取行动就不必经过国会的授权，或者至少不必再经过国会领袖的同意”；“如果苏联否决它，那么共产党中国将采取违背联合国大多数国家意志的行动。在这种情况下，在我们的盟国和美国人民方面将会出现一种完全不同的氛围。如果苏联在安理会表示赞同，这可能会成为稳定远东局势而采取的一系列措施的开始。而且，那时我们不会面临金门的失守”。[②] 由于新中国在联合国的合法地位问题尚未解决，杜勒斯并未指望中共会接受这一方案；对于苏联的政策反应，他也并不认为是问题的关键。杜勒斯认为，这一方案要想取得成功，至关重要的是得到盟国政府尤其是英国政府和台湾当局的支持。[③]

鉴于台湾当局对美国政府的依赖，以及杜勒斯认为这是在美国不军事介入的情况下，国民党守住沿海岛屿唯一的可能，于是揣测蒋介石不会对美国的这一提议表示异议。美国“驻台大使”兰金（Karl L. Rankin）在回忆录中记述到，“人们希望，假定苏联人无论如何都要反对这项决议，作为安全理事会理事国的中国政府（指台湾当局），将会按照我们可能提出的任何行动方针行事”。[④] 这样，寻求英国政府的合作与支持成为杜勒斯下一步

① 《联合国宪章》第七章为“对于和平之威胁、和平之破坏及侵略行为之应付办法”，其中第39条规定：“安全理事会应断定任何和平之威胁、和平之破坏或侵略之行为是否存在，并应做成建议或抉择依第四十一条及第四十二条规定之办法，以维持或恢复国际和平及安全。”第40条规定：“为防止情势之恶化，安全理事会在依第三十九条规定做成建议或决定办法以前，得促请关系当事国遵行安全理事会所认为必要或合宜之临时办法，此项临时办法并不妨碍关系当事国之权利、要求或立场。安全理事会对于不遵行此项临时办法之情形，应予适当注意。”

② United States Department of State, *Foreign Relations of the United States* (*FRUS*), 1952-1954, vol. XIV: China and Japan, Part 1, Washington, D. C.: Government Printing Office, 1985, pp. 619-621.

③ *FRUS*, 1952-1954, vol. XIV, Part 1, pp. 620-621.

④ 卡尔·洛特·兰金：《兰金回忆录》，上海：上海人民出版社，1975年，第210页。

行动的重点。

9 月 14 日，杜勒斯告诉英国驻美大使罗杰·梅金斯（Sir Roger Makins），他打算与艾登商谈通过联合国途径尝试解决台海问题的可能。① 梅金斯于是电告外交部，杜勒斯“正设法找到某种开启和平进程的方法，这将使得该地区的种种问题最终得以解决”；他已向杜勒斯特别指出，“就英方看来，为阻止或抵御对福摩萨的进攻而采取的行动和为守住离中国大陆如此之近的一个岛屿而介入其中是完全不同的”。② 在获悉杜勒斯此意之后，英国三军参谋长委员会于 9 月 15 日专门讨论了金门对于台湾军事防御的重要性问题，并得出一致结论：“国民党占领的金门和其他沿海岛屿对于福摩萨的防御来说不是必不可少的”，“美国协防这些岛屿必会在中美之间导致出现很可能诱发一场战争的事件”。③ 军方的意见得到了内阁的赞同。

9 月 17 日上午，艾登在内阁会议上表示，“他将告诉杜勒斯先生三军参谋长的意见，并提请他注意，如果他们因金门而卷入同共产党中国的冲突，英国公众舆论并不会支持美国。摆在美国政府面前可选择的方案似乎是接受金门失守，如果它遭遇进攻而不使美国军队参与它的防御，或者是与中共达成某种安排阻止这种可能性发生，在这种情况下，金门可能会作为一个更广泛和解的一部分而转让给中共”。首相丘吉尔表示，“对于美国人而言，他们感到在道义上有责任保卫福摩萨人民免遭共产党的进攻，但是他们可能乐于使自己仅限于对金门的防御提供后勤支持。这种困境的长远解决之道也许在于，为促成福摩萨的长期中立化通过一项协议”。④

相比之下，对于国民党控制的沿海岛屿，艾登倾向于将它们让与中共，以换取中共放弃武力解决台湾问题的承诺；丘吉尔则更希望将这些岛屿置于联合国的管辖之下，但两者实质都将造成“台湾中立化”以及“两个中国”。上述梅金斯电报提到，杜勒斯打算通过联合国途径全面重新审视中国问

① FO 371/110258, From Washington to Foreign Office, September 14, 1954, Tel. No. 2003.

② FO 371/110231, From Washington to Foreign Office, September 15, 1954, Tel. No. 2009.

③ FO 371/110258, COS (54), 99th Meeting, Minute 5, September 15, 1954.

④ CAB 128/27, C. C. (54) 2, 60th Conclusions, 17th September, 1954. 英国政府内阁文件来自英国国家档案馆在线资源。

题，目标是使远东的种种问题最终得到解决（实际理解有误），这正好符合英国政府的心愿，也可以乘机弥合英美两国在远东的政策分歧，加强彼此的战略合作。

9月17日傍晚，艾登与来访的杜勒斯举行了会谈。对于杜勒斯试图通过联合国尝试解决台海危机的建议，艾登表示，“他会紧急研究杜勒斯先生的建议”，但认为国共两党可能都不会接受金门中立化和非军事化的方案；艾登提出，“鉴于中国政府认为他们自己仍然与联合国处于战争状态，可能很难通过安理会获得这样的保证，采取一些直接谈判的尝试可能更可取”。杜勒斯则答复，美国政府难以与中共进行直接谈判，“他此行的目的是启动解决目前远东形势的一些难题的协商进程，首要的是解决使我们两国在远东政策上仍然意见不一的分歧，而找到一条使我们团结一致的途径是最为重要的”。①

针对杜勒斯的建议，英国外交部进行了一番仔细研究，提出了英方的具体看法和建议。9月21日，在内阁会议审阅通过之后，艾登指示英国常驻联合国代表皮尔逊·狄克逊（Pierson J. Dixon），向出席第九届联大开幕式的杜勒斯转告英方的如下立场。一、英方赞同将台海问题提交联合国安理会。二、如果提交安理会，必须邀请中共代表前往联合国陈述他们的观点，“当然，不言而喻，任何这样的邀请无损于中国在联合国的代表权问题”。三、需要事先仔细考虑程序问题，由谁将问题提交安理会；最终要获得何种决议；在苏联或台湾当局否决的情况下，将采取何种进一步的行动。四、“问题由安理会其他被认为更少直接牵涉其中的成员国提交”更可取。五、避免谴责任何一方，尽可能地稳定局势。六、希望美方愿意尽量将行动限制在《联合国宪章》第七章第40条所规定的临时措施之内。七、如果提交安理会的行动要想成功，“必须向北京和莫斯科郑重其事地强调，这是一次应对形势的认真尝试，这种形势正让我们越来越不安”。②

① FO 371/110231, Record of Meeting in Secretary of State's Room in the Foreign Office at 5：30 P. M., September 17, 1954.

② FO 371/110231, From Foreign Office to New York, September 21, 1954, Tel. No. 1225; CAB 128/27, C. C. （54） 2, 61st Conclusions, 21st September, 1954.

9月23日，狄克逊向艾登连发两份电报，汇报了他与杜勒斯会谈的情况，并提出了他个人的见解。在第一份电报中，狄克逊指出，杜勒斯完全同意邀请中共表述他们的观点。但是，他本人认为，在国民党占据联合国席位的情况下中共可能不会接受邀请，并且如果依据《联合国宪章》第七章，中共被指责为“侵略者”，苏联会投否决票。于是狄克逊建议，“依据宪章第六章的规定，以‘情势’总体危及到和平与安全提交该问题，并且为了建议适当的程序或调整方法而援引第36条第1款，可能更好”。

在另一份电报中，狄克逊指出，“尽管日本依据和平条约放弃了主权，但福摩萨并未正式置于中国主权之下。因此，中共对福摩萨的进攻依据第39条能被看作是侵略或对和平的一种破坏”。狄克逊主张以联合国宪章第六章所规定的情况予以处理，即“情势可能引起国际摩擦”或“可能危及国际和平与安全之维持”。这样，尽管理论上中国政府有权力占领金门，但“这种情况将导致一种总体危及和平的情势”。狄克逊最后强调，如果事先告知中国人和俄国人安理会的行动，能够避免他们的反对，避开第七章是“绝对必要的”。[①]

狄克逊上述电报中的分析和观点得到了艾登、杜威廉和外交部其他同僚的赞同，尤其安理会应依据联合国宪章第六章采取行动和事先告知中苏两国政府从而打消中苏的疑虑这两点被采纳，对英国政府在解决台海问题上的政策立场产生了重要的影响。

9月26日，艾登与抵达伦敦出席九国外长会议的杜勒斯再次举行了会谈。艾登向杜勒斯表示，希望采纳狄克逊所提建议，并指出“我们并不主张，在莫斯科和北京采取试探行动以替代或先于安理会的行动，但是一旦迈出让安理会解决这个问题的第一步，那么如果在两国首都说明情况可能是有益的”。杜勒斯表示将就艾登的上述建议征询总统的意见，他同意艾登所提出的“进一步考虑由作为在该地区有着直接利益的安理会成员国新西兰出面行动的可能性”，但强调要严格保守此次行动的秘密。[②] 至于由新西

① FO 371/110231, From New York to Foreign Office, September 23, 1954, Tel. No. 859.

② FO 371/110231, From Foreign Office to New York, September 28, 1954, Tel. No. 1275.

兰向安理会进行提议，英方的考虑是，新西兰是英联邦成员国，也是在远东地区有着直接利益的安理会成员国，“由于在面对美国公众舆论上面临显而易见的困难，对美国人自己而言，在安理会提出行动将是使人难堪的”，而“由新西兰采取行动更可能获到美国国内舆论的接受，因为不像英国，新西兰还未承认共产党中国”。①

9月29日，在获得艾森豪威尔总统对于行动方案的同意之后，杜勒斯与艾登一同会见了新西兰驻伦敦的代理高级专员理查德·坎贝尔（Richard M. Campbell），希望“新西兰政府依据《联合国宪章》第六章将问题提交到安理会，以采取临时措施阻止战争并开启迈向最终解决问题的道路”。坎贝尔答应就此事紧急征询政府的意见。②

三、英美分歧的初现

在获知美方同意依据《联合国宪章》第六章在安理会采取行动之后，常驻联合国代表狄克逊在9月30日向外交部连发了几份电报，进一步具体阐述了他对通过安理会采取行动解决台海危机的看法。狄克逊认为，应在台海问题提交安理会主席之前的几小时，告知北京和莫斯科行动方案的目的，邀请中国政府派代表前往安理会。另外，在狄克逊看来，通过安理会解决台海危机，是为最终解决大陆和台湾之间的所有敌对问题进行铺垫，范围不应只限于金门或其他有争议的沿海岛屿，而应是全面停火（general cease-fire）。

关于提交台海问题的具体操作，狄克逊认为：新西兰代表将依据宪章第六章第34条和第35条的规定，以“情势足以危及国际和平与安全之维持”为由提请安理会注意金门的局势。事情以“情势”而不是“争端”为由提交安理会，“则有理由认为中国国民党代表只能依据第27条（第3款）

① FO 371/110232, Outward Telegram from Commonwealth Relations Office, September 30, 1954, No. 432.

② FO 371/110231, From Foreign Office to New York, September 30, 1954, Tel. No. 1283.

放弃投票，因此我们必须依靠美国人去使中国国民党处于约束之下”。[①] 另外，“对北京政府的邀请大概必须引用安理会议事规则第39条的规定，就如1950年11月8日他们被邀请出席安理会第520次会议所做的那样”。[②]

10月1日，艾登收到了新西兰政府愿意承担提交台海问题的确切答复。[③] 在第二天艾登与杜勒斯的会谈中，杜勒斯表示，在他看来，“第一步必须是使沿海各岛屿中立化，国民党在最初阶段必须接受在防御沿海岛屿时禁止针对大陆采取行动，这样在以后才可能停止福摩萨和大陆之间的所有敌对行动”。关于在新西兰政府采取行动之前数小时通知北京和莫斯科的问题，杜勒斯表示并不反对。然而，杜勒斯称，“应当推迟决定我们行动的时间安排，因为在华盛顿有人主张，台海地区的军事形势目前相对缓和，如果可能，行动推迟直到11月中期选举之后将是有利的”。[④]

杜勒斯返回华盛顿后，于10月4日约见了英国公使罗伯特·斯科特和新西兰大使兼常驻联合国代表莱斯利·孟罗（Leslie Munro）。杜勒斯表达了以下看法：关于提交台海问题的时机“要考虑即将举行的国会选举的因素”，“及早采取行动是件好事，但他必须征求总统的意见”。他希望安理会出台的决议是“临时命令”性质的，“在目前的情况下，沿海岛屿的未来不是一个可谈判的议题”。他预计安理会“冗长的系列听证会将持续一年或者两年时间”，但“越拖延越好……在他看来，整个过程就有平息事态而不是激惹事态的效果”。[⑤] 这里应注意的是，杜勒斯一直所赞同的“及早采取行动”是指将台海问题提交安理会以及之前围绕该行动的准备工作，因为前期准备工作越拖延，越容易泄露，从而给整个行动带来阻力。不过，当问

① 《联合国宪章》第27条第3款规定：安全理事会对于其他一切事项之决议，应以九理事国之可决票包括全体常任理事国之同意票表决之；但对于第六章及第五十二条第三项内各事项之决议，争端当事国不得投票。

② FO 371/110231, From New York to Foreign Office, September 30, 1954, Tel. No. 909.《联合国安理会暂行议事规则》第39条规定：为审议理事会职权范围内的事项，安全理事会可邀请其认为合适的秘书处人员或其他人员向理事会提供情况或其他协助。

③ CAB 128/27, C. C. (54) 2, 62nd Conclusions, 1st October, 1954.

④ FO 371/110232, From Foreign Office to New York, October 2, 1954, Tel. No. 1308.

⑤ FO 371/110232, Record of interview at State Department on October 4, 1954.

题被提交到安理会之后，杜勒斯则认为“越拖延越好”。另外，杜勒斯认为，安理会通过的决议应适用于由国民党控制的所有沿海岛屿，“如果中共占领这些小岛，将只会是作为进攻福摩萨的一个步骤，如果中国人奉行这样的政策，那么将不可避免地导致中美之间的一场全面战争”。[①] 为协调英美新三方彼此间的行动，此次会谈决定成立一个由三方各派一两名外交官员组成的联合工作小组。

10月5日，联合小组举行第一次会议。会议讨论了拟议中的新西兰代表致安理会主席函、安理会决议草案、致中国和苏联政府信件草稿以及其他相关前期准备工作。美方提出：关于停火所适用的范围应措辞明确地限定为“目前由中华民国占据的靠近中国海岸的岛屿，特别是金门岛”；在安理会决议草案有关行动的内容中，杜勒斯主张在“停止敌对行动”（suspend hostilities）之间加上“such”一词，以限制所适用的范围；关于时间安排问题，美方认为，“他们必须给国民党几天预告方案的时间，大约在相同时间内，诺兰（William F. Knowland）[②] 无论如何也应了解内情”。[③]

对于杜勒斯将安理会决议所针对的范围严格限制在沿海岛屿，尤其是金门，以实现维持台海现状的意图，艾登表示了不同的看法。艾登的理解是，插入 such 一词“将引发对美国人阻止国民党继续针对中国其他区域进行袭扰和封锁意愿的怀疑，并且可能导致共产党认为决议从根本上是一项冷战举措”。关于事先告知台湾当局的问题，艾登认为，“尽管我们能够同意国民党人应当首先被告知，但共产党人也应随后立即被告知，并在此后几小时之内将信函提交安理会主席”。[④]

10月6日，联合小组会议召开第二次会议。杜勒斯指出，“安理会行动的范围应严格限制在沿海岛屿”。关于时间安排，杜勒斯坚持先于北京和莫斯科两三天将行动之事告知台湾当局。于是，联合小组依据杜勒斯的意见

---

① FO 371/110232, Record of interview at State Department on October 4, 1954.

② 亲台的国会参议院共和党领袖。

③ FO 371/110232, From Washington to Foreign Office, October 5, 1954, Tel. No. 2133, No. 2134, No. 2135.

④ FO 371/110232, From Foreign Office to Washington, October 6, 1954, Tel. No. 4998.

初步达成的行动时间表是：1. 10月9日，三方在致安理会信函、安理会决议草案以及新西兰政府届时对媒体发表声明的内容方面达成一致意见；2. 从10月9日至10月12日，美国政府将协调国民党以及国会亲台参议员威廉·诺兰的立场；3. 10月13日，通知安理会的其他友邦代表团；4. 10月14日，通知莫斯科和北京，三个小时之后由新西兰常驻联合国代表将问题提交安理会；5. 10月18日，安理会召开会议。①

对于杜勒斯的坚持，艾登要梅金斯向他指明，“尽管理解如果全部问题过早地开始解决，杜勒斯先生所要面对的种种困难，但是当他第一次向我提到此事时，我得出的结论是，在杜勒斯先生脑海中行动主要的目的之一是导致最终解决远东的政策分歧。我想这是我们应当着眼的目标，并且我们应当抓住每一个机会朝着这一目标迈进。此外，如果争论就此展开，对我们而言，很难避免反对其他地方的敌对行动，包括国民党直接针对大陆的进攻”。关于告知台湾当局的时间安排，艾登决定做出让步。他表示，“如果美方坚持提前两三天告知国民党当局是获取他们赞同的唯一途径，那么我接受美方的意见，但绝对必要的是，事情不能泄露”。②

为了将安理会决议严格限制在沿海岛屿，避免引发关于台湾的国际地位、新中国的联合国代表权等政治问题的讨论，经杜勒斯授意，在10月7日的联合小组会议上，美方代表提出三方应先同意签署一份由国务院起草的《同意备忘录》（Agreed Minute）。备忘录主要内容如下：

> 三国政府清楚认识到，由新西兰提交安理会的议案所引发的各种讨论的范围，应严格限制在该议案所论及的当前问题内，即

---

① FO 371/110232, From Washington to Foreign Office, October 6, 1954, Tel. No. 2139.

② FO 371/110232, From Foreign Office to Washington, October 7, 1954, Tel. No. 5010. 迈克尔·多克里尔认为，艾登本应该从杜勒斯第一次向他提及安理会行动之事的话语中意识到美国松动对华政策立场是不可能的，而且艾登应从杜勒斯强调行动要严格保守秘密上觉察到，面对共和党右翼和“中国集团”的反对，杜勒斯不可能改变他的对华政策。见 Michael L. Dockdrill, “Britain and the First Chinese Off-Shore Islands Crisis, 1954-1955,” in Michael L. Dockdrill and John W. Young, eds., *British Foreign Policy, 1945-1956*, p. 178。

> 中华人民共和国与“中华民国”之间最近及目前在金门及其周边的武装敌对行动，以及结束这些敌对行动并防止它们再次发生或蔓延至靠近中国海岸其他岛屿的努力。在联合国处理这一议案时，三国政府将尽其所能使讨论和行动限制在这一问题内，避免和防止讨论扩大至譬如中国人民共和国与中华民国各自对国内统治权和国际地位主张权利等这样更广泛的问题，包括中国在联合国的代表权问题。①

英国和新西兰代表当场表示对此难以接受。艾登也认为，《同意备忘录》只反映了美方的看法。“尽管我们同意出于当前联合国行动的考虑，不希望陷入有关“两个中国”国际地位等问题的争论之中，但如我第5010号电报所阐述的那样，我们认为当他第一次提及这一问题时，杜勒斯先生是打算能够迈向远东冲突的更广泛解决的，这是吸引我支持他提议的主要原因。一项纯粹的停火行动，它的唯一效果只会是使国民党保持原有的样子，而不期望有任何更广泛解决的可能性，看上去仅仅是一项冷战举措，将使我们徒劳无功”。不过，为了避免与杜勒斯发生直接的矛盾冲突，艾登称，“尽管我们同意决议应限制在金门和战火可能波及的其他岛屿，但如果范围更广泛的停火问题得以讨论，我们不能回避对福摩萨和大陆之间终止所有冲突的愿望表示支持。而且，在安理会理直气壮地断言金门的敌对行动是对国际和平与安全的一种威胁大概也是很困难的，除非我们打算承认其他地方的敌对行动也构成了这种威胁”。②

从华盛顿发回的电报显示，杜勒斯依然拒绝接受英方的意见，而且进一步要求在《同意备忘录》中提及“三国政府”之后增加“将投票反对任何对决议草案进行的修改”（will vote against any amendment of the draft resolution）一句，并且在原有备忘录的最后新增以下一段内容：

---

① FO 371/110232, From Washington to Foreign Office, October 7, 1954, Tel. No. 2149.

② FO 371/110232, From Foreign Office to Washington, October 8, 1954, Tel. No. 5025.

> 在问题被提出的情况下，这不会阻碍各方承认愿意进行更广泛的解决问题，或是阻止其他的武装冲突，但是，他们在这样做的同时将声明，这些讨论和这项决议应限制在它们最初所确定的范围和目标之内。未来的行动，如果有任何行动的话，将依据通过这项决议所带来的任何结果以及依据未来这些结果可能变化所产生的形势而定。①

就在艾登的第5025号电报发出去三个多小时后，他接到英国常驻联合国代表狄克逊要求暂停英方行动的建议电文。② 狄克逊给出的理由是，“此次行动的性质，即让共产党能够接受和使行动促使真正缓解紧张局势，正在褪色”，“美国政府不过是使自身对金门的防御进一步做出承诺，并且一旦联合国卷入该事件中，美国政府则希望把安理会行动变成一次保护蒋介石的‘联合行动’的呼吁，这不能不造成甚至是最严重程度地公开暴露英美远东政策的分歧”。另外，狄克逊认为，“杜勒斯先生目前的想法似乎是要敲定，此次行动将被限制在阻止中共重新对金门发起进攻，或是将进攻延伸至大陈岛和马祖岛上，而不再强调沿海岛屿中立化的想法（即约束国共两党），美国也不会支持把安理会的行动作为迈向全面解决的第一步。对我来说，这似乎从根本上改变了最初与杜勒斯先生讨论该问题时所依据的重点”。③ 于是，艾登指示驻美大使梅金斯暂停“神谕行动”的相关准备工作。④

然而，新西兰政府希望英国能继续坚持安理会的行动，因为他们发现自身可能会陷入不得不在英美之间进行选择的困境，“要么被利用去向英国

① FO 371/110233, From Washington to Foreign Office, October 8, 1954, Tel. No. 2158; FO 371/110233, From Washington to Foreign Office, October 9, 1954, Tel. No. 2159.

② FO 371/110232, From New York to Foreign Office, October 8, 1954, Tel. No. 959; FO 371/110232, From Foreign Office to Washington, October 8, 1954, Tel. No. 5034.

③ FO 371/110232, From New York to Foreign Office, October 8, 1954, Tel. No. 960.

④ FO 371/110232, From Foreign Office to Washington, October 8, 1954, Tel. No. 5034.

施加压力，要么被迫放弃全部事情，并深深得罪美国人”。[①] 10月9日，孟罗向杜勒斯指出，他一直认为三国政府是希望通过安理会的积极行动促使“采取进一步措施以确保获得覆盖整个地区的临时和平的解决办法”。他反对杜勒斯在《同意备忘录》中增加要求各方反对修改决议内容的措辞，认为“这太过约束性，以至于会行不通”。[②]

另外，孟罗在会谈中提出了新的决议草案和新《同意备忘录》草稿，以供英美两方考虑。新的决议草案除呼吁国共双方停止“在中国大陆沿海一些岛屿地区，尤其是金门地区”的敌对行动外，还特别增加了“安理会声明它将持续关注这一问题”（declares that it remains seized of the question）一句。杜勒斯对于新的决议草案未表示异议。[③] 在新的《同意备忘录》草稿中，孟罗将“三国政府将投票反对任何对决议草案进行的修改”一句修改为“三国政府，除非另有约定（unless otherwise agreed），将投票反对对决议草案进行任何实质性修改”，并在杜勒斯当面提出修改意见后于备忘录最后增加以下一段：

> 与此同时，三国政府将有权明确，如果所建议的措施，即停止金门地区的敌对行动，能够令人满意地得以实施，那么作为一件切合实际的事情，将增加依据联合国的宗旨和原则和平解决而不是武力解决该地区其他问题的可能性。[④]

孟罗希望以此折中英美的立场，既能够不因美方的拒绝而导致此次行动夭折，又能一定程度上满足英方的要求，为今后更广泛地解决台海问题留有余地。

艾登在获知相关情况后，仍然表示难以接受修改后的措辞，希望杜勒

---

① FO 371/110233, Copy of Cablegram. New Zealand Government to High Commissioner in London, October 9, 1954, No. 1664.

② FO 371/110233, From Washington to Foreign Office, October 9, 1954, Tel. No. 2163.

③ FO 371/110233, From Washington to Foreign Office, October 9, 1954, Tel. No. 2164.

④ FO 371/110233, From Washington to Foreign Office, October 9, 1954, Tel. No. 2165.

斯同意删除“三国政府将投票反对对决议草案进行任何实质性修改”一句，表示“如果他能够这样做，我愿意接受孟罗修改过的《同意备忘录》和修改过的决议”。为了表达他对“三国政府将投票反对任何对决议草案进行的修改”一句的强烈不满，艾登在电文中嘲讽到，“杜勒斯先生头脑中的意图不会是完全被紧接着的以‘竭尽全力’（make every effort）开头的措辞占据了吧?”①

斯科特向杜勒斯和孟罗转达了艾登的看法，杜勒斯仍然难以接受对决议草案的实质性内容进行修改，孟罗也主张对修改决议草案的实质性内容要有所限制。在这种情况下，斯科特受到艾登上述讥讽话语的启发而提出，能否以“竭尽全力防止”（make every effort to prevent）的说法取代“投票反对”（vote against），杜勒斯和孟罗当即表示可以接受。② 10月11日，艾登复电，表示同意按斯科特建议修改的《同意备忘录》草稿和决议草案。③

于是，三国政府决定，在杜勒斯的特使、助理国务卿沃尔特·饶伯森和国务院中国科科长马康卫（Walter P. MacConaughy）前往台湾与蒋介石沟通无碍之后，即开始展开行动。10月12日，艾登分别致电英国驻北京代办和驻苏大使，在接到“神谕”的明码电文后，即可将事先准备好的信函递交中苏两国政府告知安理会行动之事。④

四、美台订约和英美分歧的再现

由于杜勒斯最初揣测台湾当局不会强烈反对安理会行动，加上其之后

① FO 371/110233, From Foreign Office to Washington, October 10, 1954, Tel. No. 5053.

② FO 371/110233, From Washington to Foreign Office, October 10, 1954, Tel. No. 2169.

③ FO 371/110233, From Foreign Office to Washington, October 11, 1954, Tel. No. 5065.

④ FO 371/110233, From Foreign Office to Peking, October 12, 1954, Tel. No. 890; FO 371/110233, From Foreign Office to Moscow, October 12, 1954, Tel. No. 1271; CAB 128/27, C. C. (54) 1, 64th Conclusions, 12th October, 1954; CAB 128/71, C. (54) 308, Formosa and the Coastal Islands: Memorandum by the Secretary of State for Foreign Affairs, 12th October, 1954. 艾登在电文中预想开始行动的日期是10月15日。

接受了英方的建议决定依据《联合国宪章》第六章第36条和第37条的规定展开行动，在此条款下，台湾当局无法在安理会行使否决权，使得杜勒斯一直把争取盟国支持的重点首先放在英国方面。直到美国与英、新两国开始达成初步行动方案，杜勒斯才通知美国“驻台大使”兰金，让其评估台湾当局对此次行动可能的反应。①

10月5日兰金复电，指出台湾当局可能会强烈予以反对，认为美国是想逃避防御沿海岛屿的直接责任。② 此时，杜勒斯才意识到，“主要的困难会是中国‘国民政府’的态度”。③ 为打消蒋介石对安理会行动的抵触情绪，杜勒斯在10月6日的国家安全委员会会议上提出，“我们应对美国与福摩萨签订安全条约之事多加考虑”。④ 总统艾森豪威尔支持这一提议，表示“如果蒋接受在沿海岛屿停止冲突的方案，我们可以考虑与其签订一个安全条约”。⑤

10月13日，当饶伯森和马康卫与蒋介石进行会谈时，蒋介石在事先不知情的情况下对新西兰提案表现出了强烈的不满。于是，饶伯森伺机提出，美国政府愿意考虑与国民政府签订“共同安全条约”，但是“美国不会在防御条约中承诺对沿海岛屿的防御”。在这种情况下，蒋介石表示，如果新西兰执意采取行动，“时间安排是十分重要的，应在新西兰采取行动之前或者无论如何在行动的同时，发表打算签订共同防御条约的声明，更为重要的是，应在正式通过新西兰决议之前订约”，“无论新西兰决议的结果如何，

---

① *FRUS*, 1952-1954, vol. XIV, Part 1, pp. 672-673.

② *FRUS*, 1952-1954, vol. XIV, Part 1, pp. 682-683；卡尔·洛特·兰金：《兰金回忆录》，第210—211页。

③ *FRUS*, 1952-1954, vol. XIV, Part 1, p. 693.

④ *FRUS*, 1952-1954, vol. XIV, Part 1, p. 691. 1953年3月台湾当局提出想与美国签订共同安全条约，并于当年12月8日将台方起草的条约草案提交美国国务院，但美方一直未给予正式回应。顾维钧在其回忆录中提到，“美国政府在承担保卫台湾的义务方面是没有问题的，但不包括那些外围岛屿。美国对如何处理那些岛屿感到棘手。把它们置于条约之外，无异于请中共去占领。如包括在内，则中共对它们的任何进攻都将使美国卷入，以致爆发第三次世界大战”。顾维钧：《顾维钧回忆录》第11分册，北京：中华书局，1990年，第284页。

⑤ *FRUS*, 1952-1954, vol. XIV, Part 1, p. 753, footnote 2.

他希望条约都能得以签订”。① 此次会谈中，蒋介石尽管没有断然拒绝接受安理会行动的可能性，但也未明确表示愿意进行合作。②

由于台湾当局未采取明确的合作姿态，“神谕行动”不得不中止。10月15日，驻美大使梅金斯被告知：杜勒斯承诺，美台“共同安全条约”不会成为台湾当局进攻行动的“保护盾”，在适用范围上不会覆盖至大陆沿海岛屿；在新西兰提案递交安理会之前，美方不会公开订约之事；杜勒斯希望英新两国能继续尽快实施“神谕行动”。③ 不过，艾登在内阁会议上指出，美台订约“完全改变了这一计划的基础”。内阁赞同艾登的看法，并决定向美方指明，在明了“美台条约”种种细节之前，英方不打算继续实施“神谕行动”。④

为说服英国继续“神谕行动”，10月18日，杜勒斯与梅金斯、斯科特和孟罗举行了会谈。杜勒斯解释到，关于美台订约，他之前就曾酝酿过一段时间，“这个决定本质上不是要贿赂国民党中国，以诱使其同意新西兰的提案”。美方的想法是，“一方面如果福摩萨和澎湖列岛在防御上能得到保护，另一方面如果沿海岛屿能够包括在新西兰决议中，那么我们可以认为，两者结合起来可能会为该地区的广泛和解创造基础”；美国“不打算与蒋介石签订一项美国承诺保护这些对福摩萨防御并不重要的岛屿的条约”。最

---

① Memorandum of Conversation, by the Director of the Office of Chinese Affairs (McConaughy), October 13, 1954, *FRUS*, 1952-1954, vol. XIV, Part 1, pp. 728-753.

② 饶伯森和马康卫离台后，蒋介石即刻电令“驻美大使”顾维钧和正在美国参加联合国大会的“外交部长”叶公超设法弄清问题的来龙去脉，尽力阻止新西兰向安理会递交提案的行动，同时争取早日同美国谈判签订“共同安全条约”。11月2日，美台正式开始缔结共同安全条约的谈判，实际在10月底双方就已将重心转向于此，不再沟通解决安理会行动上的分歧。顾维钧在回忆录中提到，“最近同美方的两次会谈中，我们有意不再提起此事，美国方面似已察觉我方态度之坚决。现在他们极力促成谈判和缔结条约。显然他们已接受‘委员长’亲自向饶伯森表示的意见，即在美国同我方进行商谈新西兰提案之前，必须先同意签订此项安全条约，并公布我方已经同美国进行缔结谈判的事实”。顾维钧：《顾维钧回忆录》第11分册，第405页。

③ FO 371/110234, From Washington to Foreign Office, October 15, 1954, Tel. No. 2200, No. 2203.

④ CAB 128/27, C. C. (54) 1, 66th conclusions, 15th October, 1954; FO 371/110234, From Foreign Office to Washington, October 15, 1954, Tel. No. 5187.

后，杜勒斯表示希望于20日在巴黎同艾登进一步面谈此事。[①]

梅金斯和斯科特比较认同杜勒斯所做的解释。梅金斯认为，杜勒斯的想法，“如果成功，能够为美国的远东政策更富弹性地打开大门”，这“不但能够使英美的远东政策协调一致，而且能带来美国人对大陆更加缓和的态度。我不期望会提早承认北京，但为开始修改他们的贸易禁运以及可能为更理性地讨论中国在联合国的代表权问题创造了条件”。因此，梅金斯和斯科特建议艾登，接受杜勒斯实施“神谕行动”与签订美台“共同防御条约”并行的想法。[②] 此时，新西兰政府也表示，“尽管他们对由于打算同蒋订约所造成的新形势感到不快，但在他们看来，总体上他们仍然看好继续安理会行动的益处”。不过，“除非得到英国的同意，否则他们不会采取任何行动”。[③]

梅金斯和新西兰政府的看法一定程度上影响了艾登改变其立场。在巴黎同杜勒斯的会谈中，艾登指出，他希望美方在安理会行动之前宣布与台湾当局订约之事。由于此前蒋介石也要求在新西兰递交提案前公开美台谈判订约之事，杜勒斯爽快地答应了艾登的要求。于是，艾登表示同意杜勒斯所建议的实施安理会行动与美台订约并行的做法，并向内阁汇报和征求

---

① FO 371/110235, From Washington to Foreign Office, October 18, 1954, Tel. No. 2228; *FRUS*, 1952-1954, vol. XIV, Part 1, pp. 771-775. 10月20—23日，在巴黎举行美、英、法、意、荷、比、卢、加、西德九国会议，美、英、法、西德四国会议和北大西洋理事会部长级会议，决定结束对西德的军事占领并吸纳其为北约成员国，以加强西欧的防务。

② FO 371/110235, From Washington to Foreign Office, October 18, 1954, Telegram No. 2229; FO 371/110235, From Washington to Foreign Office, October 19, 1954, Telegram No. 2233; 狄克逊在1020号电报中指出，美国明显打算通过“共同防御条约”承认台湾当局是中国之政府，这必然会使美国承认北京政府以及北京在联合国的席位问题遥遥无期，并使已有的英美分歧难以解决；这种想法与杜勒斯最初将行动限于沿海岛屿并为远东问题的全面解决铺平道路的想法不一致，也有悖于他最近所做的“美台条约”不会为蒋介石提供保护伞的声明。FO 371/110234, From New York to Foreign Office, October 17, 1954, Tel. No. 1020.

③ FO 371/110234, From UK High Commissioner in New Zealand to Commonwealth Relations Office, October 19, 1954, Tel. No. 387.

意见。① 内阁讨论后决定同意艾登的看法，但同时提出一条保留意见，即这不意味着美方一旦公开美台订约的意图，英方就自动承诺实施安理会行动。② 这样，英国政府实际在等待美方发表美台订约声明，并要看到该声明稿和美台防约的内容是否满足了英方以下两点基本要求后，才决定是否继续“神谕行动”，即美国不支持台湾当局进攻大陆和不承诺协防沿海岛屿。

然而，10月29日英国驻北京代办杜威廉致电外交部，指出中国政府会认为，“紧接着这样一个声明之后接受中立化国民党控制下的沿海岛屿的建议，等于是接受分离福摩萨”；如果英国和新西兰在此情况下参与安理会行动，“中国人可能认为我们无可挽回地卷入并参与到美国的福摩萨政策当中”；因此，其结果可能是，“损害我们与中国的关系，在沿海岛屿问题上无法取得一致，并可能增加中国沿海的紧张局势”。③ 杜威廉的电报使得艾登对于“神谕行动”的信心产生了动摇。由于此时美国政府同台湾当局在协调解决新西兰提案分歧方面的努力陷入僵局，于是艾登建议，邀请与中共关系较好的印度总理尼赫鲁加入到整个行动当中来，以说服中国政府不反对安理会行动。④

11月1日，杜勒斯则告诉斯科特，“两个中国政府在此问题上的强烈反感可能使整个行动变得不可行”，美方“甚至可能公开放弃整个行动计划”。至于邀请尼赫鲁加入之事，杜勒斯委婉地予以了拒绝。⑤ 此时，杜勒斯也越

---

① FO 371/110235, From Paris to Foreign Office, October 21, 1954, Tel. No. 5. 10月24日，杜勒斯告诉艾登，他决定在中期选举之后再发表美台订约声明。

② CAB 128/27, C. C. (54) 2, 69th conclusions, 22th October, 1954; FO 371/110235, From Foreign Office to Paris, October 22, 1954, Tel. No. 2591.

③ FO 371/110236, From Peking to Foreign Office, October 29, 1954, Tel. No. 874.

④ FO 371/110236, From Foreign Office to Washington, October 29, 1954, Tel. No. 5433; FO 371/110236, From Foreign Office to Washington, November 1, 1954, Tel. No. 5464. 此时尼赫鲁正在中国访问（10月19—30日），在他访华前的10月13日，英国驻新德里的高级专员受命将安理会行动的大概情况口头告知了他，并强调这完全是在个人基础之上的，要他严格保守机密。FO 371/110234, From Commonwealth Relations Office to UK High Commissioner in India, October 13, 1954, Tel. No. 1688.

⑤ FO 371/110236, From Washington to Foreign Office, November 1, 1954, Tel. No. 2350; *FRUS*, 1952-1954, vol. XIV, Part 1, pp. 824-826.

来越意识到，他原先设想的通过安理会行动解决台海危机，以及后来的安理会行动和美台订约并行的行动方案，似乎过于乐观。在11月2日的国家安全委员会会议上，杜勒斯指出，在安理会行动和美台订约并行的问题上，鉴于英国的怀疑态度和台湾当局的反对，成功的可能性很小，“对美国来说，为了找到最好的出路，除了‘探索再探索’（probe and probe），没有其他办法”。艾森豪威尔总统则表示，“在沿海岛屿问题上，我们所有能做的就是继续在国家安全委员会上讨论该地区的形势，就如我们今天正在做的这样，然后就是相信我们的谈判者（国务卿杜勒斯）能做到最好”。①

然而，美方同台湾当局谈判签订“共同防御条约”的过程并不顺利，历时近一个月时间，国民党代表在谈判过程中还不时表达对新西兰提案的反对。② 英国和新西兰则不断要求尽早见到美台订约的声明稿和“共同防御条约”的内容，英方并再次提出，希望让尼赫鲁加入安理会行动以说服中共（杜勒斯再次拒绝）。③ 11月18日，中国驻伦敦代办宦乡向英国外交部递交中国政府关于解放台湾和沿海岛屿是中国的主权和内政、中国政府反对美台签订“共同防御条约”以及任何托管、中立化台湾和制造台独的立

① *FRUS*, 1952-1954, vol. XIV, Part 1, pp. 836-837.

② 从11月2日至11月23日，美台订约谈判经历了九轮正式会谈，双方主要的分歧在于两个方面：1. 台方坚持以换文而不是以条约附件的形式来约定，未经共同协议，台湾方面不能采取任何可能遭致中共反击的进攻性行动，后美方对此做出妥协；2. 美方提出“中华民国之军事部署”须共同协议，台方则要求对双方驻扎在西太平洋军队的部署和使用应共同协议，美方对此拒绝并认为，不允许任何人或任何国家对部署美国军队的权力享有否决权，最后杜勒斯提出妥协方案，“凡由缔约双方共同努力与贡献而产生之军事单位，其调离第六条所述各领土达于实质上减低此等领土防守之可能性之程度者，须经共同协议”，但较小规模调动无须协议，后台方表示接受。九次会谈记录见 *FRUS*, 1952-1954, vol. XIV, Part 1, pp. 842-851, 855-865, 870-880, 881-882, 887-892, 895-903, 904-911, 921-926, 927-928.

③ FO 371/110237, From Washington to Foreign Office, November 3, 1954, Tel. No. 2360; November 5, 1954, Tel. No. 2382; November 6, 1954, Tel. No. 2390, No. 2391, No. 2392; November 9, 1954, Tel. No. 2411; FO 371/110237, From Foreign Office to Washington, November 4, 1954, Tel. No. 5515; November 6, 1954, Tel. No. 5536; November 11, 1954, Tel. No. 5600; FO 371/110238, Message from Hon. T. C. Webb to RT Hon. Sir Anthony Eden, November 9, 1954; FO 371/110238, Copy of Cablegram, New Zealand Government to High Commissioner in London, November 6, 1954, Tel. No. 1871; CAB 128/27, C. C. (54) 3, 73rd Conclusions, 5th Novermberr, 1954.

场声明书。同时，宦乡口头表示，中国政府从不希望同美国开战。[①] 这在一定程度上重新鼓舞了艾登之前在“神谕行动”问题上日渐黯淡的信心。他向驻美大使梅金斯表示，“我们盼望他们（中美）朝着这个目标去进行合作，但是，只有我们看到了美国人能够做出何种声明的时候才能考虑这件事”。[②]

11月23日，杜勒斯将美台草签的共同声明稿和美台“共同防御条约”及其换文的文本，交给了梅金斯和新西兰驻美公使乔治·莱金（George Laking）阅读（因须征求国会意见和等待台湾当局的正式答复，暂未提供复印件）。[③] 然而，艾登随后发现，英方所坚持的美国不支持台湾当局进攻大陆和美国不承诺防御沿海岛屿的这两点基本要求，在声明稿中未得到体现，只有“这项条约主要是防御性的”一句相关的话；防御条约和换文也是含糊其辞，使用了“其他领土”这种说法，暗含沿海岛屿也将纳入“共同防御条约”的适用范围之内。[④] 因此，艾登要求杜勒斯修改声明稿，指出“目前的声明稿就其本身而言，肯定不足以使我能够应对这里的批评和为整个行动辩护”。如果声明稿无法按照英方的意见修改，艾登则要求，“条约和换文应当尽可能清楚地予以说明同样的两点内容，而且在发表声明的同时，应公开条约和换文的全文”，“在我对‘神谕行动’做出承诺之前，我必须

---

① FO 371/110238, F. O. Minute by Sir H. Caccia, November 18, 1954; FO 371/110238, From Foreign Office to Washington, November 20, 1954, Tel. No. 5713.

② FO 371/110238, From Foreign Office to Washington, November 20, 1954, Tel. No. 5715. 11月6日，英国外交部副次官哈罗德·卡恰爵士对宦乡表示，艾登认为，如果紧张局势能够缓和，沿海岛屿问题就可以得到和平解决，因此艾登希望中国政府不要采取任何轻率举动或是使亚洲陷入一场毁灭性战争的任何行动。11月18日宦乡递交的声明书即是中国政府对艾登上述看法的正式答复。

③ FO 371/110238, From Washington to Foreign Office, November 23, 1954, Tel. No. 2515.

④ FO 371/110238, From Washington to Foreign Office, November 23, 1954, Tel. No. 2516; FO 371/110239, From Washington to Foreign Office, November 25, 1954, Tel. No. 2533. 共同声明和美台共同防御条约及换文的正式文本内容见 FO 371/110241, From Roger Makins to Anthony Eden, December 6, 1954; FO 371/115023, From the British Embassy, Washington D. C., to Far Eastern Department, Foreign Office, January 10, 1955. 顾维钧：《顾维钧回忆录》第11分册，附录，第597—599、603、608—610页；陶文钊、牛军主编：《美国对华政策文件集》第二卷（上），北京：世界知识出版社，2004年，第377—378、384—388页。

见到条约和换文的最终文本”。①

然而，11月23日，中国最高人民法院宣布，对被俘的11名美国空军人员和2名情报人员以间谍罪判处四年至无期徒刑，引发了美国国内强烈的反华情绪。② 加上此前9月30日和10月15日，苏联分别向联合国大会提交关于台湾当局“侵犯在中国海面航行自由”的提案和关于美国“侵略中国的行为以及美国海军对这些行为的责任”的提案将于12月6日开始在联合国大会辩论，使得原本就一波三折的“神谕行动”变得更加复杂。③

于是，艾登要求梅金斯向杜勒斯表明英方暂停“神谕行动”的决定，并解释这样做的缘由除了“美台条约”多少改变了安理会行动最初的性质和初衷外，还由于“我们甚至更多地受到了中国政府判决美国被俘人员所造成的新形势的影响。我很能理解此举在美国引发的愤怒情绪。在这种情况下，我们担心‘神谕行动’能使沿海岛屿紧张局势得以缓解的已经微乎其微的可能性甚至会更进一步减弱。如果在不久的将来实施‘神谕行动’，世界会将其看作是冷战中的又一次举措，并且弊大于利，目前看来，几乎是不可避免的”。④ 鉴于美国被俘人员受到审判所造成的新形势，杜勒斯也主张不急于实施“神谕行动”。他认为，推迟一两周时间等美台“共同防御条约”及其换文公布之后，视中苏两国政府和美国民众的反应再做出决定会更为有利。⑤

---

① FO 371/110238, From Foreign Office to Washington, November 25, 1954, Tel. No. 5795; CAB 128/27, C. C. (54) 2, 79th conclusions, 24th November, 1954.

② 12月10日，联合国大会通过朝鲜战争参战16国共同决议案，授权联合国秘书长哈马舍尔德前往中国交涉美国被俘人员之事。1955年1月5日，哈马舍尔德抵达北京，但未取得实质性成果。

③ 1954年6月23日，苏联油轮“图阿普斯”号被国民党海军扣押，苏联政府遂于9月30日就此向联合国提交议案。12月17日，联合国大会决定将国民党海军侵犯航海自由的提案交由国际法委员会处理。10月10日，周恩来总理致电联合国秘书长哈马舍尔德，指责美国侵略中国领土台湾，15日苏联政府据此提出美国侵华案。12月9日和10日，联合国大会特别政治委员会讨论美国侵华案，否决了苏联所提决议案，1955年1月31日苏联又将决议案提交联合国大会，仍被否决。

④ FO 371/110239, From Foreign Office to Washington, November 29, 1954, Tel. No. 5864.

⑤ FO 371/110239, From Washington to Foreign Office, November 30, 1954, Tel. No. 2574; FO 371/110239, Record of Meeting at State Department on November 30 1954 at 4: 30 P. M; *FRUS*, 1952-1954, vol. XIV, Part 1, pp. 963, 965.

12月1日，杜勒斯发表美台签约声明，次日美台正式签订“共同防御条约”，并于10日完成换文手续。从12月3日起的几天之内，新华社在《人民日报》刊文对此做出激烈反应，不但对美国与台湾当局签订“共同防御条约”进行了批判，还指责英国政府支持“美台防御条约”违背了《开罗宣言》和《波茨坦公告》所承担的义务。①

然而，12月6日杜勒斯告诉梅金斯和孟罗，美国舆论和中共的反应比他预想的要温和，因此他主张应在一周之内继续实施“神谕行动”。他表示，对中共目前在“神谕行动”方面采取合作姿态不抱多大希望，决议案并不一定要尽快付诸表决，只要停留在安理会议程上就能起到遏制中共扩大军事行动的威慑作用。② 尽管不主张继续实施“神谕行动”，但艾登认为杜勒斯希望决议案停留在安理会议程上的想法是“可接受的行动做法，值得探究”，因此他指出，只要新西兰政府也同意，可以继续“神谕行动”的准备工作，但最终的决定需要他与杜勒斯在12月中旬于巴黎召开的北约会议期间再敲定。③ 杜勒斯对艾登的立场松动感到欣慰，尽管他不认为公开换文内容同安理会行动存在密切关联，但仍同意在行动之前公开条约换文的内容。④

于是，三方联合工作小组于12月10日重启“神谕行动”的准备工作。12日联合小组就以下内容达成一致：修改原有的《同意备忘录》，取消对在

---

① 《人民日报》1954年12月3日和4日第4版；12月5日第1版、第3版；12月6日第4版；12月7日第1版、第4版。.

② FO 371/110240, From Washington to Foreign Office, December 6, 1954, Tel. No. 2622; *FRUS*, 1952-1954, vol. XIV, Part 1, pp. 988-993. 直到12月8日周恩来总理代表中国政府发表长篇正式声明，杜勒斯才意识到形势的严重性。另外，在8日这天，梅金斯发电文提请国内注意，他不认为杜勒斯主张把决议案停留在安理会议程上是无限期的。FO 371/110241, From Washington to Foreign Office, December 8, 1954, Tel. No. 2642；12月16日，苏联报纸媒体刊登了外长莫洛托夫就美台“共同防御条约”发表的声明，苏联政府采取了支持中国政府的立场，FO 371/110242, From Moscow to Foreign Office, December 16, 1954, Tel. No. 1191.

③ FO 371/110240, From Foreign Office to Washington, December 7, 1954, Tel. No. 6036.

④ FO 371/110241, From Washington to Foreign Office, December 8, 1954, Tel. No. 2637; *FRUS*, 1952-1954, vol. XI, Part 1, pp. 1001-1003. 相比英国外交部档案，美方档案没有直接提到杜勒斯同意公开换文内容。

安理会辩论新西兰提案过程中讨论中国问题的一些严格限制；决议草案所适用的范围由金门地区扩大至大陈岛地区；在换文公开之后不久，即向安理会提交新西兰提案；联合国秘书长哈马舍尔德在北京访问期间不宜采取行动；有关安理会行动的新闻稿需三方事先商量并一致同意；请三国政府应留意一些政策性问题，包括若中共拒绝前往联合国该如何进行下一步行动，安理会行动对美国被俘人员的释放会产生何种影响，如果安理会讨论新西兰提案期间中共进一步发起进攻行动该如何应对，以及如果安理会行动失败且中共展开进攻行动该如何面对。①

12 月 16 日，艾登与杜勒斯在巴黎就“神谕行动”进行了会谈。鉴于中国政府对美台“防约”的强烈反应、美国被俘人员在华遭受审判以及台海地区事态的暂时缓和，两人同意推迟“神谕行动”。② 杜勒斯之所以一改他在 12 月 6 日建议一周之内继续“神谕行动”的主张，一个主要原因是 12 月 14 日助理国务卿饶伯森给他递交的一份备忘录。该备忘录提到，从美方的角度看，尽管最近的形势并未对“神谕行动”的继续产生重要影响，但是，英国可能对所公开的美台“防约”换文做出自己的解释，并希望借“神谕行动”在联合国讨论台湾的法律地位问题；中共代表前往联合国则不可避免地会提出中共的联合国席位问题，英新两国无疑希望最终能实现“两个中国”，因此将“对我们此时的远东地位造成损害”。③ 而艾登本就不愿意此时继续“神谕行动”，尤其是狄克逊在 12 月 13 日致电于他，建议在哈马舍尔德前往北京之前和期间，不宜继续“神谕行动”，直到“我们知道他此行的结果”。④ 于是，艾登和杜勒斯都打算等哈马舍尔德访问北京之后，再视结果决定如何继续“神谕行动”之事。

---

① FO 371/110241, From Washington to Foreign Office, December 10, 1954, Tel. No. 2669, No. 2670, No. 2676, No. 2677; FO 371/110241, From Washington to Foreign Office, December 12, 1954, Tel. No. 2692, No. 2693; *FRUS*, 1952-1954, vol. XIV, Part 1, pp. 1023-1024.

② FO 371/110242, From Paris to Foreign Office, December 17, 1954, Tel. No. 819; *FRUS*, 1952-1954, vol. XIV, Part 1, p. 1035.

③ *FRUS*, 1952-1954, vol. XIV, Part 1, pp. 1033-1035.

④ FO 371/110241, From New York to Foreign Office, December 13, 1954, Tel. No. 1360.

然而，联合国秘书长哈马舍尔德1955年1月5日至11日的北京之行并未取得任何实质性的成果。1月6日美台“共同防御条约”及其换文提交国会并公开，杜勒斯仍然决定暂不继续“神谕行动”，以静观美国被俘人员事件的事态发展。① 1月18日，中国人民解放军攻克一江山岛，使台海局势陡然升级。杜勒斯难以再静观下去，认为之前他在沿海岛屿防御问题上不明确表态以遏制中共进攻的政策不再奏效。他向梅金斯表示，应尽快继续“神谕行动”；另外，他将劝说台湾当局从难以防守的大陈岛撤军。不过，美国打算公开承诺协防金门，也许还包括马祖，以弥补台湾当局士气上所遭受的打击，并让中共就此明白美国的底线。为消除英方的顾虑，杜勒斯指出这只是权宜之计，并非要将金门永久纳入美台“共同防御条约”的范围内。②

尽管欢迎杜勒斯劝说蒋介石撤守大陈岛，但艾登反对美国临时协防金马，认为这样会鼓励蒋介石一直坚守金马。艾登指出，要让中共接受“美台防约”的唯一希望在于，使中共逐渐认识到“福摩萨实际上并没有被当作一个进攻大陆的基地”；要使中共对安理会行动采取合作姿态，“作为谈判的结果将沿海岛屿给予中共，或许还有些希望”；“我们一直担心‘神谕行动’会变成一次巩固国民党控制沿海岛屿的行动，如果美国人对金门提供保证，则很难见到‘神谕行动’如何能有其他的结果”；“如果美国人放弃担保金门或其他沿海岛屿的念头，我愿意考虑继续‘神谕行动’，无论如何这都是有风险的”。艾登要梅金斯向杜勒斯转达以上观点，并强调美国对金门的保证会遭遇英国及其他国家舆论的反对；另外，他提醒梅金斯，杜勒斯曾讲过金门非使用核武器难以防守的话。③

然而，杜勒斯认为，“如果撤离大陈岛且无其他动作或解释，得出的印象会是形势在崩溃”，这对美国在远东的利益和声誉、对台湾当局和东南亚

① FO 371/115023, From M. G. L. Joy to C. T. Crowe, January 12, 1955.

② FO 371/115023, From Washington to Foreign Office, January 19, 1955. Tel. No. 142; *FRUS*, 1955-1957, vol. Ⅱ: China, Washington, D. C.: Government Printing Office, 1986. pp. 44-46.

③ FO 371/115023, From Foreign Office to Washington, January 20, 1955. Tel. No. 291; CAB 128/28, C. C. (55) 6, 5th Conclusions, 20th January, 1955.

友邦的士气都会造成极其严重的负面影响。杜勒斯拒绝考虑让台湾当局从所占据的沿海岛屿全部撤离的想法，以免最后可能连台澎也难保。① 梅金斯于是建议艾登，“只要美国政府收回在某一规定的时期内或在已知安理会行动结果之前协防金门的任何承诺，我们愿意按照已达成的路线支持即刻在安理会采取行动”。② 艾登采纳了梅金斯的建议，但提出删除“在某一规定的时期内”这一句，并要求梅金斯向杜勒斯阐明，英方的立场是基于认为杜勒斯的最终目标也是允许沿海岛屿归于大陆政府，在已知安理会行动结果之后，英国政府也绝不承诺参与担保任何沿海岛屿的行动，即使是临时性的。③

由于英方的反对，杜勒斯经过深思熟虑后在 1 月 21 日举行的国家安全委员会会议上建议，政府最好不公开表明放弃沿海岛屿中的哪些岛屿，或是协防哪些岛屿，只需私下对台湾当局说明即可。艾森豪威尔赞同杜勒斯的想法，认为只需要求国会授权总统，在必要时为保卫台澎根据自己的判断使用武力即可。④ 随后，杜勒斯告诉梅金斯，美国政府愿意不公开承诺协防金门或马祖，但“有必要准备采取行动以应对大陆针对福摩萨的军事集结行动”，实际暗示在一定的情况下美国仍会协防金门或马祖。杜勒斯表示，“关于所提及的沿海岛屿最终都将被允许由大陆政府控制，他不能同意或给予任何承诺”。⑤ 梅金斯认为美方已接受了艾登的条件，在目前的形势下，杜勒斯只能走这么远。另外，梅金斯指出，美方建议在 1 月 25 日（下周二）开始“神谕行动”，在华盛顿访问的新西兰总理在同艾森豪威尔和杜勒斯会谈后也表示同意，并希望艾登也能接受。于是，梅金斯建议

---

① FO 371/115024, From Washington to Foreign Office, January 21, 1955, Tel. No. 159; *FRUS*, 1955-1957, vol. Ⅱ, pp. 86-89.

② FO 371/115024, From Washington to Foreign Office, January 21, 1955, Tel. No. 160.

③ FO 371/115024, From Foreign Office to Washington, January 21, 1955, Tel. No. 302.

④ *FRUS*, 1955-1957, vol. Ⅱ, pp. 86-89.

⑤ FO 371/115024, From Washington to Foreign Office, January 21, 1955, Tel. No. 164; *FRUS*, 1955-1957, vol. Ⅱ, pp. 96-99.

艾登应同意继续“神谕行动”。[①] 1月22日，艾登复电表示英方同意继续“神谕行动”。

于是，在接下来的时间里，英美新三方联合小组就一系列准备工作再次展开磋商，最终于1月27日达成一致的行动方案，将开始“神谕行动”的日期定在1月28日。在此期间，英方主要提出了以下几个方面的政策建议：

首先，建议美方同意尝试联合国秘书长哈马舍尔德提出的两阶段行动方式，即在递交提案之后和最终决议表决之前，可由安理会通过一个授权他尝试斡旋停火的决议，这个决议不要求出具最终报告，只是赋予他酌情调查局势的自由。[②] 然而，美方认为，行动的即刻目标是阻止台海的武力冲突，因此必须在第一次讨论决议时表明这点。杜勒斯坦言，哈马舍尔德在中国问题上表现出“有些天真”，他不想让台海停火同其他更广泛的政治问题联系起来。[③] 由于美方的拒绝，加上新西兰也不赞同，[④] 哈马舍尔德的两阶段行动方案未被采纳。

其次，英方提出修改原有的行动方案，在新西兰递交提案或安理会第一次会议讨论时不提出决议案，是否表决要视情况而定。英方认为，邀请中共前往安理会是“神谕行动”成功的前提。[⑤] 尽管美方认为决议应在行动一开始即提出以表明行动的性质，即使中共拒绝与会或是苏联否决决议，

---

① FO 371/115024, From Washington to Foreign Office, January 21, 1955, Tel. No. 165; FO 371/115024, From Washington to Foreign Office, January 21, 1955, Tel. No. 169. 梅金斯在给艾登的电报中没有提及杜勒斯所做的意见保留，因此一定程度上使艾登误以为美方完全同意放弃临时协防金马。

② FO 371/115024, From New York to Foreign Office, January 21, 1955, Tel, No. 67.

③ FO 371/115025, From Washington to Foreign Office, January 23, 1955, Tel, No. 185; FO 371/115025, From Washington to Foreign Office, January 25, 1955, Tel. No. 204; *FRUS*, 1955-1957, vol. Ⅱ, p. 121.

④ FO 371/115025, From Washington to Foreign Office, January 25, 1955, Tel. No. 205.

⑤ FO 371/115025, From Washington to Foreign Office, January 23, 1955, Tel No. 185; FO 371/115025, From New York to Foreign Office, January 24, 1955, Tel. No. 75; FO 371/115025, From Foreign Office to Washington, January 25, 1955, Tel. No. 363;《人民日报》1955年1月25日，第1版。

美国也要推动决议付诸表决，“至少能指责中共并带来士气上的影响”。但在英方的坚持之下，美方最终同意，在递交提案或安理会第一次会议时不提出决议案；如果中共同意前往安理会，在安理会第一次会议时新西兰代表将提出决议案；如果中共拒绝，何时提出和表决决议案则视具体情况由三国政府协商再定。①

再有，英方打算利用哈马舍尔德与周恩来的私人关系邀请中共代表前往安理会。不过，由于美方的反对，这一点并未出现在1月27日的行动方案中。② 狄克逊对美国反对通过哈马舍尔德邀请中共感到遗憾，在他的努力下，美国常驻联合国代表小亨利·卡伯特·洛奇（Jr. Henry Cabot Lodge）表示，“不反对这一做法”。③ 另一方面，在他的请求下，艾登向杜勒斯提出，仍希望通过哈马舍尔德出面邀请并劝说中共前往安理会。④ 鉴于英方的坚持以及哈马舍尔德在致他的信中所表现出的意愿，杜勒斯虽然仍认为哈马舍尔德“太过天真”，但未反对这一做法。⑤

---

① FO 371/115025, From Washington to Foreign Office, January 23, 1955, Tel. No. 185; FO 371/115025, From Washington to Foreign Office, January 25, 1955, Tel. No. 204; FO 371/115026, From Washington to Foreign Office, January 26, 1955, Tel. No. 230; FO 371/115029, From Washington to Foreign Office, January 28, 1955, Saving Tel. No. 55; *FRUS*, 1955-1957, vol. Ⅲ, pp. 130-132.

② FO 371/115024, From Foreign Office to Washington, January 21, 1955, Tel. No. 312; FO 371/115025, From Washington to Foreign Office, January 23, 1955, Tel. No. 185; FO 371/115025, From Foreign Office to Washington, January 25, 1955, Tel. No. 363; FO 371/115026, From Foreign Office to Washington, January 26, 1955, Tel. No. 378; FO 371/115026, From Washington to Foreign Office, January 26, 1955, Tel. No. 229.

③ FO 371/115028, From New York to Foreign Office, January 27, 1955, Tel. No. 93; FO 371/115029, From New York to Washington, January 29, 1955, Tel. No. 104.

④ FO 371/115030, Aide Memoire handed to Mr. John Foster Dulles by H. M. Minister on January 26, 1955; FO 371/115028, From Foreign Office to Washington, January 28, 1955, Tel. No. 430.

⑤ FO 371/115029, From Washington to Foreign Office, January 29, 1955, Tel. No. 269. 哈马舍尔德致杜勒斯的信见 *FRUS*, 1955-1957, vol. Ⅱ, pp. 149-151.

五、“神谕行动”实施后英国政府的相应对策

1 月 28 日，“神谕行动”正式开始实施。当天，英国驻华代办杜威廉和驻苏大使威廉·海特（William G. Hayter）就新西兰提议通过联合国安理会解决台海危机之事分别照会中苏两国政府。

杜威廉报告称，周恩来反对将沿海岛屿同台澎分开来对待，也不可能拿沿海岛屿做交易，在明白安理会究竟讨论什么问题之前，中方无法明确表态是否前往安理会。① 另一方面，海特大使报告称，莫洛托夫表示，美国干涉中国内政以及支持台湾当局是台海危机的起因，在苏联政府讨论之后，他才能就安理会行动给予答复。②

根据杜威廉的报告，艾登指示常驻联合国代表狄克逊，在 1 月 31 日安理会的首轮会议上，应极力避免实质性辩论；如果苏联制造障碍，则提出推迟一周时间进行辩论，以便哈马舍尔德进行斡旋。③ 而狄克逊 1 月 30 日报告说，苏联当日致函安理会主席，要求召开紧急会议讨论美国侵华案，并随函附带决议草案。④ 这使情况突然又变得复杂起来。虽然狄克逊认为苏联此举是要抢在新西兰提案之前行动或至少是要制造混乱，但他同新西兰和法国常驻联合国代表商量后一致认为，拒绝将苏联提案列入安理会议程是不合时宜的“何况苏联提案可能不是一项纯粹的宣传举措，能想象到，

① FO 371/115028, From Peking to Foreign Office, January 28, 1955, Tel. No. 104, No. 105, No. 106, No. 107. 1 月 24 日，美国总统艾森豪威尔向国会提交授权总统动用武力防御台澎、甚至主要岛屿的特别咨文。1 月 25 日和 28 日，国会众参两院分别通过与咨文相同内容的所谓的《福摩萨决议案》。艾森豪威尔致国会的咨文见 FO 371/115028, From Washington to Foreign Office, January 24, 1955, Air Bag, No. 45；《福摩萨决议案》全文见 FO 371/115030, Public Law 4-84th Congress, 1st Session, Joint Resolution: Authorizing the President to Employ the Armed Forces of the United States for Protecting the Security of Formosa, the Pescadores, and Related Positions and Territories of that Area.

② FO 371/115028, From Moscow to Foreign Office, January 28, 1955, Tel. No. 67.

③ FO 371/115028, From Foreign Office to New York, January 29, 1955, Tel. No. 157.

④ FO 371/115028, From New York to Foreign Office, January 30, 1955, Tel. No. 106.

在同中共磋商的情况下，这可能是为中共接受邀请前往纽约创造便利”。最终英美新法四国代表达成一致：新西兰提案与苏联提案同时列入安理会议程；优先进行前者的讨论和行动；尽管当前对北京的邀请只与新西兰提案有关，但不应对以后邀请中共讨论苏联提案的可能性预先做出判断。狄克逊认为这种妥协方案一定程度上有助于中共接受邀请，艾登表示对此赞同。①

然而，2 月 3 日周恩来拒绝了哈马舍尔德 1 月 31 日代表安理会发出的与会邀请，措辞严厉地表达了中国政府在台湾问题上的一贯立场。② 这使英美新三国政府都感到有些意外，多少出乎他们之前的判断。对于安理会下一步该如何行动，狄克逊致电艾登，主张在英美新三国政府协商之前暂不采取行动，安理会成员国可召开一次会议，对中共拒绝邀请表示遗憾，并无限期推迟讨论新西兰提案，从而避免讨论苏联提案；他反对孟罗主张的提出决议案并付诸表决。此外，狄克逊还认为中苏在台海问题上存有分歧，应尝试利用这种分歧。③ 艾登同意狄克逊的看法。他一方面指示梅金斯告知

① FO 371/115028, From New York to Foreign Office, January 30, 1955, Tel. No. 106; FO 371/115029, From New York to Foreign Office, January 31, 1955, Tel. No. 109, No. 110, No. 111, No. 112; FO 371/115029, From Foreign Office to New York, January 31, 1955, Tel. No. 170; CAB 128/28, C. C. (55) 2, 8th Conclusions, 31st January, 1955, 在 1 月 31 日安理会会议上，苏联代表反对将新西兰提案列入议程，以邀请中共参与讨论美国侵华案未获支持而对邀请中共投弃权票；台湾当局代表则反对列入苏联提案，在表决新西兰提案时投弃权票，对邀请中共投反对票；但是，最终新西兰提案和苏联提案均列入安理会议程，邀请中共也获通过。会议记录见 FO 371/115055, United Nations Security Council Official Records, 690th Meeting, 31 January, 1955.

② 《人民日报》1955 年 2 月 4 日，第 1 版。FO 371/115031, Exchange of Cablegrams Between the Security-General of the United Nations and the Prime Minister of the State Council and Minister for Foreign Affairs of the People's Republic of China. 另哈马舍尔德 2 月 2 日以私人名义致电周恩来，见 FO 371/115031, From New York to Foreign Office, February 2, 1955, Tel. No. 120, No. 126, 其中提到，“目前我们到了可以处理一些几年来一直困扰我们的政治问题的关头了”。但是，这封通过瑞典驻华大使转交的私人电报并未在周恩来发出拒绝邀请的电报之前转交，而美国政府不满哈马舍尔德这封电报超出了安理会授权范围以及有违美方的政策。后来，周恩来要瑞典驻华大使向哈马舍尔德转达，中国政府愿意同美国直接谈判，但美方予以了拒绝。

③ FO 371/115032, From New York to Foreign Office, February 3, 1955, Tel. No. 131; FO 371/115032, From New YorktoForeign Office, February 4, 1955, Tel. No. 135.

美方，不要轻率做出任何决定以及公开宣布任何立场，以免局势变得更加困难；另一方面指示狄克逊力争安理会主席和其他成员国代表同意不召开有关新西兰提案的会议，从而造成事实上的无限期推迟，或者至少要让会议做出推迟讨论的决定，同时最好对中共拒绝安理会邀请公开表示遗憾。①

就在周恩来拒绝邀请和狄克逊指出要利用中苏分歧的前一天，艾登曾请苏联驻英使馆代办别洛赫沃斯基科夫（M. Belokhvostikov）转告莫洛托夫，希望苏联政府利用其影响力劝说中国政府前往纽约。② 中方公开拒绝邀请之后，莫洛托夫答复英方称，可以由英、苏、印三国提议在上海或新德里召开包括苏、英、美、中（不包括台湾当局）、法、印、印尼、缅甸、巴基斯坦和斯里兰卡参加的国际会议，讨论解决沿海岛屿停火问题。③ 艾登认为苏联的提议未包括台湾当事方并且绕开了联合国，在当前的局势下并不现实可行，尤其美国坚决不会同意，于是拒绝了苏联的建议。④

2 月 7 日和 9 日，杜勒斯向英方表示，尽管中共和国民党都拒绝新西兰提案，但他不打算现在就放弃“神谕行动”；对于英方所提出的暂不在安理会提出和讨论决议案，他也同意不匆忙采取行动。然而，他拒绝接受任何背着台湾当局的外交活动，也反对在撤出大陈岛之后放弃金门和马祖，除非中国、英国或其他国家保证进攻金马不是进攻台澎的前奏或跳板，同时

① FO 371/115031, From Foreign Office to Washington, February 4, 1955, Tel. No. 557; FO 371/115032, From Foreign Officeto New York, February 4, 1955, Tel. No. 196; FO 371/115032, From Foreign Office to New York, February 7, 1955, Tel. No. 219; CAB 128/28, C. C. (55) 1, 9th Conclusions, 4th February, 1955.

② FO 371/115032, From Foreign Office to Moscow, February 3, 1955, Tel. No. 221.

③ FO 371/115032, From Moscow to Foreign Office, February 4, 1955, Tel. No. 101, No. 102.

④ FO 371/115032, From Foreign Office to Washington, February 5, 1955, Tel. No. 574, No. 587; FO 371/115032, From Foreign Office to Moscow, February 13, 1955, Tel. No. 296; FO 371/115035, From Foreign Office to Moscow, February 8, 1955, Tel. No. 261; CAB 128/28, C. C. (55) 4, 10th Conclusions, 9th February, 1955; Hansard: HC Deb, 14 February 1955, vol. 537, pp. 28-29.

再次反对哈马舍尔德出面调停。①

为使安理会的威信不因中共的拒绝遭受影响，2月8日美国常驻联合国代表洛奇提出安理会应召开一次形式上的（pro forma）会议，会议可采用听取联合国秘书长报告的形式，在对中共拒绝邀请表示遗憾后无限期中止会议。这一提议符合艾登之前的看法，于是英美新三方同意安理会于2月14日召开形式上的会议。②

在美方的压力之下，2月8—12日，国民党军队撤离大陈岛，随后中国人民解放军解放了上下大陈岛。在这种情况下，艾登希望杜勒斯能同意并劝说台湾当局放弃所有的由其控制的沿海岛屿。2月14日，美国负责欧洲事务的助理国务卿利文斯顿·麦钱特（Livingston T. Merchant）交给梅金斯一份杜勒斯定于2月16日在纽约外交政策协会发表演说的大纲，内容大致是为稳定台湾当局的士气而重申美国的对台政策，并为拒绝放弃所有沿海岛屿做出辩护，称如果中共放弃进攻台湾的图谋或至少声明放弃通过武力实现其政策，情况则不同。③ 艾登对杜勒斯这一演讲内容大为不满，认为这将冻结美国的台湾政策并使局势缓和变得更加困难，杜勒斯所提的条件是不现实且难以被接受的，演讲的实质是公开承诺防御沿海岛屿，这与英方所知的美方要极力避免的情况截然相反。

艾登要梅金斯提醒杜勒斯，如果杜勒斯执意上述立场，“我不能不说我们难以加入美方的承诺或支持当前美方确定的立场，我将带着很大的遗憾这样去做，但是我所概述的意见以及这里舆论的状况使我别无其他选择”。但艾登同时指出，如果杜勒斯在避免做出任何新承诺的同时，打算私下探

---

① FO 371/115033, From Washington to Foreign Office, February 7, 1955, Tel. No. 354; FO 371/115035, From Washington to Foreign Office, February 9, 1955, Tel. No. 373; *FRUS*, 1955-1957, vol. Ⅱ, pp. 234-238, 244-247.

② FO 371/115034, From New York to Foreign Office, February 8, 1955, Tel. No. 148; FO 371/115034, From Foreign Office to New York, February 9, 1955, Tel. No. 227; FO 371/115035, From New York to Foreign Office, February 9, 1955, Tel. No. 152. 2月14日，安理会以10比1的票数决定暂不考虑苏联所提的美国侵华案，认为新西兰提案并未结束，见 FO 371/115037, From New York to Foreign Office, February 15, 1955, Tel. No. 163.

③ FO 371/115036, From Washington to Foreign Office, February 14, 1955, Tel. No. 414.

寻通过外交渠道获取中共方面例如台海停火的保证，并使国民党军撤离所有沿海岛屿，那他则不反对杜勒斯的演讲声明。①

杜勒斯并不认为他的演讲超出了美国以往的对台海政策，因此没有按英方的建议对演讲内容做大的修改。② 同时，杜勒斯开始担心英方可能打算放弃讨论表决新西兰提案的决议案，从而使“神谕行动”不了了之。于是，2月17日，杜勒斯告诉英方和新西兰方，“神谕行动”不能仅仅因中共拒绝出席安理会会议就轻易地不了了之，应提出讨论决议案，继续向中共施加压力，尽管暂时不一定要予以投票表决；既然中共不会因得到所有的沿海岛屿而改变进攻台澎的既定目标，那就没必要放弃所有的沿海岛屿，使事情变得对中共而言更轻而易举。另外，杜勒斯表示，愿意在曼谷召开的东南亚集体防务条约组织成立大会期间同艾登进一步面商此事。英方怀疑杜勒斯建议的效果，认为其实质是把联合国当作美国台海政策的工具，可能导致英国最终绑缚在美国的战车上，从而支持台湾当局继续占领相关沿海岛屿，这有违英国的政策。③

2月24日，杜勒斯在曼谷重申美国政府未承担防守沿海岛屿的义务，但从这些岛屿撤离，将对台湾当局及亚太盟国的士气造成极大的负面影响，只会使台澎更加难以防守；只要中共不放弃以武力解放台湾，他就不能让国民党军队撤离沿海岛屿或改变当前美国政府的立场。艾登则并不认为中共目前旨在攻占台澎，如果美国因这些岛屿卷入战争，“英国和整个自由世界的舆论将难以理解他们的立场”。尽管不抱多大希望，但艾登仍向杜勒斯提出，他打算同周恩来进行直接会谈，探询在同意保留统一台湾的目标前

---

① FO 371/115036, From Foreign Office to Washington, February 15, 1955, Tel. No. 690; CAB 128/28, C. C. (55) 1, 13th Conclusions, 15th February, 1955.

② FO 371/115037, From Washington to Foreign Office, February 15, 1955, Tel. No. 423; FO 371/115037, From Washington to Foreign Office, February 15, 1955, Tel. No. 428.

③ FO 371/115037, From New York to Foreign Office, February 17, 1955, Tel. No. 171; FO 371/115038, From Washington to Foreign Office, February 17, 1955, Tel. No. 443; FO 371/115038, From New York to Foreign Office, February 18, 1955, Tel. No. 176; FO 371/115038, Minute: Comments on points which Mr. Dulles may make during discussion on Formosa at Bangkok, February 19, 1955; *FRUS*, 1955-1957, vol. Ⅱ, pp. 234-238, 286-289.

提下，中共是否愿意公开或私下承诺放弃以武力收复台湾，作为交换，美国政府应迫使台湾当局撤离所有的沿海岛屿；如果这一尝试未果，起码在公众舆论和道义上也能更有利于英美。杜勒斯同意可以一试，为此可以暂时不在安理会讨论决议案，但他向艾登指出，他不能代表台湾当局做出撤离沿海岛屿的承诺，而且如果尝试失败，应提出决议案并投票表决以示美方的和平诚意以及拒绝停火的责任在于共产党。①

3月1日，中国外交部告诉杜威廉，周恩来拒绝了艾登的提议，认为消除危险局势的必要条件是美国停止侵略中国的举动并从台湾及台湾海峡撤出军队，如果艾登愿意讨论这些必要条件，欢迎他前往北京。② 得知这一结果后，艾登答复称，“我不认为当前阶段我们之间的会谈能实现我们的目标”，同样拒绝了周恩来的邀请。与此同时，艾登将他与周恩来接洽的情况告知杜勒斯，并希望杜勒斯暂时尽量不要向媒体公开这一情况。③

然而，鉴于艾登与周恩来的直接会谈已经被证明是不可能的，以及判断解放军正酝酿大规模进攻金马，杜勒斯在3月9日分别与孟罗和梅金斯的会谈中提出，“神谕行动”应当继续进行，最起码也要讨论表决决议案，如果新西兰和英国反对，美国政府只好单独采取行动。艾森豪威尔总统曾向国会提交使问题尽可能在联合国内得到解决的咨文，“神谕行动”没有下文则无法向国会交代，但考虑到艾登刚刚回国，他愿意给艾登几天时间去考虑此事。④

① FO 371/115040, From Bangkok to Foreign Office, February 25, 1955, Tel. No. 171, No. 183; FO 371/115039, From Bangkok to Foreign Office, February 25, 1955, Tel. No. 172, No. 173, No. 174, No. 175, No. 176, No. 177, No. 178, No. 179, No. 184; FO 371/115039, From Foreign Office to Bangkok, February 25, 1955, Tel. No. 237, No. 239; *FRUS*, 1955-1957, vol. Ⅱ, pp. 308-310, 311-312.

② FO 371/115040, From Peking to Foreign Office, February 28, 1955, Tel. No. 218, No. 221; FO 371/115040, From Peking to Foreign Office, March 1, 1955, Tel. No. 225, No. 226.

③ FO 371/115041, From Rangoon to Foreign Office, March 2, 1955, Tel. No. 90, No. 92; CAB 128/28, C. C. (55) 1, 19th Conclusions, 2nd March, 1955.

④ FO 371/115042, From Washington to Foreign Office, March 9, 1955, Tel. No. 533; FO 371/115042, Copy of Cablegram: New Zealand Government to High Commissioner in London. For Minister from Munro, March 9, 1955, Tel. No. 449. *FRUS*, 1955-1957, vol. Ⅱ, pp. 340-343, 344-345.

艾登则仍然不同意继续“神谕行动”，其理由是：根据英方的情报分析，中共目前不会冒险发起进攻，而是更可能选择保持僵局；如果中共目前未决心攻占金马，继续“神谕行动”反而将招致他们下此决心，以示他们不会被吓倒。鉴于一时没有解决台海问题的更好办法，目前最好维持相对平静的局势。另一方面，如果提出表决决议案，一定会遭到苏联的否决，那么结果要么是之后美国政府单独行动，要么是将问题提交联合国大会，而后一种结果是杜勒斯一直反对的。如果提出并赞成决议案，一旦中共进攻金马，由于英国政府已承认沿海岛屿是中国领土一部分，英方则无法支持美国政府谴责中共的立场，这将使英美之间的分歧从目前的沿海岛屿问题延伸到联合国内，对英美关系造成非常不利的影响。此外，艾登提出可以由安理会授权英国、苏联和印度三国“进一步探究形势”。①

得知艾登的上述看法后，杜勒斯表示将予以考虑，但当即指出，英、苏、印三国都是承认共产党中国的，几乎不可避免地会导致诸如承认共产党政权及其在联合国席位等更广泛问题的讨论，同时蒋介石也不会接受如此调停小组的建议。② 3月15日，杜勒斯告诉孟罗，对于在安理会提出讨论决议案的问题，他将做进一步的考虑，但是，孟罗所说的在亚非会议之前中共可能不会有大的军事动作多少引起了杜勒斯的共鸣。③ 3月17日，杜勒斯表示拒绝艾登的建议，但他指出，如果中共愿意考虑停火的话，美国政府则愿意说服强烈反对停火的蒋介石也接受停火，并希望苏联和印度在此方面能影响中共。关于继续“神谕行动”的问题，他将在五六天后告诉梅金斯他的决定。④

3月23日，杜勒斯指示美国驻英大使将他以下内容的电报紧急呈交艾

---

① FO 371/115042, From Foreign Office to Washington, March 12, 1955, Tel. No. 1034, No. 1035.

② FO 371/115042, From Washington to Foreign Office, March 14, 1955, Tel. No. 554; *FRUS*, 1955-1957, vol. Ⅱ, pp. 364-366.

③ FO 371/115043, Copy of Cablegram: New Zealand Government to High Commissioner in London. For Minister from Munro, March 15, 1955, Tel. No. 490; FO 371/115042, From Washington to Foreign Office, March 16, 1955, Tel. No. 586.

④ FO 371/115042, From Washington to Foreign Office, March 17, 1955, Tel. No. 587; *FRUS*, 1955-1957, vol. Ⅱ, pp. 373-374.

登。电报指出：由于 4 月份苏联代表将担任安理会主席，这将增加推进“神谕行动”的难度，因此在此之前应提出讨论决议案，如果英方反对表决，可暂时不表决。如果英方坚持反对提出讨论决议案，应意识到“他们要承担重大责任”。在未来几天内采取行动是非常重要的，这不但是因为苏联代表轮值安理会主席，而且“是为了能够使讨论发生在亚非会议开幕之前，届时中共无疑将陈述他们的立场”。[①] 面对杜勒斯强硬的表态，艾登仍然反对继续“神谕行动”。他表示，“从我们的角度看，我不认为安理会的辩论会使美方的立场更清晰或处境更好”，反倒会带来以下直接且严重的危害：首先，安理会行动可能会变成一场为蒋介石在沿海岛屿的地位提供保障的行动，英国和其他国家不会对此予以支持；其次，在苏联否决决议案的情况下接着该如何行动，这个问题一直没有明确；另外，决议案对限制中共的军事行动难以发挥作用，反而会在亚非会议之前疏远印度、缅甸等一些对北京具有影响力的国家，从使我们的处境更加不利，而苏联代表轮值安理会主席并不是难以逾越的障碍。最后艾登强调，“我确实没有发现目前继续‘神谕行动’会带来任何益处，反而认为它对于我们两国之间的关系和我们共同的目标将造成很大的危害”。[②]

面对艾登的拒不妥协，杜勒斯在同艾森豪威尔协商之后带着遗憾致函艾登，强调“重要的是继续行动能使决议案被提交讨论，这样如果以后需要，我们能够在安理会更迅速地行动，同时我们可向世界更清楚地表明我们的目的”，但他希望艾登能尽快提出他的建议，“以使我们可以就未来重新达成一致”。[③] 3 月 28 日，艾登答复杜勒斯称，英方并非要否决美方的建议，只是希望用最好的方式完成英美的共同目标。他打算通过尼赫鲁、吴

---

① FO 371/115043, From Washington to Foreign Office, March 24, 1955, Tel. No. 643; FO 371/115043, From Aldrich, U. S. Embassy: Text of a message from Mr. Dulles to the Secretary of State, March 24, 1955; *FRUS*, 1955-1957, vol. Ⅱ, pp. 387-388.

② FO 371/115043, From Foreign Office to Washington, March 25, 1955, Tel. No. 1238, No. 1240; *FRUS*, 1955-1957, vol. Ⅱ, pp. 397-398.

③ FO 371/115043, From Aldrich, U. S. Embassy: Text of a message from Mr. Dulles to the Secretary of State, March 27, 1955; *FRUS*, 1955-1957, vol. Ⅱ, pp. 404-405.

努等亚洲国家领导人在亚非会议上去影响、限制中共的军事行动，其效果可能会好于安理会行动；另一方面，“尽管仍然认为在万隆会议之前我们在安理会不采取行动为好，”但他提议由新西兰代表致函安理会主席，将决议案书面散发给安理会各成员国。但目前不要求对决议案进行讨论，除非形势需要，这样可加快决议案讨论的进度。① 杜勒斯和孟罗都没有接受提前向安理会成员国分发决议案的建议，但杜勒斯接受了艾登所提的通过亚非会议来影响、限制中共采取军事行动的想法。②

4月7日，杜勒斯向梅金斯表示，万隆会议的结果可能关乎战争与和平，他相信中共的行动很大程度上会受到他们在会议上能从亚洲国家获得多大支持的影响。因此，他打算动员巴基斯坦、菲律宾、泰国、土耳其等参会的友好国家在会议讨论台湾问题时提出同新西兰提案相似的停火建议，并希望英国政府也能采取类似的行动。另外，杜勒斯暗示梅金斯，尽管他希望万隆会议能促成包括台澎、金马在内的全面停火，但如果会议能够使中共承诺不以武力进攻台湾，他同意“让中共为沿海岛屿而战”，但他不会对参会的亚洲友好国家做出任何这方面的暗示。③

鉴于杜勒斯第一次表示愿意在联合国框架之外解决台海问题，并且有条件地打算让中共获得沿海岛屿，4月19日，英国内阁责成新任外交大臣

---

① FO 371/115043, From Foreign Office to Washington, March 28, 1955, Tel. No. 1300; *FRUS*, 1955-1957, vol. Ⅱ, pp. 416-417.

② FO 371/115044, From New York to Foreign Office, March 29, 1955, Tel. No. 279; FO 371/115045, From Aldrich, U. S. Embassy: Text of a message from Mr. Dulles to the Secretary of State, April 2, 1955; *FRUS*, 1955-1957, vol. Ⅱ, p. 431.

③ FO 371/115045, From Washington to Foreign Office, April 8, 1955, Tel. No. 797; *FRUS*, 1955-1957, vol. Ⅱ, pp. 453-455. 3月14日，澳大利亚总理孟席斯（Robert G. Menzies）访美期间曾向杜勒斯提出他的有关解决台海问题的方案，即由英国、澳大利亚和新西兰加入美国对台湾提供安全保证，作为交换，台湾当局将全部沿海岛屿交给中国政府。英国政府拒绝了这一方案，但这在一定程度上增强了杜勒斯尝试以沿海岛屿换取中共放弃武力攻占台澎的想法。*FRUS*, 1955-1957, vol. Ⅱ, p. 370; FO 371/115043, From U. K. High Commissioner in Australia to Commonwealth Relations Office, March 29, 1955, Tel. No. 285; April 8, Tel. No. 332, No. 334; FO 371/115046, From Commonwealth Relations Office to U. K. High Commissioner in Australia, April 12, 1955, Tel. No. 388, No. 390; CAB 128/29, C. M. (55) 3, 2nd Conclusions, 12th April, 1955.

哈罗德·麦克米伦（Harold Macmillan，4月6日接替艾登，艾登则接替丘吉尔担任首相）负责起草关于台海政策的两份声明稿，一份用于政府忙于大选期间如果中共向金马发起进攻时发表，一份用于5月6日政府宣布解散议会进行大选时在议会发表。①

4月20日，杜勒斯告诉英国公使斯科特，他已委派参谋长联席会议主席雷福德（Arthur W. Radford）和助理国务卿饶伯森前往台湾。② 杜勒斯询问斯科特，如果英方愿意加入到和平解决台海问题的努力之中来，那么能做出何种“贡献”（contribution）。杜勒斯表示难以具体说明这个“贡献”指什么，只是提到澳大利亚总理孟席斯建议有关英联邦成员国联合保台之事，表示美方能够理解英方在大选之前难以就此做出决定。③ 言外之意，杜勒斯是希望英方接受孟席斯的建议。斯科特在致外交部的电报中指出，杜勒斯“正指望英国政府去帮助美国政府寻找在沿海岛屿问题上的出路”。因此，他建议，英方应据此有利时机倡议比“神谕行动”范围更广泛的行动，目标不仅仅限于停火本身，而是以此“作为谈判实质性问题的先决条件”，并迫使美方向英方澄清其长远的政策目标，以及参与到更广泛问题谈判时所采取政策路线。④ 英方认为，这正好给了自己一个不错的时机将麦克米伦正在负责起草的政策声明的立场告诉美方，以示英方做出的“贡献”，且有利于协调英美的政策立场。首相艾登认为，可以在4月27日左右将此告知美国政府。⑤

---

① CAB 128/29, C. M. (55) 6, 4th Conclusions, 19th April, 1955.

② 此时，美方希望蒋介石将金门当作“前哨”（outposts）而不是“要塞”（citadels），意为在紧急的情况下可以弃守。在4月25日雷福德、饶伯森与蒋介石的会谈中，美方提出，如果蒋介石同意撤守金马，在大陆承诺放弃武力攻台的情况下，美国政府将公开宣布美台将共同维持从温州至汕头的海上封锁线。该提议遭到蒋介石的严词拒绝。见 *FRUS*, 1955-1957, vol. Ⅱ, pp. 510-517.

③ FO 371/115047, From Washington to Foreign Office, April 21, 1955, Tel. No. 926; *FRUS*, 1955-1957, vol. Ⅱ, pp. 496-497.

④ FO 371/115047, From Washington to Foreign Office, April 21, 1955, Tel. No. 932.

⑤ CAB 128/29, C. M. (55) 7, 5th Conclusions, 22nd April, 1955.

英国政府的台海问题政策声明，是以美国劝说台湾当局撤守金马为前提。尽管英方认为在这种情况下台湾问题仍将继续，但表示：如果中共对台澎发起进攻，英国政府将认为这是破坏和平的挑衅行为，英方应全力支持联合国通过的任何谴责这一行为的决议，并给予美国以道义上的支持。由于中共不可能接受联合国出台的任何使蒋介石仍然控制台湾，或者是旨在使台湾独立或被托管的决议，因此英方建议召开英国、澳大利亚、新西兰和加拿大四国会议，在囊括其他东西方问题的同时单独讨论台湾问题。会议仿照1954年柏林外长会议的模式，只制订出讨论程序，不讨论实质性问题，以呼吁进一步召开有关各方参与讨论的会议。

除此之外，英国政府考虑了以下三种方案以应对可能出现的情况。首先，如果在国民党军队撤守金马之前中共即发起对金门的进攻但美国决定不介入，由于英方将认为这些岛屿是大陆的一部分，将不支持依据联合国宪章第七章采取行动或断言中共为侵略者，最多同意在“神谕行动”的基础上起草一份新决议。如果决议遭到苏联否决而将问题提交特别联大，英国政府将不支持依据“联合一致共策和平”（Uniting for Peace）程序采取针对中共的集体措施，只同意为了对付苏联的否决和通过决议适用该程序。英国政府将发表声明，敦促敌对双方停火或至少限制敌对行动，并将问题提交联合国解决。其次，如果中共对金马发起进攻而美国决定介入，英国政府则无法支持美国的军事行动及其在联合国所提议采取的行动，最多声明中共无视美台“共同防御条约”导致美国的介入。英方将敦促双方停火或限制敌对行动，尽管愿意尽已所能去促成停火，但英国在此事上没有任何义务且将不予以介入。最后，如果美国不能劝说台湾当局撤守金马或拒绝放弃这些岛屿，英国政府则不能支持依据《联合国宪章》第七章所采取的任何行动，只能坚持“神谕行动”中依据《联合国宪章》第六章认为中共对沿海岛屿的进攻危及国际和平，因此支持提出呼吁双方停止敌对行动的决议案。如果决议遭到苏联否决，英方同意将问题提交特别联大，但只接受对被否决的决议进行投票表决，而不同意适用“联合一致共策和平”

程序或呼吁采取集体措施。①

然而，4 月 23 日周恩来在万隆会议期间主动发表声明称，“中国政府愿意同美国政府坐下来谈判，讨论和缓远东紧张局势的问题，特别是和缓台湾地区的紧张局势问题”。② 这一声明即刻缓和了紧张的台海局势，标志着第一次台海危机的结束。③ 4 月 24 日麦克米伦通知斯科特，认为周恩来在万隆的声明和雷福德、饶伯森的台湾之行对英国政府的下一步行动有着重要影响，他不想“让杜勒斯认为，在没有将美方就此事态发展会做出何种反应告诉英方的情况下，就能够简单地将问题踢给我们去做出提议”。④ 4 月 26 日，杜勒斯召开记者会，表示美国政府愿意在台湾当局不参与的情况下同中共进行多边或双边会谈，但美方不会背着台湾当局做出不利于其权益的交易，并且会谈首先必须是讨论停火问题。⑤ 另一方面，杜勒斯打算利用英中“准外交关系”的便利条件去弄清楚周恩来的声明是否是“真诚的”。⑥

① FO 371/115046, From Commonwealth Relations Office to U. K. High Commissioner in Australia, April 12, 1955, Tel. No. 390; FO 371/115047, From Commonwealth Relations Office to U. K. High Commissioner in Australia, April 23, 1955, Tel. No. 447, No. 448, No. 449, No. 450; FO 371/115047, F. O. Minute by Sir H. Caccia: Preparation of formulae to be put to Mr. Dulles to form a joint U. S. -U. K. policy, April 18, 1955; FO 371/115051, F. O. Minute by Secretary of State: Draft statement for use if the Communists attack the Coastal Islands and the Americans decide not to intervene and the Americans intervene, May 2, 1955.

② 中华人民共和国外交部、中共中央文献研究室编：《周恩来外交文选》，北京：中央文献出版社，1990 年，第 134 页。

③ 华东师范大学历史学教授戴超武指出，“国内外学术界一般认为，万隆会议期间中国方面的主动建议就表明第一次台湾海峡危机的结束……美国和中国方面解密的档案文献显示，中美日内瓦会谈的正式举行，标志着第一次台湾海峡危机的真正结束”，见戴超武：《中国、美国与第一次台湾海峡危机的结束》，沈志华、唐启华主编：《金门：内战与冷战——美、苏、中档案解密与研究》，北京：九州出版社，2010 年，第 158 页，脚注 2。

④ FO 371/115047, From Foreign Office to Washington, April 24, 1955, Tel. No. 1920.

⑤ FO 371/115048, From Washington to Foreign Office, April 27, 1955, Tel. No. 974, No. 975; *FRUS*, 1955-1957, vol. Ⅱ, pp. 519-520.

⑥ FO 371/115048, From Washington to Foreign Office, April 25, 1955, Tel. No. 960; CAB 128/29, C. M. (55) 4, 6th Conclusions, 26 April, 1955.

与此同时，英国政府收到澳大利亚、新西兰和加拿大对于英方所提召开四国会议寻求解决台湾问题的答复。澳大利亚政府以担心英美发生公开分歧为由不愿意接受英国的提议，而仍希望尝试自己所提出的联合保台的方案；新西兰政府主张继续“神谕行动”，以便联合国通过之前英美新三方已拟定的决议；加拿大政府则表示，在英国政府对周恩来上述声明明确表态之前，不愿意做出任何承诺。有鉴于此以及整个局势的缓和，英国政府认为原定5月6日在议会发表的政策声明内容已不再合适。[①] 另一方面，英方迫切想在中美之间起到桥梁作用，促成中美举行直接谈判。[②] 这样，周恩来在万隆会议上的声明不但使英国政府取消了5月6日在议会发表台海政策声明的决定，而且使得之前英、美、新三国联合策划的“神谕行动”不了了之，并开启了中美大使级会谈的大门。

结　论

从以上可以看出，在第一次台海危机问题上，英国政府的政策立场主要是：1. 力促停火，不支持美国政府承诺军事协防国民党控制下的沿海岛屿，避免因英美同盟关系导致自身卷入其中或造成英美分歧公开化；2. 主张国民党军队撤出控制下的全部沿海岛屿，实行沿海岛屿中立化或有条件让与中国政府，并与台澎区别对待，实质是主张“两个中国”；3. 企图利用解决第一次台海问题之机，为对华政策中更广泛问题的解决铺平道路，如

① FO 371/115048, F. O. Minute by Mr. Crowe: Developments since Mr. Dulles Appealed for Help over Formosa, April 27, 1955; FO 371/115048, From Foreign Office to Washington, April 27, 1955, Tel. No. 1959.

② FO 371/115048, From Foreign Office to Peking, April 27, 1955, Tel. No. 740; FO 371/115048, From Foreign Office to Washington, April 27, 1955, Tel. No. 1959; FO 371/115049, From Washington to Foreign Office, May 4, 1955, Tel. No. 1041; FO 371/115050, From Peking to Foreign Office, May 9, 1955, Tel. No. 462.

中国政府在联合国的代表权问题、放松对华贸易禁运限制问题等。[①] 这种政策实际体现了英国政府在新中国成立后对华政策和对台政策的一贯立场。

早在新中国即将成立之前，英国政府就决定采取“维持立足点”（keep a foot in the door）的对华政策。具体在台湾问题上，英国政府自始持“台湾地位未定论”。1947 年 6 月 30 日，外交部政务次官克里斯托弗·梅休（Christopher P. Mayhew）在议会下院声称，“1943 年 12 月的《开罗宣言》约定，福摩萨将归还中国。英王陛下政府的立场是，之前日本拥有的或被其吞并的领土的正式移交必须等到与日本的最终和平会议”。[②] 在承认新中国之后，英国政府一度期望，作为解决中国问题的一部分，台湾能最终归并新中国，且美国能承认新中国政府及其取代台湾当局在联合国的代表席位。然而，朝鲜战争的爆发和美国政府敌视新中国的顽固立场使英国政府放弃了劝说美国政府同意上述建议。[③] 英国政府与美国一同起草了关于“对日和平条约”的联合声明草案，并在 1951 年 9 月 8 日的“对日和平条约”（1952 年 4 月 28 日生效）上签字，表明了英国政府继续维持“台湾地位未定论”的立场。

对于美国政府在朝鲜战争爆发后变不干涉台湾为积极保全台湾的政策，以及试图通过联合国制造“两个中国”的企图，英国政府采取了附和的立场。[④] 1950 年 12 月 8 日，英国首相艾德礼与美国总统杜鲁门发表联合声明指出，“在福摩萨问题上，我们注意到两岸中国人都声称坚持《开罗宣言》

① 关于这两个问题可分别参阅王建朗：《新中国成立初年英国关于中国联合国代表权问题的政策演变》，《中国社会科学》2000 年第 3 期；崔丕：《美国的冷战战略与巴黎统筹委员会：中国委员会 1945—1994》，北京：中华书局，2005 年。

② Hansard：HC Deb，30 June 1947，vol. 439，c. 938.

③ Callum A. MacDonald，*Korea：The War before Vietnam*，Palgrave：Macmillan Limited，1986，pp. 110-111.

④ 张淑雅在《美国对台政策转变的考察：1950 年 12 月—1951 年 5 月》（《“中央研究院”近代史研究所集刊》，1990 年 6 月第 19 期）一文中指出，“英、法两国的领袖大抵同意美方对台湾问题的看法，即就当时的战略需要而言，台湾暂时不宜落入共党手中……，且一致认为最好的途径是经由联合国讨论，来决定该岛的归属”，并认为 1951 年 5 月 17 日的国家安全委员会 NSC48/5 号文件是美国对台政策正式转变的标志。

的有效性，并都表示不愿意由联合国过问此事。我们一致认为这个问题应当以和平的方法予以解决，以此来保障福摩萨人民的利益和维持太平洋地区的和平与安全，而由联合国考虑这一问题将有助于实现这些目的”。[①] 1951年5月11日，英国外交大臣赫伯特·莫里森（Herbert Morrison）在议会宣称，“福摩萨问题现在已成为了一个国际性的问题，除了《开罗宣言》和《波茨坦公告》的那些签字国之外，还有一些国家与此密切相关。在英王陛下政府看来，这是一个能够被联合国有助益地在恰当的时机考虑的问题”。[②] 1953年年初，英国外交部还提出了一份名为《台湾之命运》的文件，探讨通过联合国托管或成立台湾临时政府以求台湾独立的可能性。[③] 此外，1955年5月23日英国联合国协会（United Nations Association of Great Britain and Northern Ireland）送交外交大臣麦克米伦的一份关于台湾问题的文件材料则反映了当时英国社会对于解决台湾问题的主流观点，即一是要采取和平方式，二是先由联合国托管台湾，然后“由福摩萨人决定他们自己的未来”。[④] 因此，杜勒斯提议的通过联合国尝试和平解决台海危机的想法符合英国政府一贯的对台政策立场，于是艾登欣然接受参与“神谕行动”。

另一方面，从英国政府参与解决第一次台海危机的过程中可以看到，英国的政策立场一定程度上影响到了整个行动的节奏和方向。尽管不能夸大英国政府的政策立场对于美国对华政策的影响力，但仅就第一次台海危机期间的表现来看，美方在一些重大的问题上对英方做出了妥协。其中缘由，跟艾登相比丘吉尔、麦克米伦等保守党政治人物更不愿轻易迁就或屈从于美国有着相当大的关系，也跟美国政府在处理重大国际问题时往往希

① *FRUS*, 1950, vol. Ⅲ: Western Europe, Washington, D. C.: Government Printing Office, 1977, pp. 1785–1786.

② Hansard: HC Deb, 11 May 1951, vol. 487, c. 2302.

③ 王为民主编：《百年中英关系》，北京：世界知识出版社，2006年，第220页。

④ FO 371/115052, “The Problem of Formosa,” From Mr. Judd, United Nations Association, to Mr. Macmillan, May 24, 1955. 麦克米伦于7月12日接见了该协会的成员代表，表示他与首相艾登都赞同文件的观点。

望能得到盟友的道义支持有关。而英国及英联邦国家在第一次台海危机上的立场较为一致，也使得美国政府不得不有所顾及。另外，也不能排除美国国内政治的因素导致美国政府最终在一些具体问题上做出了让步。[①]

尽管英国学者多克里尔认为，“英国太依赖于美国，特别是在欧洲，以至于造成它的建议对北京难以产生任何影响，或是它的施压难以对华盛顿产生任何作用”，但他也提到，“此次危机真正的意义在于，它再一次展现了英美之间所谓的‘特殊关系’在远东是多么的浅显泛泛”。[②] 英美两国政府在台海问题上的立场差异，实际是两国政府在对华政策上分歧的缩影。英国驻美大使梅金斯曾在弗吉尼亚州的一次演说中指出，“我们是越过南亚和东南亚的前景（foreground）来看中国，你们则是直接越过太平洋来看中国”，[③] 言简意赅地点出了英美对华政策分歧的根源所在。

① 美国学者维克托·考夫曼认为，美国政府担心在协防金马问题上造成英美两国的东亚政策产生分裂，毁掉“神谕行动”或其他和平解决危机的可能，并危及英国政府对于组建西欧联盟的支持，而该组织旨在重新武装联邦德国并将其纳入欧洲防御体系。另外，大多数美国人反对明确承诺协防金马。因此，美国政府只是私下告诉台湾当局美国会协防金马，但拒绝公开发表任何声明。见 Victor S. Kaufman, *Confronting Communism: U.S. and British Policies toward China*, Columbia: University of Missouri Press, 2001, p. 90.

② Michael L. Dockdrill, “Britain and the First Chinese Off-Shore Islands Crisis, 1954-1955,” in Michael L. Dockdrill and John W. Young, eds., *British Foreign Policy, 1945-1956*, pp. 190, 192.

③ M. A. Fitzsimons, “British Foreign Policy and Southern and Far Eastern Asia,” *The Review of Politics*, Vol. 24, No. 1 (Jan., 1962), p. 115.

阿巴边界“黑洞”与中巴经济走廊的路线困境及出路

姚远梅[*]

摘　要　阿巴边界“黑洞”，是指阿巴国际边界“杜兰德线”存在理论与现实间的严重错位，以致阿巴边界产生无法填补的巨大安全漏洞，且成为庇护反政府势力的天堂，犹如黑洞一般。它源于英国殖民者在英属印度西北边境建立的“科学边界”，成形于巴基斯坦基于“杜兰德线”建国。“黑洞”形成后，影响深远。阿巴边界由此矛盾爆发，阿、巴政府分别择时利用“黑洞”对反政府势力的庇护功能，培植对方的敌对势力。相应的，它不但使得“普什图问题”和“俾路支问题”成为巴方痼疾，而且导致苏美深陷阿富汗战争泥潭，并导致塔利班等势力的兴起。当前，“黑洞”正在向中巴经济走廊施加影响，具体表现在“西线”“东线”之争上。鉴于KP省、FATA和俾路支省的坚定立场，巴政府提出“多线”方案，将抉择困境之球踢给中国。因此，中巴经济走廊建设中如何避免陷入“黑洞”，值得我们深思。

关键词　“杜兰德线”　阿富汗　巴基斯坦　黑洞　中巴经济走廊

当前，我国正提倡开展“一带一路”建设，而中巴经济走廊是其中一个重要的环节。在我国逐渐加大地区经济投入之时，应避免陷入阿巴边界“黑洞”。

---

* 姚远梅，历史学博士，华东师范大学周边国家研究院副教授。

所谓阿巴边界"黑洞"，是指阿富汗巴与巴基斯坦国际边界"杜兰德线"尤其是"杜兰德线"两侧的部落区，存在理论与现实之间的严重错位，以致这一地带产生巨大无法填补的安全漏洞，且成为庇护反政府势力的天堂，犹如黑洞。这一"黑洞"，是当年英国殖民者在印度西北边境建立"科学边界"时遗留下来的，已导致苏美深陷阿富汗战争泥潭及塔利班等反政府势力的兴起。

"黑洞"之说，是笔者基于大量原始档案发现的，成果尚不多见，但其核心问题"杜兰德线"，学界存在激烈争论，有合法论、非法轮和争议论之说。巴政府主张"杜兰德线"合法。他们认为，《杜兰德协议》合法签订，故相应产生的"杜兰德线"合法，且后续英阿条约给予了相关辅证。① 阿政府主张"杜兰德线"非法。他们认为，《杜兰德协议》原本存在很大争议，加上英国撤离印度后英阿不平等条约自动失效，故"杜兰德线"非法理所当然。②

当前，诸多学者更倾向"杜兰德线"争议论。③ 塞吉夫认为，英国人胁

① 参见 Damodar P. Singhal, *India and Afghanistan, 1876–1907: A Study in Diplomatic Relations*, Queensland: University of Queensland Press, 1963; William Habberton, *Anglo-Russian Relations Concerning Afghanistan, 1837–1907*, Illinois: The University of Illinois, 1937; Asghar H. Bilgrami, *Afghanistan and British India, 1793–1907: A Study in Foreign Relations*, Michigan: Sterling Publishers, 2006; Zizwan Hussain, *Pakistan and the Emergence of Islamic Militancy in Afghanistan*, Farnhaon: Ashgate, 2005; James Talboys Wheeler, *India and the Frontier States of Afghanistan, Nipal and Burma*, Myshall: Peter Fenelon Collier, 1899; Leslie Harris, *British Policy on the North-West Frontier of India (1889–1901)*, thesis, School of Oriental and African Studies, 1960; Ram Sagar Rastogi, *Indo-Afghan Relations 1880–1900*, Lucknow: NAV-JYOTI Press, 1965; "The Durand Line: History, Consequences and Future," Report of a Conference Organized in July 2007 by the American Institute of Afghanistan Studies and the Hollings Center in Istanbul, Turkey, November 2007, 等等。

② 参见 Jules Stewart, *The Savage Border: The History of the North-West Frontier*, Sutton Publishing, 2007, pp. 95–96; http://www.tolonews.com/en/afghanistan/10381–karzai-afghanistan-never-recognised-the-durand-line, 2014-09-24.

③ 参见 Surendra Chopra, "Afghan Pakistani Relations the Pakhtoonistan Issue," *The Indian Journal of Political Science*, Vol. 35, No. 4 (October-December 1974), pp. 310–331; James W. Spain, "The Pathan Borderlands," *Middle East Journal*, Vol. 15, No. 2 (Spring, 1961), pp. 165–177; Barnett R. Rubin, "Saving Afghanistan," *Foreign Affairs*, Vol. 86, No. 1 (Jan.-Feb., 2007), pp. 57–74, 76–78; S. M. M. Qureshi, Pakhtunistan, "The Frontier Dispute Between Afghanistan and Pakistan," *Pacific Affairs*, Vol. 39, No. 1/2 (Spring-Summer, 1966), pp. 99–114; Barnet R. Rubin and Ahmed Rashid, "From Great Game to Grand Bargain: Ending Chaos in Afghanistan and Pakistan," *Foreign Affairs*, Vol. 87, No. 6 (November/December 2008), pp. 30–44, 等等。

迫拉赫曼签署了《杜兰德协议》，故“杜兰德线”自然而然存在争议。[①] 欧姆拉尼主张英阿激烈博弈而产生的“杜兰德线”，不可能同时令双方满意，故存在争议不可避免。[②] 也有人认为，“杜兰德线”问题已超出边界争端范畴，上升为更大范畴的跨境贸易、地区安全和恐怖主义等复杂难解的问题。[③] 较之国际学界深入而系统的研究，我国学界在这一领域的研究还比较薄弱。虽然很多学者研究阿巴地区现状问题，[④] 但深入剖析“杜兰德线”成因及深远影响的成果却不多见。[⑤] 鉴于此，本文采取历史结合现状的研究路

---

① Evgeny Sergeev, *The Great Game, 1856-1907: Russo-British Relations in Central and East Asia*, Washington, D. C.: Woodrow Wilson Center Press/ Johns Hopkins University Press, 2012.

② Bijan Omrani, “The Durand Line: History and Problems of the Afghan-Pakistan Border,” *Asian Affairs*, Vol. XL, No. Ⅱ, July 2009.

③ “The Durand Line: History, Consequences and Future,” Report of a Conference Organized in July 2007 by the American Institute of Afghanistan Studies and the Hollings Center in Istanbul, Turkey, November 2007.

④ 参见：龚柴清：《阿富汗考略》，1891 年；学部编译图书局编：《阿富汗斯坦新志》《阿富汗斯坦志附新志》《阿富汗土耳其斯坦志》，学部编译图书局，1907 年；军委联络部编：《阿富汗概况》，军委联络部，1953 年；［苏］鲍契卡列夫：《阿富汗》，朱毓秀译，北京：中国青年出版社，1954 年；彭树智：《阿富汗三次抗英战争》，北京：商务印书馆，1982 年；彭树智：《中东国家通史：阿富汗卷》，北京：商务印书馆，2000 年；李泽云编：《阿富汗风云：从查希尔到卡尔迈勒》，北京：时事出版社，1984 年；董振邦：《论阿富汗战争》，北京：国防大学出版社，1987 年；陈俊峰：《亲历阿富汗前线》，北京：新华出版社，2001 年；王毓国：《与枪口对话：阿富汗采访纪实》，北京：知识出版社，2002 年；孙浩：《感受战争：采访阿富汗战争的日子》，北京：知识出版社，2002 年；刘洪：《穿越炮火的眼睛：新华社记者阿富汗历险记》，北京：新世界出版社，2002 年；赵鹏：《目击阿富汗》，北京：新华出版社，2003 年；李晓国：《聚焦阿富汗》，桂林：广西人民出版社，2003 年；曹显钰：《亲历阿富汗》，合肥：安徽文艺出版社，2003 年；杜幼康：《美国“阿富汗—巴基斯坦战略”的调整及未来走向》，《国际展望》2011 年第 3 期，第 11—20 页；傅小强：《美国阿巴战略进展与阿富汗问题前景》，《现代国际关系》2010 年 12 期，第 24—29 页；邵育群：《印度对美国“阿巴战略”的评估及应对》，《国际展望》2011 年第 6 期，第 64—78 页；文丰：《美国的“阿富汗困境”：问题与前景》，《新疆社会科学》2011 年第 5 期；张家栋：《美国阿富汗战略的走势》，《现代国际关系》2011 年第 3 期，第 75—80 页；许洁明：《北约介入阿富汗战争的前景浅析》，《西亚非洲》2011 年第 1 期，第 3—10 页；林利民：《大国角逐与阿富汗前途》，《瞭望新闻周刊》2002 年 1 月，第 54—55 页。

⑤ 姚远梅：《杜兰德线：侵略阿富汗的泥潭》，《俄罗斯研究》2012 年第 5 期，第 37—61 页；姚远梅：《论阿巴边界黑洞的形成》，《南亚研究季刊》2014 年第 4 期，第 34—40 页。

径，基于原始档案，从当年英国人建立英属印度西北“科学边界”切入，就阿巴边界“黑洞”的形成、影响及启示展开分析。

一、阿巴边界“黑洞”的形成

19 世纪中后期，英国战略家拟以印度为中心来建设英帝国，以更好地发展其帝国事业。① 与此同时，英俄在中亚展开角逐。为防止俄国人破坏印度，② 英国军方提议在印度西北边境建立“科学边界”，即将印度传统西北边界从沿印度河山脚下一线，向山上前进至战略与军事上“科学”保卫印度的地方，因为那里自古以来是印度陆上防御最为薄弱环节。③ 而印度河上方的那些山区是普什图人和俾路支人的家园。普什图人是阿富汗主体民族，崇尚自由独立，且实行部落制管理，因此，他们总在阿富汗国王统治之外。④ 俾路支人偏隅阿富汗西南端，与喀布尔联系不太紧密，独立性也很强。鉴于此，最初英国人试图通过武力推进其战略，但遭到普什图人的游击反抗。由此，普什图人被誉为“大马蜂”。

英国人不想就此放弃，于是更改策略，尝试大规模入侵阿富汗，通过迫使阿富汗国王接受不平等条约的方式达到其目的。⑤ 1878 年，借俄国拉拢阿富汗之机，英国发动第二次侵阿战争。战争初期，如英国人所料想的一样：英国军队直入喀布尔，阿富汗国王顺利接受《甘大马克条约》。依据该

① “House of Commons, Indian Financial Statement,” Aug. 3rd, 1869, cited from *Some Brief Comments on Passing Events made Between February 4th, 1858 and October 5th, 1881, by The Right Hon'ble Mountstuart E. Grant Duff*, Madras: The Government Press, 1884, p. 137.

② Correspondence Respecting India and Pakistan, Part 1, January to December 1947, FO 479/1, p. 82, the National Archives of U. K.

③ Sir G. Campbell, M. P., *The Afghan Frontier*, London: Edward Stanford, 55, Charing Cross, S. W., 1879, p. 38.

④ Ibid., p. 14.

⑤ Adrian William Preston, *British Military Policy and the Defence of India*, Doctorate dissertation, University of London, 1966, p. 478.

条约，阿富汗沦为英帝国的附属国，且库兰（Kuram）和开伯尔（Khaibar）等战略要地被永久分割给英属印度。[①] 如果一切进展顺利，那么英国的战略就要实现。然而，几个月后阿富汗突然爆发反英大起义，并活活烧死英国驻阿富汗全体代表20多人，英国陷入阿富汗战争的困境之中。为脱离困境，经过高层激烈讨论，伦敦最后决定智取“马蜂窝”，即扶植一个亲英的阿富汗政府上台，与其结盟，而后迫使其接受英国人拟定的地图边界线，然后再勘界落实。[②] 他们选中拉赫曼王子（Abdur Rahman）作为合作对象。1879年，在拉赫曼还在率军抗英侵略时，英国特使就向其传达：伦敦准备扶植他当上阿富汗国王，只要他答应接受由英国指导阿富汗外交，以及《甘大马克条约》对阿印边界的规定。[③] 拉赫曼觊觎阿富汗王位，但他不愿割让自己国家的领土。[④] 经过讨价还价，最终双方达成一致：英阿结盟，英国支持拉赫曼成为阿富汗国王，拉赫曼接受英国人指导阿富汗外交。

英阿结盟后，英国便支持着拉赫曼政府，为其提供各方面援助。尽管表面上两国友好，但实际上彼此提防与利用。拉赫曼深知英国人对其友好的幕后动机是他们觊觎阿富汗东南边疆领土，因此，他迟迟不提解决阿印边界问题，反而利用英国人的支持加强王权、完成阿富汗统一。英国人知道阿富汗国王善于在大国竞争中谋取好处，于是利用英阿结盟之际赶紧修路、勘察地形并以经济安抚当地居民，为制定阿印地图边界线做准备。[⑤] 一切准备就绪后，1893年11月，英属印度与拉赫曼签订《杜兰德协议》，“杜

---

① “Gandamak Treaty 1879,” cited from Cyriac Maprayil, *Britain and Afghanistan in Historical Perspective*, London: Cosmic Press, 1983, pp. 107-110.

② Sir G. Campbell, M. P., *The Afghan Frontier*, p. 81. 英国人还计划，如果这种方式在阿富汗取得成功，他们将以同样的方式处理中印边界问题。此后，英国人开始以旅行探险的方式考察喜马拉雅山的地形。

③ “Letter from Lepel Griffin to Sirdar Abdur Rahman Khan, 14 June 1880,” No. 63, CAB 37/75, the National Archives of UK.

④ “Letter from Sirdar Abdur Rahman Khan to Lepel Griffins,” 22 June 1880, No. 63, CAB 37/75, the National Archives of UK.

⑤ “PSDI. Vol. 16. Minute Paper on Letter from India, No. 124, 7 October, 1890,” The Minute is unsighned but may be the work of Sir Arthur Godley, cited from Leslie Harris, *British Policy on the North-West Frontier of India (1889-1901)*, thesis, School of Oriental and African Studies, 1960, pp. 48-49.

兰德线”由此诞生，而前者每年付给后者180万卢比作为补偿。[①] 由于“马蜂窝”被悄然划在英属印度地图上，所以英国人梦寐以求的印度“科学边界”战略，在地图上取得了实质性进展。

《杜兰德协议》签订后，英国人赶紧去勘界落实。然而，他们再次遇到普什图人的顽强反抗。在瓦济里斯坦［Wasiristan，即现在巴基斯坦开伯尔—普什图省（简称KP省）和联邦直辖部落区（FATA）］，起义接连不断，英国勘界官遭到暴打甚至丧命。[②] 为平息这些起义，至1897年，英属印度不得不派出约6万人的部队。[③] 起义连续不断，伦敦与加尔各答又担心过度激起阿富汗人的反英情绪，明显是给俄国人创造机会，于是，他们下令：要尽可能不扰乱当地居民生活 。[④] 与此同时，拉赫曼政府不但不配合勘界，相反，却在幕后加强与普什图部落首领的联系，怂恿他们起来反英。如此这般，英国人试图去勘界，但总没法实现。[⑤] 至20世纪初，英国仅在从波斯到库兰谷地（Kurram valley）的沙漠和人烟稀少地段进行了勘界，而在库兰谷地以北地区（普什图人居住区），根本无法实行勘界。一名英国勘界官这样汇报：“不要指望我们前进至桃支（Tochi），在拉兹马克（Razmak）或其他地方建立定点。我们可以在那里找到落脚地，但是，我们前进得越远，就越需要投入更多精力。即使我们完全占领瓦济里斯坦，直至杜兰德线，我们也会发现：没有一个统治者能够有效控制这个地方，我们很难在那里

---

① “Memorandum”, No. 50, 1904, CAB 37/69, the National Archives of UK.

② Ram Sagar Rastogi, *Indo-Afghan Relations (1880-1900)*, Lucknow: Nav-Jyoti Press, 1965, p. 181.

③ Bijan Omrani, “The Durand Line: History and Problems of the Afghan-Pakistan Border,” *Asian Affairs*, Vol. XL, No. Ⅱ, July 2009.

④ Proceedings of the Central Asian Societym 14 March 1906, “The Defence of India,” a paper read by Lieut. General Collen, cited from Leslie Harris, *British Policy on the North-West Frontier of India (1889-1901)*, thesis, School of Oriental and African Studies, 1960, p. 149.

⑤ 当时，麦克马洪是“杜兰德线”勘界官之一。他学习到这一经验教训，因此，“麦克马洪线”出台后，英国人没有去勘界落实。

站住脚跟。”①

无法勘界落实“杜兰德线”使英国人陷入困境。多年来，为推进建立印度西北“科学边界”战略，他们已投入很多，加上俄国的威胁还在那里，他们不能就此放弃。然而，这时除了经济安抚阿政府和当地居民外，他们没有更好的解决办法。被“杜兰德线”划到印度版图上的那些土地，仿佛成了阿富汗国王寄存在英属印度的贵重物品，“每当他们（指阿富汗政府和当地居民）需要钱时，都会想起它来”。② 一时间，“杜兰德线”成为了烫手山芋。

这块烫手山芋在寇松担任印度总督时得以解决。这位天才边疆问题专家赴阿印边界实地考察后，认识到根本不可能通过勘界来对其落实。于是，他更改策略：从理论上加强“杜兰德线”的法律效力，因为“科学边界”只为沙俄等防御域外大国而准备。1901年，趁拉赫曼去世，阿富汗陷入王位争夺之际，寇松宣布印度成立西北边省。③ 以如此方式，不管未来阿富汗政府承认与否，根据英国法律，西北边省都是英属印度帝国的一部分。获得如此经验，英国人不再去勘界落实，而是不停采取措施加强“杜兰德线”法律效力。拉赫曼去世后，他们设法与拉赫曼的继任者哈比卜拉签约，拟让后者承认“杜兰德线”。④ 1905年，双方签署《英阿友好条约》，但对

① “PSLI. Vol. 79, No. 96, 15 May, 1896, Enc. No. 28, Panjab to India, 21 April, 1895,” cited from Leslie Harris, *British Policy on the North-West Frontier of India (1889-1901)*, thesis, School of Oriental and African Studies, 1960, p. 176.

② The Under Secretary of State for India presents his compliments to the Under Secretary of State for Foreign Affairs, and by direction of Lord George Hamilton, India Office, 5 January 1903, FO 65/1726, The National Archives of UK.

③ “Proclamation Establishing the North-West Frontier Pronvince,” cited from Leslie Harris, *British Policy on the North-West Frontier of India (1889-1901)*, thesis, School of Oriental and African Studies, 1960, pp. 425-426.

④ The Under Secretary of State for India presents his compliments to the Under Secretary of State for Foreign Affairs, and by direction of Lord George Hamilton, India Office, 5 January 1903, FO 65/1726, The National Archives of UK.

“杜兰德线”哈比卜拉含糊其辞。[①] 1907年《英俄条约》签订时，英国人还不忘这样强调：1905年英阿条约宣布他们承认与拉赫曼达成的协议与约定。[②]1919年，英国人迫使哈比卜拉的继任者签约，遭到后者拒绝后，他们不惜第三次大规模入侵阿富汗，随后迫使阿富汗政府接受了《1919年英阿条约》和《1921年英阿条约》。[③] 在英国看来，有如此多的条约佐证，不管阿富汗政府是否接受“杜兰德线”，从国际法角度，“杜兰德线”都是阿印国际边界。因此，英属印度地图也一直将“杜兰德线”标注为阿印国际边界。

二战后，英国需要从印度及早撤退。1946年，阿富汗政府向英国提出领土要求，表示“为避免未来可能发生争议，原先被英国吞并的前阿富汗领土，应该给予当地居民自由选择的机会，他们可以选择加入阿富汗或独立，如果是后者，阿富汗政府将给予承认。”[④] “杜兰德线”是殖民主义的产物，趁英国撤退印度之时，阿富汗索要这些领土，以获得阿富汗出海口，[⑤] 符合国际惯例。然而，阿富汗的这一诉求，成为英国人用来争取国大党接受自治领地位的工具。当时，艾德礼工党政府迫切希望国大党接受自治领地位，以实现其从英帝国向英联邦转变的大战略；[⑥] 而国大党则强烈要求印度完全独立，以实现印度大国梦。[⑦] 于是，伦敦决定拿阿富汗的领土诉求和

---

① Treaty signed at Kabul by Amir Habibulla and Louis W. Dane, 1905, CAB 37/77, The National Archives of UK.

② Convention concerning Afghanistan between Great Britain and Russia, 31 August 1907 (I. O. L./PARL/2/334). Cyriac Maprayil, *Britain and Afghanistan in Historical Perspective*, London: Cosmic Press, 1983, pp. 118-119.

③ "Treaty of Peace Between Great Britain and Afghansitan signed at Rawalpindi, 8 August 1919 (I. O. L/P&S/10/1131)," cited from Cyriac Maprayil, *Britain and Afghanistan in Historical Perspective*, London: Cosmic Press, 1983, pp. 125-126.

④ Note for Conversation with the Afghan Minister, Meeting with Afghan Minister, 28th October, 1946, FO 371/52278, the National Archives of U. K.

⑤ The Afghan-Indian Frontier, 15th October, 1946, FO 371/52278, the National Archives of U. K.

⑥ Confidential Record of Discussion at Second Meeting of Dominion Ministers Held on 23rd April, 1946, at 4: 00pm (Top Secret), DO35/1497, the National Archives of UK.

⑦ Telegram (top secret) from Secretary of State for India to Viceroy, 30th October 1946, FO 371/52278, the National Archives of U. K.

印度土邦的未来地位与国大党博弈，因为后者最为关心领土问题。① 对于阿富汗的诉求，英国人这样驳回："这个问题不能在阿富汗与英王政府之间单独处理，需要印度政府（指国大党和穆斯林联盟）参与才行。"②最终，经过激烈博弈，英国与印度两大政党达成《印巴分治方案》，巴基斯坦借此合法继承"杜兰德线"。③

英国人不顾阿富汗政府不接受"杜兰德线"的事实，依然让巴基斯坦基于这一地图边界线建国，无疑使得阿巴国际边界理论与现实的错位达到顶峰。这一错位产生的巨大间隙，不可避免地导致阿巴边界地带产生巨大安全漏洞。具体来说，理论上，"杜兰德线"已被固定为阿巴国际边界，任何国际主权主体都应该遵守，而现实生活中，它没有勘界落实，尤其是在普什图部落区。这种理论与现实的错位，如同阿巴国际边界在普什图部落区烂了个大窟窿，国际主权主体被挡在洞外，而"杜兰德线"两侧的普什图部落甚或他们的"朋友"则可以洞内洞外自由穿越。自然，这里是庇护"反政府"势力的天堂。再加上巴基斯坦基于"杜兰德线"建国，巴政府必须关闭再讨论该问题的大门，这个巨大安全漏洞由此没法填补，犹如黑洞。至此，阿巴边界"黑洞"初步形成。④

二、阿巴边界"黑洞"的影响

阿巴边界产生"黑洞"，势必造成深远影响。首先，它影响了阿巴关系和两国的发展。

巴基斯坦基于"杜兰德线"建国，但是《印巴分治方案》只明确规定

---

① To Prime Minister (top Secret), 12th May, 1947, PREM 8/553, the National Archives of UK.

② Telegram (top secret), from Secretary of State for India to Viceroy, 30th October 1946, FO 371/52278, the National Archives of U. K.

③ "Situation in India Preparations for the Transfer of Power," December 1946 – February 1947 (Folder 10), FO 371/63528, Adam Mathew Digital.

④ 关于这个黑洞形成的详尽过程，参见，姚远梅：《论阿巴边界黑洞的形成》，第 34—40 页。

英属印度各省的归属，对广大土邦和部落区的归属问题，[①] 仅附带说明英王政府希望土邦基于地理联系加入印度自治领或巴基斯坦自治领。[②] 事实上，那些因“杜兰德线”而产生阿巴边界争议区的领土存在于诸多土邦和部落区。[③] 英国人统治印度时，部落区虽然主权上归英属印度所有，但事实上处在独立于阿印之间的状态。英国人主要靠经济安抚来维持边疆安宁。再者，国大党早已在那里培植自己的势力，如俾路支的卡拉特邦（Kalat）和普什图地区的红衫党。基于这些事实，尽管在法律层面上巴基斯坦合法继承“杜兰德线”，获得这些地区的主权，但是，这些地区的实际归属还是未知数。当地居民有权基于自己意愿决定其归属：加入印度、巴基斯坦或选择独立。[④] 故此，对巴政府而言，他们不得不扛起如何兼并这些领土的重担，否则，巴基斯坦建国难以成功。

为吸引这些土邦和部落加入巴基斯坦，真纳出台签署《友好协议》的政策（Standstill Agreement），即与土邦和部落纷纷签订友好协议，将英国人对它们的权力移植至巴政府。一些地区愿意接受这一政策，如俾路支的马卡兰邦（Makran）、拉斯贝拉邦（Las Bela）和卡兰邦（Kharan）等，但是，

① 印巴分治时，印度土邦有560多个，部落区有普什图部落区、俾路支部落区和东北边境部落区（藏南地区），它们占英属印度帝国总面积1/2左右。

② “Speeches of the Prime Minister, the Right Hon. C. R. Attlee, in the House of Commons, 10 July 1947, on the Indian Independence Bill,” Nicholas Mansergh, *Documents and Speeches on British Commonwealth Affairs 1931-1952*, Vol. Ⅱ, London: Oxford University Press, 1953, pp. 689-694.

③ 当时，这一地区由属于英属印度管辖的西北边省（the North West Frontier Province）、特派专员的俾路支省（The Chief Commissioner's Province of British Baluchistan）以及众多只接受英王权威的印度土邦和部落区组成。土邦有卡拉特邦（Kalat）、吉特拉尔邦（Chitral）、卡兰邦（Kharan）、查伽邦（Chagai）等。部落区主要分布在现巴基斯坦的FATA和PATA地区。

④ 二战后，英国基于英联邦战略从印度撤退，而国大党则强烈要求印度完全独立。为迫使国大党接受自治领地位，英国决定拿土邦的未来地位与国大党博弈。因此，1946年《内阁使团方案》改变以往对土邦的政策，规定：英国人撤离后，土邦主权得到恢复，有自由选择其未来的权力。为避免印度次大陆巴尔干化，尼赫鲁等人不得不顾及自治领的地位，由此形成《印巴分治方案》。因为《内阁使团方案》已对土邦归属问题有上述明确规定，英国人没法推翻前面的做法，只能在《印巴分治方案》中重新规定土邦归属问题，故仅附带说明：英王政府希望土邦基于地理联系加入印度或巴基斯坦。相应，法律上来说，西北边境广大土邦和部落区，包括普什图部落区、俾路支部落区，以及俾路支众多土邦等，它们的归属由它们自己决定，加入巴基斯坦、印度或选择独立。

一些土邦和部落拒绝这样做。俾路支卡拉特邦（Karat）与国大党关系密切，它希望加入印度或选择独立。印巴克什米尔争端爆发后，卡拉特邦王公要求加入印度，遭到巴政府坚决反对。1948年，真纳下令武力兼并该地区，于是，第一次巴政府与俾路支人的冲突爆发。最终，虽然巴政府完成对这个土邦的兼并，但是，一股反巴势力由此诞生。这股势力受到阿政府和国大党的支持，三者甚至密谋联合西北边省和普什图部落区的反巴势力，包抄巴政府。① 与此同时，俾路支部落区乐意接受巴政府的补贴和签订《友好协议》，但却不愿签署《加入协定》，以维护其自由传统。如此这般，巴政府合并俾路支地区进展缓慢。

较之俾路支地区，普什图地区情况更为糟糕。自阿富汗的领土诉求被英国人拒绝后，西北边省和普什图部落区就爆发起义，要求按照自己的意愿决定归属。正因为此，《印巴分治方案》明确规定：巴基斯坦领土将涵盖“如果指定日前投票表决决定愿意加入巴基斯坦的西北边省”。② 1947年7月，英国人在西北边省组织全民公决，但前提条件是：他们只能选择加入印度或巴基斯坦。③ 这遭到阿政府及西北边省大部分普什图人的坚决反对。虽然投票结果显示愿意加入巴基斯坦的人员占多数票，但不被阿政府和普什图民族主义者接受。普什图部落区爆发起义，打出旗帜，要求按照自己的意愿建立普什图人的国家——“普什图尼斯坦”。1948年，趁克什米尔局势紧急时，他们连同俾路支反巴势力向尼赫鲁求助，以包抄巴政府。④ 面对如此局面，巴政府曾尝试空袭镇压，然而，反巴分子立即越过“杜兰德线”躲入阿富汗境内，而巴军必须遵守“杜兰德线”为阿巴国际边界。几颗炸弹落入阿境内，阿方指责巴军侵犯阿富汗领土，双方剑拔弩张，战争阴云

---

① “Anglo-Afghan Relations,” Serial No. 0/25/51, PREM 8/1458, the National Archives of U. K.

② “Situation in India Preparations for the Transfer of Power”, December 1946-February 1947 (Folder 10), FO 371/63528, Adam Mathew Digital.

③ “The Durand Line,” letter from Lord Hume to Prime Minister, 20th February, 1956, PREM 11/3172, the National Archives of U. K.

④ “Anglo-Afghan Relations,” Serial No. 0/25/51, PREM 8/1458, the National Archives of U. K.

密布。随后，巴政府指责阿政府干涉其内政，① 而阿政府反驳说：那是为了普什图问题得到公正、正确的解决。② 同时，阿政府重申：阿富汗必须干涉巴政府对西北边省和普什图部落区的兼并，因为“杜兰德线”事实上并不存在。③ 这样，巴政府不但没能合并西北边省和普什图部落区，反而引发阿巴边界冲突。如此局势下，英国人决定推迟至1955年再移交西北边省给巴政府。面对棘手的普什图问题和俾路支问题，巴基斯坦基于“杜兰德线”建国岌岌可危。

建国基础如此脆弱，巴政府自然不得不积极向外界大国求助。英国是巴政府的首选求助对象。基于巴基斯坦的英联邦席位，伦敦给巴政府提供政治、军事和经济方面全方位的支持，不但公开宣布“杜兰德线”是阿巴国际边界，而且借用美苏冷战主动邀请美国参与阿巴边界事务。④ 由此，阿巴边界矛盾成为美苏向阿巴地区渗透势力的主要缺口。反过来，阿巴政府倾向哪方阵营，取决于美苏对“杜兰德线”的立场。⑤ 1954年，美国及其《巴格达条约》和《东南亚条约》盟友公开宣布：“杜兰德线”为阿巴国际边界，美巴结盟形成。阿富汗达乌德政权积极靠近苏联，后者亦公开表示：支持阿富汗在“杜兰德线”问题上的立场。⑥ 阿巴边界争端卷入美苏冷战

---

① “Pakhtunistan,” telegram No. 169, December 15, 1954, DA1061/77, Unification of West Pakistan, FO 371/111944, the National Archives of UK.

② Declaration of Sardar Mohammed Daoud, Prime Minister of Afghanistan, DA1061/76, Unification of West Pakistan, FO 371/111944, the National Archives of UK.

③ Telegram, No. 1041/189/54, December 10, 1954, DA1061/78, Prince Daud's Statement to the Afghan press on the decision to unify the province of west Pakistan, FO 371/111944, the National Archives of UK.

④ North-West Frontier Province (top Secret), 1944-1951, DO 134/19, Files for India, Pakistan and Afghanistan, Adam Matthew Digital.

⑤ Minutes of a Meeting Held at 10 Downing Street on Thursday, 5th May, at 2: 45 p. m., 1960, PREM 11/3172, the National Archives of UK.

⑥ A Letter from Mr. Mohamad Ali, Prime Minister of Pakistan, to Prime Minister of UK, 17th April, 1956, PREM 11/3172, the National Archives of U. K., or referred to Telegraph No. 608, from U. K. High Commissioner in Pakistan to U. K. High Commissioner in New Zealand, 3rd April, 1956, PREM 11/3172, the National Archives of U. K.

中，问题变得更加复杂难解。

1955年，英国将军权和西北边省移交给巴政府。与此同时，巴政府出台一体化政策，拟将西部领土整合成一个单元——西巴，直属巴政府管辖。显然，西北边省和俾路支省的高度自治权将被削弱，故遭到当地民族主义者的强烈反对。阿政府坚持以往的立场：反对巴政府兼并这些领土。在这种情况下，利用美国及其盟友提供的坚强后盾，巴政府准备推翻亲苏的达乌德政权。① 有苏联的幕后支持，达乌德亦不甘示弱。为制衡巴政府，除支持普什图部落区反对巴政府外，他借用俾路支人的反巴情绪又培植了一股反巴势力。这股势力在阿境内部落区接受培训和支援，然后越过“杜兰德线”进入巴境内，游击反抗巴政府。待巴军予以打击时，他们又越过“杜兰德线”入阿境内得到庇护，因为巴军必须遵守“杜兰德线”为阿巴国际边界。故此，这股势力很快在阿巴边界“黑洞”中发展壮大，即形成了俾路支解放组织。在该组织带领下，1958—1959年、1963—1969年以及1973—1977年间，俾路支分离主义活动频繁，令巴政府头疼不已。

与此同时，在阿富汗政府的支持下，西北边省和普什图部落区亦经常爆发反巴起义。迫不得已，1970年，巴政府决定恢复西北边省和俾路支省的地位。不过，巴政府将这两个省份的一些部落区分离出来，组建省属部落区（PATA）。如将靠近巴控克什米尔的斯瓦特（Swat）、吉特拉尔（Chitral）和迪尔（Dir）等组建西北边省省属部落区；将俾路支省靠近普什图部落区的一些部落，如德拉布格蒂（Dera Bugti），兹霍布（Zhob）等组建俾路支省属部落区。省属部落区高度自治，省级议会无权管理，省督享有与巴总统对FATA一样的委任权。由此，这两个省份的实际管辖权得到削弱，但却赋予PATA更多自由空间，不久，分别成为普什图和俾路支分离主义者的藏身地。

阿政府在“杜兰德线”靠近阿富汗一侧培植反巴势力，当然，巴政府也可以这样做。1979年，苏联入侵阿富汗战争，这给了巴政府机会。趁阿

---

① “Aide Memoire,” from the High Commissioner in Pakistan to the Prime Minister of U.K., 23rd January, 1956, PREM 11/3172, the National Archives of U.K.

富汗反苏势力（包括反卡尔迈勒政权势力）鱼涌巴境内普什图部落区避难之际，巴政府联合美国培植一股反苏势力，以制衡阿政府对普什图和俾路支反巴势力的支持。这股势力在巴境内普什图部落区和西北边省接受培训和支援，随后越过“杜兰德线”进入阿境内，与苏军和阿富汗政府军展开游击战。待后者打击时，他们又越过“杜兰德线”入巴境内受庇护，而苏军及阿富汗政府军则必须遵守“杜兰德线”为阿巴国际边界。自然，苏联无论如何都无法打赢这场战争，而这股势力则在阿巴边界的“黑洞”中迅速发展壮大，即形成了阿富汗塔利班（简称阿塔）。

1982年春，莫斯科已认识到这场战争是无底洞，需要及早撤退。[①] 然而，待苏联专家讨论撤退方案时，他们再次发现：阿巴边界矛盾是钳制苏联顺利撤退的主要障碍。因为阿富汗政府优先要求维持其主权与领土完整，这牵涉“杜兰德线”问题，必须让巴基斯坦参与进来；[②] 而巴基斯坦已基于“杜兰德线”建国，必须关闭再讨论该问题的大门。同时，美国不希望苏联及早撤退，继续为塔利班提供援助拖住苏联，苏联因此深陷阿富汗战争泥潭。1986年，苏联已被拖得筋疲力尽，苏共中央开会时，戈尔巴乔夫不禁嚷道：“我们在阿富汗已经打了6年。如不改变，我们还得打20—30年……我们为什么一方面承认我们部队没能力控制形势，而另一方面又要无休止地打下去呢……”[③] 最终，莫斯科决定1989年2月15日前完成全面撤退。最后一刻，为体面撤退，不让阿富汗立即陷入内乱，苏联不得不动用国家储备金支付阿富汗安全部队的工资增长1500万卢布。[④] 苏军撤退后，1994年，阿塔上台执政。阿巴关系进入蜜月期。

阿巴蜜月期非常短暂。2001年，美国发动阿富汗反恐战争，塔利班政

---

① “塔别耶夫关于苏美商谈撤军问题与卡尔迈勒的谈话记录，1982年7月3日”，引自沈志华主编：《苏联历史档案选编》（第32卷下），北京：社会科学文献出版社，2002年，第727页。

② “苏共中央政治局会议记录（摘要，绝密，仅此一份），1983年3月10日”，引自沈志华主编：《苏联历史档案选编》（第32卷下），第764—766页。

③ “苏共中央政治局讨论阿富汗局势的会议记录，1989年3月12日”，引自沈志华主编：《苏联历史档案选编》（第32卷下），第812—813页。

④ “苏共中央政治局决定向阿提供军事援助补充措施的会议记录，1989年3月12日”，引自沈志华主编：《苏联历史档案选编》（第32卷下），第841—842页。

权被推翻，卡尔扎伊政府被扶植上台。鉴于阿巴边界“黑洞”是反政府势力的天然庇护所，塔利班等反美势力迅速越过“杜兰德线”入巴境内寻求庇护。他们在巴境内受训和接受外援，然后，用极端主义方式与美军展开游击战。他们可以自由穿越“杜兰德线”，而北约联军则必须遵守“杜兰德线”为阿巴国际边界。因此，如当年苏联一样，无论美国及其盟友的武器多么先进，他们都无法打赢这场战争。美国认识到问题的症结后，奥巴马政府拟定了阿巴战略，欲进行跨境打击。然而，这触碰到了“杜兰德线”问题。巴政府根本不可能就此问题与阿政府和谈，除非后者接受“杜兰德线”。而事实上，卡尔扎伊早就声明：阿富汗政府从未接受“杜兰德线”。这样，阿巴关系恢复过去的状态：阿巴政府均需要利用“杜兰德线”两侧的部落区扶植对方的敌对势力，以制衡对方。在这场战争中，巴基斯坦塔利班（简称巴塔）在普什图部落区不断兴起壮大。由于打不赢这场战争，美国需要撤退。在商讨撤退方案时，美国遇到了与苏联同样的困境。阿巴和谈不成功，美国撤退方案就会受影响。随之，美国的撤退方案不停变换，直到最后决定“结盟阿富汗”。2014年年底，美军大规模撤离，留下少数部队继续使用阿富汗军事基地，以帮助反恐。由此，美国实现体面撤退。

虽然美国体面撤离阿富汗，但是这场战争给巴政府留下了一个烂摊子，因为这场反恐战争使得“俾路支问题”和“普什图问题”发生嬗变。之所以如此，根源还是“杜兰德线”问题。因为边界矛盾存在，阿巴政府均需要利用“杜兰德线”两侧的部落区扶植对方的敌对势力，以制衡对方。而当阿塔和基地组织等以极端主义方式反对阿政府时，巴塔和俾解组织等也会以极端主义方式反抗巴政府。故此，美国阿富汗反恐战争越反越恐，使巴基斯坦俾路支省和西北边省安全局势急剧恶化。巴塔和俾解组织等反巴势力以“杜兰德线”两侧的部落区为基地，多次制造恐怖袭击，令巴政府防不胜防。为改善这种局面，巴政府将俾解组织列为恐怖组织，同时将西北边省更名为KP省，将普什图部落区分离出来成立FATA，但无济于事。由此可见，原来的“俾路支问题”和“普什图问题”已走出其关于归属问题的范畴，上升为更大范围的宗教极端和“圣战”运动，严重危及巴基斯坦主权和领土完整。并且，对于这些穿上恐怖主义盔甲的分离主义势力，巴政府无法消灭它们，除非阿巴就边界问题达成一致。而事实上，巴基斯坦已基于“杜兰德线”建国，它无法重启“杜兰德线”问题的谈判大门，否则，无异于自掘建国根基。这是恶性循环，看不到解决的希望。如2007年伊斯坦布尔“杜兰德线”会议所言：“杜兰德线已导致阿巴社会、经济和政治诸多问题诞生……它们彼此影响与制衡，这些衍生问题不解决，杜兰德线问题就无法解决，反之亦然。”①至此，如果说1947年巴基斯坦基于“杜兰德线”建国导致阿巴边界产生“黑洞”还是初步的，那么，经过几十年的时间，尤其是历经苏、美阿富汗战争的洗礼，这个“黑洞”已完全形成。

三、中巴经济走廊建设机遇与挑战

恰值美国从阿富汗撤退、阿巴边界“黑洞”完全形成之际，中国提倡发展中巴经济走廊，以促进“一带一路”建设的发展。至此，当年英国殖民者建立印度西北“科学边界”的主要覆盖区，如今成为中巴经济走廊的必经之地。那么，当年英国殖民者留下的这个“黑洞”区，将对中巴经济走廊发生什么作用呢？

中巴经济走廊，顾名思义，是贸易通道（trade route），将融合铁路、公路、油气管道等基础设施建设。对巴政府而言，这是历史上难逢的机遇，故被誉为“足以改变国家命运和世界格局的工程”。② 这一贸易通道经过哪里，哪里最能直接受惠，因此，巴方各省均想抓住这个机会。但是，就在中巴经济走廊项目剪彩之后，巴国内随即爆发了路线之争。

① “The Durand Line: History, Consequences and Future,” Report of a Conference Organized in July 2007 by the American Institute of Afghanistan Studies and the Hollings Center in Istanbul, Turkey, November 2007.

② “Eastern Corridor Route: Pakistan, China to Sign Infrastructure Financing Deals,” http://tribune.com.pk/story/870524/eastern-corridor-route-pakistan-china-to-sign-infrastructure-financing-deals/, April 16, 2015.

KP省、FATA和俾路支省提倡“西线”方案。他们认为：这些地区资源丰富，但经济落后，基础设施简陋，因此，中巴经济走廊路线应该通过该地，以保证它们在国家发展中获益，且这是连接喀什至瓜达尔港的最短线路。这个方案从何而来，由谁提出，目前尚无定论，但他们坚持这是最初方案。这一方案的大致节点是：北起喀什（Kashgar），经红旗拉普山口（Khunjerab）入巴境内，沿喀喇昆仑公路（Karakoram Highway）入巴控克什米尔地区吉尔吉特—伯尔蒂斯坦（Gilgit-Baltistan）境内，过阿伯塔巴德（Abbotabad）入KP省（Khyber Pakhtunkhwa），经米扬瓦利（Mianwali）、巴奴（Bannu）等地到达德拉伊斯梅尔汗（Dera Ismail Khan）、出德拉伊斯梅尔汗入俾路支省境内，经佐布（Zhob）、奎塔（Quetta）、胡兹达尔（Khuzdar）和本杰古尔（Panjgur）等，最后到达瓜达尔港（Gwadar）。①

从前面解析中不难看到，这些节点均是当年英国人建立印度西北“科学边界”的战略要地，即现在阿巴边界“黑洞”的前沿，安全状况很差。离该路线不远处是普什图和俾路支部落区，那里是巴塔和俾解组织等分离主义势力的基地。极端分子经常在这一地带活动，而巴政府却对他们束手无策，因为“黑洞”是他们的天然庇护所。从安全角度来说，如果中巴经济走廊路线经过该地，无异于火中取栗。再者，如果境外势力利用他们的反巴情绪来反对中国，在阿富汗一侧提供支援，那么，中巴经济走廊将无安全可言。

基于安全因素考虑，“西线”方案不足以取。于是产生了“东线”方案，即让中巴经济走廊路线绕开上述两省不安全地区，主要经过旁遮普省和信地省的方案。从喀什至喀喇昆仑公路地段，两种方案一致，不同处在于出喀喇昆仑公路至瓜达尔港的线路。“东线”方案拟定：出喀喇昆仑公路的曼瑟拉（Mansehra），经伊斯兰堡（Islamabad）进旁遮普省（Punjab），过拉合尔（Lahore）直至木尔坦（Multan），然后，沿木尔坦—海德拉巴（Hyderabad）和海德拉巴—卡拉奇（Karachi）M-9高速公路前进，最后沿

① “The China-Pakistan Economic Corridor is Easier Said Than Done,” http://thediplomat.com/2015/04/the-china-pakistan-economic-corridor-is-easier-said-than-done/, April 24, 2015.

卡拉奇至瓜达尔的沿海高速 N-10 到达瓜达尔港。[1] 这一路线地势平坦、人口稠密，沿途经过的旁遮普省和信地省是巴方相对富裕的地区。更为重要的是，这两个省份在巴政府的直接管控之下，不像“西线”沿途一些巴政府根本无力控制的地方。因此，从投资者角度来说，“东线”颇具吸引力。当然，旁遮普省和信地省民众均希望中方采纳这一方案。

KP 省、FATA 和俾路支省希望“西线”，而旁遮普省、信地省和投资者倾向“东线”。无疑，这是一对矛盾，给巴政府出了难题。如果巴政府选择“东线”，势必遭到“西线”支持者的反对。相应地，当地民族主义者或分离主义势力会借势发起反巴行动，增加他们的离心态势。建国以来，巴政府一直与普什图和俾路支的分离主义势力做斗争，深知“普什图问题”和“俾路支问题”对巴主权和领土完整所带来的危害。再者，现在这些分离主义势力已穿上恐怖主义盔甲，神出鬼没于阿巴边界地带，令巴政府头疼不已。基于这些历史经验与事实，谢里夫政府深知选择“东线”的严重后果。而如果选择“西线”，势必又遭到“东线”支持者的反对，因为中巴经济走廊是贸易通道，投资者优先考虑的是安全因素。

鉴于这个选择困境，中巴经济走廊项目剪彩后，巴方就陷入激烈的路线之争。“西线”省份坚决认为“西线”是最初方案，并向巴政府施压。KP 省省督卡塔克放言：如果放弃“西线”，中巴经济走廊将难见光明。[2] 普什图最大政党——人民民族党（The Awami National Party）领导人伊菲提克哈尔（ Mian Iftikhar）也公开声明：如果中央政府放弃“西线”，那是政府忽略小省份利益，是故意制造争议，“我们将反对任何对路线的更改”。[3] 俾

① “Eastern Corridor Route: Pakistan, China to Sign Infrastructure Financing Deals,” http://tribune.com.pk/story/870524/eastern-corridor-route-pakistan-china-to-sign-infrastructure-financing-deals/, April 16, 2015.

② “Pervez Khattak Unsatisfied with Changes in China-Pakistan Economic Corridor,” http://nation.com.pk/national/22-Apr-2015/pervez-khattak-unsatisfied-with-changes-in-china-pakistan-economic-corridor, April 22, 2015.

③ “Balochistan CM says not Taken into Confidence on Pak-China Corridor,” http://www.dawn.com/news/1179784/balochistan-cm-says-not-taken-into-confidence-on-pak-china-corridor, May 04, 2015.

路支人亦认为：如果巴政府故意绕过俾路支主要城市，将路线改为“东线”，明显是偏向富裕的旁遮普省和信地省，并掠夺俾路支的资源。俾路支省省督巴洛克博士明确表示：“俾路支人民必须从中巴经济走廊项目中获益”。[①] 俾路支分离主义势力领导人巴格提（Brahamdagh Bugti）[②] 也坦言：“旁遮普的统治者可以自由做他们想做的事情，但是，我们决不允许中国和旁遮普利用俾路支来谋取好处……我们决不允许我们的土地和资源被用来为它国谋取好处。”[③]

“西线”支持者的坚定立场，无疑给谢里夫政府的决策制造了困难。巴基斯坦是联邦议会共和制，其国家治理范式是政府、议会和法庭。政府决策需要议会讨论通过，而议会席位由四大省份和四个联邦领土区（FATA、伊斯兰堡、自由克什米尔和吉尔吉特—伯尔蒂斯坦）组成。鉴于KP省、FATA和俾路支省坚决坚持“西线”方案，谢里夫政府清楚议会讨论的结果。如果议会通过“西线”方案，那将具有法律效力，政府需要执行。但是，如果投资者不同意，这无疑会置政府于尴尬境地。如果议会通过“东线”方案，政府获得执行“东线”方案的合法性，但是，势必遭到KP省、FATA和俾路支省的反对，增加他们的离心力。届时，如果境外势力借势煽动他们的反巴情绪，那将不再是经济问题，而是涉及巴主权和领土完整的政治问题。谢里夫政府深知其中的利弊，故既不敢提交议会讨论，也不敢擅自宣布路线方案，只得安慰说：他们从未更改路线，路线方案还在拟定中。[④] 巴国家计划与发展部部长伊克巴则时常威吓说：“任何试图反对这足

① “Brahamdagh Bugti：‘China-Pakistan Deal Usurps Balochistan's Resources’，” http：//www.dw.de/brahamdagh-bugti-china-pakistan-deal-usurps-balochistans-resources/a-18405846，April 24，2015.

② 俾路支共和党（Baloch Republican Party，分离主义势力）的领导人，俾路支民族主义者阿克巴巴格提（Akebar Bugti）的孙子。

③ “Brahamdagh Bugti：‘China-Pakistan Deal Usurps Balochistan's Resources’，” http：//www.dw.de/brahamdagh-bugti-china-pakistan-deal-usurps-balochistans-resources/a-18405846，April 24，2015.

④ “Sound Bytes：‘Economic Corridor Will Have Multiple Routes’，” http：//www.dawn.com/news/1168081/sound-bytes-economic-corridor-will-have-multiple-routes，March 08，2015.

以改变国家命运的项目，都将是巴基斯坦的敌人”。[①] 如此这般，中巴经济走廊的路线方案迟迟没能出台。

最终，在中方催促下，巴政府抛出“多线”方案。[②]该方案不但将“西线”和“东线”包括进去，而且还增加白沙瓦（Peshawar）至拉合尔（Lahore）和瓜达尔港至苏库尔（Sukkur）的线路。[③] 该方案在 2015 年 5 月 28 日召开的全党大会（The All Parties Conference）上通过。[④] 显然，这是折中方案。巴政府宣称：“多条线路形同伞状向阿伯塔巴德（Abbotabad）汇合，经喀喇昆仑公路，过红旗拉普山口入新疆，最后到达喀什。”[⑤]而实际上，这如同借中巴经济走廊之名，将巴国内主要公路翻新一遍。此外，会上还达成以下几点：1.“西线”优先投入建设；2. 议会成立专门机构，监督中巴经济走廊项目实施；3. 修建一条连接 FATA 的巴焦尔特区（Bajaur agency）至德拉伊斯梅尔汗的公路。然而，就瓜达尔港的控制权归俾路支省还是巴中央政府，中巴经济走廊税收如何分享等问题，全党一致表示：暂时搁置，以后再议。[⑥]

巴国内达成“多线”方案，中巴经济走廊诸多基建项目有望落地实施。但是，对投资者而言，这提高了投资风险。因为这等同于投资者最为关心

① “Eastern Corridor Route：Pakistan，China to Sign Infrastructure Financing Deals，” http：//tribune. com. pk/story/870524/eastern-corridor-route-pakistan-china-to-sign-infrastructure-financing-deals/，April 16，2015.

② “CPEC：The Way Forward”，http：//nation. com. pk/blogs/05-Jun-2015/cpec-the-way-forward，June 05，2015.

③ “Sound Bytes：‘Economic Corridor Will Have Multiple Routes’，” http：//www. dawn. com/news/1168081/sound-bytes-economic-corridor-will-have-multiple-routes，March 08，2015.；“CPEC：The Way Forward，” http：//nation. com. pk/blogs/05-Jun-2015/cpec-the-way-forward，June 05，2015.

④ 巴主要政党，如俾路支人民民族党（Awami National Party，ANP）、普什图人民党（Pashtoonkhwa Milli Awami Party，PKMAP）、巴国家党（National Party，NP）等均来参会。

⑤ “Sound Bytes：‘Economic Corridor Will Have Multiple Routes’，” http：//www. dawn. com/news/1168081/sound-bytes-economic-corridor-will-have-multiple-routes，March 08，2015；“CPEC：The Way Forward，” http：//nation. com. pk/blogs/05-Jun-2015/cpec-the-way-forward，June 05，2015.

⑥ “CPEC：The Way Forward，” http：//nation. com. pk/blogs/05-Jun-2015/cpec-the-way-forward，June 05，2015.

的安全因素被搁置一边，反而先要帮助巴方修路。显然，这是巴政府将抉择困境的皮球踢给了中方。

鉴于此，中国该怎么做？如果坚持“东线”，势必遭到“西线”支持者的反对。届时，境外势力会利用他们反巴和反中国的情绪，在阿巴边界“黑洞”中培植一股反中国势力。如果这股势力也穿上恐怖主义盔甲，那么，中巴经济走廊将真的如KP省省督所言“难见光明”。

如果上述情况发生，届时，中国的战略选择不外乎这些：1. 中断中巴经济走廊建设；2. 联合巴政府军事打击这股势力；3. 经济安抚。第一种选择，意味着中巴经济走廊建设失败，进而导致中国“一带一路”大战略受影响。这不是中国政府和人民愿意看到的。第二种选择无疑是无底洞，历史事实一再证明阿巴边界“黑洞”是庇护反政府势力的天堂。如果中国联合巴政府对这股势力予以军事打击，那么将被迫拉入这个陷阱，重复苏、美在阿富汗的覆辙，只是阿巴角色对换而已。第三种选择也是无底洞。因为中方需要同时经济安抚阿巴两国政府和“杜兰德线”两侧的普什图和俾路支部落人，并且出价要超过竞争对手。否则，他们任何一方均可利用阿巴边界“黑洞”对反政府势力的庇护功能，来阻碍中巴经济走廊商贸路线的顺利进行。

当然，中国可以选择“西线”，直接向其支持者伸出橄榄枝。但中方依然无法排除这种可能：境外势力利用“黑洞”对反政府势力的庇护功能，培植反中国势力，并戴上恐怖主义头盔。如果这种情况发生，除面临上述三种战略选择外，中国还有另外一种选择：即与巴政府和人民一起展开长期的反恐战。

鉴于此，中巴经济走廊建设中如何避免陷入“黑洞”，值得深思。

美国外交中国大国化构想的失败

——以1948年对外援助法案为中心

[日] 高桥庆吉 撰　袁典 译*

一、序言

在日军和美军在冲绳展开殊死搏斗的1945年5月1日，美国正在召开由国务院、陆军和海军三部参加的调整委员会（以下简称“三部调整委员会”）。席间，海军部长詹姆斯·福莱斯特（James V. Forrestal）提出了如下问题。

面对俄国在远东的影响力，我们的政策是怎样的？我们是否希望有一个与之对抗的力量？如果我们希望如此，那么这个力量是中国，还是日本？①

随着对轴心国的战事接近尾声，福莱斯特越来越警惕苏联的势力扩张。在东欧，苏联正乘纳粹德国战败之机努力扶植亲苏势力。日本帝国的崩溃，极可能在亚洲引发同样的事态。福莱斯特对此十分忧虑，开始寻求足以对抗苏联影响的其他势力。而可能的选择，一是国土广袤、人口众多的中国，二是拥有亚洲最强军事和经济实力的敌国日本。

---

* [日] 高桥庆吉，日本大阪大学副教授；袁典，京都大学博士课程研究生。

① Walter Mills, ed., *The Forrestal Diaries*, New York: Viking Press, 1951, p. 52.

如果忠实地遵循已于4月去世的罗斯福总统的政策，那么，福莱斯特所提问题的答案不言自明。罗斯福的东亚政策，意在实现中国的大国化，并削弱日本的军事实力，使其无力再次发动战争。关于罗斯福的中国大国化设想，有一种颇具影响的观点认为，该设想在战争结束前既已被放弃。① 但实际上，罗斯福的继任者杜鲁门总统在战争结束后的一段时间内仍在努力推行同样的政策。那么，该政策的变化始自何时呢？

有关战后美国对日政策的研究一直指出，美国在1948年改变对日占领政策，是其亚洲冷战战略的起点。这一年，杜鲁门政府调整了对日占领政策，将首要目标从削弱日本军事力量转为复兴日本经济。而在背后支撑该项政策调整的，则是领导国务院政策研究室的凯南（George F. Kennan）所代表的日本重视论。②

另一方面，在有关美国对华政策的研究中，学者们一直强调的是1950

① 关于罗斯福的中国大国化设想，请参照如下著述：邹唐（Tsou Tang）：《美国的失败（アメリカの失敗）》（英文原著名 America's failure in China），太田一郎译，每日新闻社，1967年；五百旗头真：《美国的日本占领政策——战后日本设计图（米国の日本占領政策——戦後日本の設計図）》，第5版，中央公论社，1993年，第四章；汤浅成大：《第二次世界大战末期罗斯福对华政策再探（第二次世界大戦末期F·D·ルーズベルトの対中国政策の再検討）》，《美国研究（アメリカ研究）》，第21号，1987年；菅英辉：《美苏冷战与美国的亚洲政策（米ソ冷戦とアメリカのアジア政策）》，Minerva书房，1992年，第二章；南茜·B·塔柯（Nancy B. Tucker）《美国的战后亚洲构想（アメリカの戦後アジア構想）》，有贺道子译，收于细谷千博等编：《太平洋战争的终结——亚太战后秩序的形成（太平洋戦争の終結——アジア·太平洋の戦後形成）》，柏书房，1997年；Michael Schaller, *The U. S. Crusade in China, 1938-1945*, New York: Columbia University Press, 1979; Robert Dallek, *Franklin D. Roosevelt and American Foreign Policy, 1932-1945*, New York: Oxford University Press, 1995; Koichi Okamoto, "Imaginary Settings: Sino-Japanese-U. S. Relations during the Occupation Years," Ph. D. diss., Columbia University, 2000。

② 关于1948年美国调整对日占领政策，请参照：秦郁彦：《美国的对日占领政策（アメリカの対日占領政策）》，大藏省财政史室编：《昭和财政史——终战到议和（昭和財政史——終戦から講和まで）》，第三卷），东洋经济新报社，1976年；细谷千博：《旧金山议和之路（サンフランシスコ講和への道）》，中央公论社，1984年；五十岚武士：《对日议和与冷战——战后日美关系的形成（対日講和と冷戦——戦後日米関係の形成）》，东京大学出版会，1986年；石井修：《冷战与日美关系——合作伙伴的形成（冷戦と日米関——パートナーシップの形成）》，日本时报社（The Japan Times），1989年；麦克尔·谢勒（Michael Schaller）：《亚洲冷战的起源——美国的对日占领（アジアにおける冷戦の起源——アメリカの対日占領）》，五味俊树监译，木铎社，1996年。

年发生的政策变化。朝鲜战争爆发后，杜鲁门政府派遣第七舰队进入台湾海峡，以阻止中共政权占领台湾。美军和中国人民志愿军在朝鲜半岛开始军事对抗之后，一直试图避免采取敌视中共政权态度的杜鲁门政府改变方针，强化了对中共的封锁政策。此后，美国开始实施加剧中国分裂、阻挠中国大陆发展的政策。①

上述美国对日、对华政策的研究，似因更关注美日、美中关系而对罗斯福中国大国化及削弱日本军事实力政策发生变化的原因探讨不足。因此，这些研究虽然也指出当时的中国形势混乱是美国对日政策在1948年发生变化的原因之一，但却并未深入分析如下问题，即美国东亚政策的中心如何从中国转移到了日本？美国对日政策变化与对华政策改变又有着怎样的内在关系？而这些问题不明确，美国对华政策在1950年发生变化与罗斯福路线的关系也就无从谈起。

鉴于上述研究现状，本文将通过分析美国对华援助政策的变化，探讨伴随其对日政策调整而发生的1948年对华政策的改变。杜鲁门政府自战争结束至1946年年底实施的对华援助政策，其目的在于促进中国统一和增强其实力。然而，在马歇尔（George C. Marshall）将军对国共两党的调停归于失败、国共内战加剧后，杜鲁门政府放弃了强化中国乃至促进其统一的努力，其对华政策趋于消极，仅以维持蒋介石的国民政府为目的。而对此政策改变起到决定性作用的，就是作为对外援助法案的一部分而于1948年通

① 关于朝鲜战争给予美国对华政策的影响，请参照：前引邹谠（Tsou Tang）：《美国在中国的失败：1941—1950》（*America's Failure in China 1941-1950*, Chicago: University of Chicago Press, 1963）；Gordon H. Chang, *Friends and Enemies: The United States, China, and the Soviet Union, 1948-1972*, Stanford, CA: Stanford University Press, 1990; Melvyn P. Leffler, *A Preponderance of Power: National Security, the Truman Administration, and the Cold War*, Stanford, CA: Stanford University Press, 1992; Nancy B. Tucker, *Taiwan, Hong Kong, and the United States, 1945-1992: Uncertain Friendship* New York: Twayne Publishers, 1994; Warren I. Cohen, *America's Response to China: A History of Sino-American Relations*, 4th ed., New York: Columbia University Press, 2000; Zi Zhongyun, *No Exit?: The Origin and Evolution of U.S. Policy toward China, 1945-1950*, Norwalk, CT: EastBridge, 2003。

过的援华法。[1] 1948年的对外援助法案规定了被称作马歇尔计划的欧洲复兴计划，因此其对美国欧洲政策的重要性一直深受重视。[2] 本文正是注意到该对外援助法案同时也规定了援华计划和援助日本经济复兴计划，故试图从其与旨在谋求中国大国化和削弱日本军事实力的罗斯福路线之间的关系的角度，探讨该法案的法律意义。

二、中国大国化方针的起源

自海约翰（John M. Hay）国务卿的门户开放照会（1899年）到1950年朝鲜战争爆发，美国一直希望中国能够统一、独立、强大。许多美国人确信，为发展美中间的经济关系，必须把中国从妨碍其近代化进程的帝国主义桎梏中解放出来。而且，为稳定亚洲的力量平衡，也需要一个强大的、近代化的中国来制止各帝国主义国家对中国的野心。因此，帮助中国实现独立和强大，是美国半个世纪持续追求的目标。[3]

罗斯福的中国大国化构想，是门户开放照会以来美国对华政策的延伸。该构想即使与实际行动之间存在巨大落差，也依然与传统的对华政策相通。在美国眼中，中国是战后负责维护世界稳定的“四个警察”之一，其地位与美、英、苏并列。然而，较之依据武器租借法案给予英、苏的援助，美

---

① 关于援华法，请参照：前引邹谠：《美国在中国的失败：1941—1950》；前引菅英辉：《美苏冷战与美国的亚洲政策》，第二章；山极晃：《美中关系的历史发展　1941年—1979年（米中関係の歴史的展開　一九四一年——九七九年）》，研文出版，1997年，第五章；William Adams Brown, Jr. and Redvers Opie, *American Foreign Assistance*, Washington, D. C.: Brookings Institution, 1953), Chap 11; Ernest May, *The Truman Administration and China*, Philadelphia: J. B. Lippincott, 1975); John H. Feaver, “The China Aid Bill of 1948: Limited Assistance as a Cold War Strategy,” *Diplomatic History*, Vol. 5 (Spring 1981)。

② 日文著作请参照油井大三郎：《战后世界秩序的形成——美国资本主义与东地中海地区1944—1947（戦後世界秩序の形成ーアメリカ資本主義と東地中海地域一九四四——九四七）》，东京大学出版会，1985年，第七章。另，本文将授权法和岁出法一并称作“对外援助法案”。

③ Cohen, *America's Response to China*, p. 180.

国向中国提供的援助极少；在对各轴心国的战略及战后处理方面，起主导作用的是美、英、苏三国，中国也被排除在外。也就是说，尽管罗斯福有意谋求中国大国化，但美国对外政策的重点始终都放在欧洲。

但是，这却正是需要中国大国化的主要原因。由于美国以欧洲战线的战事为优先，无法向亚太方面投入充裕兵力，在这种情况下，美国非常需要中国协助拖住日军。害怕国民政府与日本单独议和的罗斯福，希望通过给予中国大国待遇，以换取其继续对日作战。[①]

不过，中国大国化构想也并非仅为应对战时需要。罗斯福的确认识到美国拥有强大实力，但同时认为，为维持战后世界稳定的考虑，美国须与几个地区大国合作。而且，罗斯福总统强烈反对欧洲各国的殖民地主义，认为白人与有色人种构建合作关系十分重要，因此希望把亚洲有代表性的国家纳入“大国俱乐部”。[②] 而从国家规模及与美国的关系考虑，这个国家非中国莫属。

罗斯福希望中国能够发挥的作用之一，是担起对日本的“警察”角色。1943 年 3 月，罗斯福在同英国外交大臣艾登（R. Anthony Eden）会谈时曾指出，中国将是阻止日本军国主义复活的“在远东极为有益的力量，我希望通过一切方法加强中国的力量”。[③] 在同年举行的开罗会议上，他还向蒋介石提议，“中国应在战后军事占领日本方面担负主要责任”。[④] 从罗斯福的这些发言不难看出，美国的中国大国化构想，与计划在迫使日本无条件投降后实施的削弱日本军事力量的政策是互为表里的。罗斯福试图通过扶植中国和削弱日本，将战前中日间的力量对比调转过来。所以，罗斯福的中国大国化构想虽属传统对华政策之一环，其意图却是为建立完全不同于战前的亚洲国际秩序。

从对苏关系考虑，中国大国化也是理想的选择。罗斯福在与英国外交

① 前引五百旗头真:《美国的日本占领政策》，上，第 148—151 页。

② 同上，第 152—153 页。

③ Department of State, *Foreign Relations of the United States*（以下简称 FRUS）*1943*, Vol. Ⅲ, p. 35.

④ *FRUS*: *The Conferences at Cairo and Tehran*, p. 323.

大臣艾登的上述会谈中还表示，“在同俄国发生政策方面的严重分歧时，中国肯定会站在我们这边”。[①] 而在国务院内部，还有人希望在美英间出现问题时也能得到中国的支持。1943 年 12 月形成的国务院文件这样写道，“从美国的利益和关心事项考虑，当美英及美苏间出现关系紧张或发生摩擦时，中国对美国表示友好”是非常理想的；还认为，中国与美国在东南亚及太平洋地区拥有共同利益，从而称中国为美国的“真正朋友和同盟国”。[②]

罗斯福的中国大国化构想，使中国成为联合国安理会常任理事国成为可能。基于 1945 年 6 月 26 日由 50 个国家的代表共同签署的联合国宪章[③]，中国获得了与美、英、苏并立的作为大国的国际地位。但这一地位仅是名义上的，当时的中国还不具备大国之实。由于国共对立，中国甚至连能否实现统一都不乐观。而且，对日作战尚在继续。中国要成为名副其实的大国，仍然离不开美国持续且强有力的支持。

可是，实际上，在联合国宪章签署的 4 个月之前，美国就已经与英、苏缔结了侵害中国主权的密约，即雅尔塔协定[④]。为争取苏联答应参加对日作战，罗斯福在事先未经中国同意的情况下，就同意维持外蒙古现状，以及苏联获得满洲的部分权益。这些密约的背景是，美国需要苏联参与对日作战，以减轻其负担；同时，罗斯福对推动中国大国化构想的热情已经减退。随着战争的进展，罗斯福对蒋介石对日作战的消极态度和国民政府的腐败越来越不满。而且，国民党军队因日军于 1944 年 4 月发动的大陆打通作战（即“一号作战”，中国称为豫湘桂战役）遭受到毁灭性打击，其脆弱暴露无遗。罗斯福似乎因此将期望转向了苏联。而其结果，便是雅尔塔协定的签订。

---

① *FRUS*：*1943*，Vol. Ⅲ，p. 39.

② *FRUS*：*1943*，*China*，pp. 486–487.

③ 后来，波兰也作为发起国签署了联合国宪章，故发起国为 51 个。

④ 关于雅尔塔协定，请参照 John L. Snell 编：《雅尔塔会谈的意义——三大国外交与新均势（ヤルタ会談の意義——三大国の外交と新しい力の均衡）》，远藤晴久译，桐原书店，1977 年（原著名：The Meaning of Yalta：Big Three Diplomacy and the New Balance of Power）；前引五百旗头真：《美国的日本占领政策》，第八章；Akira Iriye，*The Cold War in Asia*：*A Historical Introduction*，Englewood Cliffs，NJ：Prentice-Hall，Inc.，1974。

不过，我们不能因此就把雅尔塔协定简单地理解为，美国为加强美苏合作体制而牺牲了中国的利益。关于罗斯福总统对雅尔塔协定的意图，曾以驻苏大使身份参加雅尔塔会谈的哈里曼（W. Averell Harriman）于 1951 年 7 月在参议院军事外交委员会上解释说，那时是为了“阻止苏联在远东扩大其势力，并获得苏联对中国国民政府的支持”。[①] 美国担心的是，以对日作战为由涌入满洲的苏联军队会乘机把满洲从国民政府统治下分裂出来，另建亲苏国家；罗斯福于是试图通过事先约定苏联可在满洲获取的权益，来限制其扩大势力，同时让斯大林（Joseph V. Stalin）承诺支持中国国民政府。这是哈里曼的看法。果真如此，罗斯福在雅尔塔的尝试，可以说基本取得了成功。

那么，雅尔塔协定是中国大国化构想被放弃的结果，还是努力维持该构想的结果？罗斯福喜好个人外交，并且在雅尔塔会谈仅两个月后就突然去世，这都增加了回答此问题的困难。可以肯定的是，由于雅尔塔会谈后美苏关系迅速恶化，美国很难继续推行以对苏协调为基础的政策。在这种情况下，继任的杜鲁门政府能够采取的政策是，在维持雅尔塔协定的同时，为防止苏联的势力扩张超出协定范围而加强中国的力量。

当然，杜鲁门政府还有另外的选择，那就是利用日本。本文开头介绍的福莱斯特的发言，就是这种思路的反映。但是，对日作战结束前无从考虑自不待言，战后一个时期内，美国也很少有人考虑利用日本来阻止苏联扩张势力。倒是要求日本非军事化的声音强烈得多。占领日期初期，美国对其采取的严厉的惩罚式政策，其背景在此。

但是，要采取强化中国的方针，首先必须消除国共对立，实现中国统一。国共调停原由罗斯福政府时期的驻华大使赫尔利（Patrick J. Hurley）进行，但因调停未果，赫尔利于 11 月突然辞职。于是，杜鲁门将第二次世界大战中担任陆军参谋总长的马歇尔派往中国，令其继续调停。马歇尔于 12 月抵达中国，开始了旨在建立国共联合政府的长约一年的调停工作。

---

① Senate Joint Committee on Armed Services and Foreign Relations, *Military Situation in the Far East: Hearings*, 81st Cong., 1st sess., 1951, p. 3332.

杜鲁门政府试图建立的国共联合政府，完全是以蒋介石率领的国民党为主体的。因此，为巩固国民党的地位，美国对其实施了军事援助。这些援助多以延长对华租借法案的形式进行。从日本投降到 1946 年末，美国依据此法案向中国共提供援助约 7 亿美元，大部分用于运送国民党军队前往日军占领区实施接收。此外，1945 年 9 月，美国还向华北调派 5 万人的海军陆战队，以守卫北京、天津及中国北部的煤矿和重要铁路线。[①]

美国这些援助，招致中国共产党对美国的不满和批判，使马歇尔的调停工作更加困难，也助长了国民党武力消灭共产党的野心。为应对这种局面，1946 年 8 月，经马歇尔提议，美国采取措施禁止对华武器输出。然而，国民党军已占优势，且已有充分的军事物资储备。武器禁运措施未能改变国民党的武力统一路线。[②] 最终，马歇尔未能消除国共两党间的纠纷，而于 1947 年 1 月被召回国，担任国务卿。

马歇尔调停失败，迫使杜鲁门政府从根本上重新审视通过建立国共联合政府来实现强化中国的政策。军方有意见认为，国民政府拥有军事优势，应该支持其武力统一路线。但国务院并不看好国民政府的军事力量，对其放弃和平统一路线抱有强烈抵触。另外，部分国务院官员则试图放弃谋求中国统一的努力。据认为写于 1947 年年初的国务院中国处副处长石博思（Philip D. Sprouse）的备忘表示，“虽然美国付出了巨大努力”，但中国的统一“或许难以实现”。他说，此前美国一直谋求建立一个强大、统一、民主、进步的中国，马歇尔调停工作就是该政策的一环。可是，马歇尔的努力以失败告终，实现中国统一越来越困难，因此，“至少目前”，在考虑中国问题时，统一已不能作为优先选择。石博思主张，美国最应关注的，是防止中国成为美苏间的大麻烦，并且决不允许共产党统治中国，而非中国

---

① Department of State, *United States Relations with China: With Special Reference to the Period 1944–1949*（以下简称 *China White Paper*），pp. 311–314，pp. 1042–1053；Brown and Opie，*American Foreign Assistance*，pp. 317–326；Chester J. Pach，Jr.，*Arming the Free World: The Origins of the United States Military Assistance Program, 1945–1950*，Chapel Hill，NC：University of North Carolina Press，1991，Chap. 3.

② *China White Paper*，p. 181.

的统一。[①] 在1947年年初以后有关对华政策的重新审视过程中，这种对中国统一前景的悲观论极大地改变了杜鲁门政府的对华政策。

三、中国大国化政策的摇摆

在马歇尔调停国共两党失败后所进行的对华政策调整中，当务之急便是探讨对华武器禁运措施和军事援助。关于武器禁运问题，美国国防部和国民党政府成功说服了态度消极的国务院，于1947年5月予以解除。[②] 但军事援助问题，由于国务院强烈反对放行而陷入僵局。国务院反对的理由，在马歇尔3月4日给陆军部长帕特森（Robert P. Patterson）的信中说得很明白。马歇尔在信中指出，即便给国民党提供大规模军事援助，也很难彻底摧毁中国共产党；而部分援助则拖延中国内战，并将拖垮其经济，导致国民政府垮台。此外，马歇尔还担心，美国的军事援助会刺激中国人的反美情绪，并推迟腐败的国民政府实施改革。他认为，要解决共产党的威胁，实现中国统一，国民政府进行民主改革以强化其支持基础尤为重要。马歇尔担心的是，美国的军事援助将会使国民政府内部的"反动派"主张军事解决的气焰更加高涨，从而阻碍改革。[③]

国务院和军方在对华援助问题上意见相左，在三部调整委员会为讨论对外援助问题而成立的特别委员会的辩论中，也表现得很清楚。在讨论对希腊·土耳其援助问题时，与会者逐渐认识到应该基于世界局势考虑援助问题，而不应仅局限于这两个国家，于是3月11日在调整委员会下成立了这个特别委员会。[④] 在特别委员会讨论对华援助时，焦点仍是军事援助问题。陆军部和海军部要求采取"明确积极的政策"，以对中国提供给予希

---

① *FRUS*: *1947*, Vol. Ⅶ, p. 786.

② Ibid., pp. 833–834; *China White Paper*, p. 356.

③ *FRUS*: *1947*, Vol. Ⅶ, pp. 805–808.

④ *FRUS*: *1947*, Vol. Ⅲ, pp. 197–199; Joseph Marion Jones, *The Fifteen Weeks*: *An Inside Account of the Genesis of the Marshall Plan*, New York: Harcourt, Brace & World, Inc. 1955, pp. 199–200.

腊、土耳其那样的军事和经济援助。对此，国务院虽承认将来或有军事援华的必要，但反对现阶段予以援助。国务院认为，较之共产党的威胁，国民政府的经济问题更为严峻，表示应该优先进行经济援助，以支援中国进口必需物资和实施重建计划。陆军部和海军部严厉批判这种见解是“机会主义”，但却无法说服国务院。最终，4 月 11 日提交给调整委员会的临时报告（SWNCC360）对双方主张作了记述，而对华援助问题则留待进一步讨论。①

上述临时报告还有关于对日政策的简单记述，即“必须特别关注欧洲和远东的整体经济目标，和在占领地区——尤其是德国、日本——实施的经济政策之间的调整”。② 这段文字来自国务院为准备在特别委员会进行讨论而在内部设立的“对外援助委员会”（Committee on Extension of U. S. Aid to Foreign Governments）4 月 9 日的报告。该报告基于美国不能独自支撑世界经济的认识，指出必须恢复不依赖美国援助的、自立的、地区性和世界性的生产贸易体系。为此，应该推动战前欧洲和亚洲的生产贸易核心即德、日两国的复兴；报告认为这不仅是为了减轻美国援助的负担，也是为阻止共产主义扩大影响。该委员会成员之一琼斯（Joseph M. Jones）认为，共产主义“产生”于“经济混乱”，因此，应该充分利用德、日两国的生产能力，以改善欧洲与亚洲的经济状况，从而铲除这两个地区滋生共产主义土壤。③

---

① “Policies, Procedures and Costs of Assistance by the United States to Foreign Countries (SWNCC360),” (National Archives Microfilm Publication) Records of the State-War-Navy Coordinating Committee, Record Group353, National Archives (以下将 Record Group 简称 RG，将 National Archives 简称 NA); “Minutes of the Committee on Extension of U. S. Aid to Foreign Governments,” April 9, 1947, Folder: 5.1 Aid to Foreign Governments, Box: 17, Records of Interdepartmental and Intradepartmental Committee (State Department), RG353, NA; *FRUS*: *1947*, Vol. Ⅲ, pp. 205-206.

② Ibid., p. 215.

③ “State-War-Navy Coordinating Committee, Special Ad Hoc Committee, Study on Economic Aid,” Folder: Committee on Extension of U. S. Aid to Foreign Government, Box: 1, Joseph M. Jones Papers, Truman Library; From Jones to Walter Lippman, May 7, 1947, Folder: Dean Acheson's Speech before Delta Council at Cleveland, Miss, Box: 1, Jones Papers, Truman Library.

国务院对外援助委员会的意见，除纳入特别委员会的临时报告外，还被琼斯写进了副国务卿艾奇逊（Dean G. Acheson）计划在密西西比州克利夫兰进行讲演的草稿。4 月 23 日写成的该草稿提交给艾奇逊后，经过修改被用于 5 月 8 日的讲演，此即所谓“三角洲讲演”。[①] 在演讲中，艾奇逊称德、日是世界的“两大工厂”，应该推进两国复兴，这也是因第二次世界大战而疲弊已极的欧洲和亚洲经济复兴的不可或缺的条件。该讲演虽说重点是欧洲问题，但明确显示杜鲁门政府内部的政策辩论方向正在变化，即日本从应予惩罚的敌国正在变成应支援其复兴的对象。

除国务院外，军方也开始重视日本对美国的价值。艾奇逊进行三角洲讲演两天后，参谋长联席会议（Joint Chiefs of Staff，下文简称“参联会”）向三部调整委员会提交了一份从军事观点对 SWNCC360 的内容进行分析的报告（SWNCC360/1）。在报告中，参联会表示“日本依旧是潜力巨大的国家，使其永远不拥有军事力量是不可能的”，并评价日本是“能够在远东牵制我们意识形态之敌强大军队的唯一国家”，主张在制定对太平洋地区的援助政策时应首先考虑日本。较之对日本的高度评价，该报告对中国的评价极低。报告分析称，“中国拥有的最强军事要素是人口资源”，但中国既不具备工业实力，也不具备粮食生产能力，并将该资源有效用于战争。基于上述研究，参联会认为，在考虑美国在亚洲地区的安保政策时，要更加重视日本，而非中国。[②]

不过，参联会对上述立场有所保留，称该报告“并不代表参联会的最终意见”。[③] 实际上，参联会的另一份研究报告（SWNCC83/22）更加强调中国的重要性。其论据是，“在日本被解除武装并被占领的情况下”，中国国民政府是唯一能够抗衡共产主义扩张势力的亚洲政府。报告还指出中国是在联合国安理会拥有否决权的五大国之一。由于美国的“支援和坚持”，中国已被“视作大国之一，与美、英、苏、法一样肩负维持国际社会和平与安全的主要责任”。但是，如果“共产主义分子对国民政府的武装抵抗”

---

① 艾奇逊的三角洲讲演收于 Jones Papers，*The Fifteen Weeks* 卷末。

② *FRUS*：*1947*，Vol. I，pp. 735，738，745.

③ Ibid.，p. 736.

持续下去，中国可能无法承担其在联合国的责任，五大国之一陷入如此境地，也会导致联合国丧失威信。而如果国民政府被共产党军队推翻，对美友好的中国政府在联合国的地位将丧失，为受苏联控制的某个政府取而代之，为防止此类事态发生，美国必须采取“积极行动”。参联会乐观地认为，通过“较少的军事援助”，“国民政府可以在共产主义分子控制的地区确立支配地位”，暗示应利用军事手段排除中国共产党。①

对于参联会在SWNCC83/22中表达的见解，国务院表示强烈反对。远东司长范宣德（John C. Vincent）就指出其与过低评估中国的战略价值的SWNCC360/1之间存在矛盾，并对参联会主张对华军事援助加以批判。值得关注的是，范宣德反驳时认为中国即使被苏联控制，也不会立刻威胁到美国。其理由是，中国人行政低效、统治中国的负担极大、中国人反感外部势力干涉、中国的工业化及资源开发落后以及苏联对华援助能力有限等。②马歇尔也赞同范宣德的观点，并批评参联会主张以军事手段解决问题不现实。但马歇尔也不得不考虑到，由于国民党军队的弹药储备即将枯竭，美国有必要采取某种行动。用马歇尔的话说，这使国务院面临“困境”。亦即，如果对国民政府提供军援，将使美国卷入中国内战；而如果袖手旁观就等于帮助了共产主义分子。③ 最终，国务院回避了就对华援助问题即刻给出结论。7月，美国向中国派出了以魏德迈（Albert C. Wedemeyer）将军为团长的代表团，以进行实地调查，并待其提交报告后再做结论。

9月19日，代表团的报告提交到总统手上。魏德迈在报告中建议，满洲应置于联合国安理会五个常任理事国的保护之下，或者根据联合国宪章实行托管；同时还主张对国民政府实行军事和经济援助。④ 对此，国务院以不可能实现为理由驳回魏德迈有关满洲的建议，但在援助问题上却再次面

① *FRUS*：*1947*，Vol. Ⅶ，pp. 838-848.

② Ibid.，p. 849；前引菅英辉：《美苏冷战与美国的亚洲政策》，第108页。

③ *FRUS*：*1947*，Vol. Ⅶ，p. 635，pp. 850-851.

④ 魏德迈报告关于中国的部分收于 *China White Paper*，pp. 764-814。关于魏德迈代表团请参阅William Stueck，*The Wedemeyer Mission*：*American Politics and Foreign Policy during the Cold War*，Athens，GA：University of Georgia Press，1984。

临艰难选择。魏德迈提出对为期五年的经济援助计划及军需品予以放行，具体实施时由美国提出建议并进行监督等意见。对于有可能导致美国被迫为大规模援助和中国形势的发展承担责任，国务院曾予以拒绝。但在魏德迈已提交报告极力主张援助，以及中国形势不断恶化的情况下，国务院对援助本身无法继续反对，也不能再拖延表态。而且，联邦会议中要求对华援助的呼声也越来越高。面对这种局面，马歇尔最终承认有必要对国民政府提供援助，并决定开始讨论制订具体方案。

历史学家米斯坎贝尔（Wilson D. Miscamble）曾论述道，对促使马歇尔最终下决心实施对华援助以及制订相关方案发挥了至关重要影响的，是凯南在1947年11月3日撰写的文件。[①] 凯南在该文件中认为，美国试图帮助国民政府取得决定性胜利是“无益”的，他主张仅提供“能使美国舆论满意、又能尽量防止中国政府突然而彻底崩溃的最低限度的援助”即可。这种主张的背后，是对国民政府不再相信，同时对中国的战略价值评价极低。凯南认为，在东亚地区应予重视的是日本而非中国。因为，日本是“远东地区唯一有潜力的军事和工业大基地”，而中国“即使在遥远的将来也难以成为强大的工业国家”，“近期也不可能成为站在亚洲大陆窥视外部世界的军事大国”。另外，凯南还听从以远东问题专家身份参与国务院政策研究室工作的戴维斯（John P. Davies，Jr）的意见，预测中国共产党成功统治全中国的可能性极小，即使成功，也会“采取与莫斯科不同的独立路线”；[②] 因此，“国民政府垮台的确可叹，但不会对美国的在华利益造成毁灭性打击”。[③] 尽管如此，凯南撰写的这份文件还是承认，为防止国民政府突然而

① Wilson D. Miscamble, *George F. Kennan and the Making of American Foreign Policy, 1947–1950* (Princeton, NJ: Princeton University Press, 1992), pp. 220–221; “The Situation in China and U.S. Policy,” November 3, 1947, Folder: China 1947–48, Box: 13, Records of the Policy Planning of Staff, State Department, RG59, NA.

② 乔治·F·凯南：《凯南回忆录——对苏外交（ジョージ·F·ケナン回顧録——対ソ外交に生きて）》上，清水俊雄译，读卖新闻社，1973年，第352页。“Problems of U.S. Foreign Policy after Moscow,” presented at the National War College, May 6, 1947, Folder: 31, Box: 16, George F. Kennan Papers, Seeley G. Mudd Manuscript Library, Princeton University.

③ “The Situation in China and U.S. Policy,” NA.

彻底崩溃，美国有必要提供有限援助。而该方针被马歇尔及国务院广泛接受，是因为他们也不再看重中国的战略价值，同时又不希望中国全境被共产主义同化。就这样，杜鲁门政府对华政策的重点，从旨在实现中国的统一与强大，被修正为维持国民政府不至于垮台。而这样的政策，在国共和解无望的情况下，只能加剧中国的进一步分裂。

四、中国大国化方针的失败

凯南在回忆录中指出，美国人出于“奇妙的幻觉”，过于重视中国的重要性，而忽略了日本的价值。[①] 但是，从 1947 年后期到 1948 年年初，至少在杜鲁门政府内部，这种倾向正在发生改变。该时期，直接负责占领日本的陆军部正在制订一项试图把日本改造成亚洲工厂的援助计划。而关于中国，国务院正在主导制订另一项援助计划，而其目标则是消极的，即仅维持国民政府不垮台。

1947 年 12 月 30 日，负责经济问题的助理国务卿伍德（Clinton T. Wood）将详细的对华援助方案提交给了马歇尔。该方案建议从 1948 年 1 月 1 日开始，在十八个月内向中国提供总额 4.85 亿美元的经济援助。其中 4.35 亿美元用于食物和燃料等必需品的进口，其余 5000 万美元用于恢复交通和出口产业。在伍德将该方案提交给马歇尔的当天，国务院远东司长巴特沃斯（W. Walton Butterworth）就批评计算援助金额时使用的中国进出口数据的估算过于乐观。因此，该方案后来被修改，为进口必需品的援助金额增加到了 5.1 亿美元。[②]

该援华方案并未考虑直接对国民政府提供军事援助，但国务院并非没有考虑中国需要美国的军事物资。按照国务院的计算，中国在这 18 个月间的国际收支，除去军购部分，其赤字应为 4.45 亿美元到 5.1 亿美元；如果

① 乔治 · F · 凯南：《凯南回忆录》上，第 352 页。

② *FRUS*：*1948*, Vol. Ⅷ, pp. 442-445, 455; From Wood to the Secretary, State Department, Central Files, 893.50 Recovery/12-3047, RG59, NA.

出口状况良好，将赤字控制在 4.45 亿美元上下，则美国提供的 5.1 亿美元可改善其国际收支为盈余。在这种情况下，中国的财政经常项目就大为宽裕，从而能够将其用于军购。而如果中国的国际收支出现 5.1 亿的赤字，美国的援助将全部用于填补亏空；但即便如此，国民政府也就无须为填补赤字而动用其所持有的约 2.4 亿美元的黄金以及外汇，而仍有资金用于军购。总之，国务院的方案是试图通过改善国民政府的财政状况，在避免美国直接卷入中国内战的同时，向国民政府间接提供军事援助。①

但是，国务院也担心，援华方案避免提供直接军事援助，会在共和党占多数的第八十次国会上遭到抵制。当时，共和党内有几位坚定支持蒋介石的议员，如众议院议员佛瑞斯（John M. Vorys，俄亥俄州）、周以德（Walter H. Judd，明尼苏达州）等。② 他们强调中国的重要性，希望美国的对外政策同等对待中国和欧洲。亲蒋派议员在国会仅是少数，但他们对亚洲具有丰富的知识和经验，对相关法案审议的影响不容小觑。国务院最担心的是，亲蒋派议员会把批评的矛头指向预定在该次国会上同时审议的欧洲经济复兴援助计划，从而失去他们及其支持者的赞成票。为防止出现这种事态，国务院远东司在反对向中国提供直接军援的同时，仍再次提出总额为 7 亿美元或是 6.5 亿美元的经济援助方案，即远远超出 5.1 亿美元。但因副国务卿洛维特（Robert A. Lovett）反对远东局的该项建议，最终决定的对华援助计划是，5.1 亿美元用于进口必需品，6000 万美元用于重建。③ 援

① "Economic Assistance Program for China (Preliminary Statement)," State Department, Central Files, 893.50 Recovery/1-348, RG59, NA; *FRUS*: *1948*, Vol. Ⅷ, p. 455.

② 关于亲蒋派议员，尤其是其中心人物周以德，请参阅拙稿：《美国对华政策与院外挺华集团的诞生——以周以德为中心（アメリカの対中政策とチャイナ・ロビーの誕生——ウォルター・ジャッドを中心に）》，《阪大法学》第 53 卷第 2 号，2003 年，及第 53 卷第 5 号，2004 年。第 80 次议会，共和、民主两党在 1947 年 1 月的席位数如下：参议院——共和 51，民主 45；众议院——共和 244，民主 188。*Congressional Quarterly Almanac*: *1948*, Washington, D. C.: Congressional Quarterly News Features, p. 14。

③ *FRUS*: *1948*, Vol. Ⅷ, p. 446, 450, 456, pp. 459-460.

助形式则为“赠与或贷款，或两者兼有”，由总统视中国经济状况决定。[①] 2月18日，杜鲁门向国会提出了总额为5.7亿美元的对华经济援助计划。

虽然对华援助计划提交给了国会，但政府内部有关对华援助问题的争论却并未因此而结束。军方依然主张对华直接军援的重要性。3月26日，负责制订题为“美国有关对华提供短期援助的立场”（NSC6）的政策文件的国家安全委员会的工作人员提交了临时报告，其中提出几个对华援助政策的选项。第一，军事援助和经济援助都不予以提供；第二，为援助试图打倒中国共产主义分子的国民政府而进行大规模的军事和经济援助；第三，提供有限的军事和经济援助；第四，只提供有限的经济援助。陆海空军从“巩固国民政府在长城以南的统治”的愿望出发，看中第三个选项，即进行有限的军事和经济援助。而国务院则认为，中国“最多只有次要战略价值”，反对加强对其军事干预，因此主张只提供有限的经济援助。[②]

军方和国务院之间的意见对立，增加了制订NSC6的困难。不过，值得注意的是，连军方也已对国民政府获得最终胜利而统一中国不再抱有希望，因而只主张对其提供有限援助。军方和国务院都反对大规模军事和经济援助的原因是，美国将为此承受巨大成本，同时也担心招致苏联大规模援助中共。[③] 围绕制订NSC6的争论暴露了军方与国务院的意见分歧，也揭示了杜鲁门政府内部已达成广泛共识，即阻止共产主义统治全中国，远比中国统一更重要。

在政权内部讨论对华军援问题时，国会正就对华援助法案进行审议。3月11日，众议院外交委员会在对政府原案做两处较大修改后，批准了该法案。第一点修改是，将援华计划与欧洲复兴计划、援助希腊·土耳其计划

---

① Ibid., p. 484; Senate Foreign Relations Committee, *Foreign Relief Assistance Act of 1948*, The Legislative Origins of American Foreign Policy, Vol. 5, New York: Garland Publishing, Inc., 1979, pp. 683-684.

② *FRUS*: *1948*, Vol. Ⅷ, pp. 44-50.

③ Ibid., p. 47.

合并成一个法案。① 杜鲁门政府除欧洲援助法案外，还向第八十次国会提出了援华法案、援助希腊·土耳其法案以及援助占领地区经济法案等。援助占领地区经济法案中就包括陆军部主导制订的日本经济复兴援助计划，陆军部计划为此拨付约1.8亿美元的预算。② 众议院外交委员会有人坚持，这些援助法案，与其分别审议，不如制订一个“一揽子”对外援助法案。杜鲁门政府希望优先审议和处理欧洲援助法案，但却无法阻止该法案与其他法案一样成为“一揽子”法案的一部分；不过，为使欧洲援助法案尽快通过国会审议，政府成功地把占领地区经济援助法案从“一揽子”法案中剥离出来。政府之所以做到这一点，原因应在于众议院外交委员会要求“一揽子”法案的主要理由，是要把援华计划与欧洲援助计划、援助希腊·土耳其计划并为一体；而其背景则是，亲蒋派议员主张美国的对外政策应当给予中国和欧洲同等地位。③

第二点较大修改是，规定按给予希腊和土耳其同样的条件，向中国提供1.5亿美元的军事援助。委员会报告解释追加军事援助的理由是，若想美国的经济援助发挥出效果，需要“加强同共产主义分子作战的军队的军事力量”，以确保“和平与秩序”。其具体内容，除供应军需物资外，还设想为战斗和制定战略、战术给予建议，以及进行训练等。④ 由于增加了军事援助，经济援助被削减为4.2亿美元。

经上述两处修改后在众议院外交委员会获得通过的对外援助授权法案，其第一部分是欧洲援助计划，第二部分是贫穷儿童福利计划，第三部分是军事援助希腊·土耳其·中国计划，第四部分是中国经济援助计划。在审议该法案的众议院正式会议上，主要是民主党议员对委员会所做的两处修

---

① 3月11日众议院外交委员会通过的法案收于 House Committee on International Relations, *Foreign Economic Assistance Program, Part 1: Foreign Assistance Act of 1948 (Marshall Plan and Related Measures)*, Historical Series, Vol. 3, Washington D. C.: Government Printing Office, 1976, pp. 143-175。

② House Committee on International Relations, *United States Policy in the Far East, Part 1*, Historical Series, Vol. 7, Washington, D. C: Government Printing Office, 1976, p. 315.

③ 前引拙稿《美国对华政策与院外挺华集团的诞生——以周以德为中心》，第152页。

④ House Committee on Foreign Affairs, *Foreign Assistance Act of 1948*, 80th Cong., 2nd sess., 1948, Rept. 1585, pp. 55, 58.

改提出了许多质疑和批评。曼斯菲尔德（Mike Mansfield，蒙大拿州，民主党）议员和理查德斯（James P. Richards，南卡罗莱纳州，民主党）分别提出了将第三、四部分单列的修正案，但在共和党占优势的众议院没能获得多数支持。[①]

在参议院外交委员会，也有议员与国务院持相同见解，强烈反对向中国提供直接军事援助。但是，委员会不得不考虑如下因素：为使欧洲援助法案尽快早成立，对众议院方案让步是必要的，而且，参议院也有拨款委员会委员长布里奇（Henry S. Bridges，新罕布什尔洲，共和党）等要求对华军援的议员。因此，参议院外交委员会想出一个两全其美的方法，既能满足亲蒋派议员的部分主张，又可回避对中国内战的直接军事干预。那就是，在经济援助之外，再以赠与方式给中国 1 亿美元。参议院外交委员会的报告称，此赠款或“将依据中国政府自身的选择与责任”用于采购军事物资。[②] 参议院该方案成功整合了对军事援助持支持和反对的双方议员的主张，因而在国会获得广泛支持。其后，经与众议院协商，1.25 亿赠款正式决定下来。

4 月 2 日在参众两院通过的对外援助授权法，次日即经总统签署正式成立。其结构与众议院方案一样由四部分构成，但因纳入参议院方案，第三部分有关中国的内容被删除，而在第四部分则增加了有关 1.25 亿美元对华赠款的内容。对华经济援助，因增加了赠款以及援助期限缩短至十二个月而减至 3.38 亿美元，5 月开始的拨款法案在审议中又被进一步削减。6 月 19 日在参众两院通过的对外援助拨款法案，对向中国提供赠款 1.25 亿美元，并提供经济援助 2.75 亿美元予以承认。

对华援助法案的内容所反映出，国会多数派对国务院的方针大体上持支持态度。因为，可能导致美国直接干预中国内战的对希腊和土耳其那样的军事援助遭到否决，而仅以美国无须对其用途负任何责任的赠款形式的对华军援获得了承认。对华援助法案成立后，杜鲁门政府以接受法律规定

---

① 山极晃：《美中关系的历史发展 1941 年—1979 年》，第 224—225 页。

② Senate Committee on Foreign Relations, *Aid to China*, 80th Cong., 2nd sess., 1948, Rept. 1026, p. 9.

的形式终止了NSC6的审议,① 其后，在尽量避免干预中国内战的前提下，执行通过有限援助以维持国民政府的对华政策。

1948年的对外援助法案，除对华政策外，还改变了美国的对日政策。杜鲁门政府在将占领地区经济援助法案从对外援助授权法案中剥离后，即试图将其作为独立法案获得通过；但当时国会夏季休会在即，时间十分紧迫。于是，杜鲁门政府试图将对外援助拨款法案中的占领地区救济资金，即所谓“加里奥”援助（Government and Relief in Occupied Areas，GARIOA）的适用范围加以扩大，以使支援日本经济复兴成为可能。② 5月19日，总统要求国会在“加里奥”援助规定中加入以下文字，即该援助款项可用于“日本与朝鲜以及琉球半岛的经济复兴的目的”，并要求为“加里奥”援助款项追加1.5亿美元，使其总额达到14亿美元。③ 当时的国会在对日经济援助上并不积极，但考虑到减轻美国占领日本开支的需要，仍有较强声音希望日本早日复兴。早在1947年3月，众议院拨款委员会的报告在有关“加里奥”援助的记述中就已提到，有必要使包括日本在内的占领地区的经济实现自立。④ 为此，陆军部一直主张必须为此动用美国资金；其结果，对外援助拨款法案规定了总额为13亿美元的“加里奥”援助，并允许其中一部分可用于日本、朝鲜及琉球群岛的经济复兴。不过，该法案并未明确规定可动用多少“加里奥”援助款项以援助日本复兴经济，因此，陆军部考虑削减用于防止病饿蔓延等该援助本来宗旨的资金，以尽量挤出资金援助日本

① Kenneth W. Condit, *The History of the Joint Chiefs of Staff: The Joint Chiefs of Staff and National Policy*, Vol. Ⅱ, Wilmington, DE: Michael Glazier, Inc., 1979, p. 447.

② Howard B. Schonberger, *Aftermath of War: Americans and the Remaking of Japan, 1945–1952*, Kent, OH: Kent State University Press, 1989, p. 191.

③ House Committee on Appropriations, *Revision of Appropriation Language for the Civil Functions, Department of the Army*, 80th Cong., 2nd sess., 1948, Doc. 659, pp. 1–3.

④ House Committee on Appropriations, *First Deficiency Appropriation Bill, 1947*, 80th Cong., 1st sess., 1947, Rept. 200, p. 11.

经济复兴。[1] 6月28日，对外援助拨款法案经总统签署正式生效。从此，亚洲出现了以亚洲工厂日本为中心的冷战体制。

五、结语

1948年生效的对外援助法案，标志着美国改变了以中国大国化和削弱日本军事实力为目标的罗斯福路线，开始实行其全新的东亚政策。基于该法案所规定的对华援助计划，美国启动了以维持国民政府为目的的政策，而不再追求中国的统一和强大；对日本，则根据对日援助计划开始实施复兴日本经济的政策，而不再谋求削弱其军事实力。美国之所以希望日本经济复兴，是认为亚洲工厂日本的复兴可以改善全亚洲的经济状况，并有助于遏制共产主义乘各国政治、经济混乱进一步扩张其势力。由于这一系列政策转变，美国把对华干预限定在一定范围之内，同时开启了以日本为核心的亚洲冷战战略。

历史学家孔华润（Warren I. Cohen）曾评论说，美国的对华政策在1950年出现了“巨大偏离”（great aberration）。同年，在朝鲜半岛与中国共产党军队交火的美国，开始了其遏制中国发展的政策。孔华润认为，这偏离了美国自19世纪末以来长达半个世纪的以中国的富强与独立为目标的对华政策。[2] 不过，从传统对华政策的“巨大的偏离”，并非美中在朝鲜半岛发生军事冲突后忽然出现的，而是在杜鲁门政府于1948年放弃中国统一而实行以维持国民政府为目的的政策时就已经开始。因为，在国共两党和解无望的形势下实施维持国民政府的政策，只能使业已分裂为国共不同统治区域的中国的分裂状态持续下去。

美国不得不采用上述政策，是因为在马歇尔调停国共两党失败、中国

---

① 陆军部曾使日本经济复兴援助计划获得更多的资金。最终，对日经济复兴援助获得拨款1.08亿美元（” GARIOA and EROA Programs,” Folder: Appropriations - GARIOA & EROA, Box: 1, Joseph M. Dodge Papers, Detroit Public Library）。

② Cohen, *America's Response to China*, p. 180.

实现统一的可能性越发渺茫的形势下，美国既无法从中国彻底退出，也无法大规模介入中国内战。无法彻底退出中国问题的理由之一是，美国不愿意看到中国被共产主义完全控制。此外，国会也有亲蒋派等议员强调中国的重要性，要求美国政府不要放弃蒋介石政府；而在对欧政策上需要各党派全面支持的杜鲁门政府，自然不能忽视他们的要求。但美国实在无法大规模介入中国内战。因为，美国会因此背负难以承受之重，还会刺激到苏联。再者，国务院内部认为中国落后、干预中国形势没有意义的主张也很强烈。出于上述种种原因，杜鲁门政府既无法停止干预中国，也难以大规模介入中国内战，进退两难之下，不得不采用提供有限援助以维持国民政府的政策。其结果则是进一步加剧了中国的分裂。

杜鲁门政府有限干预中国局势，对日本同样具有重要意义。如果美国通过派遣本国部队，或提供军援而大规模介入中国局势，那么，本文序言所述福莱斯特所提出问题的答案或许是，强化中国，或既强化中国也强化日本。但是杜鲁门政府没有或者说未能选择那样的路线，这使美国外交中国大国化方针归于失败，而以日本为核心的亚洲冷战战略就此拉开了序幕。

1948 年美国的对外援助法案生效之后，国民政府统治区域仍在不断缩小。美国的有限援助，也无法使国民政府扭转战局颓势。然而，对美国具有讽刺意味的是，国民政府的失败却使中国大国化成为可能。随着国民党败走台湾，中国共产党基本实现了中国的统一，而中国的统一正是美国外交中国大国化方针的前提条件。

在这种形势下，杜鲁门政府在尽量降低对台湾干预的同时，采取了以政治、经济手段利用中苏间出现的任何裂痕的方针。[①] 在美国国内，亲蒋派等议员反对离间中苏，要求对台湾提供防卫、加强与台湾当局的军事关系。但是，杜鲁门在 1950 年 1 月 5 日发表声明，明确表示美国现阶段未考虑在

① *FRUS*：*1949*，Vol. IX，pp. 494–495. 关于离间中苏的方针，请参阅 John L. Gaddis：《持久和平：冷战史证言“核武・摩擦・和平”（《ロング・ピース—冷戦史の証言“核・緊張・平和”》））》（*The Long Peace*：*Inquiries into the History of the Cold War*），五味俊树等译，芦书房，2002 年，第六章；Chang，*Friends and Enemies*。

台湾获取特殊权利或军事基地，而且没有干涉中国内战的意图。[①] 国务卿艾奇逊在1月12日就北起阿留申群岛、经日本和琉球群岛、南至菲律宾群岛的防卫线发表演说时，也将台湾排除在该防卫线之外。在演说当中，他还强调中国的民族主义，表露出希望中苏反目的极大期待。[②] 杜鲁门政府对中国内战保持中立的态度，在受到朝鲜战争爆发的冲击后也未改变。杜鲁门为避免朝鲜半岛的战火蔓延到台湾海峡，于6月27日命令第七舰队开进台湾海峡，但这个措施被解释为并不仅是为了防止中共收复台湾，也是为阻止台湾进攻大陆。[③]

即使成功地离间了中苏，也不意味着美国与中共的关系将得到改善。杜鲁门政府对此是有所认识的，但仍期待着脱离了苏联阵营的共产主义中国能够对美国友好，并尽量避免对中共政府采取敌对姿态，以努力扩大这种关系改善的可能性。然而，1950年年底朝鲜战争中中美交火，瞬间击碎了杜鲁门政府的希望。美国士兵倒在中共军队的枪下，使共产主义中国成为美国不共戴天的仇敌。

但是，即使局势没有如此演变，靠离间中苏来实现罗斯福所期待的中国大国化，也是不可能的。共产主义中国和美国的社会体制截然不同，而且中共不愿放弃敌视美国的态度。另有研究表明，中共领导人认为，美国介入朝鲜战争、派遣第七舰队进驻台湾海峡，显示美国已开始实施其进攻中国的计划。[④] 美国方面也存在妨碍美中和解的要素。受到中国共产党取得全国政权的冲击，以及参议院议员麦卡锡（Joseph R. McCarthy，威斯康辛州，共和党）活动的影响，美国国内反共产主义的舆论极度高涨。鉴于此类舆论压力，杜鲁门政府不可能完全切断与台湾当局

---

① *Department of State Bulletin*, XXII, January 16, 1950, p. 79.

② Dean Acheson, "Relations of the Peoples of the United States and the Peoples of Asia: We can help where we are wanted," *Vital Speeches of the Day*, XVI, February 1, 1950, pp. 238-244.

③ Edward H. Judge and John W. Langdon, comps/ eds., *The Cold War: A History through Documents*, Upper Saddle River, NJ: Prentice Hall, 1999, p. 70; 前引John L. Gaddis:《持久和平：冷战史证言“核武·摩擦·和平”》，五味俊树等译，第148、292页。

④ 朱建荣：《毛泽东的朝鲜战争——中国跨过鸭绿江之前（毛沢東の朝鮮戦争——中国が鴨緑江を渡るまで）》，东京：岩波书店，1991年，第53页。

的关系。

最终，期待中苏反目而使中国成为“真正的朋友和同盟国”，无非是幻想。1950 年的朝鲜战争使杜鲁门政府痛切地感受到了这一点，从而不得不再次拾回 1948 年的路线。其结果，美国加强了对台湾的防卫，并开始正式实施封锁中共的政策。但形势已与 1948 年大不相同，此时的中国共产党已明显是美国的敌人，而这个敌人已经是几乎掌握了全中国的巨大势力。美国对此深感危机，从而更加认识到日本的重要性。

福特政府与中美关系正常化进程研究

——兼论福特政府时期中美未能建交之原因*

郭永虎**

摘　要　福特政府时期，由于中美在台湾问题上的分歧而导致两国双边关系正常化进程甚微，未能如期建交。造成这种结果的原因是多方面的：在战略上，美国不肯彻底放弃台湾；在国内，福特面临国会、舆论以及连任竞选的压力；从美国决策模式来看，福特深受基辛格对华政策的影响。

关键词　关系正常化　中美关系　福特政府　台湾问题

1972年中美上海《联合公报》的签署标志着两国正常化进入一个新阶段，并为中美建交奠定了基础。尼克松曾承诺，将在其第二任总统期间解决中美关系正常化问题，即在1976年之前实现全面正常化。① 然而，尼克松却因“水门事件”在其第二任期中途被迫辞去总统职务。福特政府时期（1974—1977）中美关系正常化进程进展甚微，直到卡特总统任内的1979年，中美正式建交这一目标才得以实现。究竟是什么原因导致福特政府时

---

* 本文系教育部人文社会科学研究规划项目（项目编号：08JC810009）阶段性成果之一。

** 郭永虎，吉林大学马克思主义学院教授。

① *Foreign Relations of the United States* (*FRUS*), 1973－1976, China, Vol. XVIII, Washington, D. C.: U. S. Government Printing Office, p. 335.

期中美关系完全正常化迟迟未能实现？美国国务院新近解密的外交档案为解释该问题提供了原始文献支撑，笔者将以这些档案文献为依据，对福特政府对华决策过程及其困境进行初步的探讨。

一、遭遇"瓶颈"：基辛格与邓小平关于中美关系正常化的会谈

福特继任总统后基本延续了尼克松时期的对华政策，中美关系正常化仍在继续进行。1974 年 8 月 10 日，福特接见中国驻美联络处主任黄镇，向其保证将延续尼克松的改善对华关系的政策。第二天，基辛格通过驻华联络处主任布鲁斯（Bruce）向毛泽东转交福特的致信，表示新政府将延续《上海公报》中声明的政策。① 福特还致信毛泽东，称对他的政府而言，没有比"加快"实现美中关系正常化更为重要的事了。② 8 月 13 日，福特在具体说明美国的对外政策时指出，"对中华人民共和国，我保证继续信守《上海公报》的原则。建立在这些原则的基础上的新关系已经表明它是符合双方重要的和客观的利益的，而且已经成为世界局势中的一个持久的特征"。③ 中国对美国的表态予以积极回应，1974 年 9 月 5 日，邓小平在会见美国国会代表团时指出，中国对美的方针政策没有改变，相信中美两国关系在《上海公报》的基础上是可以得到发展的。④

1974 年 11 月 25 日，受福特派遣，基辛格在结束海参崴美苏最高级会谈返美途中访华，目的是向中国领导人表达美国对华政策的连续性，也为了抵消美苏最高级会谈给中美关系带来的影响。11 月 26 日至 28 日，邓小

① *FRUS*, 1973-1976, China, Vol. XVIII, p. 518.

② ［美］罗伯特·罗斯：《风云变幻的美中关系：在谈判中合作（1969—1989）》，丛风辉等译，北京：中央编译出版社，1998 年，第 101 页。

③ 《美国新总统福特向国会谈对内对外政》，《人民日报》1974 年 8 月 14 日，第 6 版。

④ 中国外交部档案馆编：《伟人的足迹：邓小平外交活动大事记》，北京：世界知识出版社，1998 年，第 106 页。

平连续同基辛格举行了五次会谈。台湾问题乃是中美关系正常化的核心问题。11月26日，基辛格首先向中方陈述了美国的基本立场：减少在台湾的驻军，重申《上海公报》，不支持“两个中国”“一中一台”及其变种，也不鼓励别国那样做。关于外交地位问题，美国准备按“日本模式”[①] 进行实质性的解决，但是最好能使美国在北京设立大使馆的同时在台湾保留联络处。关于美军在台湾的驻扎问题，美国准备把军队全部撤出台湾，到1976年夏天撤出一半，剩下的在1977年撤出。关于美国与台湾的防卫关系，基辛格表示，美方还没有一个好的答案，美国与日本的情况不同，美国与台湾有正式的防卫关系，在美国国内有相当一部分势力支持台湾，美国只能渐进而谨慎地与中国合作以抵消国内支持台湾的因素。美方希望实现的，是一步一步地同台湾分离。[②]

可见，美国的上述承诺是有条件的。一是基辛格建议在美国与台“断交”的同时要求中国允许其在台湾设立联络处；二是美国从台湾撤军是渐进式的部分撤出，而非一次性完全撤出。不仅如此，基辛格还提出了一个更为苛刻的条件，即，在同北京建立外交关系、承认中华人民共和国是中国的合法政府之前，美方要在一定阶段得到中国和平解决台湾问题的保证，“如果美国能够得到中国的承诺，美国将接受北京是中国合法政府，同时将收回对台湾的承认，并与之断绝‘外交关系’，撤出驻台军队”。对此，基辛格解释说，“打破同台湾‘外交关系’所带来政治及心理结果是，美国与台湾的防卫关系也将随着对北京的承认趋于瓦解。因此，我们需要一个使公众舆论适应的过渡期，在这个过渡期，该进程应在不引起国内的过度紧张的情况下完成”。[③]

显然，基辛格提出的方案表明了美国在台湾问题上的态度有所后退，它并未决心与中国实现关系正常化。对此，邓小平指出，美方立场倒退了，

① 即中日建交模式，日本同意在台湾问题按照“断交、废约、撤军”三原则与中国正式建交。

② Ford Library（福特总统图书馆馆藏档案），National Security Adviser，Kissinger Reports on USSR，China，and Middle East Discussions，Box 2，China MemCons and Reports，November 25–29，1974，Kissinger's Trip. 另见：*FRUS*，1973–1976，China，Vol. XVIII，p. 579.

③ *FRUS*，1973–1976，China，Vol. XVIII，p. 580.

美国还在台湾还保留着“大使馆”，这本身即表明，还不存在关系正常化的必要条件。“在北京设立大使馆，在台湾建立联络处，这不是改正问题的方法”，而实际是“一中一台”的翻版，因此中国很难接受这个方案。“如果我们实现了两国关系的正常化，遵守《上海公报》定下的原则，那么，（美国）和台湾的防卫条约就必须废除”。关于解决台湾问题的方式，如果美国断绝同台湾的“外交关系”，台湾问题应该留给中国人自己来解决。“至于我们用何种方式解决台湾问题，我相信毛主席在他的谈话里已经讲得很清楚了”。[①]

11 月 27 日上午，中美举行第三次会谈。邓小平再次明确地重申了中美建交“三原则”，提出只能按照“日本模式”建交，一旦华盛顿终止它与国民党当局的防卫条约，台湾问题就将成为中国人自己解决的“内部事务”。“在这一过程中，任何形式的评判或保证，以及任何形式的卷入，我们都不予接受”。然后，邓小平表示，如果华盛顿由于“需要台湾”和因为“国内的困难”，还有待于时间，那北京可以等待，等到你们考虑清楚了，干干脆脆，一下子解决。我们可以等几年，甚至还可以不催你们。所以很明显，现在解决这个问题时机还不成熟，因为根据你们的方案，我们不可能接受这样的关系正常化。看起来像是你们仍然需要台湾。[②]如果不接受“三原则”，中美是无法谈的。“两个中国”和“一中一台”是令人无法接受的，台湾问题作为中国内部事务应中国自己解决，中国采取什么方式，是否采取和平方式，将由中国人自己决定。关于正常化问题，时间表和步骤并不重要，美国是否、何时削减驻军，多或少也不重要，因为美国已将“大使”派驻台湾，是否降低级别也不重要。“三原则”不容商量，这不意味着我们不想与美国解决该问题，因为美国正在占领台湾。“解铃还须系铃人，既然时机不成熟，我们可以等。直到你们认为可以解决的时候，这可以形成书面文件，我们可以等几年，如果可以解决，必须坚持‘三原则’。我们不能将内部事务向美国承诺，中国不允许他国，包括美国参与解决台湾问题”。[③]

---

① *FRUS*, 1973-1976, China, Vol. XVIII, p. 582.

② Ibid., p. 585.

③ Ibid., p. 622.

从上述中美会谈的内容可以看出，台湾问题是中美关系正常化过程中最难解决的一个问题，它不仅是双方谈判时关注的焦点，也是影响谈判进程的最大障碍。在该问题上，中方坚持按照“日本模式”建交，以“断交、废约、撤军”三原则作为实现两国关系正常化的前提，至于用什么方式解决台湾问题则由中国人自己决定；而美方一直把中方承诺和平解决台湾问题作为美国从台湾撤军、终止防御条约的砝码。正是在这个重要问题上中美回旋的余地太小而使谈判陷于僵局，除了使正常化渠道得以维持外，双方的谈判收获甚微。

二、福特访华与中美关系正常化谈判

尽管中美在台湾问题上未能达成协议，但是中美仍未放弃继续通过谈判开启关系正常化的努力。1975年4月1日，邓小平会见美国众议院议长时表示：“我们的愿望就是，双方沿着《上海公报》的原则精神坚持走下去，双方都不要后退”。6月2日，邓小平在会见美国报纸主编协会代表团和美联社董事长时向美方指出：“我们抱着这样一种态度：福特总统要来，我们欢迎，来谈问题也可以，不谈问题也可以，谈得拢也可以，谈不拢也可以。至于福特总统的访问是否带来中美关系的某种前景，这是要由福特总统去考虑、去决定的问题”。①中方的表态给美国以很大灵活性，美方给予了积极回应。1975年7月，基辛格的决策班子在致他的备忘录中明确指出，赞成改善美中关系，并认为福特的访华行程是一次契机，尽管“我们的判断并不是‘不惜任何代价的正常化’，但加强与北京现有的关系——尽管有限——将符合美国的长期外交政策利益……如果一个可接受的正常化协议得以立刻进行。”②

基辛格采纳了上述建议，要求美国国务院筹划福特总统的访华计划。

① 李捷：《“柳暗花明又一村”——邓小平与中美建交》，《百年潮》2005年第3期，第14页。

② *FRUS*, 1973-1976, China, Vol. XVIII, p. 676.

1975年7月3日，国务院负责东亚和太平洋事务的助理国务卿哈比卜（Habib），副助理国务卿格莱斯廷（Gleysteen）、国务院政策计划处处长罗德（Lord）和国家安全委员会官员所罗门（Solomon）共同为基辛格制定了福特访华政策的建议备忘录。备忘录首先分析了影响总统对华政策国际国内政治局势，认为台湾未来的安全应仍将作为核心问题进行谈判。越南战争带来的国内（国会和舆论）国际局势的变化，为解决台湾问题带来了新的障碍。基于国内外形势的判断，他们为福特访华提供三套备选方案，并分析了各方案的利弊得失。

1. 无限期推迟访问。该方案认为鉴于时机不成熟，不适合访问。如果不想和中国达成具体的协议，可以通过联络处间接地推迟访华。国务院不赞成该选择，认为此举将导致中美关系正常化进程中断，不利于中美关系框架的稳定，因为中方已经向美方发出信号——无论能否实现正常化中国都欢迎福特访华。

2. 支持福特访华，举行中美峰会。由于中国政府接受了总统可在未实现关系正常化的前提下访华，这给美国很大的灵活性。该方案不利之处是容易遭受媒体舆论诟病，批评当局无所作为。

3. 与中国实现关系完全正常化。这需要解决以下几个问题：承认中华人民共和国是中国的唯一合法政府；要求其允许美国在台湾保留（官方或半官方）的关系，如美国代表办事处或贸易办事处等；支持“台湾是中国不可分割的一部分”的立场。①

备忘录建议基辛格实行第二套方案，对总统访华提出如下建议：1. 中国之行不必一定要实现关系正常化；重申对台承诺，避免触及美国对台湾的法律和安全关系。2. 建议美国与中国发表联合声明，表示相互承诺不使用武力解决台湾问题。这样的声明，至少使美国保留了协助台湾防御的法律根据。基辛格要求北京做出承诺：即，中华人民共和国不考虑使用武力解决台湾问题；或者使北京发表愿意争取和平解决台湾问题的声明。3. 部

① Ford Library, National Security Adviser, NSC Staff for East Asia and Pacific Affairs, Convenience File, Solomon Chron File, Box 40, July 1-3, 1975. *FRUS*, 1973-1976, China, Vol. XVIII, p. 684.

分地从台湾撤军。1975年美国将驻台美军降至2800人，将台湾空军基地的地位改为临时托管。4. 做好公共外交，为1976年竞选营造有利的舆论环境，避免造成一种中美关系积极发展的印象。5. 不要拘泥于中国政府坚持的“日本模式”和“三原则”，利用中美《上海公报》中的达成的“一个中国原则”（the principle of one China）做文章，它可为美方谈判提供了灵活的主题框架。6. 在一些具体问题（如加强中美文化交流、设立中美贸易联络处分支机构等方面）上达成协议，通过这些方式加强两国联系的纽带。7. 在不挑战《上海公报》原则基础上发表单边声明，称美国只是“认识到”（而非“承认”）台湾是中国的一部分；8. 强调苏联对中国的威胁，但是又不要让北京感觉其是在被操纵和利用；将关系正常化与国际事务联系起来，如越南、柬埔寨和朝鲜局势等问题，通过国际局势促进双边关系的发展。①

基辛格对上述建议基本赞同，但有所保留。基辛格不同意让中国发表和平解决台湾问题的声明，因为此举势必招致中国的反对而导致中美关系正常化进程停滞。11月20日，以上述备忘录为蓝本，基辛格为福特访华制定了四套周密的谈判备选方案：

1. 美国与中国发布会谈公报。基辛格认为这是美国最理想的目标，但是难以实现。因为此前基辛格曾要求中方提供一份公报，中方重申了建交“三原则”，但拒绝发表公报。

2. 发布简报。在达不成任何协议的情况下发布简报，对会谈内容的客观描述、报道。这不是美国需要的积极结果，尽管如此，也总比空手而归好，要给国内民众一个交代。

3. 中美发布联合声明。尝试发表一个新闻联合声明，而不是发表正式的官方声明，以减少分歧。这种非正式的、说明性的声明包含着中美各自分歧，优点是不敏感，缺点是缺乏实质结果。此举还会被苏联视作中美关系没有取得进展的证据。

4. 取消访华计划。取消访华会被国内外舆论以及苏联视为一种态度上

① *FRUS*, 1973-1976, China, Vol. XVIII, pp. 689-696.

的强硬，不会遭致国内的批评，中方对美方的举措也会认真对待。不利的是，这是一个重大事件，是美国对华政策失败的信号，同时意味着美国关闭了进入中国之门，这是苏联愿意看到的结果。鉴于中国已经发出访问意愿，取消访华将是一次粗暴回绝。

权衡上述四套方案的利弊后，基辛格建议福特采取第三套方案：实现访华。但在北京停留的时间减少为三个工作日，周一动身，周五即归。总统访华期间只进行事务性观点交流，限制观光和访问其他城市。周六、周日分别访问菲律宾和印尼，以示美国并非只关注美中关系而使其他亚洲国家边缘化。该方案的好处是：既体现了中美关系持续发展的态势，又表明双方存在共同利益的分歧；取消在中国的观光逗留则显得访问更加务实。基辛格建议在中美未达成协议的情况下发表非正式的联合声明，声明文本要避免有争论性、引起分歧的字句，措辞要温和且积极乐观。①

由于国际问题亦是中美谈判的重点，因此基辛格建议福特：可以与中方就世界局势和双边战略关系进行建设性的对话。对苏战略是中美关于国际问题会谈的重要内容，基辛格还建议福特向中方表明美国的立场：美国的对苏战略基于美国国家利益，美国对苏联的意图不抱任何幻想，只关心如何服务于国家利益。美国愿与苏联继续协商以缓和紧张局势，寻求稳定的国际平衡；美国正在应对苏联的经济和领土扩张带来的挑战。②

基辛格最后提醒福特，在与毛泽东和邓小平的会谈中注意以下问题：表明美国政府愿就国际和双边关系与中国建立重要的外交关系，在安全问题上加强协调共识；强调美国在国际社会强有力的地位，并不受安全问题所限。尽管面临“水门事件”和越战以及国会的压力，总统不要在国内问题上表现出被动挨打的守势；在对苏关系上，强调政策的复杂性；从策略上，在台湾问题上表达美方立场：向中国保证美国会为中美关系正常化而努力，但需要双方共同努力来解决台湾问题；重申中美经济和交流计划不在于其本身，而是可以使美国民众支持并理解双方为两国安全做出的

① *FRUS*, 1973-1976, China, Vol. XVIII, pp. 826-827.

② Ibid., p. 840.

努力。[1]

1975年12月1日，福特总统到达北京，正式访华。在会谈的第一天，毛泽东与福特就国际局势交换了意见。福特基本按照基辛格在会前制定的方案，福特大肆渲染苏联威胁，并提高美国在抵制苏联扩张方面的作用，以此增加在谈判中的筹码。福特不断重申：中美双方应在国际事务上加强合作，应对来自诸如苏联那样国家的挑战；建议中国从东边对苏联施加压力，美国从西边施加压力。[2] 此外，他在关于日本、西欧、中东、非洲等国际问题上福特都表达了上述立场。按照既定计划，基辛格想要发表一个公报，中国外交部长乔冠华则再次声明此前中方立场，并表示如果有这样的公报，将比《上海公报》前进一步。[3] 由于中美在台湾问题上并未实现突破性进展，美国发布公报的设想不了了之，中方在会后发表了一则关于中美会谈的新闻简报。

1975年12月4日，会谈最后一天，福特和邓小平的谈话再次触及了中美关系正常化的核心——台湾问题。邓小平对福特受制于总统连任选举中的选民因素表示理解，表示中国可以耐心等待，中美对话可以先谈国际，后谈台湾问题。在台湾问题上，福特重申尼克松访华的五点立场：1. 支持“一个中国”原则；2. 不支持台湾的任何独立活动；3. 积极挫败第三种针对台湾的扩张主义；4. 关于撤军计划，1972年驻军10,000人，目前是2800人，1976年将减至1400人，美国在台将不会保留进攻性武器；5. 大选之后，美国将更明确地推进两国关系正常化，甚至或许可以采取“日本模式”，但是基于美国国内的政治局势，需要时间等待。关于双边关系，加强直接贸易、教育、文化交流，对于美国支持美中关系发展很有意义。[4] 邓小平对此表示赞赏，并重申按照“日本模式”实现两国关系正常化，美国还可以保留与台贸易关系，台湾问题要按照中国内政的原则解决。福特再次表示，希望中国政府采取和平方式解决台湾问题，美国不能抛弃旧友

---

① *FRUS*, 1973-1976, China, Vol. XVIII, pp. 854-855.

② Ibid., p. 860.

③ Ibid., p. 869.

④ Ibid., p. 895.

(蒋介石)，美国需要一个中方采取和平方式的承诺，还要与台湾保持贸易联系。邓小平则重申中方的立场：至于采取什么样的方式那是中国自己内政，由中国决定。[①]

可见，此次会谈，在关键的台湾问题的立场上，与尼克松访华时如出一辙，中美没有取得实质性进展，也没有为双方关系正常化定出新的时间表，只是为中美双方最高层提供了一次直接阐述各自的原则立场的机会。

三、福特政府时期中美未能建交之原因分析

(一) 美国在军事和政治上不肯彻底放弃台湾

毋庸置疑，台湾问题是困扰中美关系正常化的主要症结。在台湾问题上，正如邓小平多次所讲，美国“仍需要台湾”。事实的确如此，美国对台湾仍存在军事和政治上的战略需要。在军事上，福特政府继续实施对台军售和军事援助政策。1974 年 10 月 8 日，福特总统要求国家安全委员会提交国家安全研究第 212 号备忘录 (National Security Study Memorandum 212)，专门研究美国对台军售和军援问题。基辛格还特别要求对未来三至五年内对台湾出售军事物资进行研究，研究内容主要包括：台湾近期面临的威胁；美国和台湾军队在阻止和防御新中国进攻台湾、澎湖中的角色；评估需考虑台湾的经济和科技水平，维护武器的能力以及替换补给。[②]

1974 年 11 月 12 日，第 212 号国家安全研究备忘录出炉。该备忘录就对台军售进行了研究分析，指出：中美关系正常化与台湾的安全保证间存在矛盾，政治和心理因素将发挥很大作用；美国对台军事防卫承诺将继续维持；未来三五年内美国对台提供武器的政治和心理价值将远胜于武器本身；

---

① Ford Library, National Security Adviser, Kissinger Reports on USSR, China, and Middle East Discussions, Box 2, China Memcons and Reports, December 1-5, 1975, President Ford's Visit to Peking.

② NSC Institutional Files (H-Files), U.S. Security Assistance to the Republic of China; Box H-32, NSSM 212, *FRUS*, 1973-1976, China, Vol. XVIII, pp. 542-543.

承认和平解决台湾问题符合美国利益，美国介入台海冲突是避免武力冲突的重要因素。

备忘录为对台军售提供了三种备选方案：

1. 撤除全部军事装备，将停止对台提供武器（立即或未来3—5年内）。

2. 冻结为台提供武器的型号和水平，限制其对废弃飞机的更新换代，不向其提供新武器。

3. 限制台湾当局购买新武器，分高低两个层次。在低层次军售方面：台湾不能获得“有争议性的”（controversial）[①] 的新装备；允许台湾更新和谨慎地增加现有装备（如F-5E战机），同时允许获得非争议的新武器（如反坦克导弹、电子对抗设施、改进型防空系统、鱼叉导弹等）；不干涉台湾从第三方获取有争议性的新武器，此举的目的是，在新中国对此敏感和台湾心理安全的满足之间做出平衡。在高层次军售方面，允许台湾有限地获得上述装备，更新和审慎地增加现有装备，同时允许其获得有限的“可能被中国认为是有争议的”新武器，这有利于保持台湾当局对美国意图的自信和应对新中国的能力；为台湾提供鱼叉导弹或激光制导炸弹。此方案有利之处在于：满足台湾当局心理安全感，不利是导致新中国的不悦。[②]

对于上述方案，美国国务院赞成第三种方案中的低层次军售，国防部则主张其中的高层次军售。中情局倾向于第二、第三种方案或者将二者结合。由此可见，在对台湾军售问题上，美国对台湾有着明确的军事安全需要。1976年1月15日，美国驻台“大使”安格（Unge）会见哈比卜时也提出中美关系正常化要考虑给台湾带来的不稳定因素，特别是安全问题。[③]

在政治上，美国同样存在战略需求。福特在改善与中国关系的同时，还不忘“安抚”台湾当局。1974年8月12日，福特向国会演讲称：“对我们亚洲的盟邦和朋友，我保证继续支持其安全、独立与经济发展”。1975年

---

① 美国将“有争议性”武器定义为“重要的有明显技术优势的新武器”或者“能改变当前军事态势”武器。

② Ford Library, U.S. Security Assistance to the Republic of China, NSC Institutional Files (H-Files), Box H-32, NSSM 212; *FRUS*, 1973-1976, China, Vol. XVIII, pp, 554-555.

③ *FRUS*, 1973-1976, China, Vol. XVIII, p. 909.

1月8日，福特致信蒋经国，强调美国将贯彻对外政策的连续性，重申包括对台湾安全的承诺，表示美国不会忘记盟友，将继续发展双方诚挚的、建设性的关系。[①] 1976年1月，福特再次致信蒋经国，表示美国在改善对华政策的同时，将谨慎对待台湾的核心利益。[②] 蒋介石去世后，福特总统派副总统洛克菲勒前去吊唁，并对蒋介石病逝做了礼节性的声明。

美国没有彻底放弃台湾，而是欲在中美关系正常化的同时，继续保持其在台湾的剩余存在，这正是困扰中美关系正常化的主要因素。正如托马斯·休斯（Thomas Hughes）在参议院国际关系委员会举行的听证会上所言，1976年美中关系已经恶化到一种停滞不前的状态。1973年以来的关系正常化进程仿佛又回到起点，主要障碍在于台湾的地位和美国在太平洋地区的军事战略存在。[③] 从这个意义上看，基辛格在会谈中所说的美国在台湾没有战略利益、美国不需要台湾就是一种托词了。

（二）国会的压力

20世纪70年代，历史给了美国国会逐渐找回其政治、外交上"失地"的"翻身"机会：国会借助越南战争和"水门事件"的影响，不断参与外交政策的制定。在影响中美关系正常化进程方面，国会也发挥着重要的作用。1972—1975年，在白宫和美国国务院的安排下，有10个单独的国会代表团访问了中国，其中1975年就有4个，对改善中美关系起了积极的作用。代表团回国后，国会发布了7份报告，内容涉及了中美关系中的台湾问题、贸易和交流等方面。在对华政策方面，国会中不乏坚决主张加速中美关系正常化进程的议员，如富布莱特等议员。然而，占据上风的议员则主张在台湾问题上应谨慎从事。1975年1月21日，参议员戈德华特致信总统福特，"强烈敦促"他在出访远东时访问台湾。基辛格担心此举会被误认为美

① *FRUS*, 1973-1976, China, Vol. XVIII, pp. 646-647.

② Ibid., p. 913.

③ Congress House, *Committee on International Relations. Congress and Foreign Policy, 1976*, Washington, D. C., U. S. Government Printing Office, 1977, pp. 71-72.

国在奉行“两个中国”的政策，建议福特予以拒绝。[①] 4月15日，包括戈德华特在内的16名议员联名致函福特，继续强调美国对台湾所承担的“义务”，反对任何危及美台关系现状的行动，要求福特在访华之前或返美途中，亲自或者委派基辛格访问台湾。[②] 众议院少数党领袖罗德斯认为，“如果福特总统想重新作为共和党总统候选人，进一步脱离与台湾的关系是不可能的”。[③] 1975年4月，戈德华特以国务院出席蒋介石葬礼的人员级别太低为由批评政府，并表示如果当局欲改变与台湾的关系，国会手中握有强有力的回击手段。[④]

国会还通过了一系列旨在加强美国与台湾建立紧密联系的法案。仅在1975年，众议院议员多森·马希斯先后就提出8项议案，促请政府在改善与新中国的关系同时，不能损害台湾当局的“自由和安全”。参议员曼斯菲尔德在1974年12月第二次访华后提出，在实现中美关系正常化之前，台湾问题必须得到妥善处理，美台防御条约应被视作历史的遗留物，美国必须履行承诺。众议长阿尔伯特（Carl Albet）在1975年7月提交的报告中指出，在实现中美关系正常化之前，必须找到可接受的解决台湾问题的途径。参议员伯德（Robet Byrd）主张渐进推进美中关系，其中首先要解决台湾问题。参议员波西（Percy）和安德森（Anderson）也表达了上述主张，众议员德文斯基（Derwinski）甚至反对美国对中国的正式外交承认。[⑤]

美国国会对台湾问题的关注及其亲台议员对福特政府施加了很大影响。美国国会中的这部分对美国对台政策高度关注的国会议员形成了所谓的

---

① Ford Library, Henry Kissinger, Memo for the President, March 3, 1975, White House Central Files, Subject File, TR18-2, Box 44.

② Ford Library, Letter to Ford, April 15, 1975, White House Central Files, Subject File, TR18-2. Box 44.

③ 郝雨凡：《白宫决策：从杜鲁门到克林顿的对华政策内幕》，北京：东方出版社，2002年，第264页。

④ Lou Cannon, “Goldwater Warns President Against Abandoning Taiwan,” *The Washington Post*, April 15, 1975, p. A2.

⑤ Congress House, *Committee on International Relations*, *Congress and Foreign Policy*, *1975*, Washington, D. C., U. S. Government Printing Office, 1976, p. 163.

“中国帮”群体，这部分亲台议员尽管数量不多，却对福特的对华政策施加了不容忽视的影响。此外，福特总统在上台之前，也曾于1949—1974年任众议员，1965年更是当选为众议院共和党领袖。他的议员经历使其在中美关系问题上对国会的影响的体会更为深刻而特殊。

（三）福特自身面临的困境

在对华政策上，福特受到的制约是非常明显的。首先，他受到总统大选的制约。总统大选迫在眉睫，作为共和党总统候选人的福特自然需要谨慎地对待和处理国内政治，尊重民意。福特担心大踏步地发展美中关系势必会疏远某些选民，特别是那些与台湾关系密切的选民。

1975年5月，美国驻华联络处主任布什专门从总统对华政策对福特个人政治利益带来的影响方面进行了分析。他指出，如果不考虑纯政治因素，将会导致一场政治梦魇。他建议福特就美国对台政策进行民意调查，如通过盖洛普调查国内保守派和自由派的立场和政策取向、保守派和主要民主党人士在台湾问题上的言行，等等。[①] 其次，来自左派和右派的势力开始向当时的美国对华政策发难，使福特在中美关系上没有走出决定性的步伐。以里根为代表的共和党右翼对福特对华政策的抨击越来越强烈，给福特造成很大压力。福特非常清楚，实现美中关系正常化必然使他付出高昂的代价。尽管福特也很看重对华关系，但他的基本判断是实现美中关系正常化会使他在政治上失分，而不是得分，因此他不愿付出由此而带来的政治代价。

（四）美苏“缓和”态势的影响

中美关系正常化进程启动以来，为了扭转苏联的被动处境，苏联领导人勃列日涅夫采取了继续敌视中国和对西方施展“缓和战略”的策略。美国迎合苏联的“缓和战略”，同苏联谋求缓和的姿态渐趋明朗。继1973年勃列日涅夫访美，美苏签订《关于防止核战争协定》之后，1974年6—7月尼克松总统和同年11月福特总统两次赴苏，相继与苏联签署了《限制地下

① *FRUS*, 1973-1976, China, Vol. XVIII, pp. 673-774.

核武器试验条约》和《关于限制反弹道导弹防御系统条约议定书》《关于进攻性战略武器的联合声明》。美苏缓和的态势使美国萌发了一种新的判断：中国在中美苏战略大三角中的地位不如从前。加之美国已从越战中脱身，中美关系向前发展的内在动力大为减弱，这也是中美关系正常化停滞的一个重要外部因素。

（五）受制于基辛格主导的对华决策模式

福特上台后，基辛格在外交决策领域权倾一时。他身兼国务卿和总统国家安全事务助理两个职务，在政府内部，有关外交政策和国防项目的部门间会议几乎都由他来主持。福特就任伊始，也试图通过保证留用基辛格来获取公众的支持。基辛格延续了尼克松在任时期后几年里相同的权力。福特宣誓就职后第二天，基辛格起草了一份备忘录交福特签署，这份备忘录规定：总统交接期间由基辛格主持的国家安全委员会负责外交政策的全部决策，基辛格继续主持最高层政府官员有关外交政策的几乎所有的会议。[①]基辛格及其幕僚控制着美国对华政策信息和情报的流动，形成了“基辛格幕僚—基辛格—福特”式的决策模式，即国务卿哈比卜、副助理国务卿格莱斯廷、国务院政策规划司司长罗德、国家安全委员会官员所罗门等为基辛格提供对华政策咨询建议，由基辛格整合基层决策再向总统上报政策建议文件。因此，基辛格对中美关系正常化的立场直接影响着福特的对华政策。1975年10月24日福特访华前夕，基辛格向其表达了对两国关系正常化的悲观情绪，“除非中国宣布放弃使用武力解决台湾问题，（否则两国）1977年之前不会实现关系正常化”。11月20日，基辛格再次向福特建言，由于中美双方将继续固守各自利益，这种形势将使总统访华面临的困难比我们事先估计得更为严峻。[②]基辛格的消极态度及其游说打消了福特与中国建交的念头。

① Ford Library, Memo to the President from Henry A. Kissinger re NSC Meeting, August 10, 1974, in National Security Adviser: NSC Meeting File, Box 1, Folder NSC Meeting, August 10, 1974.

② *FRUS*, 1973-1976, China, Vol. XVIII, p. 838.

冷战语境下的新“华夷之辨”：美国对华宣传与两岸形象的塑造*

翟　韬**

摘　要　20世纪50年代，宣传部门配合美国的冷战战略制订了以“华夷之辨”为核心的对华宣传政策。通过各种宣传媒介，把台湾当局塑造为中华文明和传统文化的代表，同时大肆宣传新中国是文化“异端”，指责其破坏中国文化。其目的是以此来动员东南亚华侨华人对台湾当局的认同和效忠，使华侨产生对于新中国的厌恶感和疏离感。这种宣传也是为了在世界舆论中为台湾当局赢得支持、诋毁新中国。美国宣传的实质是在把民族身份认同问题整合进冷战意识形态，把意识形态之争建构为文化身份的差异。

关键词　美国　宣传　东南亚华人　华夷之辨　中国传统文化

* 基金项目：本文是国家社科基金项目《冷战前期美国对华宣传与文化外交研究（1949—1972）》（15BSS023）和北京市教委重点项目《美国对外宣传与文化外交史史料整理与研究综述》（SZ201510028013）的阶段性成果。

** 翟韬，历史学博士，首都师范大学历史学院讲师。

美国对外宣传史研究作为美国对外关系史的分支，比较注重美欧文化关系和美国对欧洲的宣传，而较少关注中国和华人的问题；① 而华人华侨史乃至更广泛意义上的少数族裔史和移民史研究，由于有着特定的问题域，也较少关注与少数族裔相关的宣传和公共外交问题；② 加之中美关系史研究

① 对于该领域的研究综述，见翟强：《国际学术界对美国冷战时期宣传战的研究》，《历史研究》2014 年第 3 期，第 155—169 页；肯尼斯·奥斯古德、布莱恩·艾瑟瑞芝：《导言·当新国际史际遇新文化史：公共外交与美国对外关系》（Kenneth Osgood and Brian C. Etheridge，"Introduction. The New International History Meets the New Cultural History：Public Diplomacy and U. S. Foreign Relations"），肯尼斯·奥斯古德、布莱恩·艾瑟瑞芝主编：《美国与公共外交：文化史和国际史研究的新趋向》（Kenneth A. Osgood and Brian C. Etheridge，eds.，*The United States and Public Diplomacy：New Direction in Cultural and International History*），莱顿、波士顿：马蒂努斯·奈霍夫出版公司，2010 年，第 1—25 页。两篇文章均提到美国对欧洲宣传是研究重点，而对广大第三世界国家的宣传研究则相对较少。宣传史学术界涉及到美国对华侨宣传的论著只有约翰内斯·隆巴多：《间谍、情报和心理行动的任务：美国驻香港领事馆》（Johannes R. Lombardo，"A Mission of Espionage，Intelligence，and Psychological Operations：The American Consulate in Hong Kong"），理查德·奥尔德里奇、［英］任格雷、任蔡明烨主编：《亚洲的秘密冷战，1945—1965：西方国家的情报活动、宣传与特别行动》（Richard J. Aldrich，Gary D. Rawnsley，Ming-Yet T. Rawnsley，eds，*The Clandestine Cold War in Asia，1945-1965：Western Intelligence，Propaganda and Special Operations*），伦敦、波特兰：弗兰克·卡斯出版社，2000 年，第 64—81 页。但该论文只是提到了香港美新处的职能之一是对东南亚华人进行宣传，并未展开论述。

② 梅瑞狄斯·奥恩：《盟友、敌人和侨民：移民活动和美华关系，1940—1965》（Meredith Leigh Oyen，*Allies，Enemies and Aliens：Migration and U. S. -Chinese Relations，1940-1965*），博士学位论文，乔治城大学，2007 年，第 13 页。有学者在呼吁少数族裔史与公共外交史研究的结合，见约翰·塔利：《族裔、安全与公共外交：爱尔兰裔美国人与爱尔兰在"二战"中的中立》（John Day Tully，"Ethnicity，Security，and Public Diplomacy：Irish-Americans and Ireland's Neutrality in World War Ⅱ"），肯尼斯·奥斯古德、布莱恩·艾瑟瑞芝主编：《美国与公共外交：文化史和国际史研究的新趋向》，第 81—82、101—102 页。少数族裔史研究当中只有这篇文章涉及到了美国与华人相关的文化外交与宣传问题，艾伦·吴：《美国的中国人：冷战期间的反共主义、公民权与文化外交》（Ellen D. Wu，"America's Chinese：Anti-Communism，Citizenship，and Cultural Diplomacy during the Cold War"），《太平洋历史评论》（*Pacific Historical Review*）第 77 卷第 3 期（2008 年 8 月），第 391—422 页。该文研究美国政府利用华裔美国人开展对亚太地区的文化外交和宣传美国少数族裔地位和待遇的活动，但与本文研究的美国对东南亚华人宣传问题有很大区别。

中东南亚华人的问题也不是重点，[①] 因而总的来说，学界很少涉及美国对东南亚华侨宣传的研究。[②] 另外，作为外交史的分支，美国对外宣传史研究较多关注宣传政策，对于宣传主题和文本的分析解读相对不足。本文主要运用美国政府未出版史料探讨美国对东南亚华人特定宣传主题的政策演变，运用文化方法对其进行文本分析，并探讨其对于冷战时期中美关系的意义，希望可以弥补上述研究的不足。

中华人民共和国成立之后，东南亚华人群体成为美中冷战争夺的焦点之一，美国政府极为担心当时已逾千万之众的华人群体成为“红色中国”在东南亚“扩张”的“第五纵队”，因而从 1949 年至 60 年代中期，对其发动了大规模的心理宣传运动，力争使之在意识形态上不“倒向”中共、心向“自由世界”。从 50 年代初至 1956 年，美国政府宣传政策的主要思路是，以促进东南亚华人在政治上支持台湾当局的方式来排斥中华人民共和国对其的影响。然而，这种政策促进了本已在东南亚国家当中存在的华裔群体的离心力，因而极大地恶化了东南亚国家与美国、台湾的关系。美国决策者意识到使当地华人群体融合进东南亚新兴国家、促进多民族国家的稳定会更有利于反共事业，因而，在接下来的 1956 年至 1962 年之间，美国政府转而实施以促进当地华人融合进东南亚社会为主要目标的文化外交与宣传政策，另外辅助的措施还有促进东南亚华人支持“自由世界”的领袖美国以及在文化上（而非政治上）认同所谓的“中华民国”。1962 年之后到 60 年代中期，伴随着美国逐渐把东南亚各国的华人纳入其对东南亚各国的总体政策（而非其中国政策）的框架，同时也是因为其越来越认识到该

---

① 中美关系史研究中涉及美国对东南亚华人宣传问题的是：瑞狄斯·奥恩：《争取移民群体效忠的冷战斗争》（Meredith Leigh Oyen，“The Cold War Battle for Diaspora Loyalty”），梅瑞狄斯·奥恩：《盟友、敌人和侨民：移民活动和美华关系，1940—1965》，第 302—343 页。作者主要论述了美国与国共政权争夺海外华侨的宣传战，并没有系统论述美国对华侨宣传政策、活动与主题，所用史料也颇为有限。

② 在这方面仅见的研究请参见翟韬：《美国对东南亚华人宣传政策的演变，1949—1964》，《美国研究》2013 年第 1 期，第 117—137 页；张杨：《“海外华人项目”与美国反华保台之心理战政策初探》，《东北师大学报（哲学社会科学版）》2010 年第 3 期，第 54—59 页。

群体的战略价值有限，专门针对东南亚华人群体的宣传政策和活动趋于衰微。[①]

可以看到，20世纪50—60年代美国政府对东南亚华人的诸多宣传目标中，促进人们支持“中华民国”和反对新中国这一整套心理“双轨战略”是一直延续的目标，也是最重要的目标之一。饶有意味的是，美国关于两岸形象的建构与传播在很大程度上是围绕着国共两党谁在文化上和政治上更能代表“中华”来展开的。美国宣传的核心思路是一种在政治上把台湾当局定位为“中华”、中国共产党定位为“蛮夷”，文化上把“中华民国”定位为“正统”、新中国定位为“异端”的论调。美国政府想依靠这个话题进行反共心理宣传战，并以此争取东南亚华人对台湾当局的认同和支持。这种宣传题目大体可以用“华夷之辨”[②]的概念来概括。在冷战前期的全球宣传攻势中，美国政府可运用的宣传话语很多，诸如“经典”意义上的冷战意识形态——自由民主与极权专制，美苏阵营代表的两条现代

① 翟韬：《美国对东南亚华人宣传政策的演变，1949—1964》。关于美国对东南亚华人宣传的机构、决策和执行体制，大体如下：决策方面，由美国驻港台文宣机构香港美国新闻处（United States Information Service-Hong Kong，USIS-Hong Kong）和台北美国新闻处（USIS-Taipei）配合美国中央宣传部门美国新闻署（United States Information Agency，USIA）一道负责规划对海外华人的宣传工作并制订政策。执行方面，香港美新处和台北美新处也是主要的执行机构，是为东南亚华人提供的汉语宣传材料的创作、编译、印刷中心（尤以香港方面为主）。美国驻东南亚各国的新闻处的作用则相对边缘化，主要是散发香港和台北方面提供的宣传材料。香港和台北美新处也有分工，前者主要负责反共宣传，后者主要负责提升台湾当局声誉（在后来开展的在世界舆论中诋毁新中国、促进台湾当局声誉的宣传活动中也是如此分工）。美国对东南亚华人的宣传遂形成了以“华盛顿—香港—台北”为中心的工作模式。

② 关于古代中国的“华夷之辨”概念，许纪霖把其概括为两个层面：一方面，夷夏之间有血缘和种族的区别；另一方面，在文化上，华夷“最大的不同乃是是否有中华文明，是否接受了中原的礼教秩序”。华夷“彼此的界限又是模糊的、可变动和转换”。作者认为这个概念在近代中国越来越从文化区分转向种族区分、由相对界限转向绝对界限的变异，最终演变为了“汉人种族主义”。见许纪霖：《天下主义/夷夏之辨及其在近代的变异》，《华东师范大学学报（哲学社会科学版）》2012年第6期，第66—75页。本文只是借“华夷之辨”的概念来描述美国对华宣传的主题，至于美国人为何用“华夷”代表国共，以及美国人的这种观念和宣传做法与近代中国思想发展、尤其是与国民党政治理念及宣传政策之间显见的亲缘关系，则限于篇幅和主题集中的需要需在另辟专文探讨。

化道路之争——自由放任与计划经济、国家工业成就与个人幸福生活等。但配合美国对华冷战政策的宣传话语、美国对台湾当局的正当性与新中国的“非法性”的界定，很大程度上是以中国文化的话语资源和表述形式开展的。

一、政治上的“华夷之辨”（1953—1956）

大体而言，冷战前期美国对东南亚华人宣传“华夷之辨”的话题，主要经历了从政治上的“华夷之辨”（1953—1956年）向文化上的“华夷之辨”（集中在1956—1962年）转变的过程。

在20世纪50年代前半期，美国对于两岸形象的宣传主要是把台湾当局塑造为东南亚华人（乃至整个东亚华人圈）的政治象征和中心，相应地把新中国政权宣传为苏联的政治傀儡、一个外来政权，这是一种政治上的“华夷之辨”。一方面，美国的宣传目标和主题是促进东南亚华人“把国民党政府视作……华人对共产主义进行政治抵抗的象征”，[①] 以及“未倒向共产主义的自由华人群体的中心”。[②] 正如有学者评论的那样，美国的宣传政策是要“确保他们（指东南亚华人——引者注）把身处台湾的中华民国看作是政治上的领袖”。[③] 另一方面，则把新中国政权与苏联的关系宣传为：“北平政权代表的民族主义是一种虚假的民族主义；现实中，中国人民被北

① “国家安全委员会第146号文件”（NSC 146），1953年3月27日，文件号：CK3100246071，解密档案参考系统（数据库：Declassified Documents Reference System（DDRS），Gale Group Inc.）；“国家安全委员会第146/2号文件进展报告”（Progress Report on NSC 146/2），1955年2月16日，文件号：CK3100248687，解密档案参考系统。

② “国家安全委员会第5503号文件”（NSC 5503），1955年1月15日，文件号：CK3100246155，解密档案参考系统；“国家安全委员会第5503号文件进展报告”（Progress Report on NSC 5503），1955年8月31日，文件号：CK3100246172，解密档案参考系统；“国家安全委员会第5503号文件进展报告”（Progress Report on NSC 5503），1956年4月11日，文件号CK3100246181，解密档案参考系统。

③ 梅瑞狄斯·奥恩：《盟友、敌人和侨民：移民活动和美华关系，1940—1965》，第309页。

平政权用作苏俄施行帝国主义的工具”。[①] 这种傀儡政权的论调和形象在50年代前半期美国对外宣传中比较盛行，尤其是随着朝鲜战争的爆发，美国指责苏联把中国共产党作为侵略工具的宣传达到了顶峰。[②]

美国政府的这种宣传究其本质是一种政治战，即以争取东南亚华人政治效忠台湾当局的方式来进行反中共活动。宣传部门在评估台湾当局的作用时，就是把其定位为“必不可少的政治武器”，[③]“代替中共唯一可行的选项”，“反共华人”“唯一可以正面支持的事物”；并且认为“以福摩萨（台湾）为基地、政治上机敏精明且进步的自由华人运动”会给“中共政权的稳定造成严重的政治威胁，并且可以遏制共产主义在亚洲的扩张”。[④]

在这种宣传政策、主题和目标的指导下，包括美国对华宣传旗舰媒介《今日世界》杂志在内的各种媒介大量报道相关话题，来建构形象、调动情

① “美国新闻处对东南亚华人宣传计划”（USIS Plan for Overseas Chinese in Southeast Asia），1952年5月28日，第59档案群组：国务院（General Records of the Department of State，Record Group 59），（主管公共事务的助理国务卿）国际信息活动相关档案1938—1953年［Records Relating to International Information Activities，1938-1953（Assistant Secretary of State for Public Affairs）］，档案分布号：Lot 53D126 & 53D196，第100盒，美国国家档案馆二馆（The U.S. National Archives and Records Administration at College Park，MD）。

② “对中国国家文件”（Country Paper for China），1950年8月，第59档案群组：国务院，（主管公共事务的助理国务卿）国际信息活动相关档案1938—1953年，档案分布号：Lot 53D48，第116盒，美国国家档案馆二馆；“对共产主义中国临时宣传计划”（Interim Propaganda Plan For Communist China），1951年2月，第59档案群组：国务院，（主管公共事务的助理国务卿）国际信息活动相关档案1938—1953年，档案分布号：Lot 53D48，第115盒，美国国家档案馆二馆。

③ “国家安全委员会第146/1号文件”（NSC 146/1），1953年10月28日，文件号：CK31 00246123，解密档案参考系统。

④ “国际信息署（驻台北机构）半年度评估报告（1952年6月1日—1952年11月30日）”［IIA（Taipei）Semi-Annual Evaluation Report，June 1，1952 to November 30，1952］，1953年1月8日，第59档案群组：国务院，核心档案1950—1954年（Central Decimal Files 1950-1954），档案分布号：511.94a，第2538盒，美国国家档案馆二馆。

感、营造舆论。①

美国攻击新中国是苏联的“傀儡政权”的说法一般都极具攻击性，且铺天盖地、不胜枚举，以下两例比较有代表性。一篇评论文章就曾言及：“中共靠苏俄之支助而征服大陆，秉承苏俄之意旨进行统治，其为苏俄之鹰犬，早为铁的事实”；“一边倒”是“无耻口号”；“俄化整个大陆之工作，即为中共政权建立后四年来经常进行的首要任务”。② 还有宣传文章把历史

① 美国针对东南亚华人和世界舆论宣传“华夷之辨”话题的宣传，较为集中地体现在了美方在香港主办的《今日世界》杂志上。《今日世界》杂志（1952—1980）是美国驻港文宣机构香港美国新闻处（USIS-Hong Kong）以商业出版社名义在港发行的半月刊，美国在大中华区冷战宣传的“旗舰”刊物，也是美国对大中华区宣传政策最直接和最主要的体现者。该杂志发行量巨大，是冷战前期中国大陆之外发行量最大的中文刊物，在20世纪50—60年代每期发行十几万份，一年下来累计发行量可达200万—300万份；该杂志覆盖面广泛，当时美国宣传部门评估其能够覆盖全球2600万华人之众（1200万东南亚华人、1100万台湾人、300万香港人和其他地区零星的华人）；据美方评估，该杂志宣传效果极佳，尤其是塑造东南亚华侨学生和青年人观念方面“最有效”；该杂志更是实现美国对东南亚华人宣传政策和目标的最主要载体和最重要的宣传工具，美方其他宣传媒介（书籍、报纸、电影、广播、小册子、新闻等）的内容有相当一部分会被重复刊载在《今日世界》上，因而该杂志也是美方最具代表性的宣传媒介。见翟韬：《“冷战纸弹”：美国宣传机构在香港主办中文书刊研究》，《史学集刊》2016年第1期。

关于《今日世界》的地位、作用和基本情况，散见于美国各级政策和执行文件，如“美国影响东南亚华人项目指导方针”（Guide Lines for United States Programs Affecting the Overseas Chinese in Southeast Asia），1957年12月11日，第59档案群组：国务院，参与行动协调委员会相关档案1953—1961年［Records Relating to Participation in the Operations Coordinating Board (OCB), 1953-1961］，档案分布号：Lot 62D430，第28盒，美国国家档案馆二馆；“香港美国新闻处半年度报告”（USIS Hong Kong Semi-Annual Report），1952年10月9日，第59档案群组，核心档案1950—1954年（Central Decimal Files 1950-1954），档案分布号：511.46g，第2575盒，美国国家档案馆二馆；“香港美国新闻处1961年评估报告”（USIS Hong Kong Assessment for 1961），1962年1月15日，第306档案群组：美国新闻署（Records of the United States Information Agency, Records Group 306），研究办公室档案：驻外机构急件1954—1965年（Records of the Office of Research, Foreign Service Despatches, 1954-1965），第2盒，美国国家档案馆二馆。

由于美国对华宣传工作中较早地实现了“本土化”，即在美方人员的指导和监督之下雇佣华人用汉语中文从事相关宣传材料的撰写、编辑工作，因而会在宣传刊物等媒介中出现非常地道的汉语言表述。考虑到这些文章是为美国的宣传机构所用、登载在美方标志性的刊物上，因而可以被视作是代表了美方的政策意图，所以可以统一被视为是“美方宣传材料”。

② 纪惠荃：《中共四年来的血腥统治》，《今日世界》第40期，1952年11月1日。

上沙俄对于中国的侵略和当时的中苏结盟扯上了关系："俄国是侵略中国最早和最凶狠的一个国家，从沙皇以至现在的苏联，都是中国最大的祸患"，而中共却"硬把这个历来侵略中国最烈的国家说成中国最忠实的朋友"。美国宣传还攻击 1950 年签订的《中苏友好同盟互助条约》是出卖中国交通命脉、自然资源的条约。[①] 这种论调和宣传内容在 50 年代上半期极为流行，在美国支持的各种宣传媒介中广泛而密集地出现。

与此形成鲜明对比的是，美国政府对于台湾当局是东南亚华人政治中心的宣传很少直接和明确地出现。关于"中华民国国民大会"的一篇报道，曾经宣传蒋介石"是中华民族救星、国人和华侨的领袖"。[②] 显而易见，这对于新独立的东南亚主权国家是一种政治上的冒犯。所以美国政府在进行相关宣传的时候，更多地是采取迂回、暗示和委婉的方法。比如，通过对体育活动的报道来强化华侨对"自由中国"效忠的印象。《今日世界》大幅报道了 1954 年在菲律宾召开的第二届亚运会，介绍文章称"中华民国的侨民""充分表现对自由祖国的关切与爱护"。当台湾夺得第一枚金牌之后进行颁奖典礼的时候，"中华民国国旗缓缓上升"，"数万华侨以雍肃欣奋情绪，翘首而望，一齐肃立，合唱中华民国国歌"。当"中华民国"足球队获得亚运会冠军的时候，"数万华侨吼哑了喉咙，拍肿了手掌，许多人高兴得直流眼泪。欢呼声与炮竹声汇成一道巨流"。[③]

宣传媒介也通过对悬挂"青天白日"旗海和外华人佩戴"中华民国""国徽"的报道，来委婉地传达海外华人政治上效忠"中华民国"的信息。《今日世界》也经常登载东南亚的华侨聚居地（如越南华侨城）和香港悬挂"青天白日"旗的图片。该杂志几乎每年都会对香港或东南亚华人聚居区在 10 月 1 日和 10 月 10 日这两个日子悬挂"国旗"的情况做出对比。比如，一篇消息就报道说，1958 年 10 月 1 日，香港一共悬挂五星红旗 23 面，而 10 月 10 日悬挂的"青天白日满地红"则数以万计，单是一家店铺门口就有百

---

① 轩柿：《苏俄历年侵略中国纪录》，《今日世界》第 109 期，1956 年 9 月 16 日。

② 吴垠：《自由中国的国民大会》，《今日世界》第 48 期，1954 年 3 月 1 日。

③ 《光芒万丈的自由亚洲》，《今日世界》第 53 期，1954 年 5 月 16 日。

面之多。[①] 另外，出生在香港的亚洲球王李惠堂和香港美新处关系紧密，多次应邀参加“美国之音”的播音，其写作的《足球经》等体育普及著作也经常在《今日世界》上连载，引起很大反响。李惠堂的照片每次出现在《今日世界》上，必然佩戴“青天白日”“国徽”。[②]

既然是不能太直接地向华侨宣传要效忠“中华民国”，美国对外宣传中政治上的“华夷之辨”就主要依靠历史类比现实的方法。台湾当局被比喻为遭蛮夷入侵避居海外、但延续中华血脉的汉人小朝廷，而大陆的共产党政权则被类比为异族入主中原之后扶植的“傀儡政权”。在诸多的历史资源中，郑成功及其以台湾为基地反抗清朝统治的活动，作为一个极富象征意义的政治形象和历史事件被频繁使用，来类比国民党败退大陆、共产党建立新中国的历史剧变。著名文化人易君左和历史小说家南宫搏等人受美国驻港文宣机构之邀，写一些“有关现代局势的历史渊源的人物”，而介绍郑成功事迹的文章“现实关怀”极为明确。这些作者的核心思路就是“郑成功父子贯彻始终的复明反清实质上是一种民族战争，而今日在台湾的中国政府也代表中国的传统精神，是光复中华的唯一希望”。因而清兵入关是蛮夷“入侵”，清政权被称为“北京城里的异族统治者”；明朝败亡则是“中国的合法政府退出大陆”；郑成功则是“竖起了抵抗侵略的义旗”，其收复台湾的行动是要把其作为“反攻大陆的基地”。[③] 这样一来，台湾当局就被类比为了明王朝的延续、就是“华”，而新中国就被类比为了清政府，就成为了入主中原的“蛮夷”。

如果以上述这种“外来入侵、种族沦亡”的文化意象来看待两岸的关系，当时的政治形势就完全被颠倒了过来。美国宣传部门还着力宣传台湾

---

① 《双十国旗且证民心》，《今日世界》第160期，1958年11月1日。

② 如《今日世界》第77期（1955年5月16日）等期。

③ 易君左：《郑成功与吴凤》，《今日世界》第7期，1952年6月15日；南宫搏：《郑成功的义旗》，《今日世界》第40期，1953年1月15日；王建瑛：《保卫台湾的民族英雄郑成功》，《今日世界》第117期，1957年1月16日；张健：《赤嵌楼吊延平》，《今日世界》第133期，1957年9月16日；黄典权：《民族英雄郑成功：台南市举办郑成功复台三百年纪念》，《今日世界》第224期，1961年7月1日。

一位音乐家的“爱国反共”言论：“如今五千年历史的中华民族，已到了生死的关头，祖国的锦绣河山，已经……逐渐落入异族之手；我们要还我山河，复我国土！我们现在要的是慷慨激昂的歌声，我们要唱出中华民族的心声，怒吼吧！炎黄的子孙！”之后这位音乐家在中越音乐会上高歌《满江红》。[①] 这简直就是把两岸关系建构为一种民族矛盾。

作为这种思路的延伸，便是宣传“汉人小朝廷”——台湾当局谋求“还我河山”的政治意愿。这种宣传多出现在《今日世界》“学生园地”栏目中，一名学生形容自己到达台湾是来到了“反共抗俄的圣地”，要担起“重建中华的重责大任”。[②] 在另外一篇名为《秋思》的学生作品中，作者在中秋夜思念故乡，“独在异乡为异客，每逢佳节倍思亲”，想着“国破家亡，山河支离，故乡父老沦于匪手，饱受蹂躏。我辈孤臣逆子，避居海隅。”一定不能像陆游诗句中说的那样“万里因循成久客，一年容易又秋风”地“度悠悠之岁月”，而要铭记“勿忘在莒”，将来“秋风起时白云飞”时，“光复山河，重返故里，重整家园”。[③]

总的来说，上述宣传材料所建构出的是如下一幅图景：中华大地沦亡于异族之手，赤胆孤臣避居海外延续汉族血脉，励精图治，准备驱除鞑虏、光复山河。在这种意象之下，国民党不仅不是一个“失道寡助”的政权，反而被塑造为了一个被外部势力赶出中华本土的“正统”政治势力。在这种意象之下，中国共产党也完全不是致力于民族复兴、“得道”的政治力量，反而是一种“入侵”中华的外来“蛮夷”。

这种颠倒黑白的宣传主要靠两个手段达成：一是滥用历史建构现实，二是用简单的汉民族主义解释复杂的历史现象。

---

① 罗博成：《旅越华侨追悼：朱永镇教授在泰遇难》，《今日世界》第 105 期，1956 年 8 月 16 日。

② 王庆平：《我居住的地方和我的生活》，《今日世界》第 107 期，1956 年 8 月 16 日。上述《今日世界》的第 105 期和 107 期的出版日期是一样的，这在该杂志的出版历史中经常出现。《今日世界》杂志为半月刊，原本每年出版 24 本，但经常会利用日期重复的手段每年多出几本。

③ 魏文同：《秋思》，《今日世界》第 139 期，1957 年 12 月 16 日。“孤臣逆子”多指不受重视但是忠心耿耿之辈；“勿忘在莒”出自《吕氏春秋》，经常被蒋介石提到，取义卧薪尝胆、“反攻大陆”。

不同于常见的以现实来建构历史意义的做法，美国宣传政治上的“华夷之辨”是在用“历史”来塑造和建构现实。国共两党对于中国现代化的相同追求和不同的路线、美苏日英等大国关系在“二战”前后和冷战初期的急剧变化，这内外两股历史事态交汇在一起，导致了1949年国共政权交替和两岸的对抗。作为中华民族应对“三千年未有之大变局”的结果，新中国的成立与300年前满族入主中原的历史有着本质的区别。可美国宣传部门却正是以中国古代少数民族卷入中原王朝更替、所谓华夷秩序转换的概念，来“解释”、建构20世纪中叶中国新民族国家历经百年外力冲击和内部嬗变而浴火重生的历史。通过这种对历史的滥用和蓄意的错位类比，不仅中国共产党正当性被抹杀了，中国革命的历史意义乃至中国近现代历史的演进大势也完全被篡改了。

另外的手段就是用极端狭隘的汉民族主义这种简单的思维程式，来“解释”国共两党政权交替复杂的历史意义。以狭隘的汉民族主义概念观之，根本无法看到清朝为中华统一多民族国家和基本疆域形成做出的杰出贡献，而以中华民族整体概念观之“夷狄”亦是“中华”。因而，把明清交替说成“民族战争”本身就是站不住脚的。而且，美方历史类比的逻辑延伸，更是生硬地把国共两党对于民族复兴路线之争、大国博弈和中国现代化复杂的交互作用造成的政权交替，纳入到了政治上的本土与外来、种族上“华”与“夷”的简单区分图式中了。这则显得是更加荒谬。

二、文化上的“华夷之辨”（1956—1962）

20世纪50年代中期，多重原因使得政治上“华夷之辨”的宣传逐渐转化为了文化层面上对两岸的对比。美国促进华人对台湾当局进行政治效忠，触犯了东南亚新成立的多民族国家的政治大忌，引起了这些国家对美国的不满并极大地恶化了其与台湾当局的关系。因而，美国政府此后不敢再就这个高度敏感的政治话题进行宣传，转而强调台湾当局在文化上代表中国。在美方看来，这既能在一定程度上使东南亚华人继续支持国民党、反对共产党，同时还避开了政治效忠的话题。[①] 另外，美方着力宣传台湾的文化，也是因为在50年代中期台湾的政治和经济方面无法和大陆相比，只能宣传其文化方面的成就。美方宣传部门评估到，在争取东南亚华人不投靠新中国政权的事情上，指望其积极和公开支持台湾当局几乎不可能，[②] 因为大陆有6亿人，台湾却只有1000万人，[③] 双方在政治上的影响力根本无法相提并论，而且台湾当局的经济成就也很难和大陆经济一样给东南亚华人留下深刻印象。[④] 所以，“补救性的宣传题目是，在文化活动和生活方式上，是台湾而非毛泽东和他的人民公社代表了海外华人的中国‘祖宗’”。[⑤]

1956年之后，美国宣传部门在文化上宣传国共“华夷之辨”的主题大致是[⑥]：一方面，“鼓励海外华人把台湾看作是中华文化与社会传统的监护

① “美国影响东南亚华人项目指导方针”，1957年12月11日。

② “1960财政年度（台北）美国新闻处国家计划”［USIS（Taipei）Country Plan-FY 1960］，1959年6月17日，第306档案群组：美国新闻署，1960—1963财政年度国家计划档案（Country Plans FY 1960-1963），第117盒，美国国家档案馆二馆。

③ “美国新闻处对（1959年）台湾国家项目评估报告”［USIS Country Program Assessment Report for Taiwan（1959）］，1960年3月10日，第59档案群组：国务院，（文化事务局）负责规划和发展工作人员的国家档案1955—1964年［Country Files of the Planning and Development Staff, 1955-1964（Bureau of Cultural Affairs）］，档案分布号：Lot 66D499，第43盒，美国国家档案馆二馆。

④ “美国新闻处对（1959年）台湾国家项目评估报告”，1960年3月10日；“1960年对台湾国家项目评估报告”（1960 Assessment Report for Taiwan Country Program），1961年1月27日，第59档案群组：国务院，（文化事务局）负责规划和发展工作人员的国家档案，1955—1964年［Country Files of the Planning and Development Staff, 1955-1964（Bureau of Cultural Affairs）］，档案分布号：Lot 66D499，第43盒，美国国家档案馆二馆。

⑤ “美国新闻处对（1959年）台湾国家项目评估报告”，1960年3月10日。

⑥ 实际上，文化版本的“华夷之辨”宣传不是从1956年才开始的，而是在1953年“反中共”和促进台湾当局声誉的双轨心理战略形成的时候就已经存在了，只不过在开始几年处于“政治上华夷之辨”主题的辅助地位，在1956年之后才开始正式“走上前台”。

者（custodian）”[①]、“首要提倡者”（protagonist)[②] 和“真正代表”（true representative)；[③] 另一方面，则要宣传“与之形成鲜明对比的是中共，他们把外来文化和极权主义加诸于大陆”，[④] 还要“向海外华人群体暴露中共政权……对于所有中华民族固有价值的否定与破坏”，[⑤] 以及该政权的“非中国性”（un-Chinese character）。[⑥]

这种宣传论调的本质是诉诸文化认同来进行反共斗争。美国宣传部门评估，“只要海外华人还执着于其种族认同（racial identity），他们就保有对传统文化的尊重”。所以，如果有证据表明中国传统文化“在台湾比较丰富多样、真正具有活力，就应该能够赢得东南亚华人群体对其的尊重”。[⑦] 相应地，如果着力建构新中国政权的“非中国特性”及其对于传统中国文化和社会的破坏，也将会激起东南亚华人极大地反感和对于新中国的否定情绪。

美国政府最高层外交官员多次在重大场合阐述、说明美方对两岸在文

---

① “1962 年财政年度美国新闻处对台湾新国家计划”（New USIS Taiwan Country Plan for FY 1962），1961 年 9 月 19 日，第 306 档案群组：美国新闻署，1961—1962 财政年度国家计划档案（Country Plans FY 1961-1962），第 110 盒，美国国家档案馆二馆。

② “国家安全委员会第 5723 号文件报告”（Report on NSC 5723），1959 年 4 月 15 日，文件号：CK3100231875，解密档案参考系统。

③ “1960 财政年度（台北）美国新闻处国家计划”，1959 年 6 月 17 日；“1961 财政年度（台北）美国新闻处国家计划”[USIS（Taipei）Country Plan-FY 1961]，1960 年 6 月 27 日，第 306 档案群组：美国新闻署，1959—1961 年国家计划档案（Country Plans 1959-1961），第 179 盒，美国国家档案馆二馆。

④ “国家安全委员会第 5723 号文件报告”，1959 年 4 月 15 日。

⑤ “心理战略委员会对东南亚心理战略（D-23 号文件）”［Psychological Strategic Board Psychological Strategy for Southeast Asia（PSB D-23）］，1953 年 1 月 5 日，第 59 档案群组：国务院，心理战略委员会相关档案：工作档案 1951—1953 年（Records Relating to Psychological Strategic Board，PSB Working File，1951-1953），档案分布号：Lot 62D33，第 3 盒，美国国家档案馆二馆。

⑥ “行动协调委员会流亡者项目进展情况报告”（Operations Coordinating Board Escapee Program Progress Report）1954 年 12 月 15 日，第 59 档案群组：国务院，执行秘书的主题和特别档案，1953—1961 年（Executive Secretariat；Subject and Special Files，1953-1961），档案分布号：Lot 62G430，第 38 盒，美国国家档案馆二馆。

⑦ “1960 财政年度（台北）美国新闻处国家计划”，1959 年 6 月 17 日。

化上的“华夷之辨”的看法，有着广泛的影响力，也起到了极大的宣传作用。

新中国在20世纪50—60年代申请加入联合国的时候美国百般阻挠，拒绝新政权的理由之一就是文化原因。1960年联合国拒绝了新中国加入的申请，美国常驻联合国代表华兹沃斯（James J. Wadsworth）在10月12日在联合国大会全体会议中，就中国代表权问题发表声明，指出：“中华民国虽饱经困难，但直到今天，还是中国人民的历史悠久的文化与天才汇聚的地方”。而对于大陆的反美宣传等文化活动，“凡是知道一些中国的伟大文化的人，看到这样的情形必然会为之喟然长叹”。[①] 1962年，联合国大会再次由于美国从中作梗拒绝了新中国加入的申请，美国驻联合国首席代表史蒂文森（Adlai Stevenson）在陈述理由时也公开表态：“在台北的中国‘政府’继承着中国伟大的传统和文化价值”，并称“曾经参观过台湾和中国大陆的许多海外华侨，都有同样的看法”。[②]

美国国务卿杜勒斯1958年在加利福尼亚州商会上发表名为《对远东的政策》的公开演讲，其中较为详细地阐述了美国政府对中国文化的态度和不承认新中国政策的文化原因。他说：“在中共的‘公社’制度下”，“中国文化要被彻底消灭”，“一向被尊敬的风俗习惯，人民的信仰，家庭生活的价值，教育的意义和审美的艺术亦都在北平所号召的‘大跃进’的名义下相继的被消灭了”。“中国文化具有古老的历史根源，……它是根源于家庭生活，崇敬祖先，与训练青年对父母的敬爱”。“保存中国文化，具有世界的重要性。所幸现在位于台北的‘中华民国政府’就是此种文化的适当的

---

① 《拒绝中共进入进入联合国的理由》，《今日世界》第207期，1960年10月16日。

② 《中共再度被拒进入联合国》，《今日世界》第237期，1962年1月16日；史蒂文森另外一次联大会议上谈及中国代表全问题也谈到这个因素，见阿德莱·史蒂芬森：《美国代表（史蒂文森）在联合国大会上的声明》［Adlai Stevenson, “Statement Made by the U. S. Representative (Stevenson) Before the U. N. General Assembly (Ⅱ-39)”］，1962年10月22日，美国国务院历史办公室、公共事务局：《美国对外政策：当前文件，1962年》（Department of State Historical Office & Bureau of Public Affairs, *American Foreign Policy: Current Documents*, 1962），纽约：亚诺出版社，1971年，第142—143页。

监护者（custodian）”。[1] 美国宣传刊物总结道，杜勒斯的演讲说明了“美国之承认‘中华民国’而不承认中共政权，是由于‘中华民国’是中国文化的保卫者，而中共则是中国文化的破坏者”。[2]

和杜勒斯的“讲话精神”强调的一样，美方宣传文化上的“华夷之辨”主要集中在三个方面：国共在文化精神方面的对立，对待文物典籍、文字艺术等文化载体的不同做法，家庭与社会伦理层面的比较。

在美国的宣传材料中，有一些是从学理上来论证中国共产党信奉的马克思主义与中国文化的精神是不相容的。比如，在一篇名为《中国生活方式的变迁》的文章中，作者认为中国文化是一种儒家和道家思想结合在一起，主张不强为、渐变、中庸的文化精神和生活方式；中国共产党的理论则强调激烈的社会变革、阶级斗争，这种思维方式在传统中国哲学中找不到依据，施行起来就改变了中华民族的特质和固有的生活方式。[3] 还有一篇文章，其作者借评论钱穆研究庄子的文章批判中国共产党的革命哲学：中国文化中有“消极无为听任自然”的一面，“天意原不要使不同类者齐”。[4] 著名外交家和文化界人士张歆海也在其著作《四海》中强调：“毛泽东背弃了孔子老子所遗下的伟大的古代文化传统”。因为“马克斯（马克思）是主张斗争的。这与真正的中国精神是相反的。中国的传统政治与社会理论，是主张中庸与协和”。[5]

《今日世界》杂志还报道了孔子七十七代孙孔德成从台湾赴南越宣讲儒家思想的事情，在文章中孔德成说：“孔子学说以‘仁爱’为基本精神，目的是‘己欲立而立人’‘己欲达而达人’，共产主义则以‘唯物’为根据，

---

① 约翰·杜勒斯：《对远东的政策》（John Foster Dulles，“Policy for the Far East”），1958年12月22日，《国务院公报》第39卷（*Department of States Bulletin*，Volume 39），第993页；《今日世界》杂志也大幅报道了该讲话，见《美国“不承认”政策与中共的仇美》，《今日世界》第163期，1958年12月16日。此处引文采取了《今日世界》的报道文字。

② 《美国“不承认”政策与中共的仇美》。

③ 启元：《中国式的生活变迁》，《今日世界》第4期，1952年5月1日。

④ 程靖宇：《钱穆与庄子》，《今日世界》第6期，1952年6月1日。

⑤ Pereira Ernie作，虞均译：《四海之内皆兄弟也：评张歆海先生的〈四海篇〉》，《今日世界》第179期，1959年8月16日。

以‘争夺’为手段”。[①] 此外，孝敬祖先、“慎终追远”的话题也被用来区分是否是中国人、是否有“民族精神”。“中国人不愧是一个具有深厚文化传统的民族，虽然寄迹海外，却还是依着我们自己的生活方式来欢度这些传统的节日。”该杂志还报道说，中国共产党指责中国社会上有着太多的‘封建余毒’，“慎终追远”已经成了“劣根性”，但这些实际上是“‘颇可自傲’的民族性”，“优良的传统精神被中共破坏无余了”。[②]

作为以上论调的延伸，鼓吹用儒家思想来对抗共产主义的宣传应运而生，即唯有用儒学来对抗共产主义，才能保持民族精神。《今日世界》上报道了一名美国华侨信仰儒学的事迹，这位华人谈到中国之所以数千年来屡遭外族入侵而“保持国统而不亡”，主要就是拜儒家思想所赐。[③] 在一篇名为《我主张读经》的宣传材料中，作者认为，正应该像当年顾炎武提倡以经学来保存民族精神那样，以儒家思想来保存民族性格，才能保持不致“丧邦”。[④] 另外值得一提的是，美国的宣传材料还密集报道南越总统吴庭艳主张用中华传统文化来“反共”、用儒家思想对抗共产主义的“事迹”。美方宣传材料中广泛宣传吴庭艳在越南南部推广孔孟思想的做法和言论，吴庭艳认为孔子学说是亚洲国家的共同文化遗产，他提倡用“亚洲文明的精神价值”，来对抗共产主义这种“外来邪说”。[⑤]

以上宣传思路的直接发展，就是建构台湾当局尊孔尚道、中华正统文明的形象。美方的宣传材料在介绍台湾的教育资源优势的时候，首要强调的就是“它有悠久的历史与文化为基础。中国有五千年的历史，有崇高的文化。这种历史与文化，其本身便是一种良好的教育。即没有外来文化加入，它的教育就值得我们注意”。[⑥] 美方也经常报道台湾当局纪念和传播儒

---

① 《孔德成讲学越南》，《今日世界》第 161 期，1958 年 11 月 16 日。

② 樊通：《来论新春感言》，《今日世界》第 119 期，1957 年 2 月 16 日。

③ 露冰：《信奉儒家学说的旅美侨领蔡增基》，《今日世界》第 222 期，1961 年 7 月 1 日。

④ 迅雷：《我主张读经》，《今日世界》第 13 期，1952 年 9 月 15 日。

⑤ 《孔德成讲学越南》；万章：《西贡通讯：于斌主教在越南》，《今日世界》第 170 期，1959 年 4 月 1 日。

⑥ 谢幼伟：《自由中国的教育》，《今日世界》第 77 期，1955 年 5 月 16 日。

家思想的活动，比如蒋介石派代表参加台北的祭孔活动,[1] 另外就是孔子的七十七代嫡孙孔德成生活在台湾，这本身也是“自由中国”儒学正统的象征。台湾当局多次把孔德成派到海外，尤其是在东南亚华人中间宣传儒家思想。美方对此积极报道，而且着重烘托当地华人华侨对其热烈欢迎的场面。美方也报道台湾的天主教神父于斌去南越推广儒家思想，称之为“发展文教正人心”。[2]《今日世界》杂志极力宣传华人华侨对于中国传统文化的向往，言到“自由中国”对于东南亚华人来说，“好似麦加之于回教信徒，台湾成了他们所向往的对象”。[3] 这当然是一种颇为“点题”的评价，把台湾构建为华人的精神家园和文化圣地，是正统中华文明的象征。

这是在把政治主张之争、意识形态差异建构为“文明的冲突”。以上美国政府建构的是这样一种文化意象和宣传论调：中国共产党和中国文化在基本理念和核心价值观层面是不相容的、是冲突对立的。按照这种论调，国共两党的政治主张差异、由于身处两大阵营而造成的意识形态对立，就被描述和塑造为了是一种中华文明与外来文明之间的“文明的冲突”[4]。这样一来，共产主义被建构为了中华文明的反面。而美方宣传材料营造的一种氛围是，华人越是和中国共产党“划清界限”、坚决斗争就越是能够体现出来中华文化的本质和特性，因为中华文化与共产主义的关系是“夷夏之大防”，是“汉贼不两立”。两党代表的中国现代化道路的“路线”之争，被混淆为了一种外来文明与中国文明的“敌我”之争。

---

① 《图画世界》，《今日世界》第 137 期，1957 年 11 月 16 日。

② 《孔德成讲学越南》；《西贡通讯：于斌主教在越南》。

③ 《越南青年华侨回国观光》，《今日世界》第 141 期，1958 年 1 月 16 日。

④ 冷战时期美国对东欧的心理战和宣传活动，就是宣传苏联共产主义并不代表欧洲“正统”的文化与文明，强调要用正统的欧洲文化反对“异质”的共产主义文化，塑造东欧国家的人民属于（西）欧洲文明的认同感。弗里德里克·肯德-科瓦克斯：《穿越铁幕的声音、书信和文学：流亡者与广播媒介（超越）冷战的使命》[Friederike Kind-Kovacs,“Voices, Letters, and the Literature through the Irion Curtain: Exiles and the (Trans) Missions of the Radio in the Cold War”]，《冷战史》(*Cold War History*) 第 13 卷第 2 期，2013 年 5 月，第 203—207 页。这样，本意是在强调自由世界和共产主义的正当性之争的冷战，就被赋予了共产主义与人类文明之间冲突的意义。

三、文化艺术的保护者与破坏者的形象对比宣传

不仅在文化精神层面，美方也突出国共对待文物典籍、文字艺术等文化载体的不同态度和做法，把两岸分别塑造为文化的保护者与破坏者。

美国宣传部门评估过台湾可供“推销”的文化资源，重点指出台湾拥有研究中国文学、历史和思想典籍世界知名的专家，还拥有灿烂的考古成就，和包括明清档案在内供全世界汉学家研究的珍贵资料，以及台北故宫博物院的珍宝文物。① 因而，在美方宣传材料中有大量关于台北故宫博物院和“中央博物院”及其馆藏的中国古代文物的介绍，还介绍了保存珍贵古文献《四库全书》② 和全面搜集流散在国外的《永乐大典》文本并影印出版的事迹。③ 此外，美国宣传部门还专门制作了英文宣传小册子《中央研究院》，并组织专文详细介绍了“中央研究院”来台之后的发展情况。④

相比起对这些保存在台湾的文物、典籍和知识人才的介绍，美国宣传部门更为重要的目标是对国民党政府运送这些珍贵的文化资源来台的过程进行描述，并对意义进行“升华”。《今日世界》上介绍故宫珍宝的文章，通常都会把这些文物如何被辗转保护、最后运抵台湾保存的过程做一个详细的交代。一般都是从“九·一八”事变开始，介绍这批文物如何从北平辗转各地，如何在战火中运输、保护、珍藏，之后又如何在抗日战争胜利后回到南京和北京。接着是第二次转运文物的描述：1948年、1949年，由于徐蚌战事（淮海战役）紧张，所以政府把这些历经沧桑的文物中的3000多箱“精品”“抢运”到了台湾。这样的话，“这些如今硕果仅存的中国国宝，曾遍历中国战争烟火味，奔波过中国交通线上大多数的江、河、湖、

---

① “美国新闻处对（1959年）台湾国家项目评估报告”，1960年3月10日。

② 董作宾：《从共区抢救出来的四库全书》，《今日世界》第35期，1953年8月16日。

③ 王心健：《世界上最早的百科全书〈永乐大典〉的故事》，《今日世界》第278期，1963年10月1日。

④ 诗铮：《智慧之宫：中央研究院》，《今日世界》第178期，1959年8月1日。

海、陆地和空中。”接下来就是报道国民党在台中建立新的博物馆，精心地核对、编目、保护和珍藏这些极为珍贵的文物精华。最后再来升华“文化遗产保护”的意义：由于这些文物是“一个古代文明的文化编年史”和“中国伟大的文化遗产”，所以“不能忘怀长期来呕心沥血地对这批艺术珍品加以维护和保管的功臣”，“对他们为保存中国古代文化的精华所付出的青春与心血，全世界都应该表示感谢”。① 这样就把日寇威胁之下和国共战争形势之下两次转运文物的事情并列了起来，而且都赋予保护民族文化遗产的意义。

对于珍贵的图书典籍和文史研究人才来台的意义建构也如是一样。著名学者董作宾就曾撰文来介绍台湾保存的《四库全书》的情况，标题就是《从共区抢救出来的四库全书》。他说：“铁幕里面是有书不能读，焚毁唯恐不尽”。但是在铁幕之外，“驰名全世界的一部大丛书《四库全书》，从南京抢救出来之后，俨然是安全无恙的保全在这里”。② 介绍“中央研究院”的一篇文章也是这种论调：抗战结束，“中央研究院”在饱经日寇战火洗礼、正准备大展宏图的时候，“又遇战火连绵，再一次厄运到来。在兵荒马乱中，一群手无寸铁的书生总算抢了历史语言和数学两所的古物和图书设备迁来台湾。其他十二个研究所都陷在大陆。但更令人惋惜的是多少学者学人也随着那些宝贵的图书和设备沦入魔掌。”所幸还有两个研究所，尤其是史语所的人才和书籍保存比较完备，于是就在台湾复建了这座华人世界的“智慧之宫、学术的摩天楼”，而且流落海外的学者也都表示愿意“回国”为学术事业效力。③

美国宣传部门还通过两岸对传统戏剧不同的态度来凸显两岸分别是中国文化保护者和破坏者的形象。在台湾被称作“平剧”的京剧是美方重点宣传的戏剧艺术形式，宣传的核心就是突出台湾的平剧是真正的中国戏剧，

---

① 沈遐祺：《国立中央博物院》，《今日世界》第190期，1960年3月1日；阜新：《美丽的中国邮票》，《今日世界》第247期，1962年7月16日；孙正裕：《即将在美国举行展览的中国古代艺术品》，《今日世界》第220期，1961年5月16日。

② 董作宾：《从共区抢救出来的四库全书》。

③ 诗铮：《智慧之宫：中央研究院》。

因为其保留和继承了传统，没有经过很剧烈的改革和革新。在介绍台湾京剧名旦金素梅的一篇文章中，作者指出其的真正贡献是“发展和绵延”了“平剧传统”这个“正统民族艺术”，而使得听众“与中共监制的若干平剧电影做一比较，获得什么是真正的平剧、什么是野狐参禅的正确结论”。①1957—1958年，台湾当局派出“国家京剧团”赴欧洲访问演出，美方宣传部门对此给予了全面报道，并借一位法国艺术教授之口称：“‘中华民国’剧团所表演的艺术才真正代表中国正统的戏剧，不像中共平剧团的对剧本加以篡改，使政治成份掺入了艺术。”而承办演出的一座葡萄牙剧场曾经“拒绝了中共平剧团的访问，他们说并不是不喜欢中国戏剧，而是‘只喜爱正统完善的中国戏剧’”。②

台湾的平剧被美国宣传部门努力塑造为“传承”“因袭”“传统”和“正宗”的形象，这样一来新中国用外来文艺思想改变中国古老戏剧传统的意象就显得特别突出了。美方主要宣传中国大陆从1953—1964年的三次“戏剧改革运动”。美方宣传说新中国在苏联文艺路线的指挥之下，对传统戏剧做了重大改革。传统京剧是“多演历史故事，很少表演近代和现代的人物故事”，而大陆的京剧改革中，“淘汰了历史人物，取消了帝王将相、佳人才子之出场，代之以共党的党员干部、‘战斗英雄’‘劳动模范’，将工农兵的形象搬上了舞台。”而且就在这种文艺路线之下，“许多名作家如老舍、曹禺之流，……已经不再是中国伟大文化的保护者”。③

以上美国宣传部门建构的形象是，台湾当局是中华文明和文化的“抢救者”“保护者”“传承者”，共产党政权则是毁坏中国文明和文化的“蛮夷”和“破坏者”。④ 就宣传技巧而言，一方面，在谈到国民党转运文物典

① 千里草：《金素梅与平剧艺术》，《今日世界》第228期，1961年9月1日。

② 湄芬：《中华国剧团的欧洲巡回演出》，《今日世界》第145期，1958年4月16日。

③ 谭振明：《大陆的“戏剧改革运动”》，《今日世界》第290期，1964年5月1日；金达凯：《看大陆的“京剧现代戏”》，《今日世界》第304期，1964年12月1日；《中共的文化》，《今日世界》第70期，1955年2月1日。

④ 美国宣传部门还通过猛烈攻击大陆的“汉字改革”而塑造新中国传统文化破坏者的形象。凌止：《汉字不是中共所能消灭了的》，《今日世界》第140期，1958年1月1日；《汉字会被消灭吗?》，《今日世界》第141期，1958年1月16日。

籍和人才赴台这件事的时候，美方明显是在“倒打一耙”，处心积虑地混淆黑白。在宣传材料中，国民党流亡之际的转运活动不再是一种财富的转移，反而摇身一变被塑造为保存了中国文化免于被毁灭的义举。另外，日寇对中国的侵略和中国共产党取得大陆政权则完全被当作是一回事，都是要毁灭中国的文明，而国民党两次转运文物则都是保存了中国文化。而上述宣传文字和描述所建构出的意象，则弥漫着浓重的感情色彩和“灭世—救世”的宗教意味：国民党艰苦卓绝地从具有强大破坏力异族手中抢救和保存了中华文化的火种，使之薪火相传。

另一方面，当宣传材料涉及新中国的文字、艺术等文化改革的时候，一是不管其具体原因和自身逻辑是什么，一定要把两岸的文化和文艺问题都强拉到高度意识形态化的、二元对立的思维模式和话语系统当中去，即是其弘扬还是破坏了中国文化、是“华”还是“夷”的简单图式当中去。二是把任何具体的文化问题都上升到文明的高度来进行过度诠释。把任何对传统文化进行的改革都贴上亡国灭种、毁灭祖宗“社稷宗庙”的标签。

这种由美国政府和台湾当局在冷战时期出于明显的政治原因炮制出来的宣传话语和刻板印象至今仍有余音，常常是一旦涉及两岸文化的话题，一种“中华文明断裂和延续、残缺和完整”的两岸对比思维方式和话语表达方式就会自动启动。这是在以一种最彻底和极端的宣传话语——毁灭中华文明——来否定新中国和中国革命的合法性。但是，任何严肃的讨论都不能忽略这背后美国心理宣传战的“幽灵”，美国国务卿杜勒斯就曾经表示：“我们远东政策所寻求的一个基本要点，是要保证不让中共获得随附于中国文化的伟大声望，来作为他们自己独有的宣传工具。”①

突出新中国对传统家庭和伦理的破坏及其“蛮夷”的风俗文化，也是文化上的“华夷之辨”宣传中的一个重点。美方宣传人民公社制度拆散了中国社会基本组织——家庭，② 还大肆造谣攻击新中国的婚姻制度使得大陆

---

① 约翰·杜勒斯：“对远东的政策”，1958 年 12 月 22 日。

② 江海志：《在大跃进与人民公社运动下大陆妇女的浩劫》，《今日世界》第 164 期，1959 年 1 月 1 日；思华：《青年学生对中共应有的认识之五：大陆人民空前的浩劫》，《今日世界》第 175 期，1959 年 6 月 15 日。鲜于朱：《猴年大吉》，《今日世界》第 95 期，1956 年 2 月 16 日。

乱搞男女关系成风，社会风气恶化。[①] 还有一些宣传集中展现新中国风俗文化上的“非汉族”特征。在美国宣传策划出版的两部广为流传的“反共小说”中，诋毁和抨击了共产党政权的“北方蛮夷文化”[②]——“日本人的国语和北方人的国语都是同样地奇特可笑”；北方籍士兵说话“似乎出自一个不会说中国话的野蛮人。”而共产党官员妻子和女干部在小说中则野蛮、淫荡、男子气（短发、抽烟、着军装），被形容为是“犷悍的游牧民族的主妇”。在诋毁共产党的“非中国”风俗和政治文化的诸多形象当中（诸如土改、开会、斗地主、革命话语、革命称谓等），最为广泛流传的便是“秧歌”，称秧歌是一种“动作非常滑稽可笑”的舞蹈：“年轻人头上扎着磺巾，把眉毛眼睛高高地吊起来，使他们忽然变了脸，变成凶恶可怕的陌生人。他们开始跳舞，一进一退，摇晃着手臂”。而“有一千多年没跳过舞（秧歌）了，在南中国。”美国政府对华宣传中就常常称新中国政权为“秧歌王朝”，[③] 显然共产党干部动员南方群众跳流行于北方地区的民众舞蹈，极富象征意义地隐喻了“蛮夷文化”对于中华文化的“入侵”和“强暴”。

与建构政治上的“华夷之辨”形象滥用历史的宣传策略正好相反，建构文化上的“华夷之辨”主要是一种“去历史化”“去背景化”的策略：只呈现当下被加工过的“现实”，而有意地忽略其社会历史根源；只呈现结

① 遇之：《“新社会”里的男人与女人》，《今日世界》第79期，1955年6月16日。耶律雄奴：《“新社会”的“爱人”》，《今日世界》第125期，1957年5月16日。在香港美新处组织的“反共小说”中，“新婚姻法”也成为了广大共产党干部抛弃发妻另觅新欢的工具的情节比较多见。如朱廉：《谁是被告》（上）、（下），《今日世界》第227期（1961年8月16日）、228期（1961年9月1日）。

② 著名华裔女作家张爱玲于1952—1955年短暂在香港停留，期间服务于香港美国新闻处。在美新处直接授意和支持之下创作了《秧歌》和《赤地之恋》两部“反共小说”。《秧歌》还曾在1954年在《今日世界》上连载。关于张爱玲与美国宣传机构的关系，见梅瑞狄斯·奥恩：《盟友、敌人和侨民：移民活动和美华关系，1940—1965》，第318、334—335页。

③ 此类成为很多，如《三个重要的纪念日》，《今日世界》第62期，1954年10月1日。

果，有意回避讨论原因。[1]

中国近代以来的一个大势便是，由于外部势力侵略加剧、国家和社会不断衰朽而造成国人的改革主张越来越激进化，最终一直发展为革命，整个过程从器物、制度层面的改革逐渐跃升为针对中国文化的精神、文明层面的彻底改造。这便是种种文化改革、革命措施的最大历史社会根源。不知晓和理解这个越来越激进化的历史背景，就很难理解中国共产党激进的文化和政治主张与行动，只看结果不关注原因，自然也会觉得种种现象难以理解甚至"荒唐可笑"，当然也就更难认识到其中的合理成分。除了有意忽略历史背景之外，"乔装打扮"国民党的历史角色是另一半的策略。这也与"去历史化"有关系，实际上国民党也是革命党，是激进的革命大潮当中最重要的势力之一，复兴传统绝不是其主要政治立场，其与中国共产党对传统的态度至多是程度的差异。而特意强调台湾当局是中华传统文化的"监护者"和"代言人"的形象，是明显地在"断章取义"，是有着政治目的的。如上文所述，这是美方的冷战策略，而且也是台湾当局动员东南亚华人、维持"政权"合法性的政治手段。

这样一来，有意忽略近代中国政治和思想的激进化趋势、刻意强调台湾当局维护传统的一面，"华夷之辨"的"现实"就完全被"去背景化"和"去历史化"而被单独地、孤立地呈现出来了。再结合其他宣传策略和技巧，如谣言（"新婚姻法"造成社会风气恶化）、创设二元对立和非黑即白的话语系统（文化改革即等于摧毁文明）、调动情感（"手无寸铁书生"之语）、偷换概念（日寇入侵背景下的抢救文物和国共政权更替之际的强运

---

① 美国宣传部门在粉饰国内社会问题的时候常采用的策略是"背景化"/"历史化"（contextualization），即解释社会问题的历史成因，以使社会问题变得可以理解和接受。见尼古拉斯·卡尔：《冷战与美国新闻署：美国的宣传和公共外交，1945—1989》（Nicholas J. Cull, *The Cold War and the United States Information Agency: American Propaganda and Public Diplomacy, 1945-1989*），剑桥：剑桥大学出版社，2008年，第503页。"去历史化"和"去背景化"是相反的策略，用来突显敌人的社会问题、使之不可理解；著名文化理论家罗兰·巴特也论述过这个问题，他称之为"历史的私有化"，大意是把看问题的眼界局限在当下，不去追求现实的历史根源，从而和广泛的社会和历史意识隔绝。参见［英］菲利普·史密斯：《文化理论——导论》，张鲲译，北京：商务印书馆，2008年，第168页。

文物是一样的）、历史比附（新中国的“胡风”）等，一幅“华夷之辨”的面貌就很逼真地呈现出来了。

四、结语

美国关于“华夷之辨”的宣传论调和围绕这个概念建构的反（中）共意识形态，与“经典”意义上美国的冷战意识形态（主要是“自由世界”与共产主义之争）有着显著的差异。冷战双方在意识形态层面的争夺主要是关于两种生活方式和对于未来的主导权之争，是两种“现代性”版本之争，[①] 但美国在华人世界中的冷战宣传却强调相反的东西：谁更能代表传统，谁才是正当的。在关于“现代性”的意识形态之争当中加入“传统”的成分，其原因的确是非常耐人寻味的。

冷战初期美国宣传官员在考虑对第三世界宣传政策的时候，强调要诉诸“本土文化传统”（indigenous cultural traditions），认为单纯的“扬美”或“反苏”宣传都不起作用，美国要帮助第三世界国家复兴和加强本土文化，这样第三世界人民就会自然地拒斥共产主义而选择美国道路。具体到对华宣传政策而言，学者哈特（Justin Hart）对于美国诉诸中国传统文化的宣传策略做出了传神的解释。他认为，这是一种文化上的“门户开放”，背后的逻辑是只要复兴中国传统文化，中国人自然就会拒斥共产主义而选择拥抱美国的价值观和发展道路。[②] 不仅美国政府，同时代在华的美国教育基金会甚至基督教会组织也认为，共产主义与中国文化是根本冲突的，因而复兴

---

① 这种说法常见于冷战史研究学界，集中的论述见［美］雷迅马：《作为意识形态的现代化：社会科学与美国对第三世界政策》，牛可译，北京：中央编译出版社，2003 年。

② 贾斯汀·哈特：《观念的帝国：公共外交的起源与美国对外政策的转型》（Justin Hart, *Empire of Ideas: the Origins of Public Diplomacy and the Transformation of U. S. Foreign Policy*），牛津、纽约：牛津大学出版社，2013 年，第 165—166 页。作者认为 19、20 世纪之交美国对华“门户开放”政策背后的逻辑是，只要加强中国的领土完整，就能够最大限度上保障美国的利益。因此，作者用文化上的“门户开放”来类比美国对华宣传政策。

中国传统文化即是反共。[1]

这种思维方式和宣传思路，反映出美国决策者对于共产主义的一种深层次文化心理：共产主义是人类发展模式中的“异类”，只有对“生病”的文明体才有吸引力。“遏制战略之父”乔治·凯南就曾在著名的“长电报”中提到，“共产主义就像是一种恶性的寄生虫，只会在生了病肌肤组织上生存”。[2] 肯尼迪、约翰逊时期美国对第三世界外交政策的主要制订者、发展经济学家罗斯托（W. W. Rostow）则把共产党称为“现代化进程中的食腐动物”。[3] 因而在美国外交官员看来，复兴第三世界国家的传统文化、重建“健康”的文明体，本身就会是对于共产主义绝好的“免疫力”。所以，共产主义不仅不是人类未来发展的模式，甚至和传统文明也是不相容的。

我们可以把这种诉诸传统文化进行反共宣传的政策实质解释为，在冷战意识形态当中加入了身份认同和民族文化的因素。按照冷战史大家文安立（Odd Arne Westad）的说法，美国和苏联的立国原则、也是后来两个国家冷战意识形态是“建立在人类进步的理念和规划——而非身份认同（identity）和民族（nation）概念——的基础之上的”。[4] 但是美国关于“华夷之辨”的冷战宣传却恰恰是在围绕身份认同和“民族”的问题——谁是真正的中国人、谁真正代表中国文化——来开展的。解释其本质，我们可

---

① 周爱灵：《（新）儒学运动、殖民主义与冷战：香港新亚书院的中国文化教育，1949—1963》（Grace Ai-Ling Chou, *Confucianism, Colonialism and the Cold War: Chinese Cultural Education at Hong Kong's New Asia College, 1949-1963*），荷兰莱顿：荷兰皇家布里尔有限公司，2012 年，第 71—83 页。这里提到的美国在港基金会主要是亚洲基金会（Asia Foundation）、福特基金会（Ford Foundation）、雅礼会（Yale-China Association）。

② “美国驻苏联代办（凯南）至国务卿”［The Charge in the Soviet Union (Kennan) to the Secretary of State］，1946 年 2 月 22 日 21 时，美国国务院编：《美国对外关系文件集，1946 年，第 6 卷：东欧与苏联》（United States Department of State, *Foreign Relations of the United States*, 1946, Vol. 6, Eastern Europe and the Soviet Union），美国政府印刷局，1969 年，第 708 页。此处中文采取的是如下译本的翻译：周建明、王成至主编：《美国国家安全战略解密文献选编，1945—1972》（第一册），北京：社科文献出版社，2010 年，第 17 页。

③ 雷迅马：《作为意识形态的现代化》，第 138 页。

④ ［挪］文安立：《全球冷战：美苏对第三世界的干涉与当代世界的形成》，牛可等译，北京：世界图书出版公司，2012 年，第 36 页。

以视作是把冷战意识形态这种政治理念之争同时也建构为一种基于文化的身份与特性的差异：台湾当局同时拥有中华正统和民主自由现代性的双重身份特性，相反，新中国不仅是共产主义政权，同时在本质上、文化上还是“非中国”的。而且两者同时具备的两种“特性”之间还具有高度的关联性：因为台湾当局是中华文化正统所以拒斥共产主义、选择美国道路，而新中国因为是共产主义政权就意味着其不容于中国文化传统。这是在塑造一种融合了冷战意识形态和中华民族身份意识的、对国民党的认同感，反过来也是要建构一种融合了两种要素的、对新中国的政治与文化疏离感。

"战争的负遗产"，还是"文化交流的象征"？
——玄奘三藏遗骨和20世纪50年代的北京与台北

［日］坂井田夕起子*

序　言

1942年12月23日，侵占南京的"中支那派遣军兵工厂"（通称：高森部队），在南京中华门外的施工中发掘出安奉玄奘法师遗骨（顶骨）的石棺。对于中国而言，该发现一般被叙述为日军对中国的侵略以及文化掠夺。例如："日军起初严密封锁，企图将顶骨盗回日本。直到次年2月3日汪伪《民国日报》首次披露了玄奘法师顶骨出土。其后《中报》、中央广播电台等媒体又相继报道了发现玄奘法师顶骨的消息。一时舆论大哗，南京市民也街谈巷议。"① "后因南京各界爱国人士抗议，汪伪政权迫于舆论压力，与日军交涉，日方才不得不答应将灵骨分为两份：一份于1944年10月10日在南京玄武湖畔小九华山建成砖塔供奉；一份由当时的北平佛教界迎至北

* ［日］坂井田夕起子，日本大阪大学兼任讲师。

① 刘大任：《南京灵谷寺所藏玄奘法师顶骨的来龙去脉》，黄心川主编：《玄奘研究》，西安：陕西师范大学出版社，1999年。

平供奉。然后，北平的遗骨又分出一部分被带到日本。”[1]

然而就笔者所知，战时日军的首要目标是为了展示“中日友好与文化交流”，文化掠夺还在其次。其实，最早报道发现遗骨的不是汪伪政权的媒体，而是上海的日文报纸《大陆新报》[2]。10天后，汪伪政权的《民国日报》翻译刊载《大陆新报》的报道，两者内容大部分雷同。[3] 此后，《民国日报》逐一报道玄奘塔的修建情况。北平佛教界所收到的遗骨，其中一部分“被日军偷运到日本”[4] 的说法也不符合实际情况。根据《民国日报》等中文报纸的报道，1944年10月13日：“玄奘顶骨中之一部，更赠予盟邦日本供养”，由日本僧侣奉迎顶骨到上海，举行奉移法会。23日，顶骨运抵日本东京。12月23日，日本佛教联合会在东京宽永寺举行顶骨奉迎典礼。[5]

二战后，对于新中国、日本、台湾当局而言，玄奘遗骨有时候被叙述为“中日文化交流的象征”，有时候被当作“战争负遗产”，而这其中的具体因由却鲜为人知。1955年11月，日本佛教界向台湾当局分赠一部分遗骨的时候，新中国表示抗议，并引发了新中国、日本、台湾当局三个地区佛教界和政府之间纠纷，此种情况目前在三个地区并未被关注。这是由于当时中国对日工作以及日本、台湾地区的内部状况造成。本文以战后玄奘遗骨分赠给台湾地区的经过为中心，考察20世纪50年代东亚国际关系背景下，中国政府与佛教人士积极展开的“以民促官”对日工作。

---

① 何云：《唐玄奘法师顶骨舍利略谈》，《人民日报海外版》1998年9月28日。

② 《大陆新报》是由日本军、外务省以及兴亚院赞助设立，朝日新闻公司给予协助，于1939年创刊的。

③ 《三蔵法師の遺骨か　南京で謎の石棺を発掘》，《大陆新报》1943年1月22日。《中华门外发现古代石棺　考证为唐三藏遗骨》，《民国日报》1943年2月3日。

④ 刘大任：《南京灵谷寺所藏玄奘法师顶骨的来龙去脉》，1999年。

⑤ 《赠予盟邦三藏顶骨　今日奉移东渡》，《民国日报》（南京）1944年10月13日。《三蔵法师分骨きょう上海着》，《大陆新报》（上海）1944年10月13日。《三藏分骨运抵东京》，《中华日报》（上海）1944年10月25日。《东京昨肃穆举行三藏法师遗骨恭迎式》，《中山日报》（广州）1944年12月25日。

一、台湾分骨的契机

首先，简单介绍一下日本佛教界将玄奘遗骨的一部分赠给台湾的经过。台湾分骨的契机是1952年9月末所举行的第二届世界佛教徒联谊会东京会议。世界佛教联谊会是1950年5月，由锡兰佛教徒发起的世界佛教运动之一。以此会议为契机成立了历史上首届世界佛教徒的联合体——世界佛教联谊会，即“世佛联”。世佛联的办公室设置在锡兰，以世界佛教徒的团结和普及佛教为目标，对实现世界和平和社会问题的实践等进行讨论，并决定以后每两年一次由各国轮流担任举行世佛联会议。①

第二届世佛联会议，由于日本外务省的意向，新中国、北朝鲜及蒙古代表没能获邀参加会议，台湾“中国佛教会”（“中佛会”）代表作为“中国代表”出席。受到邀请的台湾“中佛会”，非常期待战后首次登上国际舞台，最初选定了约30人组成的大代表团赴日。可是因为日方此次会议的经费并不宽裕，赴日正式代表人数被限定为5名，以“中佛会”章嘉理事长为首，中国僧侣及居士占了4名，台湾居士只有1名。章嘉是藏传佛教内蒙古地区最高活佛，担任“总统府”资政、“国民大会”代表、国民党“中央评议委员”等要职。李子宽居士与赵恒惕居士都是中国同盟会成立以来的国民党老干部。尤其是李子宽自命为曾领导“中佛会”的太虚（1890—1947）的弟子，并特地从香港聘请了太虚的弟子印顺，选为赴日代表。②

台湾的“中佛会”对于第二届世佛联会议的要求是，从台湾岛内来说，他们期盼复兴“中国佛教”，从外部来说，确保“中国佛教”在亚洲地区的地位。中国僧侣为了在台湾恢复“中国佛教”，首先认为与亚洲佛教运动接轨是非常必要的。同时借此确立“中国佛教”在国际舞台的地位，并重新

① 光宗译：《世界佛教徒大会剪影》，《现代佛学》第一卷第一期，1950年9月。《世界佛教徒友谊会概况》，《现代佛学》第一卷第三期，1950年11月。

② 阚正宗：《重读台湾佛教 战后台湾佛教（正编）》，台北：大千出版社，2004年，第135—136页。

整顿台湾岛内“日本化”的佛教。这也是害怕中国共产党政权压制，而避难于国民党独裁下的僧侣们在台湾生存下来的方法。中佛会的领导之一东初，在当时向台湾僧侣呼吁：“以亚洲所有佛教地区若东南之泰国、缅甸、锡兰、以及东亚之日本，现都接近于战争的边缘，感觉到赤色恐怖政策威胁的惶惶而不安。只有台湾佛教，以台湾为亚洲最安全，是亚洲第一个民选自治区域，是全世界民主国家反共产主义的桥梁。因此复兴祖国佛教及领导亚洲佛教，甚至世界佛教伟大光荣的责任，都落到台湾佛教徒双肩上了”①。“中佛会”受到第二届世佛联会议的邀请后，开始在台湾内外进行大肆宣传并强调世佛联起源于战前中华民国僧侣太虚进行的世界佛教运动。“中佛会”宣告，在会议上，为了基于佛法实现世界和平，除了提议继承太虚的遗志以外，还将向联合国控诉中国共产党的宗教压制。② 代表团在谒见蒋介石后赴日。③

但是，在第二届世佛联会议上台湾当局代表没能实现上述目标。因为代表团在日本目睹的是上坐部佛教国的活跃。原本世佛联总部就设置在锡兰，支持第一届会议举行的国家是印度、缅甸及泰国等上坐部佛教国的佛教徒与政府。第二届会议也派遣了很多代表团员。④ 在世佛联会议上，台湾当局代表也意识到参加各国无法在反共上达成共识。因为，亚洲佛教国之中承认新中国的国家很多。因此，台湾当局代表提出的《抗议中国共产党对佛教徒的迫害》这一提案，由于印度与缅甸等承认新中国的国家不赞成，最后修改成《抗议所有国家的宗教迫害》后才勉强通过。⑤

因此，对于台湾的“中佛会”来说，最初的“民间外交”的结果并不理想。在此情况下，玄奘遗骨的分骨台湾，成为台湾方面唯一的外交成果。

---

① 东初：《对台湾省县市佛教友代表之希望》，《人生》复刊第一卷第二期，1951年3月。

② 中国佛教会：《祝世界佛教徒第二届大会》，《海潮音》第三三卷秋号，1952年9月。中国佛教会：《第二届世界佛教徒大会提案》，《海潮音》第三三卷秋号，1952年9月。

③ 《中国佛教代表团赴日》，《人生》第四卷第一〇期，1952年10月。

④ 光宗译：《世界佛教徒大会剪影》，《现代佛学》第一卷第一期，1950年9月。

⑤ 坂井田夕起子：《誰も知らない西遊記——玄奘三蔵をめぐる東アジア戦後史》，东京：龙渓书舍，2013年，第104—105页。

1953年，“中佛会”台湾省分会理监事联席会议的记录上有如下的叙述：“第二届世界佛教徒会议，我代表五人出席。当时高森隆介曾出席该大会并声明，愿将玄奘大师灵骨送归本国。”[①] 这一记录到底蕴含什么意思呢？

二战后，一些僧侣向日本佛教联合会提出：“战时奉迎玄奘遗骨一事是非法的”“日本应该将遗骨返还中国”等意见。日本佛教联合会询问中华民国驻日代表的谢南光可否直接安奉遗骨。[②] 1946年12月，谢南光再度前往日本，并带来口信正式地告知日本佛教联合会：“不需要返还遗骨”，“直接在日本建塔安奉将是今后中日文化的相互合作，欢喜之至。”可是日本佛教界却陷入了战败后的社会混乱中，日本佛教联合会没有经济余力，为回避责任，将玄奘遗骨移交给慈恩寺与有志之士组成的“玄奘三藏赞迎会”。为了建造玄奘塔，慈恩寺卖地、借钱，得到该寺信徒等的无私奉献。[③]

另一方面，战时发现玄奘遗骨的高森隆介获得一部分遗骨，当时住在南京的大多数日本人都知道此事。战后他亲口提到：“我手中的遗骨安奉于慈恩寺的日本玄奘塔。”如果此事为真，那么他手里已经没有遗骨，就更无法将之赠予台湾了。埼玉县慈恩寺的玄奘塔已经落成，遗骨被安放到了地下。从十三层的玄奘塔地下挖出遗骨的话，再度需要大规模施工与高额费用，高森隆介一个人是无法承诺“分骨”一事的。他真的“愿将玄奘遗骨送归”吗？[④]

1954年7月，日本佛教代表团战后首次访问台湾地区，这是在访问东亚佛教各国的归途中顺道去了台湾的松山机场。“中佛会”为了日本7位代表，召集一百多名佛教徒。只有两个小时的茶会中，提到了玄奘遗骨的话题。台湾当局表示：“日本军人高森隆介氏于中日战争期间于南京所掘发的

① 曾永坤：《台湾日月潭史略》，1956年，第23页。

② 《三藏遗骨案卷》第七册，《归还古器物》，1946年11月，台湾“国史馆”藏“外交部”档案，020000001062A。

③ 坂井田夕起子：《誰も知らない西遊記——玄奘三蔵をめぐる東アジア戦後史》，第59、72页。

④ 坂井田夕起子：《誰も知らない西遊記——玄奘三蔵をめぐる東アジア戦後史》，第85、96、108页。

遗骨，对于佛教文化有特殊的贡献，即于日本佛教文化亦有重大影响，玄奘是东亚佛教史上最伟大人物，想日本佛教徒必乐意归还。”日方答复：“回国后当转知高森氏促其早日归还云。”①

可是，因为高森隆介翌年春去世，所以“中佛会”的愿望最终未能实现。高森隆介死后不久，“中佛会”并未得到他的讣闻，并依然期待他返还玄奘遗骨。1955 年 6 月，“中佛会”在其刊物《中国佛教》上刊登了要回玄奘遗骨的委托书。② 当然，此委托书没有寄到高森隆介的手里。

二、玄奘遗骨“归还”与“分骨”

尽管分赠遗骨的交涉因此中断，但台湾南投的地方人士还是准备着奉迎事宜。“中佛会”的南投县支会从一开始就积极进行遗骨奉迎工作，台湾省佛教会曾永坤理事长和南投县政府也支持奉迎工作。曾理事长强调：“南投县的日月潭乃台湾之中心指南针，真个蓬莱之仙境，环山深水，光复以来，中外学者，当道伟人，凡莅本省观光者，莫不以观此名胜为快。”他还发起了“在日月潭畔欲筹设明海寺、佛教图书馆以及三藏宝塔的计划”。③

另一方面，“中佛会”战后在台湾推行“去日本佛教（中国化）”。玄奘是中国佛教的高僧，“中国佛教会”企图透过在台湾建设三藏宝塔作为“中国佛教重来台湾象征”，并以之为台湾佛教教育的基础。1920 年创刊于上海的《海潮音》有如下叙述：“台湾自回归祖国怀抱以来，屈指已经十年了，十年来的台湾，在盛事、经济、教育、社会各方面，都有了长足的进步，人民生活在自由、平等、康乐的环境里，丰衣足食，快乐幸福，这是有目共见的事。在宗教信仰方面，因为数十年来受日本帝国主义殖民政策的压制，所以台省同胞，多限于旧有的祖宗、鬼神迷信及一些俗化佛教的行仪。”“台省光复以后，大陆同胞迁居台湾者日益加多，大陆佛教也随之

① 《茶会照台日本佛教访问团纪要》，《人生》第六卷第七期，1954 年 7 月。

② 《重要公文：中国佛教会公函》，《中国佛教》第一卷第一二期，1955 年 6 月。

③ 曾永坤：《台湾日月潭史略》，第 23 页。

而来。数年虽逐渐予台省佛教不少影响，然以限于自由观摩改进方式，加之大陆佛教寺庙僧伽制度也有规模的具体的建树起来，所以不能起有示范作用，故其影响亦甚微！”“这次玄奘法师顶骨归回祖国，全体佛教人士主张在台省择地建塔安置供养，这是全省教胞的福气，也是二十世纪佛教历史值得称述的一事。”①

从上述两段引文可发现，南投县“中佛会”领导干部一致期望建塔，但两者所持有的想法并不相同。南投县在建塔方面更为积极，并在一开始就做好了奉迎遗骨的准备。即使在分赠交涉暂时中断时期，南投县的建塔准备也扎实地进行着。

针对南投县的动向，台湾各地的佛教圣地持有不同的意见。因为日月潭原本是风光明媚的观光胜地而非佛教圣地，其并未建有寺庙，交通上将有诸多不便。1955 年 3 月，新竹市灵隐寺表明意见，指出玄奘遗骨塔应建设在新竹市。② 可是，“中佛会”不重视灵隐寺的意见，决定按原定计划建塔于日月潭。

“中佛会”为何早早决定在日月潭奉迎玄奘遗骨？这与台湾许多佛教圣地的法脉有什么关系？笔者还没找到有关这部分的资料。可是，因为当时蒋介石的“国家大计”是“反攻大陆”，所以他预备打倒共产党政权之后，将玄奘遗骨重新奉迎在南京或西安。从这一点来考虑，日月潭没有台湾传统佛教团体的影响，并且又是名胜之地，是暂时安奉遗骨的合适地点。

1955 年 9 月，“中佛会”与全日本佛教会（全日佛）正式决定迎奉玄奘遗骨，同时，南投县政府成立了三藏大师灵骨宝塔筹备委员会。台湾分骨有望实现后，台湾各佛教圣地又开始争相申办奉迎遗骨。10 月，苗栗县佛教圣地狮头山提出希望可以作为安奉遗骨的候补之处。苗栗县各机关学校及佛教团体联名向“中央政府”及“中佛会”提出了申请，县长、县议长及县佛教会理事长也提交了联名申请。③ 为了对抗狮头山的活动，南投县举行了遗骨安奉所的开工典礼。然而，南投和苗栗两县相争日益激烈，双

① 《迎玄奘法师顶骨来台》，《海潮音》1955 年 11 月。

② 《联合报》1955 年 3 月 13 日。曾永坤：《台湾日月潭史略》，第 26 页。

③ 《苗栗各界要求奉迎玄奘灵骨　安葬于狮头山》，《中央日报》1955 年 10 月 21 日。

方互不相让。[①] 11月，台南的佛教圣地碧云寺也加入遗骨迎奉竞争，形成三角竞争。[②] 在此，11月20日，“中佛会”的遗骨迎奉团搭乘民航飞机飞往日本。[③] 台湾寺院的遗骨奉迎竞争局势最后是如何收拾的呢？

结束这场纷争的是“共产主义的威胁”。11月20日，《中央日报》和《联合报》同时做了如下的报道：台北、基隆、台中、宜兰、彰化、台南、嘉义、高雄、屏东、花莲、台东、澎湖等14县，表明“圣僧玄奘骨塔寺应建于日月潭”。14县市议会的正副议长代表各县市民众，联名向“内政部”“中佛会”及台湾省政府提出建议书，表明了对于三藏塔寺建设的立场，要求圣僧玄奘骨塔寺应建于日月潭，尊重“中佛会”的决定。19日，台北市“议会议长”向“内政部”“中佛会”、台湾省政府提出的建议书中有如下表述：“朱毛匪帮一向毁灭宗教，而今对玄奘灵骨之归还，竟亦曾予极力争取，其用意固在利用灵骨以维系大陆上数万万佛教徒之民心实甚明显，而由此可见国际上对玄奘灵骨之重视，因此，为打击共匪，其安奉方法应尽最大之仪礼，其安奉处所更应作慎重之选择。”[④] 笔者认为，这种不自然的地方表态是台湾当局背后介入的结果。11月23日，“内政部”召集“中佛会”及相关人员，决定将玄奘遗骨的暂时安奉场所建在日月潭。该会议还表示：“将来光复大陆后，再安奉回大陆南京或西安，在安奉于日月潭以前，先送苗栗等地供奉，给信者瞻拜。”[⑤] 这项决定让“中佛会”可以及时完成奉迎准备。11月25日早上7点，日本玄奘遗骨捧持团抵达台湾松山机场。

---

① 《玄奘灵骨奉安所昨正式动共兴建　遗骨永久安置地点投苗二县争执激烈》，《中央日报》1955年11月6日。《唐三藏灵骨奉安地之争　南投苗栗不相让》，《联合报》1955年11月8日。

② 《安奉玄奘灵骨形成三角纷争　南县碧云寺脱颖而出　决与投苗两县较长短》，《台湾日报》1955年11月14日。《玄奘遗骨奉安何处？投苗南三县鼎足力争　佛徒各具有不措捐献巨金　中国佛教会面临难题不便遽尔作主》，《联合报》1955年11月20日。

③ 《林顶立主席代表今飞日　迎玄奘灵骨》，《联合报》1955年11月20日。

④ 《十四县市请安圣骨于日月潭》，《联合报》1955年11月20日。《筹建三藏塔寺应仍在日月潭　十四县市表示态度》，《中央日报》1955年11月20日。

⑤ 《唐僧玄奘灵骨明日空运来台　日佛教会昨无议通过　我决定暂奉安日月潭》，《中央日报》1955年11月24日。

“共产主义的威胁”不只让台湾有影响力的佛教圣地团结起来，同时也促进了日本和台湾当局的分骨交涉。高森隆介去世后，全日佛和“中佛会”中断交涉，然而中华人民共和国佛教协会赵朴初秘书长的访日，却为重启交涉带来契机。

二战后，日本的和平运动是以盟军总司令部的民主化政策为背景发展起来的，日本佛教界一些僧侣开始反省中日战争，愿意与中国合作的居士也都参加进来。他们参加中国劳工死难者遗骨收集、慰灵活动，与华侨团体、日中友好协会以及工会等展开合作。1953 年 7 月，他们排除了来自日本政府以及台湾当局政府的压力，实现了将劳工遗骨送还新中国，并初次访问新中国。到 1954 年末，日方一共派送了四次遗骨送还团，每次都有僧侣参加。

同时期，由于美国在比基尼岛试爆氢弹所产生的高能辐射，导致日本一艘远洋鲔鱼船船员死亡。由此，废除核武器运动在日本快速展开。1955 年 8 月，在广岛举办了第一届禁止原子弹氢弹世界大会。最初，因为日本政府的意向，新中国代表没能获邀参加该大会。但是，日本佛教界有志之士直接请求鸠山首相邀请中国代表参加，实现了中国代表团的访日。中国佛教协会赵朴初秘书长是中国代表团的团员之一，也是二战后首次访问日本的中国佛教代表。全日佛以及日本各地佛教界为他举行了盛大的欢迎会。

台湾当局驻日本“大使”董显光眼看台湾的遗骨迎奉准备停滞不前，而新中国的对日佛教交流日渐活跃，非常担心玄奘遗骨被新中国拿走。1955 年 8 月 18，董显光写给“中佛会”章嘉理事长的信中，警告他要尽早完成遗骨迎奉以防中途发生变卦。① 在接到“大使”的警告之后，章嘉理事长重新积极展开玄奘遗骨迎奉工作，“中佛会”透过驻日“大使馆”与日本交涉，一个月后正式决定玄奘遗骨分骨台湾。交涉的经过目前无法证实，但由此可知，第二届“世佛联”会议后的三年间，“中佛会”一直难以进展的分骨交涉，而在与新中国之间产生了严重对立后，仅仅一个月就实现了台湾分骨。

---

① 《共匪觊觎圣僧灵骨　董大使函章嘉　请早设法迎奉》，《台湾新生报》1955 年 9 月 11 日。

1955年9月，日本决定正式“分骨”后，台湾媒体积极报道遗骨奉迎事宜。台湾媒体照常将“分骨”介绍为“返还”。实际上“中佛会”从一开始就将玄奘遗骨的“分骨”视为“返还”。玄奘遗骨发现之时，日本与中华民国处于交战中，从他们的立场来看，玄奘遗骨原来是“中佛会”的。汪伪政权将遗骨一部分分赠给日本被视为被劫运到日本。可是，台湾当局对与日本交涉时措辞很小心，对“被劫运”的说法避而不谈，一直只用“返还”。也许台湾当局本来与日方交涉过程中会要求返还，但是被日方拒绝，所以退而求其次改为“一部分的返还”。台湾媒体报道“遗骨分骨”的极少，如实报道的极小一部分消息被埋没于大量的关于遗骨“返还的浮华报道中”。

三、中国佛教协会的抗议

相对于台湾关于“遗骨归还”的过热报道，全日佛对内对外一贯坚持“分骨”的说法，因为全日佛并非将遗骨全部归还，而只是分赠一部分给台湾而已。日方所持态度是基于二战后，蒋介石在败退台湾之前所表明的“无需归还”这一事实。

较之台湾地区媒体，日本媒体对此表现得相对冷谈，仅报道过一次。然而当中国方面对此表示正式抗议后，日本媒体开始连日报道玄奘遗骨分骨一事。11月5日，中国佛教协会秘书长赵朴初给日本京都东本愿寺大谷光畅法主、大谷莹润及日本佛教界发电报，抗议分骨台湾并要求返还遗骨：“中国佛教徒同日本佛教徒之间曾有二千余年友好交往的历史，而最近六年来，中日两国佛教徒的友好关系有了增进，这是我们所引为欣慰的。”“查玄奘法师顶骨大部分目前分别供奉在北京广济寺、南京玄武山塔、广州六榕寺、天津佛教会和成都近慈寺，而另一部分则在第二次世界大战时被劫运到日本，现今仍在日本埼玉县慈恩寺内。我们希望日本佛教界的朋友能将上述存在日本之玄奘法师顶骨一部分，设法送还我国。”“我们尤其盼望五年来对协助中国在日本殉难遗骨返回中国最为热心的大谷先生等，能够推动日本佛教界人士促成此事，这将对中日两国佛教徒的友好合作发生深远的影响。我们最近听说有些人企图将上述存在日本的玄奘法师顶骨运至另处。”“如果确有其事，这定是某一方面企图破坏中日两国佛教徒友好关系阴谋。我们相信，努力中日两国佛教徒友好合作的日本佛教界的各位先生将会制止这个阴谋的实现。”①

大谷光畅是日本三大佛教宗派之一净土真宗大谷派的领导人，也是全日本佛教会会长。大谷莹润是净土真宗大谷派的高位僧侣和日本国会参议院议员，同时也是日中佛教交流恳谈会会长。他是发起1953年的中国俘虏殉难者遗骨返还运动的象征人物。这两人在接到赵朴初的电报后，将其交付全日佛事务局，并提出希望就分骨台湾一事再行讨论。

当时的全日佛国际局局长是中山理理，他也参与了中国俘虏殉难者遗骨返还运动，并曾以第一次遗骨送还团团长的身份访问过北京。可是，他认为中国佛教协会针对“分骨台湾”的抗议是政治问题，不是宗教问题。中山理理在接到赵朴初的抗议电报后，提出如下看法：“不应谴责日本政府”“分骨是单纯的宗教问题”“台湾没有玄奘遗骨所以才分骨”②。次日，他前往外务省，确认战争中玄奘遗骨分赠日本的经过，并商讨此事对在华日本人归国问题的影响。凑巧的是，当时的外务大臣重光葵正是玄奘遗骨在南京发现时的驻华大使，外务省的外交官员中有人亲眼见过玄奘遗骨。他们认为这次的分骨是属于民间纠纷③。

11月10日，全日佛召开常务理事会议，正式决定向台湾分骨一事，并发表声明。其要点如下：（1）玄奘遗骨非日本盗取而来的，是汪伪政权正式分赠给日本佛教徒的；（2）分骨台湾是宗教活动，不是破坏中日两国佛教徒友好关系的阴谋；（3）台湾没有遗骨，所以分赠遗骨。今后如果印度等佛教国家提出分赠的请求，全日佛也会进行分骨活动。

---

① 赵朴初：《要求将在日本的玄奘法师顶骨设法送还我国》，《人民日报》1955年11月6日。

② 坂井田夕起子：《战后日本玄奘三藏遗骨的“返还”问题》，《中国佛教会复会六十周年学术研讨会论文集》，中国佛教会，2007年，第237页。

③ 《玄奘三蔵法师の遺骨に関する件》，1955年11月9日。《玄奘三蔵の遺骨関系》，《本邦における宗教及び布教関系雑件　仏教関系》，日本外务省外交史料馆档案，I’-2-1-0-1-2。

理所当然，日中佛教交流恳谈会不予同意，于13日发表声明如下：（1）全日佛未召开理事会议就决定分骨台湾，分骨台湾并非日本佛教徒全体之意见；（2）战争时期的分骨不是正式的；（3）玄奘遗骨应先归还中国佛教协会，然而再分赠给日本，之后再说服中国分骨给台湾。

在这个时期，日本共产党、日本社会党以及著名知识分子等都支持日中佛教交流恳谈会的主张，他们反对如此匆忙草率地进行分骨，主张应再花一些时间取得中国佛教协会的理解。《每日新闻》与《朝日新闻》都积极刊登了抗议分骨的意见，就连保守的《读卖新闻》也刊载了批评全日佛的来稿，指出其只顾崇拜遗物、不顾在华日本人归国的事情。

全日佛遭到这些批评后紧急召开理事会议，重新商讨分骨台湾一事。此时，在佛教界非常具有影响力的《中外日报》对日中佛教交流恳谈会展开批判，指斥其为“在宗教交流上扯入政治问题”的势力。这是因为在赵朴初的电报送抵之前，反对分骨的人知道中国佛教协会将对此进行抗议，于是与中国方面联系以图阻止分骨活动。该报批判反对分骨的人与中国政府勾结，企图分裂日本佛教界、妨碍单纯的宗教活动。

次日，外务省清水某公使在《中外日报》发表其“个人看法”。清水回顾中日战争时期亲眼所看玄奘遗骨被发现之事，说：“我当时跟重光大使参加了入骨典礼，而且分赠日本时所举行的堂堂正正的典礼也参加了，所以此事非常了解，绝无盗窃这一说。”“我认为中国佛教协会的要求，绝非该佛教会提出来的。那大概是有政治意识的中国人提出来的吧！佛教讲的就是怨亲平等。”“如果真的是中国佛教协会提出的，就佛教而言，必须说是可耻之事。”“我甚至敢负责地保证重光大臣也持相同意见。”①

如此一来，中日佛教交流恳谈会的大谷莹润只得表示：“我认为中国政府的日本夺走遗骨之说不正确。”同时，笔者认为，中方也认识到日本的态度因这一说法而更为强硬了。中国佛教协会秘书长赵朴初的第二份电报内容依然强烈抗议分骨台湾，其中对“遗骨被日本夺走”一说仍持保留态度，

① 坂井田夕起子：《战后日本玄奘三藏遗骨的“返还”问题》，《中国佛教会复会六十周年学术研讨会论文集》，第237—238页。

但撤回了归还遗骨的要求。"玄奘法师的一部分顶骨当初系在何种情况下运至日本，已属过去之事。如日本佛教界同仁愿将玄奘法师顶骨继续留在日本护持供奉，则根据中日两国佛教的悠久渊源，我们可无异意。但对中山理理先生所称拟将玄奘法师顶骨送一部分给台湾，我们断难容忍，并且坚决抗议。"①

至此，中国已让步到"不问过去分骨之事""遗骨不需要返还"，这一态度与台湾当局的看法几乎一致。双方的差异在于"如果不返还、分骨也可以"还是"不需要返还"。这是新中国在与台湾当局对抗中，为了拉拢日本而做出的让步。可是让步的内容与台湾当局所要求并无太大区别，因此收效并不理想。中方的让步反倒助长了分骨促进派的气势。因为清水外交员做证后日方立即收到赵朴初的让步电函，所以他们便肆意认为自己所主张的汪伪政权正式分骨是正确的，对于赵朴初秘书长责难日本一事持保留态度。②

11月21日，台湾当局的遗骨奉迎代表抵达日本东京。22日，赵朴初给日本西本愿寺领导大谷光照、全日佛国际局长中山理理、大正大学校长椎尾弁匡和日中佛教交流恳谈会等发出第三次抗议电报，再度表明反对分骨台湾。③ 23日，全日本佛教会召开紧急常务理事会议，再次确认分骨台湾一事。24日，在埼玉县慈恩寺举行了日台联合分骨典礼。25日凌晨1点，台湾当局代表和日本遗骨捧持团僧侣5名自日本出发，于清早抵达松山机场。机场有"二千余人善男信女均手执佛旗前往欢迎，并举手拱拜"。④

台湾媒体对玄奘三藏遗骨迎奉进行了连日报道，并一直将之宣传为"返还"。特别是"中佛会"发表了以下胜利宣言："决定送还我们玄奘法师

---

① 《中国佛教协会秘书长赵朴初致电坚决抗议》，《人民日报》1955年11月20日。

② 坂井田夕起子：《誰も知らない西遊記——玄奘三蔵をめぐる東アジア戦後史》，第128—129页。

③ 《中国佛教会秘书长赵朴初电日本佛教界人士　再度表示坚决反对将玄奘法师顶骨送往台湾》，《人民日报》1955年11月24日。

④ 《五位日籍高僧护送下　玄奘灵骨昨还故国　佛门弟子数千人争赴机场迎接　中日佛教代表今举行交接仪式》，《联合报》1955年11月26日。

灵骨以后，朱毛匪帮也于两个月之前，派遣匪伪佛教代表赵朴初去日本，企图将玄奘法师的灵骨骗回大陆去，做他的政治宣传工具。以便向东南各佛教国及我们居海外的一千余万侨胞大肆宣传，在朱毛匪帮控制下的大陆上还有宗教信仰自由的存在，自由世界人们的眼前是雪亮的，他的这种阴谋企图，这次完全败露了。日本佛教徒并没有被朱毛匪帮花言巧语所迷惑，而毅然决然地将玄奘法师的灵骨送还自由中国建塔供养。”“六年来他们在大陆上执行列宁‘宗教是人民的鸦片’的教条，哪里能以他一张虚伪的笑脸而塞尽自由世界一切人民的耳目?”“假如在朱毛匪帮控制下，大陆上还有宗教信仰自由存在的话，日本佛教徒为什么不把玄奘法师灵骨送回大陆去建塔供养，让四亿五千万同胞瞻礼?为什么日本人要把玄奘法师的灵骨送回自由中国来建塔供养□□（无法判读）八百万自由中国人民礼拜?这岂不是十分证明了谁是有伪正宗教信仰自由的铁证吗?”①

中国抗议分骨台湾以来，台湾媒体反复以反共产主义为口号来与之对抗。本来在台湾，玄奘遗骨的“返还”问题与主张反共的口号是不相关的。但是，“中佛会”上层的“去日本化”方针与地方佛教团体在认识上存在一些差异，加上围绕遗骨奉安地所产生的纠纷，该会开始喊出反共的口号。在与新中国进行对抗的过程中，“中佛会”开始重视“共产主义破坏中国传统佛教的威胁”而甚于“日本返还遗骨”，所以该会退而求其次，选择接受“分骨”这一事实。

1955年11月26日，遗骨“返还”典礼在台北善道寺举行。“中佛会”交付给日本代表的证书上写着“玄奘大师灵骨返还中国谨在台湾省台北市善导寺举行交接典礼”，日方接下证书将之带回国。②

---

① 《中国佛教奉迎玄奘大师灵骨返国广播词》，《台湾佛教》1955年第12期。《海潮音》1955年12月号。

② 坂井田夕起子：《誰も知らない西遊記——玄奘三蔵をめぐる東アジア戦後史》，第131—132页。

结　语

新中国、台湾当局及日本之间围绕玄奘遗骨分骨问题的纠纷，致使日本佛教界分裂为两派，随着分骨台湾的实现，此事暂且告一段落。台湾当局以自己实现了一部分玄奘遗骨的“返还”，而向内外宣称“自由中国”在台湾。同时，对抗日战争中日本是否抢夺遗骨问题也不予追究了。此后，台湾一再推行“去日本化”，仅在接待来自日本的访问者时将玄奘遗骨引以为“华日友好的象征”。

新中国政府为了阻止分骨台湾，容忍日本安奉遗骨，言明“不问过去分骨之事”。当让步无果，日本将遗骨一部分分骨台湾之后，中国佛教协会秘书长赵朴初只是指责了日本佛教界“少数别有用心的分子”，并未批评全日佛本身。① 分骨台湾之后，周恩来总理嘱咐日本佛教代表千万不要再犯同样的错误，② 依然注重佛教方面的“民间交流”。1957 年秋，全日佛组成代表团访问中国，参观了中国各地名胜寺院。中国政府和佛教协会为日本佛教代表团举行了盛大的欢迎活动，以强调中日友好。1963 年，中日佛教界为纪念鉴真法师逝世 1200 周年，双方互派代表团举行法会。1964 年，中国文化界与佛教协会举办玄奘圆寂 1300 周年纪念活动，日本访问团和亚洲十个地区代表参加了法会。此外，中国方面多次以佛教为名展开对日“民间交流”，受到周恩来的高度评价。

关于战时玄奘遗骨分骨日本的原委，台湾当局与新中国政府方面都做出了一定程度的让步。此后，日本没有再在正式场合因此事而遭受谴责，但却是卷入台湾当局与新中国之间的斗争，玄奘遗骨在日本再次被认定为“战争负遗产”。全日佛由此不再过问遗骨之事。中日两国佛教之伟人玄奘的遗骨，就此被奉安于埼玉县慈恩寺的玄奘塔，逐渐被日本佛教界淡忘。

---

① 《玄奘法师部分顶骨被劫往台湾》，《现代佛学》1955 年 12 月号。

② 《周恩来接见中国抗日烈士遗骨护送团谈话记录》，1955 年 12 月 13 日，中华人民共和国外交部档案，105-00210-10。

战后初期中华民国政府对留日学生政策解析

——游离于救济与召回之间的政策之成败

[日] 王雪萍*

序　言

1945 年日本战败对中日两国人民的影响是不言而喻的，其中特别是对战争结束时仍居住在对方国家的人们而言，其所带来的变化是令人难以想象的。1945 年 8 月 15 日，生活在日本的中国人，不仅有为数众多的来自中国的留学生、华侨、战俘和劳工，还有很多从日本殖民地中国台湾省以日本人身份赴日的民众。虽然至今对于战后初期生活在日本的来自中国的民众人数未能找到一个确切的统计数据，但根据 GHQ（盟军最高司令官总司令部）遣返在日外国人的数据等大约可以推测出其概数。根据该资料，战后至少有 85692 名中国人生活在日本，在 1945 年至 1948 年期间，有 65885 名中国人回国。[①] 另外，根据陈来幸的调查，在 1948 年 3 月以前，在中华民国驻日代表团（以下：驻日代表团）登记在册的在日中国人 33148 人之

* [日] 王雪萍，日本东洋大学社会学部副教授。

① 竹前荣治、中村隆英监修：《GHQ 日本占领史　第十六巻　外国人の取扱い》，东京：日本図書センター，1996 年，第 20—42 页。

中，大陆人有 19725 人，台湾人有 13433 人。[①] 从以上两个调查我们可以了解到战后初期在日本的中国人人数一直维持在数万人的规模。

在日本的殖民地台湾省出生的民众，在日本战败前一直是以日本人身份生活在日本的，但战争结束后随着台湾回归祖国，在日台湾民众的身份也随之发生转变，经历了一个从日本国民的身份恢复为中华民国国民身份的过程。而当时在日本的中国劳工、战俘等大都是在战争期间被带到日本的中国军人和劳工，他们在日本没有生活基础，日本战败以后又失去了工作，生活极其困苦，因此他们中大多数人选择乘坐 GHQ 提供的遣返外国人的船只回到祖国。[②] 故遣返外国人的工作基本告一段落后，实际上还留在日本的中国人大多为留学生和华侨。华侨家庭多是从战前已经经过了几代人在日本的打拼，谋生有方，具有一定生活基础。而中国留日学生，[③] 多数是在战争期间到日本留学，其中更有许多是由台湾、伪满洲国、汪伪政权等殖民地政府和日本伪政权派遣赴日的。由于日本战败，为他们提供生活来源的派遣政府也随之垮台，同时中日两国之间的汇款业务也被停止，故而他们也无法得到其家庭的援助，只能面对这一突如其来的窘境。[④]

战后的日本，在 GHQ 的占领下，经济、社会持续混乱。在此情况下留日学生们为了维护自身利益，在日本各地相继组织了中国大陆及台湾的留日学生团体。这些留日学生团体，最初是由大陆和台湾学生分别成立的，

① 陈来幸：《戦後日本における華僑社会の再建と構造変化——台湾人の台頭と錯綜する東アジアの政治的帰属意識》，小林道彦、中西宽编著：《歴史の桎梏を超えて——20 世紀日中関係への新視点》，东京：千仓书房，2010 年，第 189—210 页。

② 竹前荣治、中村隆英监修：《GHQ 日本占領史　第十六巻　外国人の取扱い》，第 19—26 页；日本华侨华人研究会：《日本華僑・留学生運動史》，东京：日本侨报社，2004 年，第 233—241 页。

③ 关于战后在日本的中国留学生的称呼，在当事人和研究人员之间有各种不同的叫法，在本文中使用在中华民国“外交部”和“教育部”档案和留学生发行的报纸杂志中使用最多的“留日学生”的称呼。在没有特别说明的情况下，“留日学生”即指在日中国留学生。

④ 川岛真：《日本占領期華北における留日学生をめぐる動向》，大里浩秋、孙安石编著：《留学生派遣から見た近代日中関係史》，东京：御茶の水書房，2009 年，第 213—238 页；川岛真：《過去の浄化と将来の選択——中国人・台湾人留学生》，刘杰、川岛真编：《一九四五年の歴史認識——“終戦”をめぐる日中対話の試み》，东京：东京大学出版会，2009 年，第 31—51 页。

并各自扩大自身力量。但在从1945年底至1946年春的短暂期间内，大陆和台湾的留日学生团体迅速进行了统合，于1946年5月22日成立了全日本大陆和台湾留学生的统一团体“中华民国留日同学总会”（以下简称：同学总会）。同学总会的成立，是一项具有象征意义的大事。[①] 当然，留日学生团体的统合过程，在同学总会成立以后仍然在继续，但其成立本身就具有深远的历史意义。其后于1947年春开始发行同学总会的机关报《中国留日学生报》[②]（以下简称：《学生报》），主要报道与中国有关的信息、各地留日学生的动向等。《学生报》不仅发送到全日本的留日学生手中，还发送到一部分华侨子弟手中，因此《学生报》很快就发展成为在留日学生、华侨中具有一定影响力的报纸。其后《学生报》逐渐引起了GHQ及驻日代表团的注意，在中华人民共和国成立后，人民政府也了解并注意到它的作用。[③] 同学总会成立之初，其首要任务就是解决广大留日学生的基本生计问题，为了解决留日学生的生活救济问题与GHQ、日本政府、驻日代表团协商[④]。特别在从战后初期至1949年，拥有中华民国国民身份的留日学生，能够领取到为盟国国民准备的特别配给，同学总会以及其“下部组织”的各地同学

① 日本华侨华人研究会：《日本華僑・留学生運動史》，东京：日本侨报社，2004年，第59—60页。

② 经笔者确认，中国留日同学总会的机关报于1947年1月创刊，1947年3月10日—1947年4月30日的名称为《中华民国留日学生旬报》，1947年5月1日—1948年1月30日的名称为《中华留日学生报》，1948年5月4日以后的名称为《中国留日学生报》。在本文中除了注以外，全部简称为《学生报》。本文使用的《学生报》是从以下三处收集来的，1. Prange文库；2. 由横滨华侨陈立清先生的遗孀捐赠的资料设立的陈立清文库；3. 中国留日同学总会原主席郭平坦先生提供的资料。在此深表谢意。

③ 陈来幸：《在日台湾人アイデンティティの脱日本化——戦後神戸・大阪における華僑社会変容の諸契機》，贵志俊彦：《近代アジアの自画像と他者——地域社会と“外国人”問題》，京都大学学术出版会，2011年，第83—105页；王雪萍：《戦後期日本における中国人留学生の生活難と政治姿勢をめぐる葛藤——救済金問題を事例に》，大里浩秋编：《戦後日本と中国・朝鮮——プランゲ文庫を一つの手がかりとして》，东京：研文出版，2013年，第83—119页；林连德：《中国留日同学总会侧记》，全国政协暨北京、上海、天津、福建政协文史资料委员会编：《建国初期留学生归国纪事》，北京：中国文史出版社，1999年，第397—404页。

④ 王雪萍：《戦後期日本における中国人留学生の生活難と政治姿勢をめぐる葛藤——救済金問題を事例に》，第83—119页。

会也都作为领取和分发特别配给的机构做了贡献。而且驻日代表团代表谢南光也曾出席同学总会的成立大会，并代表驻日代表团致了祝词。由此也可以看出同学总会与有中华民国政府驻日代表机关性质的驻日代表团有着密切的关系。[①] 然而迄今为止，关于战后留日学生与国府关系的既存研究，据笔者所知，只有川岛真的一篇论文。[②] 分析其原因可以列举以下三点：

第一，长年来，中日关系史研究以1945年的日本战败作为近代史研究之界限。因此关于1945年8月15日战争结束以前的中国留日学生，已经由历史学者发表了众多的研究成果。[③] 但是关于战后中国留日学生的研究，作为现代中国研究的范畴，从教育学、政治学、文化人类学等领域也有多方面的研究成果，但其主要集中在1978年改革开放以后的中国留学生的动向。[④]

但近年以来，由于中国和台湾地区有关部门留学生的相关档案逐步开放，一些史料集也公开出版，同时The Gordon W. Prange Collection（Prange文库）的整理、在日本国会图书馆等地全面公开等也让用历史学的研究方法对战后初期中国留日学生进行研究成为可能。关于战后初期留日学生与

---

① 谭璐美、刘杰：《新華僑　老華僑——変容する日本の中国人社会》，东京：文艺春秋，2008年，第184—186页。

② 川岛真：《過去の浄化と将来の選択——中国人・台湾人留学生》，刘杰、川岛真编：《一九四五年の歴史認識——“終戦”をめぐる日中対話の試み》，第31—51页。

③ さねとう　けいしゅう：《中国人　日本留学史》，くろしお出版，1960年；阿部洋编：《日中関係と文化摩擦》，东京：严南堂书店，1982年；大里浩秋、孙安石编：《中国人日本留学史研究の現段階》，东京：御茶の水書房，2002年；阿部洋：《“对支文化事業”——戦前期日中教育文化交流の展開と挫折》，东京：汲古书院，2004年；大里浩秋、孙安石编著：《留学生派遣から見た近代日中関係史》，东京：御茶の水書房，2009年；纪旭峰：《大正期台湾人の“日本留学”研究》，东京：龙渓书舍，2012年，等等。

④ 冈益巳、深田博己：《中国人留学生と日本》，东京：白帝社，1995年；段躍中：《現代中国人の日本留学》，东京：明石书店，2003年；葛文绮：《中国人留学生・研修生の異文化適応》，东京：溪水社，2007年；王雪萍：《改革开放后中国留学政策研究——1980—1984年赴日本国家公派留学生政策始末》，北京：世界知识出版社，2009年；廖赤阳主编：《大潮涌动：改革开放与留学日本》，北京：社会科学文献出版社，2010年。

国府关系方面的研究，当属上述川岛真的论文最为详细。[①] 川岛真利用中华民国教育部、外交部的档案以及同学总会的机关报《学生报》，对留日学生与国民政府之间的关系进行了概述，特别分析了国府针对留日学生的“净化”政策给留日学生造成的心理影响，同时对国府的政策与留日学生组织、学生们的思想变化之间的关系方面进行了分析。但因其论述只对国民政府和留学生双方的观点进行了概述，并没有进行深入探讨。

而在田远的研究中为了介绍留日学生当时所处的政治环境，虽然对驻日代表团设立之后的情况进行了一些介绍，[②] 但其论文主要的目的还是以《学生报》的报道为中心分析留日学生的动向，所以对当时国府与学生们的关系并未特别关注。杨子震的论文则重点分析了驻日代表团从设立到撤销的过程、组织、业务内容以及取得的成果，可以说是填补了驻日代表团研究方面的空白。[③] 但其论文主要是为了全面了解驻日代表团的工作，所以对包括留日学生问题在内的一些个别事例的分析尚显不足。此外笔者也曾就留日学生的救济金问题进行过一些论述，[④] 但其主要分析了同学总会在 1948 年以后为了救济金问题与驻日代表团关系的变化，距离全面了解战后初期国府的留日学生政策还相差甚远。

另外关于战后初期留日学生与日本政府的关系，田中刚也曾以日本外务省档案为主要史料进行过分析，[⑤] 笔者曾就新中国成立后的中华人民共和

① 川岛真：《過去の浄化と将来の選択——中国人・台湾人留学生》，第 31—51 页。

② 田远：《戦後直後における中国人留日学生の境遇と選択：1945—1952 主に〈中国留日学生報〉を通じて》，神奈川大学大学院外国语研究科博士论文，2014 年 3 月。

③ 杨子震：《中国驻日代表团研究——初探战后中日・台日关系之二元架构》，载《“国史馆”馆刊》第 19 期，2009 年 3 月，第 51—85 页。

④ 王雪萍：《戦後期日本における中国人留学生の生活難と政治姿勢をめぐる葛藤——救済金問題を事例に》，第 83—119 页。

⑤ 田中刚：《日本敗戦前後の中国人留日学生政策——汪精衛政権・“満州国”・“蒙彊政権”》，京都大学人文科学研究所付属現代中国研究センター研究報告：《長江流域社会の歴史景観》2013 年 10 月，第 235—263 页。

国政府与留日学生的关系进行过论述。[①]

第二，以同学总会为中心的留日学生，在战后总的来说呈现出左倾化趋势，包括台湾学生在内的留日学生，许多选择回到祖国大陆建设新中国，所以对于中国留日学生的问题，台湾学者的关心程度不高。虽然台湾“外交部”和“教育部”的档案已经大量公开，但台湾方面的研究进展并不大。相反，有关战后在日台湾华侨和留学生的研究却相当活跃。其主要代表作为陈来幸[②]、许淑真[③]、何义麟[④]、杨子震[⑤]、许琼丰[⑥]等的论文。

---

① 王雪萍：《留日学生の選択——“愛国”と“歴史”》，刘杰、川岛真编：《1945年の歴史認識——“終戦”をめぐる日中対話の試み》，第203—232页。王雪萍：《中華人民共和国初期の留学生・華僑帰国促進政策——中国の対日・対米二国間交渉過程分析を通じて》，《中国21》（爱知大学现代中国学会）Vol. 33，2010年7月，第155—178页。王雪萍：《中国の対日政策における留日学生・華僑——人材確保・対日宣伝・対中支援》，王雪萍编著：《戦後日中関係と廖承志——中国の知日派と対日政策》，东京：庆应义塾大学出版会，2013年，第107—131页。

② 陈来幸：《戦後日本における華僑社会の再建と構造変化——台湾人の台頭と錯綜する東アジアの政治的帰属意識》，小林道彦、中西宽编著：《歴史の桎梏を超えて——二〇世紀日中関係への新視点》，东京：千仓书房，2010年，第189—210页；陈来幸：《在日台湾人アイデンティティの脱日本化——戦後神戸・大阪における華僑社会変容の諸契機》，第83—105页；陈来幸：《二战后的日本华侨社会与华侨教育——“新华侨”台湾人发挥的作用》，夏诚华主编：《僑民教育研究論文集》，东京：玄奘大学出版，2005年，第137—157页。

③ 许淑真：《留日華僑総会の成立に就いて（一九四五——九五二）——阪神華僑を中心として》，山田信夫编：《日本華僑と文化摩擦》，东京：严南堂书店，1983年，第119—187页。

④ 何义麟：《战后在日台湾人之处境与认同：以蔡朝炘先生的经历为中心》，载《台湾风物》第六十卷第四期，2010年，第161—194页；何义麟：《戦後台湾人留学生の活字メディアとその言論の左傾化》，大里浩秋编：《戦後日本と中国・朝鮮——プランゲ文庫を一つの手がかりとして》，东京：研文出版，2013年，第120—168页。

⑤ 杨子震：《帝国人民から在日華僑へ——渋谷事件と戦後初期在日台湾人の法的地位》，《日本台湾学会報》第14号，2012年6月10日，第70—88页。

⑥ 许琼丰：《在日華僑の経済秩序の再編——一九四五年から一九五〇年までの神戸を中心に》，兵库县立大学《星陵台論集》第41卷第3号，2009年1月，第115—148页；许琼丰：《戦後中華民国政府の華僑政策と神戸中華同文学校の再建》，《华侨华人研究》第6号，2009年11月，第63—80页；许琼丰：《戦後日本における華僑社会の再編過程に関する研究：在日台湾人と神戸華僑社会を中心に》，兵库县立大学经济学研究科博士论文，2010年3月；许琼丰：《在日台湾人与日本神户华侨的社会变迁》，《台湾史研究》第18卷第2期，2011年6月，第147—195页。

第三，因为与同学总会有关的人员中许多持亲中共立场，并在日本从事华侨运动或回国，他们并不希望过多谈及与国府的关系。因此在许多同学总会成员的回忆录中关于同学总会的内容，或根本不触及与国府的关系，或只强调与国府对立的部分。①

本文主要使用台湾的“国史馆”和“中央研究院”近代史研究所档案馆中保存的中华民国外交部、教育部的相关档案史料，来分析战后初期留日学生与国府之关系。

一、战后留日学生的境遇

1937年抗战开始后在日本留学的中国留学生大部分回国。根据川岛真的调查，当时在留日学生监督处登记在册的450名留学生中领取回国旅费15日元回国的有200名。虽然当时回国的留日学生中，也有后来曾尝试再赴日留学的，但由于他们被日本政府怀疑为“抗日主导者”，所以要求他们必须持有中华民国新政府（汪伪政权）、地方治安维持会的推荐信或者日本在华公馆的证明信，否则难以再次赴日留学。所以能再赴日留学的中国学生也已经不是国府派遣，而是享受亲日政权的公派留学生待遇②。因为其后至1945年期间来到日本的中国留日学生基本上都是从中国各地的亲日政权管辖地区来的公费或私费留学生，所以可以推测，这些留日学生许多都是与亲日政权有关的人员或他们的亲属。当然，从台湾来的学生不在此列。根据日华学会的统计，从1938年至1944年在日中国留学生（不含伪满洲国

① 《回国五十年》编写组编：《回国五十年——建国初期回国旅日华侨留学生文集》，北京：台海出版社，2003年；林连德：《中国留日同学总会侧记》，全国政协暨北京、上海、天津、福建政协文史资料委员会编：《建国初期留学生归国纪事》，北京：中国文史出版社，1999年，第397—404页；郭平坦：《留日同学会引导我们走爱国回国的道路》，全国政协暨北京、上海、天津、福建政协文史资料委员会编：《建国初期留学生归国纪事》，北京：中国文史出版社，1999年，第405—416页；日本华侨华人研究会：《日本華僑・留学生運動史》，东京：日本侨报社，2004年。

② 川岛真：《日本占领期華北における留日学生をめぐる動向》，大里浩秋、孙安石编著：《留学生派遣から見た近代日中関係史》，东京：御茶の水書房，2009年，第213—238页。

政权）一直都保持在1000名至1500名的规模。①

后来，随着空袭的恶化，许多留日学生回国了，剩下的一些留日学生也被强制疏散到外地。1946年5月，由驻日代表团送交教育部的名为《留日学生概况》的报告书中，对于从1945年至1946年3月的留日学生的情况进行了以下说明：

“我国抗战前留日学生人数约在二万以上，抗战起后大部归国。伪组织成立，官公私费生复陆续东来，截至太平洋战前，数近五千。太平洋战启，一部分归国。民国三十二年中，合伪宁、伪满学生，总计约近三千。其中伪宁约二千，伪满近千。空袭开始，又纷纷返国。直至民国三十四年四月，强制疏散结果，伪宁学生，仅剩五百左右，伪满学生百名左右，蒙疆学生五、六十名左右。与今日之数，相差无几。今日除台湾籍学生外，各省留此学生总数，为四五六名。台湾籍学生，据台湾学生联盟之报告，为七六五名。合计现在留日学生总数为一二二一人。

抗战期间，各生除自费者外，学费来源约分四种：一、日政府与伪组织双方发给者；二、伪组织单独发给者；三、在中国之日军政机关供给者；四、中国之教育或社会机关派遣者。

日本投降后，中日汇兑断绝，学生自行向日本外务省交涉结果，日方允对于非日政府给费之大学以上官公私费生，每人每日给二百元，高等专门以上者，给百八十元，概称贷金。管费生之受补助费者，除日本原有负担部分外，对大学生学费补足成二百元，高专生补足成百八十元，其所补足之额，亦称贷金。去秋以来，物价飞涨，本年一月，学生等又向日方作第二次之交涉，结果不论官公私费，不分大学、高专，每人每月改给五百元，其贷金与官费之分别计算，法一如前定。台湾籍以外之学生，一律照上述办法领费。台湾籍学生，则不由日外务省领费，而由日厚生省领费，每月每人领取百五十元。”②

---

① 周一川：《近代中国女性日本留学史》，北京：社会科学文献出版社，2007年，第271—272页。

② 《驻日代表团张凤举函陈教育部留日学生概况及用费意见》，载林清芬编：《台湾战后初期留学教育史料汇编　留学日本事务（一）》，台北：“国史馆”，2001年，第5—12页。

从以上的报告就可以看出，战后初期中国大陆与台湾的留日学生虽然没有了来自原来派遣机关、祖国家人的汇款，但为了确保在日本学习和生活的费用，从日本战败到1946年1月他们自己与日本政府交涉，不仅获得了学费和生活补助金，还在物价上涨、生活再陷困苦之时再次与日本政府交涉而获取了进一步的援助。如此来自伪满洲国、蒙疆政权、汪伪政权统治地区的留日学生们在日本战败后很快就团结起来作为中华民国的留日学生运动并争取自身的权利。但是，台湾学生却与他们明显待遇不同。这是因为，作为日本殖民地台湾的华侨，在战后初期他们还没有得到中华民国的“战胜国国民”身份，而是被GHQ认定为“解放国民”的身份。[①] 战争结束之后，虽然由于汇款中断而曾一时陷入混乱，但大陆和台湾的留日学生依靠自己的努力大都从日本政府（外务省、厚生省）那里获得了生活补助。

同时关于战后留日学生人数的统计也是根据调查时期和调查机关的不同，其统计数字大相径庭。上文的报告书中提到了由驻日代表团统计的1946年5月当时的人数。与此相区别，表1和表2为1946年2月4日由中华民国留日学生东京同学会制作、提交给国府教育部的《中华民国留日学生调查统计表》和1947年送达南京国府的驻日代表团为国府侨务委员会和教育部制作的《留日学生人数分布统计表》。从表1可以看出，1946年2月当时的东京同学会的统计中不包括台湾学生，同时来自中国东部沿海地区的学生较多。从表2可以看出，留日学生分布在日本全国的22个都道府县，1947年5月当时基本上都集中在关东地区（东京附近）和关西地区（京都大阪神户附近），而在其他地方城市的学生则为数极少。

① 外务省编：《日本占领重要文书》（第一卷基本编），东京：日本図書センター，1989年，第112—166页。

表 1 中华民国留日学生调查统计表

	本籍统计		年龄统计	
1	广东省	78 名	15 岁	1 名
2	河北省	76 名	16 岁	0 名
3	辽宁省	43 名	17 岁	2 名
4	福建省	36 名	18 岁	5 名
5	江苏省	29 名	19 岁	11 名
6	山东省	24 名	20 岁	21 名
7	察哈尔省	18 名	21 岁	39 名
8	湖北省	16 名	22 岁	54 名
9	浙江省	13 名	23 岁	54 名
10	绥远省	8 名	24 岁	59 名
11	山西省	8 名	25 岁	51 名
12	吉林省	6 名	26 岁	42 名
13	黑龙江省	5 名	27 岁	24 名
14	江西省	4 名	28 岁	13 名
15	热河省	4 名	29 岁	9 名
16	四川省	3 名	30 岁	6 名
17	安徽省	3 名	31 岁	2 名
18	湖南省	1 名	32 岁	0 名
19	河南省	1 名	33 岁	0 名
20	南省	1 名	34 岁	2 名
21	贵州省	1 名	35 岁	0 名
22	蒙古省	1 名	36 岁	0 名
23	其他省	18 名	37 岁	1 名
			不明	1 名
合计	397 名	平均	23.8 岁	

续表

	本籍统计	年龄统计
分类	华侨子弟　41 名	
	台湾侨胞　16 名	
	伪政府、日本政府、各团体官公费生　268 名	
	男　367 名　女　30 名	
希望	迅速归国者　61 名	
	毕业后归国者　298 名	
	未定者　38 名	

编制责任人：中华民国留日学生东京同学会；制作日期：1946 年 2 月 4 日；出处：台湾“国史馆”藏中华民国外交部档案《留日学生》，入藏登录号 020000030933A，典藏图像号 020-010105-0033 0030a — 0034a，1938 年 3 月 3 日— 1956 年 9 月 27 日。

表 2　留日学生人数分布统计表

地名	台省学生	其他各省学生	合计
东京	446	218	664
京都	52	103	155
神户	25	7	32
宫城	10	15	25
岩手	11	18	29
群马	1	0	1
茨海	4	3	7
秋田	2	5	7
鸟取	1	10	11
北海道	2	9	11
福冈	1	4	5
山梨	9	0	9
大阪	36	1	37

续表

地名	台省学生	其他各省学生	合计
新潟	8	1	9
冈山	2	0	2
奈良	0	8	8
山口	8	8	16
山形	4	4	8
千叶	1	12	13
北陆	0	7	7
鹿儿岛	1	0	1
丘崎	0	1	1
全日本	台省学生	624 名	合计 1058 名
	其他各省	434 名	

作成者：中华民国驻日代表团

作成时间：根据 1947 年 5 月底以前的中华民国留日侨民登陆数据制作

出处："国史馆"藏中华民国外交部档案《留日学生》入藏登录号 020000030933A，典藏影像号 020-010105-0033-0071a~0072a，1938 年 3 月 3 日—1956 年 9 月 27 日。

将表 1 的 1946 年 2 月的数据与 1947 年 5 月的数据进行比较判断，就会发现留日学生的人数并没有随着遣返外国侨民而减少，反而有增加的倾向。笔者认为其原因可以从以下四个方面来考虑：

第一，中华民国留日学生东京同学会的统计，是以东京为中心进行调查的，外地留日学生的情况掌握得并不充分，所以，很有可能是通过其后的调查，将原来一些未能统计进去的学生追加了进去。

第二，因为作为留日学生登记以后就有可能从日本政府、GHQ、国府那里领取到救济金，所以以前各地没有在留日学生组织登记的学生为了领取救济金，也找到留日学生组织以留日学生的身份进行了登记。

第三，在战争时期被疏散到外地的留日学生，在战争结束以后其中一部分回到了原来就读的大学或原来的居住地，一些未被统计的留日学生得以被追加统计进去。

第四，台湾的留日学生和华侨子弟的华侨学生，为了领取中华民国留日学生的救济金、补助金，或者是从战胜国民优越感的角度，也到代表中华民国的留日学生团体进行了登记。

而表 2 所显示的 1947 年 5 月底当时的留日学生统计人数中台湾学生人数明显减少，可以推测为与后述留日学生的召回政策有关。

二、日本各地留日学生团体的林立与统合

如上所述，留日学生为了生计和学费，四处奔走，与日本政府协商，不分出身地区，不问官、公、私费的区分，也不区别大学和高专的不同，使广大范围的中国留日学生基本上都获得了被称之为“贷金”的生活补助金。反观这一系列交涉过程，可以看出这些活动不可能由个人去进行交涉，可以认为是一种有组织的活动成果。

战争期间，在日本的中国留学生也有各自的组织，比如接受伪满洲国驻日大使监督的伪满洲国留学生组织“满洲国留日学生会”①、以蒙疆和日本政府为后盾组织起来的“在日蒙古学生修养会”②、在日华学会留学生教育部指导下设立的“中华民国留日学生会”③、作为抗日学生团体的“东亚青年抗日同盟”④ 等。

然而，因为战后在中国大陆的伪政权、台湾的殖民地政府垮台，日本本身也成为战败国，所以中国大陆及台湾的留日学生开始组建与伪政权和

① 刘振生：《“满州国” 日本留学生の派遣》，大里浩秋、孙安石编著：《留学生派遣から見た近代日中関係史》，东京：御茶の水書房，2009 年，第 153—193 页。

② 祁建民：《善隣協会と近代内モンゴル留学生教育》，大里浩秋、孙安石编著：《留学生派遣から見た近代日中関係史》，东京：御茶の水書房，2009 年，第 195—212 页。

③ 见城悌治：《一九四〇年における“中華民国留日学生会”の創設と日華学会》，《中国研究月報》Vol. 68，No. 10，2014 年 10 月号，第 2—14 页；《中华民国留日学生会记事》，《日华学报》第 82（1940 年 11 月）号，第 58—60 页。

④ 周一川：《近代中国女性日本留学史》，第 280 页。

日本政府无关的新团体。当然，战后日本的中国人团体的组建，并不是始于留日学生，而主要是由日本各地的华侨开始的，留日学生的活动只是其中的一环。[①]

1945年8月日本战败之后，在由台湾华侨发起的台湾同乡会成立的同时，统合台湾学生的组织也开始筹建。[②] 根据何义麟的研究，台湾学生会自战败前就已经存在，虽然各个学生会之间的人员属于不同的学生组织，但各个学生组织之间已经存在相互联络的网络。战后，成立一个能够统一管理台湾学生组织的必要性日益紧迫，于是各个学校的台湾学生会的代表自发地聚集在一起，就组织的统合问题进行讨论和协商，并于1945年10月8日在东京女子大学讲堂举行了“台湾学生联盟”成立大会。决定把联盟活动地点设在清华寮（在东京的台湾学生宿舍），选出罗豫龙为第一期代表委员会的委员长。11月11日，发行了机关杂志《龙舌兰》的创刊号。[③]

另一方面，在东京地区的大陆留日学生于1945年底成立了“中华民国留日学生东京同学会”[④]（以下简称：东京同学会）。东京同学会成立之后，北海道、盛冈、仙台、横滨、京都、大阪、神户、福冈、长崎等地的同学会也相继成立。1946年1月，东京同学会商议干部的构成，决定在选出博定为代表的同时，从台湾学生联盟中选人出任副代表。[⑤] 这一行动为全日本的大陆和台湾留学生团体的统合迈出了第一步。其后以东京同学会为中心，

---

① 许淑真：《留日華僑総会の成立に就いて（一九四五——一九五二）——阪神華僑を中心として》，山田信夫编：《日本華僑と文化摩擦》，东京：严南堂书店，1983年，第119—187页。

② 日本华侨华人研究会：《日本華僑・留学生運動史》，东京：日本侨报社，2004年，第54—56页。

③ 何义麟：《戦後台湾人留学生の活字メディアとその言論の左傾化》，大里浩秋编：《戦後日本と中国・朝鮮——プランゲ文庫を一つの手がかりとして》，东京：研文出版，2013年，第120—168页。

④ 关于中华民国留日学生东京同学会的成立日期，在何义麟的《战后在日台湾人之处境与认同：以蔡朝炘先生的经历为中心》（载《台湾风物》第60卷第4期，2010年，第161—194页）和川岛真的《過去の浄化と将来の選択——中国人・台湾人留学生》中记录为11月26日，但日本华侨华人研究会的《日本華僑・留学生運動史》第58页中则写为12月16日，所以其具体的成立日期仍需考证。

⑤ 川岛真：《過去の浄化と将来の選択——中国人・台湾人留学生》，第31—51页。

日本全国各地的大陆和台湾的同学会组织开始共同筹建“中华民国留日同学总会”（以下简称：同学总会）。在 1946 年 5 月 22 日同学总会的成立大会上，选东京同学会主席博定为同学总会主席，台湾学生联盟委员长罗豫龙为副主席，同时决定发行同学总会机关报《学生报》。在该成立大会上，驻日代表团第二组组长谢南光出席并致了祝词。[①]

同学总会成立的 1946 年 5 月，与驻日代表团的设立、中华民国留日华侨总会的成立时间十分接近。而统合了全日本大陆和台湾学生团体的同学总会的正式名称被定名为“中华民国留日同学总会”。再看同年 4 月统合了全日本华侨成立的团体的正式名称也被定名为“中华民国留日华侨总会”。由于两个团体名称的相似性，并且都被冠以“中华民国”之国名，所以不能否认留日学生和留日华侨成立全日本的统合团体的行为是与国府有关。许淑真关于中华民国留日华侨总会的研究在某种程度上解析了留日华侨与当时国府、驻日代表团的关系。[②] 但关于同学总会的既存研究，其重点多为分析学生、华侨的动向，但关于同学总会与国府的关系却极少提及。2014 年春，田远提交的博士论文中，第一次涉及并分析了同学总会的成立与国府派往日本管理华侨相关业务的外交部情报司科长刘增华之间的关系。根据田的分析指出，国府了解到当时留日华侨和留日学生的穷困状况，为了采取对策，于 1945 年 12 月决定派遣刘和其他三名职员赴日工作。刘于次年 1 月 15 日从重庆出发，于 18 日又被任命为“GHQ 联络员”。刘到达日本之后不久的 1 月 28 日，同学总会发起人的联席恳谈会召开，并召集了为成立同学总会的预备会议，决定了组织名称和会章起草大纲。接着，在尚未正式成立之际，即以“中华民国留日学生同学总会”名义向教育部发出了表效忠的信函。所以，田远推测同学总会的成立，是接受刘增华的提案之结果，认为同学总会也是作为中国留日学生团体中唯一被当时国府承认的团

① 日本华侨华人研究会：《日本華僑・留学生運動史》，第 28—30 页。

② 许淑真：《留日華僑総会の成立に就いて（一九四五——一九五二）——阪神華僑を中心として》，第 119—187 页。

体，成为负责管理留日学生事务的一个官方承认的团体。①

但是同学总会的成立并不意味着日本全国的大陆和台湾留日学生团体的统合过程已经结束，正如东京的两岸学生组织于1946年12月才完成统合一样，各地同学会的成立，两岸学生团体的统合则用了更长的时间。关于此问题，何义麟分析认为各地同学会与同学总会并不是严格意义上的上下级关系，而是基本上保持着相互联系的一种松散合作的关系。②

三、关于救济问题国府与留日学生之间认识的错位

关于战后留日学生的境况，国府又是如何考虑的呢？在1945年12月，国府内部就已经开始就留日学生的救济问题进行讨论。笔者在对国府档案的调查范围内发现的战后关于留日学生救济问题的讨论，最初是从原留日学生北平市博爱医院院长金子直的呈情书开始的。其中讲到中日不能通汇留日学生已经陷入极其贫困的状况，如再不谋策，留日学生在日本即将陷入因无援助，饿死街头的危险。主张国府应从人道方面考虑，即便是从为了维护战胜国国民的威信考虑，也应该就关于留日学生的救济问题与美国当局协商，施行以在当地救济或协助其回国等援助，以免其冻饿致死。此呈情书呈送到北平行营李戍艳主任处，后来李主任将其转交给中国陆军总司令何应钦，恳请采取适当对策。何应钦认为呈情书提出的救济方法可行，并在上面添加上“查此请似属可行”的附言，于1945年12月14日发给教育部长朱家骅，要求商议对策。③ 何应钦的电报不仅送至了教育部，而且当

① 田远：《戦後直後における中国人留日学生の境遇と選択：1945—1952 主に〈中国留日学生報〉を通じて》，第50—68页。

② 何义麟：《戦後台湾人留学生の活字メディアとその言論の左傾化》，第120—168页。

③ 《中国陆军总司令何应钦电教育部为留日学生生活困难请求救济请核办见复》，林清芬编：《台湾战后初期留学教育史料汇编　留学日本事务（一）》，台北：“国史馆”，2001年，第265—266页。

天同样的电报也从陆军总司令部发给了外交部长王世杰。①

接到何应钦的电报以后，教育部内部讨论的结果，于四天后的同月18日致电外交部，要求外交部的驻日本人员对留日学生人数进行调查，委托他们开始与GHQ进行交涉，希望GHQ协助实现留日学生早期回国。从这一电报可以判断，当时教育部讨论的结果是比起对留日学生实行生活救济，更希望将他们尽快遣返。②

接到何应钦电报的外交部东二科，于同月18日商讨给陆军司令部和外交部的回信电文，决定为了对留日学生、华侨进行救济，向日本派遣调查人员调查留日学生的情况，并敦促教育部商讨对策。送交教育部的电报中，同时将何应钦的电报也抄录在内，此份18日完成的电文发送到教育部的时间是同月26日。在此过程中，外交部18日又接到教育部的电报，该部东二科26日送交的电报中未写入的金子直的呈情及接到何应钦电报以后外交部讨论的结果，在12月27日完成电文，于1946年1月5日再次发给教育部作为回信。斟酌分析这两通电报的时间差可以认为，外交部之所以迅速决定为救济留日学生派遣人员赴日，主要是接受陆军司令何应钦的要求，并不是因为重视教育部的要求。关于这一点从发给何应钦与向教育部的电文的用词中可以读出。③

另外从档案中还可以看出在留日学生问题上教育部和外交部有争夺主导权之倾向。上述12月27日就在外交部讨论书写给教育部的第二次回电的前一天（26日），国府军事委员会军令部以回电方式发给教育部的电文中，传达了应该由外交部统一管理国外留学生事宜的意见④。虽然教育部向军事

① 台湾“国史馆”馆藏中华民国外交部档案，《留日学生》，入藏登录号020000030933A，典藏影像号020-010105-0033-0020x—0023x，1938年3月3日—1956年9月27日。

② 台湾“国史馆”馆藏中华民国外交部档案，《留日学生》，入藏登录号020000030933A，典藏影像号020-010105-0033-0018x，1938年3月3日—1956年9月27日。

③ 台湾“国史馆”馆藏中华民国外交部档案，《留日学生》，入藏登录号020000030933A，典藏影像号020-010105-0033-0019x—0023x，1938年3月3日—1956年9月27日。

④ 《国民政府军事委员会军令部电复教育部关于留日学生之处理似应由外交部统筹办理》，载林清芬编：《台湾战后初期留学教育史料汇编　留学日本事务（一）》，台北：“国史馆”，2001年，第1页。

委员会发出的电文本身未能确认，但可以推测其内容是教育部希望主管留日学生之问题。当时，教育部并没有派员驻日，而且根据外交部的决定，为处理留日学生问题所派遣的人员也全部都是外交部职员这一事实本身，就有外交部希望主管本事务之意。关于争夺管理留日学生主导权问题，在后来还牵涉到日后设立管辖教育、文化、宣传的驻日代表团第四组的主管部门权限之争（后述）。

根据上述外交部的决定，刘增华等人的赴日终于得以实现。刘到日本以后，遍及日本全国的中国大陆及台湾的学生团体准备统合的活动也逐渐活跃。但是，在刘增华等的调查尚未结束的1946年1月9日，教育部再次给陆军司令部发电，要求国府催促驻日官员与麦克阿瑟将军进行协商，并希望确认其就留日学生遣返问题协商的进展情况。从这份电文的内容也可看出教育部将迅速遣返留日学生放在最为优先位置上。①

且不论是否知道教育部的意图，东京同学会于1946年2月4日经过调查，完成了《中华民国留日学生调查统计表》的编制工作。表1是调查统计表的一部分，除表1所示的项目以外，还有总结出在日本的大学、高中、专门学校、大学预科、大学预备部、高等师范学校、研究生院等在学的中国学生人数的调查结果。和表1的统计表相同日期的2月4日，以还未正式成立的中华民国留日同学总会名义写给教育部的信函中，阐述了学生们在抗日战争期间赴日本留学的理由为："当时教授凡孚众望者，率皆迁入内地，所残留者，殆为非誉愚者流。故所学无非陈腐之空论，如拟攻研较新颖实际之学，唯易地求之。然内地及欧美各国，均以路阻，可通者，日本一处耳。且在经济方面，即较诸就地所费亦轻微，此实系留日之一大主因也。"而对在战中和战后未归国的问题列举理由如下："抗战中之迁延不归，以归非其所不愿归也。今之未敢即云归，盖一以候命，一以归不得其所不敢骤归，而实则众志如一，归心似箭者也。"2月4日编制的统计表和同学总会的信函，均交由从美国归国途中绕道东京的外交部亚东司司长杨云竹

① 《教育部电复中国陆军总司令部教部办理留日学生救济情形》，载林清芬编：《台湾战后初期留学教育史料汇编　留学日本事务（一）》，第267—268页。

带回，并于2月19日转交教育部部长朱家骅的同时，要求就相关问题与其面谈。[①] 笔者在现在所能确认的资料中，尚未找到关于此次面谈结果的记录。

另外，金子直另送一份呈情书给国民政府主席蒋介石，蒋读后于1946年2月22日通过行政院秘书处发出指令交由外交部核办。[②]

接到该指令的外交部，3月5日向以GHQ专员身份驻日的刘增华发出电报，传达了行政院和蒋介石的指令，让刘立即与GHQ交涉，协助希望回国的留日学生尽快回国。同日，外交部也向行政院秘书处报告说明已经发出指示让驻日的刘增华与GHQ交涉，协助希望回国的学生回国。[③]

如此可以看出在金子直提交呈情书之后，接到蒋介石、何应钦等国府领导的指令，外交部和教育部迅速行动，向日本派遣人员，决定了协助留日学生的回国的方案。但是留日学生们真的希望回国吗？

关于日本战败前后至1946年这段时期留学生的实际状况，田中刚利用日本的外交档案和中华民国的外交部档案已经进行了大致的分析。根据田中的调查，在战争刚结束之时，留日学生总体上一如既往仍在继续上学，真正希望立即回国的学生并不多。但到1945年9月20日外务省调查时，却了解到来自中国大陆的留日学生中多数希望回国。此时他们转为希望回国的原因主要是因为战败以后日本人对留日学生的态度变得冷淡，而且随着物价上涨，从日本政府领取到的“贷金”又不足以维持生计。根据此调查结果日本政府考虑到日本国内的经济情况、在日留学生与日本人的关系等问题于同年10月22日制定了《关于留日学生归国问题（留日学生归国ニ関スル件）》的文件，转变政策为积极引导外国人留学生回国。此后，关

① 台湾“国史馆”馆藏中华民国外交部档案，《留日学生》，入藏登录号020000030933A，典藏影像号020-010105-0033-0029a—0035a，1938年3月3日—1956年9月27日；《外交部杨云竹函教育部长朱家骅为转陈留日学生呈及留日学生调查统计表》，载林清芬编：《台湾战后初期留学教育史料汇编　留学日本事务（一）》，第1—4页。

② 台湾“国史馆”馆藏中华民国外交部档案，《留日学生》，入藏登录号020000030933A，典藏影像号020-010105-0033-0024x—0026x，1938年3月3日—1956年9月27日。

③ 台湾“国史馆”馆藏中华民国外交部档案，《留日学生》，入藏登录号020000030933A，典藏影像号020-010105-0033-0027x—0028x，1938年3月3日—1956年9月27日。

于中国留日学生的回国问题，外务省制定了《中华民国留日学生归国斡旋要领》，规定对于归国的留学生，不仅准备好归国船，更为他们准备了从居住地到乘船地的交通、在乘船日以前的住宿、在船上伙食配给，甚至连从居住地至乘船地乘车途中用的面包、罐头都一律提供，另外还支付每人1000日元为上限的“归国旅费”。从这一规定可以看出，日本政府是真正地在积极推进协助留日学生归国的政策。然而，送留学生回上海的“第一次输送计划书”（从10月至11月）中显示的当年年内希望回国之人仅有9名。其后12月通过日华协会募集希望回国的中国留学生时，发现希望回国的也是“出乎意外的少”，在其后的报告中显示实际上最后回国的总共也只有十几人。根据田中分析，留日学生之所以不希望回国，主要可能是因为担心自己与战时的伪政权有关。①

的确，从表1东京同学会总结统计出来的留日学生的情况看，1946年2月这一阶段希望迅速回国的仅有61名，只占397名之中的15%。分析留日学生不希望尽快回国的原因，从表1的留学生构成中也能看出一些端倪。例如，397名中，有268名属于伪政权、日本政府等各团体的官费生或公费生。这些官费生或公费生，多数与伪政权有着较深的渊源，因为他们在日本国内已经接触到国内的关于审判汉奸的信息，所以也就不难想象他们在回国问题上处于犹豫不决之状态了。关于这些想法，从上文所述的1946年2月以同学总会名义写给教育部的信函中也可以读出。②

那么，在留日学生并不是特别希望回国的情况下，金子直为何又要向国府高层提交那样的呈情书呢？据田远的分析，向金要求援助的很可能是来自大陆的留日学生，他们可能是希望把其生活贫困的情况通过与国府高层关系密切的金子直向国府转达来申请生活经费方面的援助。然而，事与

---

① 田中刚：《日本敗戦前後の中国人留日学生政策——汪精衛政権·“满州国”·“蒙疆政権”》，第235—263页。

② 台湾“国史馆”馆所藏中华民国外交部档案《留日学生》，入藏登录号020000030933A，典藏影像号020-010105-0033-0029a—0035a，1938年3月3日—1956年9月27日；《外交部杨云竹函教育部长朱家骅为转陈留日学生呈及留日学生调查统计表》，载林清芬编：《台湾战后初期留学教育史料汇编　留学日本事务（一）》，第1—4页。

愿违，国府教育部和外交部因为经费和汇款障碍等问题，并没有考虑给留日学生救济经费，而是决定与GHQ协商，将他们尽快遣返回国。

之后，中华民国教育部正在准备将留日学生全员遣返回国的消息在日本被广泛传播开来。其程度到了驻日代表团1946年6月不得不急忙向外交部和教育部确认，并采取措施辟谣来平息流言。① 根据后来驻日代表团的调查，也确实了解到了留日学生中的大多数人并不愿意回国的事实。② 综上所述可以了解到留日学生对回国的愿望从战争结束之初到1946年春夏这段时期，一直是随着当时日本与中国的国内外情况的变化而变化的，但是可以说国府并没能在各个时间段及时了解到留学生们心态的变化。

四、中华民国驻日代表团的设立与留日学生的管理

（一）驻日代表团中管辖留日学生问题的部门

驻日代表团正式设置于1946年5月，③ 但其第一、二、三组的负责人在4月已经到日本赴任并开始工作。在驻日代表团到日本之时，在日本的国府的机关已经有外交部派的“驻日办事处”和“驻日盟军最高统帅部（GHQ）军事联络办事处”，此外还有以远东委员会中国代表身份赴日的国府官员④。另外，根据1946年2月6日中华民国外交部发出的任免命令，驻

---

① 台湾“国史馆”馆藏中华民国外交部档案，《留日学生》，入藏登录号020000030933A，典藏影像号020-010105-0033-0041a—0043x，1938年3月3日—1956年9月27日。

② 《驻日代表团张凤举函行政副院长朱家骅检呈救济留日学生办法请行政院及教育部核准经费》，载林清芬编：《台湾战后初期留学教育史料汇编　留学日本事务（一）》，第274—280页。

③ 《驻日代表团　全宗》介绍，台湾“中央研究院”近代史研究所档案馆网站，http://archdtsu.mh.sinica.edu.tw/filekmc/ttsfile3?4：1953652415：19：：：12@@1537944152，2014年9月4日阅览。

④ 杨子震：《帝国人民から在日華僑へ——渋谷事件と戦後初期在日台湾人の法的地位》，第70—88页。

日代表团第一任团长朱世明赴任日本时的官衔是“盟国对日委员会中国代表”。[①] 在驻日代表团赴日以前，国府在日本已有一些代表驻留并主管着一些业务。驻日代表团到日本后，以前国府的代表的一部分功能被驻日代表团所吸收。例如，前述的刘增华后来就以职员身份被调任至驻日代表团侨务处工作。[②]

驻日代表团赴日初期，由第二组负责政治和教育工作，但因为没有专门负责教育、文化、宣传方面的部门，同年 7 月在驻日代表团组织内部开始筹备成立一个专门负责上述业务的部门，就是设立一个新的第四组。第四组作为一个组的形式出现是在 8 月，但其业务逐渐步上正轨还需要一些时间。从外交部人事处的关于留日学生管理部门的意见的档案中可以了解到在 7 月这一阶段，第二组和第四组中都有从教育部派来的人员这一情况。[③]

由此可知在 1946 年 7 月当时还没有一个专门负责留日学生问题的部门。但是，因为后续的就留日学生救济问题与 GHQ、日本政府的交涉进展困难，进而推进召回留日学生政策的过程中，有关留日学生的救济和回国业务迅速增加。驻日代表团、外交部和教育部的三个部门也不得不讨论此项业务到底应该归哪个部门管辖了。三部门从 7 月至 8 月的协商结果，由外交部于 8 月 22 日向驻日代表团朱世明团长发出电报说明暂定由驻日代表团侨务处兼管留日学生的问题，教育部也表示同意。[④]

由以上过程可以了解，最初留日学生相关业务处于由侨务处、第四组、第二组分别管辖的混乱状况。从驻日代表团的这三个部门的档案中都可以

---

① 台湾“国史馆”馆藏中华民国外交部档案，《驻日代表团任免》，入藏登录号 001000002957A，典藏影像号 001032134001002a，1946 年 2 月 8 日—1948 年 5 月 19 日。

② 许琼丰：《戦後日本における華僑社会の再編過程に関する研究：在日台湾人と神戸華僑社会を中心に》，第 77 页。

③ 台湾“国史馆”馆藏中华民国外交部档案，《留日学生》，入藏登录号 020000030933A，典藏影像号 020-010105-0033-0045a—0051a，1938 年 3 月 3 日—1956 年 9 月 27 日；台湾“国史馆”馆藏中华民国外交部档案，《驻日代表团第三组工作报告》，入藏登录号 020000001227A，典藏影像号 020-010121-0008-0237a—0241a，1947 年 5 月 5 日—1948 年 8 月 18 日。

④ 台湾“国史馆”馆藏中华民国外交部档案，《留日学生》，入藏登录号 020000030933A，典藏影像号 020-010105-0033-0041a—0051a，1938 年 3 月 3 日—1956 年 9 月 27 日。

发现一些关于留日学生的内容，但在第四组业务逐渐步入正轨的1946年秋天以后，有关留日学生的业务也逐渐转移到了第四组。但是因为留日学生的问题，与政治、战后赔偿、华侨的关系都密切相关，相关问题发生之时，有关留日学生的相关内容在第四组以外的部门的档案中也时常可以看到。

同时在留日学生相关业务转移到第四组的过程中，也能看出围绕驻日代表团管辖部门的问题在国府各部门之间也存在着权力斗争。作为教育部官员从第四组设立之初就负责留学生业务的张凤举，在1946年7月30日给教育部长朱家骅的信中提到："因目下此间第一组，系国防部与参谋部主持；第二组外交部主持；第三组经济部与资源委员会主持也。如第四组能完全由我部主持，以后弟办事即可较感便利"，讲述了驻日代表团中因为没有教育部主管的部门所带来的工作不便，建议朱家骅争取主管第四组业务的权限。① 因为笔者未能找到对此信的回信，所以不能对朱部长和教育部的考虑妄作揣测，但从侨务处主管的有关留日华侨的报纸、华侨学校的相关业务其后也逐渐转移到第四组，和有时第四组不通过外交部直接向教育部汇报并征求意见的行为来看，可以认为张的建议在某种程度上得以实现了。②

但是，关于留日学生的相关业务，在1950年驻日代表团被改组后，又经过了一次和华侨学校等的业务一起再次移交到第二组的过程。③

（二）在救济与召回夹缝中摇摆不定的国府留学生政策

驻日代表团赴日以后不久留日学生的救济问题就浮上了台面。如上所述，战后初期日本政府对于中国大陆和台湾的留日学生虽然金额有所不同，

---

① 《驻日代表团张凤举函陈教育部长朱家骅留日台籍学生留学经费等八项事》，载林清芬编：《台湾战后初期留学教育史料汇编　留学日本事务（一）》，第21—24页。

② 台湾"中央研究院"近代史研究所档案馆馆藏外交部档案，《驻日代表团侨务处工作报告》，档号11-01-02-19-04-009，旧档案号11-EAP-02208，1946年1月—1950年12月；台湾"国史馆"馆藏中华民国外交部档案，《驻日代表团第三组工作报告》，入藏登录号020000001227A，1947年5月5日—1948年8月18日。

③ 台湾"中央研究院"近代史研究所档案馆馆藏外交部档案，《驻日代表团一般业务报告》，档号11-01-02-19-04-002，旧档案号11-EAP-02201，1950年1月—1951年5月。

但还都支付给他们被称作“贷金”的补助金。然而，1946年4月15日驻日代表团的朱世明、李济、张凤举向重庆的教育部朱部长、杭次长发电报，传达了日本政府以经费问题为由，向驻日代表团提出以后不能再继续向留日学生发放补助金，并要求驻日代表团采取相应措施解决留日学生的救济问题。另外，还介绍了在留日学生之中，有愿归国转学者和有愿留在日本毕业者。其要求政府四事为：“一、承认其学籍；二、对继续求学之前官费生给予官费；三、对归国学生给予川资及便利；四、对转学生准其转学。”①由此可见，日本政府在驻日代表团到任不久就提出了要求国府方面接替日方负责解决留日学生的生活问题。

其后驻日代表团在争求外交部、教育部意见的同时，在同年11月之前与GHQ和日本政府反复进行了多次协商。由于中国的法币与日元不能直接兑换和汇款，为救济留日学生每月需要30万日元，用美元换算为2万美元。驻日代表团要求教育部提供这笔经费，但却未能如愿，只能在日本国内寻求对策。其后在与日方反复交涉之后，日本政府虽然同意向台湾学生发放补助金到6月，向大陆学生发放到9月，但其后这两项补助金也都停发了。②

接着，驻日代表团又向GHQ提出希望与日本政府协商以下两个方案。其一是利用庚子赔款日本部分解决此问题，其二是让日本政府先垫付日币二千万元，作留日学生费用，且言明此款，将于日本对中国赔款或中国在日财产内扣去。但这两项提案后均被否决。首先因为庚子赔款问题情况复杂，而且关于此案之一部分文卷已于战时损失，再要求日本政府提供相关资料后，就看不到任何进展了。而关于让日本政府垫付二千万日元之事，

---

① 《驻日代表团朱世明李济张凤举电外交部转教育部长朱家骅留日学生要求政府四事应如何善后乞电示》，载林清芬编：《台湾战后初期留学教育史料汇编　留学日本事务（一）》，第5页。

② 《驻日代表团张凤举函陈教育部留日学生概况及用费意见》，载林清芬编：《台湾战后初期留学教育史料汇编　留学日本事务（一）》，第5—12页；《驻日代表团张凤举函陈教育部长朱家骅留日台籍学生留学经费等八项事》，载林清芬编：《台湾战后初期留学教育史料汇编　留学日本事务（一）》，第21—24页；台湾“国史馆”馆藏中华民国外交部档案，《驻日代表团第三组工作报告》，入藏登录号020000001227A，典藏影像号020-010121-0008-0246a—0247a，1947年5月5日—1948年8月18日。

GHQ 认为这不属于他们的权限之内，关于中华民国之留日学生，GHQ 则建议其应全部遣返回国。尽管此两项提案未果，但驻日代表团此后仍再次要求 GHQ 与日本政府交涉，希望日方提供每月 50 万日元的临时救济费用，但对于此项要求日本政府仍然未予同意。之后，驻日代表团在没有任何办法的情况下再次向国府教育部请示对策，但直至 1949 年春天都未能得到任何关于救济方法的答复。

另一方面，从 1946 年至 1947 年期间，包括台湾学生在内的留日学生作为中华民国战胜国国民的身份登记完成后，也已开始领取发给战胜国国民的特别配给食品等，据说许多学生不得不依靠变卖这些食品生活。① 但即使如此日本政府还是于 1949 年 5 月以削减预算为由一律停止发放特别配给。另外本来驻日代表团与日本援助留学生团体的有邻学会进行协商的结果，来自大陆的一部分留日学生可以从有邻学会每月领取 500 日元，但此项补助的 500 日元也于同年 6 月停止了。②

关于留日学生的救济问题之所以从驻日代表团开始着手处理以后经过三年仍不见任何进展，其原因除了 GHQ、日本政府、国府之间围绕经费负担问题互相争论以外，还与在其争论期间国府还在另行讨论召回留日学生之政策有关。

关于在上文第三节中介绍的关于召回全部留日学生的流言，1946 年 6 月 15 日驻日代表团通过外交部向教育部进行确认，三天之后教育部经外交部给驻日代表团的回答是“无此决定”。③ 但是正所谓无风不起浪，此传言并非凭空而起。在 1946 年 6 月中旬以前的一段时间，关于召回留日学生的

---

① 《学生への特配》，《中华留日学生报》1947 年 5 月 1 日。

② 《驻日代表团张凤举函行政院副院长朱家骅检呈救济留日学生办法请行政委员及教育部核准经费》，载林清芬编：《台湾战后初期留学教育史料汇编　留学日本事务（一）》，第 274—280 页；台湾“国史馆”馆藏中华民国外交部档案，《驻日代表团第三组工作报告》，入藏登录号 020000001227A，典藏影像号 020-010121-0008-0246a—0247a，1947 年 5 月 5 日—1948 年 8 月 18 日；许淑真：《留日華僑総会の成立に就いて（一九四五——一九五二）——阪神華僑を中心として》，第 119—187 页。

③ 台湾“国史馆”馆藏中华民国外交部档案，《留日学生》，入藏登录号 020000030933A，典藏影像号 020-010105-0033-0041a—0043a，1938 年 3 月 3 日—1956 年 9 月 27 日。

问题，驻日代表团的朱世明、张凤举、徐逸樵与陈果夫、教育部长朱家骅之间就已经通过信函就解决留日学生问题的方法进行过数次协商。特别是教育部长朱家骅6月13日给陈果夫的信函中就曾表明其意见为“经即函商朱世明兄，请由中国驻日代表团内核发经费，对于成绩佳者予以救济，俾得完成学业；成绩太差者，则设法遣令回国”。[①]

同年6月29日外交部收到了驻日代表团徐逸樵关于留日学生的建议。徐关于留日学生的处理方法，向外交部提出以下四项原则：“一、实科以外学生，不妨一律资遣回国；二、实科学生成绩优秀者，似可留待毕业；三、资遣回国学生，必须经过一定期间严正之补习教育，然后分别准其抽入相当学籍；四、台湾学生大抵须有较长时间补习国语之机会，不然实与日本学生无大分别。”接到徐的提案以后，外交部长王世杰即令亚东司商讨对策，同时于7月2日抄送教育部部长朱家骅，希望教育部亦研究对策。[②]

对此教育部于7月16日和18日两次发出公函回复外交部，表示正在让相关部门研讨徐的建议，并向外交部说明关于召回留日学生的具体办法正在研究中。[③] 由教育部拟订的《抗战期间留日学生甄审办法草案》和《留日

① 《驻日代表团朱世明函教育部朱家骅留日学生接济事日方表示七月以后由中国自筹办法已由张凤举向盟军磋商》，载林清芬编：《台湾战后初期留学教育史料汇编　留学日本事务（一）》，第12—13页；《陈果夫函教育部长朱家骅为驻日代表团徐逸樵来函表示留日学生似宜速定方针从事处理》，载林清芬编：《台湾战后初期留学教育史料汇编　留学日本事务（一）》，第13页；《教育部长朱家骅函复陈果夫关于留日学生事已函商朱世明请由驻日代表团内核拨经费对于成绩佳者予以救济成绩太差者则设法遣令回国》，载林清芬编：《台湾战后初期留学教育史料汇编　留学日本事务（一）》，第14页。

② 台湾“国史馆”馆藏中华民国外交部档案，《留日学生》，入藏登录号020000030933A，典藏影像号020-010105-0033-0056a—0059a，1938年3月3日—1956年9月27日；《外交部王世函教育部拟驻日代表团徐逸樵来函建议处理留日学生四点办法》，载林清芬编：《台湾战后初期留学教育史料汇编　留学日本事务（一）》，第17—18页。

③ 台湾“国史馆”馆藏中华民国外交部档案，《留日学生》，入藏登录号020000030933A，典藏影像号020-010105-0033-0044x，1938年3月3日—1956年9月27日；《教育部长朱家骅函外交部王世杰关于处理留日学生问题复请查照》，载林清芬编：《台湾战后初期留学教育史料汇编　留学日本事务（一）》，第20页。

学生召回办法草案》两个文件 8 月 26 日提交到行政院审核。①

教育部内部经过近三个月的研讨，10 月 19 日电复驻日代表团表示教育部拟订的《留日学生学籍学业处理办法》中规定留日学生，必须参加甄审考试。其返国入学或转学者，须具备甄审及格证，方可投考学校。此时，教育部提出的留日学生处理方案中，关于留日学生继续留学的学费问题，要求驻日代表团仍与日本政府交涉先由日方垫付，将来在赔款项下扣算。但也可以看出教育部政策之重点为如何处理召回之留日学生。②

但是教育部在 8 月向行政院提出的申请仍未得到回信的情况下，进入 11 月以后，又从驻日代表团传来两个坏消息。第一个是 11 月 1 日教育部收到的张凤举发来的电报，报告了与日本政府的交涉，并未达到预期的结果，而驻日代表团也无法解决救济留日学生的经费问题。考虑到留日学生的生活状况，不得不开始做将他们遣返回国的准备。③ 第二个是关于教育部方案中对留日学生实施甄别考试的问题，在驻日代表团讨论的结果，因为学生们的居住地遍及日本全国，而且专业也各种各样，需要组织不同领域的考试委员会在各地进行考试，所以需要一大笔经费，另外还有许多留日学生汉语水平有限，能否应考中文一科之任务亦有问题。所以作为第二方案，提出组织审查委员会，以学生的生活状况、本人的在校学习成绩、品行操守为审查标准进行甄审之做法。这一方案，虽然有学校不同标准难甄严密等问题，但以手续简单较易办理为由予以推荐。④

由于与日本政府、GHQ 进行交涉都未能解决救济留日学生的资金问题，而甄审考试在日本操作起来也具有一定的难度，所以教育部即进一步加速商讨召回留日学生的办法。而提交给行政院的《抗战期间留日学生甄审办

① 《教育部呈行政院检呈抗战期间留日学生甄审办法及留日学生召回办法草案等件请鉴核示遵》，载林清芬编：《台湾战后初期留学教育史料汇编　留学日本事务（一）》，第 63—64 页。

② 《教育部长朱家骅函复驻日代表团张凤举关于召回留日学生各点》，载林清芬编：《台湾战后初期留学教育史料汇编　留学日本事务（一）》，第 27—29 页。

③ 《驻日代表团张凤举电报教育部长朱家骅留日学生回国事项》，载林清芬编：《台湾战后初期留学教育史料汇编　留学日本事务（一）》，第 31—32 页。

④ 台湾“国史馆”馆藏中华民国外交部档案，《留日学生》，入藏登录号 020000030933A，典藏影像号 020-010105-0033-0092x—0093x，1938 年 3 月 3 日—1956 年 9 月 27 日。

法草案》和《留日学生召回办法草案》也终于于12月18日收到审核意见，并于1947年1月公布了《抗战期间留日学生甄审办法》和《留日学生召回办法》[①]。

从该办法的内容看，对留日学生的甄审范围，在当时仍在日本留学的学生的基础上还加上了抗战期间留学并已经回国的留学生。另外，甄审委员会并不是设置在驻日代表团内，而是在教育部下设置，对回国后的留日学生进行审查。关于召回留日学生的范围则规定为符合以下三个条件之一者即召回之：一、学业已告完成或已告一段落者；二、无力自行继续留学者；三、其他特殊原因者。从此三条件也可以解释为，对于尚未毕业，而且能够自行解决继续留学费用的学生，可以不被强制遣返回国。但在当时中日两国之间不能汇兑的情况下，能够依靠自己的力量继续留学的中国学生实际上是少之又少，所以从留日学生的立场来看，此项规定也可以说具有一定强制性。[②]

特别是其中与留日学生救济金问题相关的以下条款，让留日学生感觉其确实有些过于严苛。“应行召回之留日学生，在未返国前，因汇兑不通或津贴不足，所必需之生活费，经查属实者，依照实在情形按月核给救济费。救济期限，至各该生离日返国时止。应行召回之留日学生，不遵照本办法制规定返国者，停止核发其救济费。于必要时，得勒令返国。”[③] 按此规定对照召回范围，从学校毕业或者无力自行继续留学的学生，不服从召回办法的回国者，即不发给救济金。这些规定对于在当时还没有与国府建立起信赖关系，且尚未下定决心回国的大陆留日学生来说，可以说是相当严苛的。这也就是从1947年以后，以同学总会为中心，留日学生们寻求救济支

---

① 《行政院令教育部拟呈送抗战期间留日学生甄审办法等件准予备案》，载林清芬编：《台湾战后初期留学教育史料汇编　留学日本事务（一）》，第64—65页；《教育部令公布制定抗战期间留日学生甄审及留日学生召回办法》，载林清芬编：《台湾战后初期留学教育史料汇编　留学日本事务（一）》，第65—69页。

② 《学生召喚どうなる》，《中华留日学生报》1947年5月1日。对原留日学生郭承敏的采访，2011年9月21日，天津。

③ 《教育部令公布制定抗战期间留日学生甄审及留日学生召回办法》，载林清芬编：《台湾战后初期留学教育史料汇编　留学日本事务（一）》，第65—69页。

援的对象不仅限于驻日代表团，而是更多转向向留日华侨团体或向某些个人求助的原因了。①

但无论如何，在上述办法公布后，至少对希望回国的留日学生，总算是增加了实现其尽快回国愿望的可能性。这是因为在召回办法中规定了“应行召回之留日学生，由日返国之交通工具，由教育部统筹之；其无法自筹船资者，得申请教育部予以补助”。此后确实也预定回国的留日学生名单，为召回留日学生制订的预算案也由驻日代表团送交到了教育部。② 在国内教育部也制作完成了《留日学生资格甄审委员会组织规程》，还决定了留日学生资格甄审委员会的人员构成，从表面上看来准备工作已经在有序地推进了。③

可是没想到此后召回用的经费突然成了问题。教育部 1947 年 5 月和 6 月两次向行政院申请了留日学生的召回用经费。对此，行政院于同年 6 月 24 日下达了以行政院院长张群名义签署的“呈件均悉。查该项留日学生，应由驻日代表团设法使其搭运我国易货物资船只回国，所请外汇应勿庸议，除经电驻日代表团外，仰即知照”的指示。④

该决定送达驻日代表团的时间是 8 月 26 日。驻日代表团虽然对此决定深感困惑，但还是探讨了执行该决定的具体办法。然而，即便是搭乘货船到上海，众多的留日学生到达上海之后的旅费筹措问题依然存在。而无力

① 王雪萍：《戦後期日本における中国人留学生の生活難と政治姿勢をめぐる葛藤——救済金問題を事例に》，第 83—119 页。

② 台湾“国史馆”馆藏中华民国外交部档案，《驻日代表团第三组工作报告》，入藏登录号 020000001227A，典藏影像号 020-010121-0008-0250a，1947 年 5 月 5 日—1948 年 8 月 18 日；《驻日代表团电教育部造具三十六年度应行召回之留学生经费概算表三份请监核转呈赐拨》，载林清芬编：《台湾战后初期留学教育史料汇编　留学日本事务（一）》，第 73—75 页。

③ 《教育部令公布留日学生资格甄审委员会组织规程》，载林清芬编：《台湾战后初期留学教育史料汇编　留学日本事务（一）》，第 76—77 页；《留日学生资格甄审委员会主任委员和各委员与留日学生资格甄审委员会召开第一次会议函请出席》，载林清芬编：《台湾战后初期留学教育史料汇编　留学日本事务（一）》，第 78—80 页。

④ 《行政院指令教育部留日学生应由驻日代表团设法使其搭运我国易货物资船只回国所请结拨召回经费外汇应毋庸议》，载林清芬编：《台湾战后初期留学教育史料汇编　留学日本事务（一）》，第 84 页。

自筹此项补助费用的驻日代表团于1948年7月11日再次向外交部和教育部申请了预算，但仍然未能解决学生归国经费的问题。但是有关台湾学生的问题，由于台湾省答应对于回台后的留日学生的升学问题等给予便利，169名台湾学生乘坐运送赔偿物资的船只成功回到台湾。在1949年6月当时驻日代表团关于留日学生的进展情况做了如上报告。[①]

受挫于经费问题，关于留日学生的救济、召回问题等迟迟没有得到进展，可以说在驻日代表团赴日工作已经过了三年的时候，此项问题依然处于毫无进展的状态。也可以说此等无能表现让驻日代表团在留日学生的心目中威望扫地。

但是1949年6月以后，驻日代表团突然开始重新探讨留日学生的救济金问题。这是因为，在国共内战中国府已经明显处于劣势，重新讨论救济金问题是为了将已经明显表现出左倾亲中共倾向的留日学生再次吸引到国府一方来。[②]

如前所述，留日学生生活最困难的时期不是在战争刚结束时，而是在1949年春天战胜国国民特别配给及有邻学会的援助完全停发以后。这一时期，同学总会为了解决留日学生救济金问题与驻日代表团交涉了多次，最后驻日代表团终于想办法筹措到经费，从1949年11月开始向包括同学总会干部在内的留日学生支付补助金。[③] 但因为补助金的发放主导权被牢牢掌握在驻日代表团手中，使同学总会与驻日代表团的关系恶化到了决裂边缘。其最后的结局是，包括同学总会干部在内的领取了驻日代表团补助金的留日学生的亲中共姿态完全没有改观，使败逃台湾的国民党政权倍感失望。其后导致1950年驻日代表团改组，1952年留日学生救济金的停发。在1952年驻日代表团补助金停发以后，以廖承志为首的中华人民共和国侨务委员会给同学总会寄来了救济金，留日学生的亲中共思想得到进一步强化。关

① 《驻日代表团张凤举函行政副院长朱家骅检呈救济留日学生办法请行政院及教育部核准经费》，载林清芬编：《台湾战后初期留学教育史料汇编　留学日本事务（一）》，第274—280页。

② 同上。

③ 《驻日代表团电报教育部办理留日学生救济经过情形》，载林清芬编：《台湾战后初期留学教育史料汇编　留学日本事务（一）》，第302—304页。

于此过程笔者在其他论文中已有详述，这里不再赘述。[①]

结　语

留日学生与华侨不同，由于在日本没有生活基础，在来自祖国的汇款断绝之后，他们的生活陷入极为穷困的境地，但因为与伪政权关系等政治上的理由，其中对回国态度犹豫之人甚多。但因为他们在日本不能维持生计的境况有可能影响到作为战胜国国民的威信，所以以蒋介石为首的国府决定制定政策将留日学生召回。在国府做此决定的过程中也考虑到了GHQ和日本政府的意见。但是此召回政策，进一步增强了在回国问题上处于犹豫不决状态下的留日学生们对国府的不信任感。而对于希望回国的学生来说，由于补助旅费等筹措资金问题迟迟不能得到解决，他们对国府的无能也深感失望。其后又发生了“涩谷事件”“二·二八事件”等，使台湾华侨和留学生对国府及驻日代表团的抵触心理越发高涨。其结果，以台湾学生和华侨为中心，留日学生、华侨的左倾化进一步加强。[②]

但是也不能就此完全否定国府当时制定此政策之举措。如果站在国府立场上来考虑，从1946年6月至7月间，日本政府停止向台湾学生发补助金，大陆学生的补助金也即将停发，在此情况下，以台湾学生为中心的留日学生希望回国的呼声确实有所提高。同时此时台湾学生和华侨恢复中华民国国籍之事也进展顺利，华侨登记手续如期推进，这也是日本厚生省停止发放给台湾籍学生的补助金的原因之一。另外与大陆学生不同，台湾学

---

① 王雪萍：《戦後期日本における中国人留学生の生活難と政治姿勢をめぐる葛藤——救済金問題を事例に》，第83—119页；王炳根：《吴文藻、冰心日本归国记》，载《档案春秋》2013年9月，第24—28页。

② 杨子震：《帝国人民から在日華僑へ——渋谷事件と戦後初期在日台湾人の法的地位》，第70—88页；何义麟：《二·二八事件："台湾人"形成のエスノポリティクス》，东京：东京大学出版会，2003年；何义麟：《戦後台湾人留学生の活字メディアとその言論の左傾化》，第120—168页。

生基于台湾曾是日本殖民地的历史，被视为汉奸的可能性较低，所以他们对回台湾并无抵触。[①] 而且当时驻日代表团在留日学生、华侨问题上十分尽力，并正值台湾华侨恢复中华民国国籍的高峰，也是驻日代表团与台湾留日学生、华侨关系的最佳状态。在此时间点上，国府制定留日学生召回政策，以其的角度来考虑，可以认为有一定的合理性。

国府方面的问题在于教育部从开始就没想出这一笔经费，关于经费问题始终寄希望于向行政院申请或让驻日代表团在日本筹措。当知道不可能筹集到救济留日学生的经费之后，教育部即转为努力推进不需要太多经费的召回政策上。然而其后教育部、行政院连留日学生的回国旅费也筹措不出，最后不得不推出让学生搭乘贸易货船回国这种拙劣的方案。其后在内战吃紧的情况下，国府连到达中国港口以后的留日学生回家的些许旅费也支付不出，而导致了大陆学生的召回政策陷入全面停顿的状态。

另外1947年以后救济金问题迟迟不见进展的另一个原因则是驻日代表团团长朱世明由于与李香兰关系的问题，其团长职务突然被解职。商震接任团长以后，驻日代表团进一步腐败，对救济留日学生的问题漠不关心也是原因之一。[②] 关于这一问题，因为史料不足目前暂时难以深入分析，留作今后的课题。

在留日学生救济金问题上驻日代表团所显示出来的无能和腐败，致使同学总会全面倒向中共。而《学生报》的左倾化及对代表团的批判报道，使驻日代表团与同学总会的关系陷入僵局，逐步成为不可调节并难以改善的状态，1949年以后在留日学生救济和召回的问题上，驻日代表团和同学

---

① 杨子震：《帝国人民から在日華僑へ——渋谷事件と戦後初期在日台湾人の法的地位》，第70—88页；台湾“国史馆”馆藏中华民国外交部档案，《在外台侨国籍问题》，入藏登录号020000001134A，1945年10月16日—1948年8月28日；《驻日代表团张凤举函陈教育部长朱家骅留日台籍学生留学经费等八项事》，载林清芬编：《台湾战后初期留学教育史料汇编　留学日本事务（一）》，第21—24页。

② 王炳根：《吴文藻、冰心日本归国记》，第24—28页；杨子震：《中国驻日代表团研究——初探战后中日·台日关系之二元架构》，载《“国史馆”馆刊》第19期，2009年3月，第51—85页。

总会的对立状态可以说已经到了无法挽回的地步。[①] 同时在国共内战中，解放军节节胜利，最终导致同学总会于1949年10月将原来为庆祝“中华民国”“双十节”的庆祝大会改为庆祝中华人民共和国成立的集会[②]。

① 王雪萍：《戦後期日本における中国人留学生の生活難と政治姿勢をめぐる葛藤——救済金問題を事例に》，第83—119页；王炳根：《吴文藻、冰心日本归国记》，第24—28页。

② 王雪萍：《留日学生の選択——“愛国”と“歴史”》，第203—232页。

附 件

附件 1

国际关系史工作坊（第 2 期）
日 程

（北京 2014 年 11 月 2—3 日）

11 月 2 日

9：15—10：25，开幕式、主题演讲（一）

主持人：梁占军（首都师范大学教授）

欢迎致辞

郝春文（首都师范大学教授、历史学院院长）

主题演讲（一）

沈志华（华东师范大学教授）：中国冷战史研究的困境和出路

10：25—10：40，茶歇

10：40—12：30，主题演讲（二）

主持人：史桂芳（首都师范大学教授）

主题演讲（二）

下斗米伸夫（日本法政大学教授）：日本的冷战史研究——再论亚洲冷战

翻译者：吉田丰子（日本京都产业大学副教授）

12：30—13：30，午餐（自助餐）

地点：国际文化大厦北楼一层狼山江海餐厅大厅

13：30—15：10，工作坊论文研讨（第一场）

（平均每人30分钟，其中论文汇报人10—12分钟，点评、讨论、回应18—20分钟；剩余时间集体讨论）

主持人：萧道中（辅仁大学历史学系助理教授）

1. 王睿恒（南京大学讲师）：太平洋战争时期美国战争信息署在华宣传的媒介与受众

评论人1：翟韬（首都师范大学讲师）

评论人2：张杨（浙江大学教授）（书面评议）

其他评议与质疑（感兴趣评论者：刘义勇）

报告人回应

2. 吉田丰子（日本京都产业大学副教授）：美国对1945年中苏条约谈判的介入——基于核军事背景下的分析

评论人1：萧道中（台湾辅仁大学历史学系助理教授）

评论人2：任天豪（台湾"中央研究院"近代史研究所博士后）

其他评议与质疑（感兴趣评论者：）

报告人回应

3. 萧道中（台湾辅仁大学助理教授）：中国向联合国控诉美国侵略台湾案研究（1950—1951）

评论人1：韩长青（华东师范大学讲师）（书面评议）

评论人2：王睿恒（南京大学讲师）

其他评议与质疑（感兴趣评论者：）

报告人回应

15：10—15：40，茶歇

15：40—18：00，工作坊论文研讨（第二场）

（平均每人30分钟，其中论文汇报人10—12分钟，点评、讨论、回应18—20分钟；剩余时间集体讨论）（留出翻译时间）

主持人：张民军（东北师范大学历史文化学院副教授）

4. 麻田雅文（日本东北大学助理教授）：斯大林的战后远东战略与铁路（1944—1945年）：以中国东北、北朝鲜、萨哈林为事例

翻译者：陈祥（清华大学博士后）

评论人1：肖瑜（中山大学副教授）（书面评议）

评论人2：鞠维伟（中国社会科学院欧洲研究所助理研究员）

其他评议与质疑（感兴趣评论者：）

报告人回应

5. 松村史纪（日本宇都宫大学讲师）：不成熟的中苏分工体制——以世界工联亚洲联络局为素材

翻译者：崔佳琪（日本新潟大学博士）

评论人1：蒋华杰（北京大学博士后）

评论人2：陈弢（同济大学助理教授）

其他评议与质疑（感兴趣评论者：）

报告人回应

6. 陈弢（同济大学助理教授）：中苏分裂初期的民主德国和朝鲜关系（1960—1966）

评论人1：董洁（中共中央党校讲师）

评论人2：葛君（华东师范大学博士生）（书面评议）

其他评议与质疑（感兴趣评论者：韩长青）

报告人回应

18：00—20：00，晚餐（桌餐）

地点：国际文化大厦北楼一层狼山江海餐厅大厅

11月3日

8：30—10：10，工作坊论文研讨（第三场）

（平均每人30分钟，其中论文汇报人10—12分钟，点评、讨论、回应18—20分钟；剩余时间集体讨论）

主持人：吉田丰子（日本京都产业大学副教授）

7. 张民军（东北师范大学副教授）：战略观察与国际公关：蒙哥马利元帅访华研究

评论人1：詹欣（东北师范大学副教授）

评论人2：耿志（天津师范大学讲师）

其他评议与质疑（感兴趣评论者：韩长青、翟韬）

报告人回应

8. 耿志（天津师范大学讲师）：英国政府参与解决第一次台海危机的政策研究

评论人1：松村史纪（日本宇都宫大学讲师）

评论人2：李潜虞（外交学院讲师）

其他评议与质疑（感兴趣评论者：翟韬）

报告人回应

9. 姚远梅（华东师范大学讲师）：英国与印巴克什米尔争端的形成——基于战后英国的英联邦战略视角

评论人1：王琛（郑州大学教授）（书面评议）

评论人2：王若茜（首都师范大学博士生）

其他评议与质疑（感兴趣评论者：刘明周）

报告人回应

10：10—10：30，茶歇

10：30—12：30，工作坊论文研讨（第四场）

（平均每人30分钟，其中论文汇报人10—12分钟，点评、讨论、回应18—20分钟；剩余时间集体讨论）（留出翻译时间）

主持人：翟韬（首都师范大学历史学院讲师）

10. 高桥庆吉（日本大阪大学副教授）：美国外交与中国大国化构想：以对外援助政策为视角

翻译者：崔金柱（北京大学博士）

评论人1：张静（中共中央党校讲师）（书面评议）

评论人2：翟韬（首都师范大学讲师）

其他评议与质疑（感兴趣评论者：）

报告人回应

11. 郭永虎（吉林大学教授）：冷战初期美国涉藏政策新探

评论人1：吉田丰子（日本京都产业大学副教授）

评论人 2：张静（中共中央党校讲师）（书面评议）

其他评议与质疑（感兴趣评论者：）

报告人回应

12. 翟韬（首都师范大学讲师）：冷战语境下的新“华夷之辨”：美国对于中国文化话题和两岸形象的宣传

评论人 1：吉田丰子（日本京都产业大学副教授）

评论人 2：詹欣（东北师范大学副教授）

其他评议与质疑（感兴趣评论者：张杨、郭永虎）

报告人回应

12：30—13：30，午餐（自助餐）

地点：国际文化大厦北楼一层狼山江海餐厅大厅

13：30—15：40，工作坊论文研讨（第五场）

（平均每人 30 分钟，其中论文汇报人 10—12 分钟，点评、讨论、回应 18—20 分钟；剩余时间集体讨论）

主持人：坂井田夕起子（日本大阪大学兼任讲师）

13. 蒋华杰（北京大学博士后）：龙的第三只眼：中华人民共和国成立初期的情报改革与对外情报工作的建立（1949—1961）

评论人 1：坂井田夕起子（日本大阪大学兼任讲师）

评论人 2：李潜虞（外交学院讲师）

其他评议与质疑（感兴趣评论者：）

报告人回应

14. 任天豪（台湾“中央研究院”近代史研究所博士后）：外交档案所见之 1960 年代东亚局势分析——从 1960 年代的克什米尔与琉球比较看中台日三边局势的意义

评论人 1：蒋华杰（北京大学博士后）

评论人 2：刘义勇（四川大学讲师）（书面评议）

其他评议与质疑（感兴趣评论者：赖正维、姚远梅）

报告人回应

15. 坂井田夕起子（日本大阪大学兼任讲师）：“战争的负遗产”，还是

“文化交流的象征”？——玄奘三藏遗骨和20世纪50年代的北京与台北

评论人1：张民军（东北师范大学副教授）

评论人2：翟韬（首都师范大学讲师）

其他评议与质疑（感兴趣评论者：）

报告人回应

16. 王雪萍（日本东洋大学副教授）：战后两岸留日华侨学生团体的统合与中华民国驻日代表团

评论人1：张民军（东北师范大学副教授）

评论人2：任天豪（台湾“中央研究院”近代史研究所博士后）

其他评议与质疑（感兴趣评论者：翟韬）

报告人回应

15：40—16：10，茶歇

16：10—17：00，圆桌讨论与闭幕

圆桌讨论

讨论内容：关于国际关系史工作安排等事宜

主持人：姚百慧（首都师范大学副教授）

议题：

（1）本期工作坊工作之检讨；

（2）本期工作坊之后续事宜（文集、宣传）；

（3）以后工作坊之组织（组织形式、承办方、议题等）；

（4）其他促进学术交流的可能方式。

闭幕式

附件 2

国际关系史工作坊（第 2 期）正式参与者名单

一、中国大陆

陈　弢（同济大学助理教授），论文发言人、评议人
陈　祥（清华大学博士后），翻译者
崔佳琪（日本新潟大学博士），翻译者
崔金柱（北京大学博士），翻译者，
董　洁（中共中央党校讲师），评议人
葛　君（华东师范大学博士生），评议人（书面）
耿　志（天津师范大学讲师），论文发言人、评议人
韩长青（华东师范大学讲师），评议人（书面）、工作坊组织者
郝春文（首都师范大学教授）
蒋华杰（北京大学博士后），论文发言人、评议人
鞠维伟（中国社会科学院欧洲研究所助理研究员）、评议人
赖正维（福建师范大学教授），评议人（书面）
李　丹（《外交评论》编辑部）
李潜虞（外交学院讲师），评议人
梁占军（首都师范大学教授），主持人
刘明周（中南财经政法大学讲师），评议人（书面）
刘义勇（四川大学讲师），评议人（书面）
沈志华（华东师范大学教授），主题演讲
史桂芳（首都师范大学教授），主持人

舒建军（《历史研究》编辑部）

王　琛（郑州大学教授），评议人（书面）

王睿恒（南京大学讲师），论文发言人，评议人

王若茜（首都师范大学博士生），评议人

肖　瑜（中山大学副教授），评议人（书面）

姚百慧（首都师范大学副教授），主持人、工作坊组织者

姚远梅（华东师范大学讲师），论文发言人、评议人

叶张瑜（《当代中国史研究》编辑部）

殷志强（首都师范大学讲师），翻译者

翟　韬（首都师范大学讲师），论文发言人、评议人、主持人

詹　欣（东北师范大学副教授），评议人

张　静（中共中央党校讲师），评议人（书面）

张民军（东北师范大学副教授），论文发言人、评议人、主持人

张　杨（浙江大学教授），评议人（书面）

二、中国台湾

萧道中（台湾辅仁大学助理教授），论文发言人、评议人、主持人、工作坊组织者

任天豪（台湾“中央研究院”近代史研究所博士后），论文发言人、评议人

三、日本

下斗米伸夫（日本法政大学教授），主题演讲

吉田丰子（日本京都产业大学副教授），论文发言人、评议人、主持人、工作坊组织者

麻田雅文（日本东北大学助理教授），论文发言人

松村史纪（日本宇都宫大学讲师），论文发言人、评议人

高桥庆吉（日本大阪大学副教授），论文发言人

坂井田夕起子（日本大阪大学兼任讲师），论文发言人、评议人、主持人

王雪萍（日本东洋大学副教授），论文发言人

图书在版编目（CIP）数据

国际关系史工作坊：冷战的缘起及其初步发展．第2期／徐蓝，（日）吉田丰子主编．—北京：世界知识出版社，2018.8

ISBN 978-7-5012-5830-7

Ⅰ．①国… Ⅱ．①徐… ②吉… Ⅲ．①中外关系—现代—文集 Ⅳ．①D822-53

中国版本图书馆 CIP 数据核字（2018）第 194725 号

责任编辑　李　锋
特邀编辑　狄安略
责任出版　赵　玥
责任校对　陈可望

书　　名　**国际关系史工作坊（第2期）**：冷战的缘起及其初步发展
Guoji Guanxishi Gongzuofang(No. 2): Lengzhan de Yuanqi Jiqi Chubu Fazhan
主　　编　徐　蓝　［日］吉田丰子

出版发行　世界知识出版社
地址邮编　北京市东城区干面胡同51号（100010）
网　　址　www. ishizhi. cn
电　　话　010-65265923（发行）
　　　　　010-85119023（邮购）
经　　销　新华书店
印　　刷　北京虎彩文化传播有限公司
开本印张　787毫米×1092毫米　1/16　22印张
字　　数　338千字
版次印次　2018年8月第一版　2018年8月第一次印刷
标准书号　ISBN 978-7-5012-5830-7
定　　价　38.00元